1 MONTH OF
FREE
READING

at

www.ForgottenBooks.com

By purchasing this book you are eligible for one month membership to ForgottenBooks.com, giving you unlimited access to our entire collection of over 1,000,000 titles via our web site and mobile apps.

To claim your free month visit:
www.forgottenbooks.com/free633442

ISBN 978-0-265-73902-0
PIBN 10633442

HISTOIRE

DE MARSEILLE.

HISTOIRE

DE

MARSEILLE,

PAR

Augustin FABRE, Avocat,

Membre de plusieurs Sociétés savantes.

TOME PREMIER.

Marseille,

MARIUS OLIVE, ÉDITEUR, SUR LE COURS, N° 4.

Paris,

LIBRAIRIE DE LACROIX, RUE ET HÔTEL SERPENTE, N° 16.

1829.

LIVRE PREMIER.

Aperçu rapide sur les Phocéens. — Ils envoient une colonie dans la Celto-Ligurie, sous le commandement de Simos et de Protis. — Noces de Protis et de Gyptis, fille de Nannus. — Les Phocéens jettent les fondements de Marseille. — Vérité du récit de Justin. — Comanus ourdit une trame contre la colonie naissante; il est surpris et vaincu. — Ligue redoutable de plusieurs peuplades barbares contre les Marseillais. — Ils sont secourus par Bellovèse. — Seconde migration phocéenne qui vient agrandir Marseille. — Véritable date de sa fondation. — Premier commerce des Marseillais. — Mœurs, Coutumes, Institutions, Culte religieux. — Colonies. — Voyages de Pythéas et d'Euthymènes. — Commerce de Marseille à cette époque. — Sa jurisprudence maritime. — Ses principes de sagesse et de modération. — Elle cultive avec gloire les sciences et les arts. — Causes de sa fidélité à Rome et de la protection des Romains. — Les Marseillais font porter l'argent du trésor public aux Romains vaincus par Brennus et assiégés dans le Capitole. — Passage d'Annibal dans les Gaules; les Marseillais font tous leurs efforts pour s'opposer à sa marche. — Les Décéates et les Oxybiens assiégent les colonies marseillaises d'Antibes et de Nice; Marseille implore les secours de Rome. — Le Sénat envoie d'abord deux Députés sur les lieux; il fait ensuite partir, avec une armée, le consul Quintus Opimius, qui défait ces peuples celto-liguriens, et donne aux Marseillais les terres conquises. — Les Salyens forment une ligue contre Marseille; ils sont vaincus par Caïus Sextius Calvinus, qui fonde la ville d'Aix et donne à la république marseillaise leurs terres abandonnées. — Marseille est de nouveau menacée par les Arvernes et les Allobroges; l'armée romaine, commandée par Fabius Maximus, les taille en pièces. — Fondation de Narbonne. — Irruption des Cimbres et des Teutons. — Marius arrive dans la Narbonnaise, et les Marseillais lui fournissent toute espèce de secours. — Les Barbares sont vaincus, et Marius récompense Marseille. — Pompée vient dans la Narbonnaise, subjugue les peuples révoltés des deux bords du Rhône, et adjuge leurs terres aux Marseillais. — Marseille fournit des secours à Jules-César dans sa conquête des Gaules. — Trop confiante dans l'amitié des Romains, elle néglige son état militaire et n'a qu'une puissance factice. — Elle prend le parti de Pompée contre César qui vient l'assiéger. — Premier combat naval; les Marseillais sont vaincus. — Second combat naval; ils sont encore vaincus. — Après avoir obtenu une trève, les Marseillais font une sortie et mettent le feu à toutes les machines des Romains et à tous leurs ouvrages du siége. — Réduits à une affreuse situation, ils ouvrent leurs portes à César qui les punit, mais ne les prive pas de leur indépendance politique.

HISTOIRE

DE

MARSEILLE.

LIVRE I.

Lᴀ Grèce, berceau des arts et du génie, marcha
d'abord à pas incertains dans la carrière de la
civilisation. Elle n'eut qu'un commerce intérieur
et peu étendu, et les peuples qui en habitaient
les côtes se bornèrent à exercer une piraterie
si peu expérimentée qu'elle n'osait porter au
loin ses excursions timides [1]. La conquête du
Péloponèse par les Héraclides fit entrer la Grèce
dans de meilleures voies. Le conseil des Am-
phictyons rapprocha toutes les races helléniques
jusque-là divisées, centralisa leurs intérêts et

[1] Hom. Odyss. liv. III.

forma une confédération puissante. Alors ces
peuples, améliorant leur police, leurs lois et
leur marine, fondèrent un grand nombre de
colonies sur les côtes voisines, tantôt dans des
vues de commerce, d'ambition, ou d'utilité nationale, quelquefois pour éviter les fers que leur
apportaient des vainqueurs irrités, le plus souvent pour se débarrasser d'une population sura-
bondante.

C'est ainsi que les rivages de l'Asie mineure se
couvrirent de villes grecques. Parmi elles on a
plus particulièrement conservé le souvenir d'E-
phèse, célèbre par son temple, son opulence et
son luxe; de Gnide où les étrangers accouraient
en foule pour admirer l'immortel chef-d'œuvre
de Praxitèle; de Milet, qui forma plusieurs établissements vers le Pont-Euxin; de Phocée, qui
les éclipsa toutes par la hardiesse de ses navigateurs, par sa puissance maritime.

Phocée, située près de l'embouchure du fleuve
Hermus, eut pour fondateur l'archonte Nélée,
qui conduisit sur la côte d'Asie une migration
d'habitants de l'Attique, ou de l'Ionie proprement dite, vers l'an 1080 avant notre ère. Elle
précéda Carthage, qui ne fut fondée par Didon
qu'environ deux siècles plus tard. Il paraît que
Phocée fut gouvernée par des rois dans les premiers temps, car c'était encore le régime universel de tous les peuples du continent grec. Les

Athéniens eux-mêmes venaient bien de détruire la royauté que s'étaient disputée les enfants de Codrus; ils venaient de déclarer Jupiter le seul roi du peuple d'Athènes; mais ils avaient conservé un simulacre de pouvoir royal dans l'archontat perpétuel. Phocée eut ensuite un gouvernement aristocratique, comme toutes les autres villes ioniennes. Ces cités, peu distantes les unes des autres, unies entre elles par la sympathie d'une origine presque commune, formaient une association politique, et leurs députés s'assemblaient dans un lieu sacré du mont Mycale.

Les Ioniens profitaient de toutes les facilités de leur position pour échanger leurs denrées et les porter dans la Phénicie qui était une sorte d'entrepôt général. Leur commerce avec l'Egypte était florissant pendant les règnes de Psamméticus et d'Amasis. Lorsque le premier de ces princes vivait caché dans des marais, ce furent des Ioniens qui l'aidèrent à monter sur un trône qu'on lui disputait. Il leur en témoigna sa reconnaissance en faisant alliance avec eux et en leur assignant des terres sur les bords du Nil [1]. La piraterie, que l'opinion ne flétrissait pas encore, fut aussi une de leurs ressources et les rendit redoutables. Outrageant la nature dans ce qu'elle a de plus saint, ils allaient vendre aux autres peuples les

---

[1] Hérod. liv. II, § 152 et 154.

hommes qu'ils prenaient sur les mers. *L'Ionie
vous amenait des esclaves,* dit Ezéchiel aux
Tyriens [1].

Phocée était par sa situation tout-à-fait propre
et presque forcée à tourner ses facultés du côté
de la mer. Son terroir stérile et borné par les
villes voisines ne pouvait suffire à la nourriture
de ses habitants [2]. Les Phocéens pensèrent à se
procurer ce que les terres leur refusaient : ils
s'adonnèrent à la pêche et au commerce maritime. Du temps d'Homère et d'Hésiode, ils étaient
parvenus à un haut degré de prospérité. Ils furent les premiers des Grecs qui entreprirent de
longues courses, les premiers qui leur firent
connaître la mer Adriatique, la mer Tyrrhé-
nienne et les côtes de l'Ibérie [3]. Ils établirent des
comptoirs en Sicile, en Italie et en Corse. Leurs
vaisseaux, rivalisant avec ceux de Tyr, franchirent même les Colonnes d'Hercule.

Il est probable que les Phocéens fréquentèrent
de bonne heure les côtes des Gaules et surtout
les bouches du Rhône si favorables à leur commerce. Quelques-uns de leurs navigateurs, reve-
nant de ces contrées, en vantèrent la beauté, et
engagèrent plusieurs de leurs compatriotes à y

[1] Ch. xxvii, ℣. xii. La Vulgate dit *la Grèce,* le Texte dit
l'Ionie.
[2] Justin, liv. xliii.
[3] Hérod. liv. i, § 163. — Appian. *de Bello hispan.*

conduire une colonie [1]. Le Sénat fit aussitôt
équiper une flotte. C'était l'usage de consulter
les dieux dans les expéditions importantes. Suivant Strabon [2], l'Oracle répondit de recevoir
pour chef celui que Diane d'Ephèse désignerait.
Après cette réponse, la flotte mit à la voile sous
le commandement de Simos et de Protis, et
alla à Ephèse prendre les ordres de la déesse [3].
Durant la nuit qui suivit l'arrivée des Phocéens,
Diane se montra en songe à Aristarché, l'une des
dames les plus recommandables de la ville, et
lui ordonna de prendre une de ses statues et de
suivre les Phocéens [4]. Aristarché obéit et monta
sur leurs vaisseaux qui vinrent jusqu'à l'embouchure du Tibre.

Tarquin l'Ancien régnait alors sur les Romains.
Ce prince, originaire de Corinthe, aimait tous
les peuples de la Grèce. Les Phocéens firent
alliance avec lui, remirent à la voile, et abordèrent bientôt aux rivages de la Gaule, dans un
golfe écarté et comme dans un recoin de la mer [5].

Le pays que nous appelons aujourd'hui Provence était habité par plusieurs peuplades indépendantes qui avaient chacune leur chef. Elles

[1] Justin, liv. XLIII.
[2] Liv. IV.
[3] Justin, ibid.
[4] Strabon, ibid.
[5] Justin, ibid.

étaient désignées par les Grecs sous le nom de *Lygies,* et par les Latins sous le nom de *Ligures.* Les uns les distinguaient des tribus gauloises comme une nation différente [1], quoique leurs mœurs fussent semblables; d'autres soutenaient qu'un voile impénétrable cachait leur origine [2]. Elles s'étendaient sur toute la côte de la Méditerranée, depuis l'embouchure de l'Arno jusqu'aux frontières de l'Espagne [3]. La côte de Provence, depuis le Var jusqu'au Rhône, était plus particulièrement désignée sous le nom de *Celto-Lygie* ou *Celto-Ligurie.* Les trois principales tribus étaient celle des Salyens qui avait, à ce qu'il paraît, son quartier principal aux lieux où fut bâtie plus tard la ville d'Aix [4]; celle des Oxybiens sur le fleuve d'Argens [5]; celle des Décéates dans la contrée où est aujourd'hui Antibes [6]. La première était la plus nombreuse et la plus puissante. Ces petits peuples n'habitaient que des chaumières éparses et isolées, mais ils avaient une sorte de lien fédéral et formaient un système général d'Etats; du reste, privés d'arts, grossiers

---

[1] Strabon, liv. II.

[2] Denis d'Halicarnasse, liv. I.

[3] D'Anville, Notice de l'ancienne Gaule.

[4] D'Anville, *ibid.* Ammien-Marcellin les appelle Salluviens. *His propè Salluvii sunt,* liv. XV.

[5] *Ibid.* Pline, liv. III, ch. IV et V; Florus, liv. II, ch. III.

[6] D'Anville, *ibid.*

et misérables, ils ignoraient les premiers éléments de l'agriculture, et vivaient les uns de la
chasse, les autres de la pêche.

Le premier soin des Phocéens, en mettant les
pieds sur cette terre étrangère, fut de se placer
sous la protection du peuple qui était le plus voisin. C'était la tribu des *Ségobrygiens,* et Nannus
en était le chef. Justin est le seul qui nous ait
conservé le nom de ce peuple [1] dont il est impossible de fixer la position dans la contrée. La
désignation est évidemment erronée, et, comme
le fait très bien observer Papon [2], il faut lire
Celto-Lygiens, au lieu de *Ségobrygiens.* Protis et
quelques autres Phocéens furent envoyés vers
Nannus pour gagner son amitié. Ils arrivèrent
auprès de lui le jour même où sa fille Gyptis
devait choisir un époux parmi les principaux
de la tribu qui étaient assemblés. Les Phocéens,
accueillis avec bonté, furent invités à cette fête
et au festin nuptial. Gyptis était absente. Vers
la fin du banquet, elle entra portant un vase
rempli d'eau, et après avoir fixé ses regards sur
tous les convives, elle posa le vase devant Protis.
C'était ainsi que chez ces peuples barbares les
jeunes filles désignaient celui auquel elles donnaient leur main. Nannus ayant approuvé ce

---

[1] Justin, liv. xLIII.

[2] Histoire générale de Provence, liv. 1, pag. 499, à la note.

choix, l'union des deux époux s'accomplit avec une mutuelle satisfaction, et il ne fut pas difficile aux Phocéens d'obtenir la concession d'un terrain nécessaire à leur établissement [1]. Ils jetèrent les fondements d'une ville à laquelle ils donnèrent le nom de *Massalia*. Ils la bâtirent dans l'endroit même où elle est aujourd'hui, sur la hauteur qui regarde le midi.

On a donné plusieurs étymologies du mot *Massalia*. Les uns ont dit que lorsque les Phocéens abordèrent aux côtes liguriennes, ils jetèrent à un pêcheur qui se trouvait sur la plage une corde pour attacher un de leurs navires à terre, et que cette circonstance servit à donner un nom à la nouvelle ville. D'après les auteurs qui ont embrassé cette opinion, *Massalia* viendrait de deux mots grecs qui signifient *lier* et *pêcheur*. L'étymologie qui a prévalu est *Mas Salyorum,* maison ou habitation des Salyens.

Toutes les villes d'une antiquité reculée ont le plus souvent une origine fabuleuse, ou tout au moins incertaine. Il faut bien en convenir, la fondation de Marseille, qui est un des événements les plus importants des temps antiques, paraît précédée d'un certain merveilleux qui, au premier aspect, autorise le doute ; mais ce doute s'évanouit devant un examen plus sérieux. Nous

[1] Justin, liv. XLIII.

sommes portés à placer au rang des fables ce qui
choque nos mœurs et notre état social, sans faire
attention à la différence des mœurs et de l'état
social des anciens. Tout concourt à établir que
le récit de Justin est fondé sur la vérité. Justin
n'est que l'abréviateur de Trogue-Pompée dont
les écrits sont malheureusement perdus. Ce dernier naquit dans la Gaule méridionale et y passa
sa jeunesse. N'est-il pas naturel de s'en rapporter
à lui dans ce qui regarde l'histoire de son pays?
Il faut bien admettre que les mémoires de cet
auteur ont été suivis par Justin, dont le récit d'ailleurs n'est pas isolé. Une autorité imposante le
corrobore. Aristote avait fait, sur la république
de Marseille, un ouvrage dont il ne nous reste que
quelques fragments conservés par Athénée. Nous
voyons que son récit ne diffère de celui de Justin
que dans le nom des personnages. D'après Athénée [1], qui cite Aristote, la fille de Nannus [2] s'appelait Petta, au lieu de Gyptis, et le chef des
Phocéens ne se nommait pas Protis, mais Euxenos. On ne sait si Aristote n'a pas su le véritable
nom de la fille de Nannus, ou si Athénée a cité

[1] Liv. XIII.

[2] Il est à remarquer que le chef de la peuplade celto-ligu-
rienne la plus voisine du lieu où les Phocéens débarquèrent
est désigné par le même nom dans Athénée et dans Justin.
Toute la différence consiste dans une *n* que le premier retranche.

de mémoire et a écrit un nom pour un autre, ou enfin si quelque copiste a lui-même commis l'erreur.

On trouve plus facilement dans l'Euxenos d'A- thénée le Protis de Justin. *Euxenos,* qui signifie en grec *un hôte reçu favorablement,* caractérise très bien le bon accueil qui fut fait à Protis. Par une suite de ce changement, Athénée, sur la fin de son récit, nomme Aristoxène, c'est-à- dire, très bonne hôtesse, celle qu'il appelait auparavant Petta. Ces dénominations sont con- formes au génie de la langue grecque et confir- ment l'histoire des noces du chef des Phocéens. Euxenos, cet hôte bien reçu, est évidemment le Protis accueilli avec amitié par Nannus; et Aristoxène, ou la très bonne hôtesse, est cette Gyptis qui choisit pour son époux le chef des Phocéens. Ce qui complette la démonstration, c'est qu'Athénée ajoute à la fin de son récit qu'Euxenos et Aristoxène eurent un fils appelé Protis, *duquel,* dit-il, *descendent les Protiades, famille des Marseillais fort étendue.* Le fils d'A- ristoxène fut nommé comme son père, et le nom du fils devait rappeler celui du père à Athénée, ou du moins il aurait pu avertir du changement de Protis en Euxenos, comme il nous prévient de celui de Petta en Aristoxène [1].

---

[1] Cary, Dissertation sur la fondation de Marseille.

Par la constante protection de Nannus, la colonie naissante ne fut pas inquiétée et eut un accroissement rapide. Comanus, fils et successeur de ce chef, n'hérita pas de ses sentiments d'amitié pour les Marseillais. Il regarda ces étrangers comme des voisins dangereux que la prudence commandait de détruire. Un de ses sujets redoubla ses alarmes par l'apologue suivant : « Une « chienne pleine vint demander à un berger un « lieu pour mettre bas. Elle l'obtint. Après le « part, sommée de rendre la place, elle sollicita « la permission d'y nourrir ses petits. Sa prière « fut encore accueillie; mais quand les chiens « eurent grandi, la mère avec leur secours s'at- « tribua la propriété du lieu. Ainsi, dit le con- « teur, les Marseillais qui n'occupent aujourd'hui « qu'un terrain emprunté, se rendront maîtres « un jour de toute la contrée.» Comanus ourdit aussitôt une trame pour s'emparer de la Colonie Phocéenne. Comme les Marseillais célébraient les fêtes de Flore, il feignit de vouloir honorer leurs dieux, et envoya dans la ville quelques soldats d'élite. Il y fit aussi entrer des chariots couverts de feuillages qui cachaient d'autres jeunes et vaillants hommes. Il vint lui-même se mettre en embuscade avec une armée dans les montagnes voisines. Ceux de ses guerriers qui étaient entrés dans Marseille devaient, pendant la nuit, lui en ouvrir les portes, et le massacre des habitants aurait été général. Mais l'amour fut le sauveur des Marseillais. Une Ligurienne, proche parente de Comanus, aimait éperdument un jeune Grec d'une rare beauté. Cette femme, tremblant sur le sort réservé à l'objet de ses affections, lui dévoile le complot des Barbares. Celui-ci en instruit aussitôt les magistrats, qui prennent avec énergie leurs mesures pour punir une trahison si noire. Les Liguriens qu'on trouve dans la ville sont mis à mort. Tous les Marseillais prennent les armes, volent au-devant de Comanus, le surprennent dans son embuscade, taillent son armée en pièces, et ce chef périt dans le combat avec sept mille des siens. Depuis cet événement, les Marseillais, convaincus de la mauvaise foi et de l'inimitié des indigènes, les surveillèrent avec attention, cherchèrent à éviter leurs piéges, et prirent en temps de paix les mêmes précautions qu'en temps de guerre [1].

D'autres dangers vinrent les assaillir. Leur prospérité toujours croissante ayant répandu l'inquiétude dans la contrée, il se forma contre eux une ligue redoutable, et un chef nommé Catumandus eut le commandement des troupes alliées. Sur ces entrefaites, Ambigat, roi des Bituriges, peuple qui dominait dans la Celtique et était en possession de lui donner des maî-

---

[1] Justin, liv. XLIII.

tres [1], fit partir une puissante armée sous la conduite de ses deux neveux, Bellovèse et Sigovèse,
pour conquérir des terres étrangères. Cette armée, en se partageant, passa les Alpes et le Rhin
pour s'établir dans l'Italie et dans la Germanie.
Bellovèse, arrivé dans le pays des *Tricastiniens* [2],
apprit que les Marseillais étaient menacés par
la confédération ligurienne, et ayant probablement besoin de vivres et de munitions que ceux-
ci pouvaient seuls lui donner, il marcha à leur
secours, dissipa les ennemis, et aida ses nouveaux
alliés à se fortifier dans leur colonie. Il crut, dit
Tite-Live, que ce serait pour lui un augure favorable de ses victoires au-delà des Alpes, si un
peuple qui courait à peu près la même fortune
que lui avait un heureux succès [3]. Bellovèse continua sa route vers l'Italie, et Marseille jouit
d'une parfaite tranquillité.

De grands événements se préparaient en Asie.
Un jeune conquérant s'était élevé qui remplissait le monde du bruit de sa renommée. Cyrus
réunit la plupart des rois d'Orient sous les éten-

---

[1] Il habitait ce que nous appelons aujourd'hui le Berry;
mais sa domination s'étendait sur plusieurs autres provinces.

[2] Selon Tite-Live, Bellovèse *in Tricastinos venit*, en prenant sa route vers les Alpes; car l'historien ajoute : *Alpes
indè oppositæ erant.* Liv. v, sect. xxxiv. Il est difficile de
bien fixer la position de ce peuple.

[3] *Ibid.*

dards de Cyaxare, son oncle; soumit la Lydie à ses armes triomphantes; prit Crésus dans Sardes sa capitale; jouit de ses trésors immenses, et marchant ensuite contre Babylone, il laissa une partie de son armée à Harpage, son lieutenant, pour assujettir toute la côte de l'Asie mineure.

Harpage entreprit, vers l'année 543 avant J. C., la conquête de l'Ionie, et forma le siége de Phocée, ne demandant aux habitants que la destruction d'une tour, en signe d'obéissance. Le Sénat sollicita, pour délibérer, un armistice de vingt-quatre heures. Harpage accéda à ses vœux, et durant cette courte trève, les Phocéens enlevant·les statues et les dons faits aux temples, lancent leurs vaisseaux à la mer, embarquent leurs femmes, leurs enfants et leurs richesses, et abordent à Chio. Mais les insulaires ne voulurent point les recevoir, dans la crainte qu'ils ne leur enlevassent leur commerce. Sur ce refus, les fugitifs formèrent le dessein d'aller à l'île de Cyrné [1] où vingt ans auparavant ils avaient fondé *Alalia*. Néanmoins, avant de s'y diriger, ils firent une descente sur les rivages ioniens, surprirent Phocée et massacrèrent la garnison des Perses. Ils jetèrent ensuite dans les flots une barre de fer, et s'engagèrent par un serment terrible, qui passa en proverbe [2], à ne revenir

[1] La Corse.

[2] . . . . *Phocæorum Velut profugit execrata Civitas.*
Horace, épod. XVI.

dans leur patrie que lorsque cette barre surnage-
rait. Il y en eut pourtant plus de la moitié que
l'amour des foyers domestiques rendit parjures
et qui retournèrent à Phocée. Les autres se rendirent à Cyrné, se joignirent à leurs compatriotes de la colonie d'Alalia, et y restèrent cinq ans.
Mais ayant commis des hostilités envers leurs voisins, les Tyrrhéniens et les Carthaginois armèrent une flotte de soixante galères pour les combattre. Les Phocéens, avec un pareil nombre de
vaisseaux, allèrent à leur rencontre, et le combat
s'engagea dans la mer de Sardaigne. Les Phocéens
furent fort maltraités et ne sauvèrent que vingt
navires hors d'état de combattre encore. Leurs
prisonniers furent inhumainement lapidés par
les Tyrrhéniens et les Carthaginois. Après cet
échec, les Phocéens retournèrent à Alalia, et
prenant avec eux leurs familles et tout ce qu'ils
purent emporter, ils firent voile vers Rhégium,
en repartirent, et allèrent fonder la ville d'*Yela* [1]
dans les campagnes de la Lucanie.

Tel est le récit d'Hérodote [2] qui ne parle pas
de l'arrivée de ces Phocéens fugitifs dans la ville
de Marseille, parce que son dessein n'était pas de
faire une histoire suivie des diverses migrations
de ce peuple : mais d'autres auteurs en font mention et ne laissent aucun doute sur ce point. Il

[1] Vélie.
[2] Liv. I, ch. CLXII.

résulte de leur témoignage, combiné avec le passage d'Hérodote, que les Phocéens, fuyant devant
les conquêtes du lieutenant de Cyrus, se réfugiè-
rent dans Cyrné, et se partagèrent ensuite en
deux troupes; la première alla à Marseille déjà
fondée par des compatriotes, la seconde se rendit
dans la Lucanie pour y fonder Yela.

On peut ranger dans deux classes les anciens
écrivains qui parlent de la fondation de Marseille
par les Phocéens. Thucidide, Isocrate, Pausanias
et Plutarque n'en fixent pas la date. Thucidide
ne dit qu'un mot de cette ville; il trace dans un
avant-propos l'ancien état de la Grèce, pour venir
à ce qu'elle est de son temps et aux causes de la
guerre qu'il va décrire. Il dit que Polycrates,
tyran de Samos, avait, du temps de Cambyse,
une grande flotte, et tout de suite il ajoute que *les
Phocéens, en fondant Marseille, battirent sur
mer les Carthaginois* [1].

Isocrate, dans son Archidamus, en parlant des
villes qui ont tout sacrifié à la liberté, rapporte
l'exemple des Phocéens, et dit que *lorsqu'ils
fuyaient la domination du grand roi, ils quittèrent l'Asie et vinrent à Marseille.*

Pausanias dit que *les Marseillais sont une colonie des Phocéens d'Ionie dont une partie quitta
Phocée pour fuir Harpage le Mède. Ils battirent*

---

[1] Liv. I.

sur mer les Carthaginois, occupèrent les terres qu'ils possèdent et devinrent très florissants [1].

Plutarque, dans la vie de Solon, fait l'éloge du commerce et dit que des marchands ont été les fondateurs de grandes villes. *Tel fut*, ajoute-t-il, *Protos qui gagna l'amitié des Gaulois et qui fonda Marseille* [2].

D'autres auteurs déterminent ou indiquent la date de la fondation de Marseille, mais ils ne sont pas du même sentiment. Suivant Tite-Live et Justin, auxquels on peut joindre Strabon et Athénée, Marseille fut fondée vers la 45ᵉ olympiade, sous le règne de Tarquin l'Ancien. Aulugelle [3], Ammien-Marcellin [4], Senèque [5] et Eustate [6] placent cette fondation sous Cyrus, c'est-à-dire, en la 60ᵉ olympiade.

Il est de toute évidence que ces derniers auteurs se sont trompés, et ont confondu les Phocéens qui fuyaient la domination des Perses, avec les Phocéens qui, soixante ans auparavant, avaient fondé Marseille. Le passage d'Isocrate est précis. Il ne dit pas que les Phocéens, fuyant devant les Perses, fondèrent Marseille, mais qu'*ils y vinrent*, ce qui indique une fondation antérieure. Les paroles de

[1] *Phoci.*
[2] Il est facile de voir que Protos est le même que Protis.
[3] Liv. 10, ch. xvi.
[4] Liv. 15.
[5] *Conso. ad Helv.* ch. viii.
[6] *In Dionys.* ch. lxxv.

cet orateur sont d'ailleurs expliquées par Harpocration, qui ne composa son Lexicon que pour faciliter l'intelligence des anciens rhéteurs. Harpocration, invoquant l'imposant témoignage d'Aristote, s'exprime ainsi : « Isocrate dit, dans son « Archidamus, que les Phocéens qui fuyaient « la domination du roi de Perse vinrent à Mar-« seille. Mais avant ce temps-là, cette ville avait « été fondée par les Phocéens, comme le prouve « Aristote dans son ouvrage sur la république de « Marseille [1]. » D'autres auteurs décident aussi la question, et prouvent que les Phocéens, avant la conquête de l'Ionie par les Perses, avaient fondé une colonie appelée Marseille sur les côtes celto-liguriennes. Eusèbe, dans sa Chronique, nous en donne l'année précise, et dit que cette ville fut fondée l'an 1er de la 45e olympiade. Sçymnus Chius dont nous avons une petite Géographie en vers, et qui vivait près de cent ans avant l'ère chrétienne, vient appuyer la Chronique d'Eusèbe; il dit que Marseille fut fondée cent vingt ans avant la bataille de Salamine. Or, cette bataille fut livrée la 4e année de la 74e olympiade. Si on retranche cent vingt ans, on remonte à la 4e année de la 44e olympiade, ou à la 1re de la 45e, ce qui est la même chose, puisque cette année commence où l'autre finit, et on a par conséquent la date

[1] Lexicon, *in voce Massalia.*

de la fondation de Marseille telle qu'Eusèbe nous la donne [1]. Cette fondation doit donc être fixée en la 1re année de la 45e olympiade, l'an de Rome 154, la 15e du règne de Tarquin l'Ancien, et la 599e avant J. C.

Les Marseillais, dès les premiers jours de leur existence politique, comptèrent, par goût comme par besoin, sur les ressources que la mer pouvait leur offrir, et s'appliquèrent avec activité, avec persévérance, à profiter de leur position avantageuse pour le trafic et la navigation. Placés sur un sol stérile qui leur rappelait celui de la mère patrie, leur premier commerce dut être dirigé vers des choses de nécessité : ce fut un commerce d'économie. Ils ne purent pas fournir beaucoup de productions de leur cru, mais ils répandaient dans un pays ce qu'ils tiraient de l'autre, et tout le profit leur restait. La pêche devint pour eux un objet important; ils cultivèrent aussi la vigne avec succès [2]. Ce furent eux qui apportèrent l'olivier dans les Gaules, avant qu'on le connût en Italie [3]. Tous les ports de la Grèce et de la Péninsule Italienne leur étaient ouverts; ils se procurèrent ce que la nature leur refusait, en allant chercher dans ces contrées le

[1] Cary, Dissertation citée.
[2] Strabon, liv. iv.
[3] *Ibid.* Pline, Hist. natur. liv. xv, ch. i.

froment et les autres grains, et en y transportant les vins et les poissons salés. Pline fait mention des vins de Marseille et de sa saumure [1].

Cependant les Marseillais, entourés de peuplades barbares incapables de seconder leurs efforts et d'entretenir avec eux des rapports utiles, ne purent donner qu'un assez faible élan à leur commerce et à leur navigation, objet de leur politique, mobile de leurs pensées et de leurs entreprises. C'est lentement qu'ils marchèrent à leur but.

Ils construisirent une citadelle qu'ils fortifièrent avec un soin extrême. Ils établirent un arsenal et des chantiers de construction dans la presqu'île de *Pharo,* ainsi nommé à cause du phare qu'on y avait élevé pour diriger les vaisseaux durant la nuit.

Leurs progrès excitèrent l'envie de Carthage qui, avec cette mauvaise foi devenue si célèbre, lui captura plusieurs barques de pêcheurs en pleine paix [2]. Marseille était en mesure de faire

---

[1] Liv. IX, chap. XVII. — Les médailles de l'ancienne Marseille prouvent que le vin et la pêche étaient, pour ses habitans, des objets importants. On trouve en effet pour contre-marque, sur plusieurs de ces médailles, un cep de vigne, et sur d'autres, un trident et un poisson. Il paraît que ces symboles n'avaient été placés sur les monnaies marseillaises que pour désigner l'abondance de la vendange et de la pêche, dans les années où elles avaient été frappées.

[2] Justin, liv. XLIII.

respecter ses droits et son indépendance. Justement indignée, elle eut raison de cette insulte et de cette violation du droit des gens. Elle défit en plusieurs rencontres les flottes carthaginoises. Thucidide [1] et Pausanias [2] nous parlent de ces victoires, et Strabon assure que de son temps la citadelle et le temple de Diane étaient remplis de dépouilles enlevées dans ces batailles navales [3].

Les Marseillais sentirent que pour se maintenir dans leur établissement, pour y jeter les bases d'une existence heureuse et durable, il leur fallait une sévère discipline et des mœurs austères. Beau contraste avec les mœurs corrompues de l'Ionie [4]! « Il fallut qu'ils fussent laborieux, dit Montes« quieu, pour suppléer à la nature qui se refusait ; « qu'ils fussent justes, pour vivre parmi les na« tions barbares qui devaient faire leur prospérité ; « qu'ils fussent modérés, pour que leur gouver« nement fût toujours tranquille ; enfin, qu'ils « eussent des mœurs frugales, pour qu'ils pus« sent toujours vivre d'un commerce qu'ils con-

---

[1] Liv. i.

[2] *Phoci.*

[3] Liv. iv.

[4] Le commerce, en donnant des richesses, avait corrompu de bonne heure les mœurs de l'Ionie. Elle fournit aux Athéniens leurs plus célèbres courtisanes : Aspasie était de Milet. Horace désignait par le nom de cette contrée les mouvements lascifs qu'on apprenait aux jeunes filles. (Liv. iii, ode iv.)

« serveraient plus surement lorsqu'il serait moins
« avantageux ¹. » Leurs lois somptuaires furent
donc pour eux une œuvre de sagesse, de prévoyance et de nécessité. Elles furent long-temps
célèbres. Le luxe qui, dans les Etats modernes et
dans les mœurs de nos vastes monarchies, n'est
considéré que comme un objet de commerce,
était, chez les anciens, l'objet d'une sollicitude
attentive et morale. La loi marseillaise avait fixé
la dépense de la parure, et cette dépense était
modique. La dot des filles était aussi fixée. L'u-
sage du vin était interdit aux femmes de tout âge
et de toute condition ².

La loi avait aussi réglé la cérémonie des funérailles. Point de larmes, point de lamentations à
la mort d'une personne aimée. Aucune ostentation de douleur. De deux cercueils placés aux portes de la ville, l'un servait aux hommes libres,
l'autre aux esclaves. Les corps étaient brûlés, et
les bûchers devaient être éloignés des murs au
moins de deux mille pas³. La cérémonie funèbre
se terminait le jour même par un banquet entre
les parens et les amis du défunt⁴.

Comme on le voit, l'esclavage qui, dans l'an-

---

¹ Esprit des Lois, liv. xx, ch. v.
² Athénée, Deipnosoph, liv. xiii. — Ælian. Var. Hist.
liv. ii, ch. xxxviii.
³ Dion., liv. xlviii.
⁴ Valère-Maxime, liv. ii, ch. vi.

tiquité, parut une chose toute juste, toute naturelle, qui forma un droit monstrueux contre
lequel la philosophie, complice de l'orgueil
humain, ne protesta jamais, existait aussi à Marseille. Seulement la loi avait opposé quelques
barrières à l'exercice de la puissance absolue du
maître sur l'esclave. Un maître pouvait bien faire
entrer son affranchi dans la servitude jusqu'à trois
fois; mais il perdait tous ses droits à la quatrième
plainte, parce qu'on supposait alors qu'il y avait
de sa faute [1].

On tranchait la tête aux grands criminels avec
un glaive que l'on conservait depuis la fondation
de la ville. Il était à la vérité tout rongé de rouille
et presque hors de service, mais il montrait, dit
Valère-Maxime, que, jusque dans les moindres
choses, il faut conserver tous les monumens des
usages antiques [2].

L'hospitalité s'exerçait à Marseille avec un religieux empressement; mais aucun étranger ne
pouvait y entrer en armes. On les quittait aux
portes de la ville, et on les reprenait en sortant [3].
Coutume sage, car les Liguriens et les Gaulois
portaient toujours leurs armes en temps de paix,
et les Grecs ne portaient lés leurs qu'en face des
ennemis.

[1] Valère-Maxime, *ibid.*
[2] *Ibid.*
[3] *Ibid.*

Les imposteurs qui, sous les dehors de quelque pratique religieuse, cherchent un aliment à leur paresse, trouvaient les portes de Marseille rigoureusement fermées. On croyait devoir repousser le mensonge et l'hypocrisie [1].

Nous manquons de notions précises sur le gouvernement de l'ancienne Marseille et sur ses diverses magistratures. Tout ce que nous savons, c'est que ses fondateurs, habitués aux lois de Phocée qui ne connut jamais la démocratie, ne choisirent pas des institutions populaires. Ils crurent qu'un gouvernement placé entre les mains de quelques principaux citoyens, convenait beaucoup mieux à une colonie naissante, entourée de dangers et d'ennemis. Leur gouvernement fut oligarchique. Mais il ne conserva pas long-temps cette forme. Il dut éprouver diverses variations, et fut insensiblement changé en une aristocratie mieux réglée, plus étendue, faisant participer au pouvoir un plus grand nombre de citoyens [2], s'approchant toujours plus des formes républicaines, jusqu'à ce qu'enfin il fut assis sur une base invariable, telle que celle que nous fait connaître Strabon [3]. Ce dernier changement dut arriver lorsque la seconde migration des Phocéens vint agrandir

---

[1] Valère-Maxime, *ibid.*
[2] Arist. Politicon. liv. v, c. vi.
[3] Liv. iv, c. i.

Marseille, car il annonce une population considérable et une organisation politique dans tout
son développement. Alors l'autorité souveraine
résida dans un conseil de six cents Sénateurs appelés Timouques, c'est-à-dire, Honorables. Cette
dignité était à vie. Pour en être revêtu, il fallait
avoir des enfants et être citoyen par trois générations. Les membres de ce grand conseil en choisissaient quinze parmi eux pour les présider, pour
exercer la police et diriger l'administration publique. Les quinze étaient à leur tour présidés
par trois d'entr'eux sur lesquels l'autorité se trouvait plus particulièrement concentrée. Le conseil
des six cents votait les lois, était seul maître de
faire la paix ou la guerre, de nommer des ambassadeurs, de prononcer sur tout ce qui était relatif au culte religieux et aux grands intérêts de
l'Etat.

Dans ce système de gouvernement, trois magistrats, revêtus de fonctions à peu près semblables à celles des consuls romains, exerçaient le
pouvoir exécutif, en agissant de concert avec
les membres du conseil des douze, ou du petit
conseil. Quelle était la durée de ces fonctions?
Etaient-elles à vie, comme celles des six cents?
Nous n'avons aucun document pour résoudre
cette question.

Le mode de nomination des membres du grand
conseil nous est également inconnu. L'antiquité

nc nous a rien transmis sur ce point. L'étaient-ils par droit de naissance, ou par élection populaire? Quel était l'âge de l'éligibilité? Y avait-il dans la république un corps permanent de noblesse héréditaire? Y avait-il plusieurs ordres de citoyens? Le peuple était-il divisé en tribus? Ces problèmes, comme tant d'autres plus ou moins importants, n'auront jamais une solution certaine. Les anciens ne nous ont rapporté que quelques traits sur le gouvernement de Marseille dont ils n'ont parlé que par occasion et pour en faire l'éloge. L'ouvrage d'Aristote, destiné à nous le faire connaître d'une manière plus spéciale, n'eût peut-être pas éclairci tous nos doutes; car en général les historiens de l'antiquité négligent un peu trop le genre de détails dont nous sommes aujourd'hui si curieux. Comment pourrions-nous connaître parfaitement le système d'élection des Timouques marseillais, lorsque nous ne savons pas comment se formait le Sénat romain aux diverses époques de la république? Il est probable que les Timouques étaient nommés par le peuple, car, sans cela, le gouvernement de Marseille, déjà si aristocratique par l'exercice des fonctions à vie des membres du grand conseil, n'eût été qu'un gouvernement détestable, semblable aux républiques italiennes du moyen âge. Et quel titre eût-il eu au respect des écrivains de la Grèce et de Rome, habitués à contempler, sous des formes différentes, l'existence plus ou moins active de la puissance populaire? C'est sans doute dans l'élection des Timouques que se trouvait l'élément démocratique de la constitution marseillaise. Il y a pourtant des objections contre cette probabilité. Les anciens avaient des notions sur la balance des pouvoirs et la souveraineté mixte ; mais ils n'ont jamais connu le système de la représentation politique qui relève si haut la dignité humaine, et qui est aujourd'hui la conquête ou le besoin de toutes les sociétés civilisées. Ces nations si célèbres, qui ont laissé après elles tant de souvenirs de grandeur, avaient un territoire d'une très petite étendue, et leurs derniers citoyens grandissaient à leurs propres yeux, en voyant sous eux un peuple esclave. Elles ne pouvaient guère avoir l'idée de déléguer à des assemblées la plénitude du pouvoir souverain. Il n'y avait point pour elles d'intermédiaire. Elles exerçaient elles-mêmes ce pouvoir ; ou bien, si des corps délibérants en étaient investis, ces corps n'étaient point formés par le peuple : ils ne recevaient aucun mandat.

Marseille avait toutes les croyances religieuses des Grecs ; elle adorait les mêmes divinités. Jupiter, considéré comme le maître de l'Olympe et de la foudre, comme le père des dieux et des hommes, y avait un culte et des autels. Marseille éleva aussi des temples à Minerve, à Apollon et

à Diane. L'Apollon de Delphes et surtout la Diane
d'Éphèse furent toujours pour elle les objets sacrés
d'une adoration particulière. Pausanias assure que
les Marseillais, après un combat glorieux contre
les Carthaginois, envoyèrent au temple d'Apollon,
à Delphes, une statue de ce dieu, comme les pré-
mices de la victoire [1]. Strabon nous dit aussi que
les Romains voulant consacrer la statue de Diane
dans un temple élevé sur le mont Aventin, con-
sultèrent les Marseillais sur le culte qu'il fallait
lui rendre [2], et Denys d'Halicarnasse [3] nous apprend que la dédicace de ce temple fut faite vers
l'année 212 de la fondation de Rome [4].

Les Marseillais renfermèrent dans l'enceinte
de la citadelle les temples d'Apollon et de Diane,
et conservèrent, pour honorer ces divinités tuté-
laires, toutes les cérémonies et tous les rits pra-
tiqués à Delphes et à Ephèse. Ils n'oublièrent jamais que c'est sous les auspices de la chaste déesse
que leur ville fut fondée. Aussi ils lui rapportè-
rent tous leurs succès, et lui accordèrent la plus
grande part dans leurs hommages. Toute la magnificence du culte, toute la pompe des sacrifices

---

[1] *Phoci.* p. 642.
[2] Liv. IV.
[3] Liv. IV.
[4] C'est-à-dire avant la 60ᵉ olympiade. Ce qui prouve encore
que Marseille avait été fondée par les Phocéens avant les conquêtes des Perses dans l'Ionie.

lui fut réservée. Comme à Ephèse, le temple de
Diane dut jouir à Marseille des prérogatives les
plus étendues; il dut offrir un asile assuré aux esclaves fugitifs, aux débiteurs et aux coupables.
Celui qui avait été assez heureux pour embrasser
les saints autels de cette protectrice, ne pouvait
plus être atteint par la justice humaine. Malheur
au téméraire qui osait profaner son sanctuaire
inviolable! Les prêtres irrités lançaient aussitôt
sur sa tête leurs anathèmes vengeurs, et son im-
piété sacrilége n'avait point de pardon à espérer.
Il est probable que les Marseillais, comme tous
les Ioniens, faisaient desservir ce temple par des
étrangers. Ils en faisaient venir les prêtres de
divers pays. Le sacerdoce était au prix d'une
horrible mutilation, et de jeunes vierges concouraient avec les prêtres au service de la déesse.

Les Marseillais croyaient à l'immortalité de
l'ame, à l'existence d'un autre monde et d'un
avenir réparateur; mais ce dogme si pur et si
consolant fut dégradé chez eux, comme partout
ailleurs, par des idées superstitieuses.

Des auteurs sans philosophie et sans critique,
adoptant aveuglément les récits de Lucain et de
Pétrone, ont dit avec confiance que les Marseillais avaient l'exécrable coutume d'immoler à
leurs dieux des victimes humaines. Le chantre
de Pharsale place près de Marseille cette forêt
sacrée et dès long-temps inviolable qu'il décrit

en vers si pompeux. Ses branches entrelacées, écartant les rayons du soleil, enfermaient de froides ténèbres sous leur épaisse voûte. Les riantes divinités des campagnes, les Sylvains et les Nymphes, n'habitaient point ce lieu redoutable, qui cachait à la lumière un culte barbare et d'affreux autels. Tous les arbres y dégouttaient de sang humain. Les oiseaux n'osaient s'y reposer, et les bêtes féroces elles-mêmes reculaient d'épouvante. Les vents craignaient d'y faire entendre leurs sifflements lugubres, et la foudre évitait d'y tomber. La forêt portait son horreur avec elle. On y voyait couler en abondance une onde impure et noire ; on y voyait les simulacres informes et mutilés des dieux qu'on adorait [1].

[1] *Lucus erat longô nunquàm violatus ab œvo,*
Obscurum cingens connexis œra ramis,
Et gelidas alte submotis solibus umbras.
Hunc non ruricolœ panes, nemorumque potentes
Sylvani, Nymphœque tenent; sed barbara ritu
Sacra deum, structœ sacris feralibus arœ.
Omnis et humanis lustrata cruoribus arbos.
Si qua fidem meruit superos mirata vetustas,
Illis et volucres metunt insistere ramis,
Et lustris recubare ferœ. Nec ventus in illas
Incubuit Sylvas, excussaque nubibus atris
Fulgura; non ullis frondem prœbentibus auris,
Arboribus suus horror inest. Tum plurima nigris
Funtibus unda cadit; simulacraque mœsta deorum
Arte carent, cœsisque extant informia truncis, etc.

Liv. III.

Suivant Pétrone, un pauvre se dévouait lui-même à la mort dans une calamité publique. Promené pompeusement par les rues, il recevait les exécrations des habitants qui suppliaient les dieux de faire tomber sur cette victime expiatoire les funestes effets de leur colère. Après cette cérémonie, il montait sur le bûcher, et le sacrifice se consommait [1].

Ces récits sont évidemment fabuleux. Toutes les vraisemblances les repoussent. La forêt décrite par Lucain n'est qu'une fiction poétique [2]. Pétrone n'inspire pas une grande confiance, et son témoignage aurait besoin de quelque appui. Ces sacrifices sanguinaires pouvaient-ils s'accorder avec le système religieux des Marseillais, avec le culte riant de la Grèce? Comment concilier cette froide cruauté avec la douceur de leurs mœurs, avec la bonté de leurs lois, avec les traditions de leurs ancêtres, avec leur civilisation épurée? Et ces pauvres qui se dévouent volontai-

---

[1] Satiric. p. 299.

[2] César, dans ses Commentaires, n'en parle pas, et il est si peu vrai, comme nous le verrons dans le cours de cette histoire, que, lors du siége de Marseille, il abattit cette forêt pour la construction de ses tours et de ses machines de guerre, qu'il nous assure lui-même que c'est à Arles et non à Marseille qu'il commanda douze galères. (*De Bell. Civ.* lib. I, § VII). Il n'y avait donc point de bois dans le voisinage de Marseille.

rement et de gaîté de cœur à un affreux supplice!
cela est-il dans l'ordre de la nature? cela est-il
croyable?

On a dit que les représentations théâtrales
étaient prohibées par les lois de l'ancienne république. On s'est appuyé, dans cette opinion, sur
un passage de Valère-Maxime qui paraît n'avoir
pas été bien compris [1]. Ce passage ne peut être
relatif qu'aux histrions et aux pantomimes, cor-
rupteurs de la jeunesse. On ne les laissait pas
monter sur la scène, de peur que l'habitude de
voir leurs fictions n'inspirât l'idée de les imiter ;
mais on ne défendait que les pièces représentant
des actions infames. Il est impossible de croire
que les Marseillais n'aient jamais fait représenter
les tragédies de Sophocle et d'Euripide ; qu'ils
aient proscrit les jeux scéniques dont tous les
Grecs furent avides ; pompes religieuses et natio-
nales qui, réveillant dans les cœurs des citoyens
assemblés les grands souvenirs d'une patrie glorieuse, sympathisaient si bien avec leurs affections
et leurs besoins, et entraient, pour ainsi dire,
dans la constitution politique.

Les magistrats surveillaient l'éducation publi-

---

[1] *Eadem civitas*, dit cet auteur, *severitatis custos acerrima
est. Nullum aditum in scenam mimis dando, quorum argu-
menta majore ex parte stuprorum continent actus, ne talia
spectandi consuetudo, etiam imitandi licentiam sumat.* Liv. II,
ch. VI.

que dont ils connaissaient toute l'importance.
Ils s'efforçaient de lui donner une direction
utile et patriotique. La gymnastique, si honorée chez les anciens, était à Marseille la base
de cette éducation. Les corps et les ames de la
jeunesse se développaient dans une foule de jeux
et d'exercices.

Il est probable que les Marseillais suivaient,
dans cet usage, les mêmes règles que les villes
de la Grèce. Les jeunes gens étaient distribués
en plusieurs classes : la première était celle des
enfants, inscrits à l'âge de sept ans sur un rôle
particulier, jusqu'à l'âge de dix-huit ans accomplis. Ils montaient alors à celle des jeunes gens,
des éphèbes. Ils y demeuraient deux ans, pendant
lesquels ils achevaient leurs cours de gymnastique et commençaient l'apprentissage militaire.
Inscrits à vingt ans sur le rôle des soldats, ils
y restaient jusqu'à soixante, à moins qu'un cas
d'empêchement ou d'exception ne leur enlevât
l'honneur de servir la patrie.

Les enfants et les éphèbes obéissaient à des
officiers qui veillaient sur leurs mœurs et diri-
geaient leurs exercices. Ces officiers étaient eux-
mêmes subordonnés au gymnasiarque, ou surin-
tendant du gymnase, qui n'était nommé que
pour un an.

A Athènes, les enfants des citoyens indigents,
destinés à la pratique des arts mécaniques, n'é-

taient point admis au gymnase. Il en devait être ainsi à Marseille [1].

Les Marseillais reçurent de l'Ionie leur législation, leur police, leur administration civile. Ce fait est attesté par Strabon dont le témoignage n'est pas suspect [2]. Les lois étaient exposées en public, pour que chacun pût en prendre connaissance [3]. Dans la colonie pauvre et naissante, elles durent être simples comme ses mœurs, peu nombreuses comme ses besoins. Ainsi furent d'abord à Rome les lois royales et celles des douze tables. Plus tard Marseille ayant réussi à s'asseoir, le nombre de ses citoyens s'étant accru, son commerce ayant pris de l'activité et de l'extension, il lui fallut perfectionner sa législation primitive. Il fallut faire aux lois ioniennes quelques changemens appropriés à une position nouvelle, à des circonstances différentes et à un peuple agrandi. Une chose le prouve; c'est que la législation d'Athènes était en vigueur dans l'Ionie, et que nous trouvons dans Marseille plusieurs lois qui ne nous paraissent pas avoir régi les Athéniens.

Il en est une tellement singulière que plusieurs écrivains en ont révoqué en doute l'existence, et parmi eux se trouve Voltaire qui la repousse avec

[1] Papon, Hist. génér. de Provence, t. i, p. 26 et 27.

[2] Lib. iv.

[3] *Ibid.*

cette piquante ironie qui lui est si familière [1].
Valère-Maxime nous raconte [2] que lorsque la vie
devenait à charge à un citoyen, il exposait devant
le conseil des six cents les raisons qui lui faisaient
désirer la mort. Si ces raisons paraissaient bonnes, le conseil lui accordait la permission de ter-
miner ses jours infortunés, et on lui fournissait
à cet effet du poison. Valère-Maxime ajoute que
la même loi existait à Ceos, île de la mer Egée.
Ce fait doit paraître incroyable au premier aspect.
Mais l'auteur qui nous l'a transmis est digne de
foi. Il nous a donné sur Marseille plusieurs renseignements que l'on adopte comme véridiques.
Pourquoi y aurait-il ajouté une fable? N'y a-t-il
aucune différence entre nos mœurs et celles des
anciens? N'avaient-ils pas, touchant le suicide,
d'autres idées que celles qui sont aujourd'hui généralement reçues? Ils le regardaient comme un
acte d'héroïsme : les écoles de philosophie reten-
tissaient de sa louange. La secte de Zénon, qui sut
embellir de tant de vertus l'humanité consolée,
applaudissait à l'homicide de soi-même et l'enseignait à ses disciples. On vit plusieurs grands
hommes mettre ces doctrines en pratique, et se
réfugier dans la mort avant l'instant marqué par
la nature. Il y a pourtant bien loin d'une opinion

---

[1] Dictionnaire philosophique, au mot *suicide*.

[2] Liv. II, C. VI.

spéculative et de quelques actes isolés, à une institution politique, et les motifs qui en ont inspiré
la bizarre création échappent à nos recherches.

Une justice impartiale fut toujours le premier
besoin des peuples, et les lois, quelque sages
qu'elles soient, ne leur suffisent pas; il leur faut
encore des magistrats intègres et éclairés. Un
exemple, rapporté par Lucien, démontre que les
Marseillais punissaient sévèrement les juges pré-
varicateurs. Un de ses juges, nommé Ménécrate,
ayant eu la faiblesse de se laisser corrompre par
des présents, rendit une sentence inique. Le peuple indigné l'accusa ; la preuve de son crime fut
acquise. Déclaré infame, ses biens furent confis-
qués. Il adorait une fille unique qui était difforme
et paralytique. Lorsqu'il était comblé d'honneurs,
lorsqu'il jouissait de l'estime de ses concitoyens,
il pouvait espérer pour elle un hymen avantageux ; mais accablé de honte, devant traîner dans
la misère une existence flétrie.... cette idée l'accablait. Un jour il la déposait dans le sein de
Zénothémis, son fidèle ami. Rassurez-vous, lui
répondit cet homme vertueux, les dieux sont favorables à votre fille. En même temps il les em-
mène tous les deux chez lui, fait préparer un
festin brillant; plusieurs convives s'y trouvent.
Bientôt arrive le moment des libations accoutu-
mées. Zénothémis remplissant sa coupe et la pré-
sentant à Ménécrate : «Recevez, lui dit-il, ô mon

père, recevez cette coupe de la main de votre gendre. Aujourd'hui j'épouse votre fille, ces convives m'en sont témoins ; ils sont aussi témoins que je déclare partager tous mes biens avec vous.» Ce digne ami tint sa parole. Il trouva le bonheur dans cette union, et un fils d'une rare beauté en, fut le fruit. Zénothémis le présenta un jour aux Sénateurs assemblés. L'action sublime du père les remplit d'admiration ; l'air suppliant du fils les attendrit, et ce jeune homme fut rétabli dans les biens et la charge de Ménécrate [1].

Le territoire de Marseille ne s'étendait guère d'abord au-delà des remparts. Les victoires qu'elle remporta sur Comanus et Catumandus lui firent ensuite acquérir quelques districts qui pourtant ne purent suffire aux besoins de son commerce et de sa marine. Elle sentit la nécessité de s'étendre sur la côte et en conquit plusieurs points par son courage. Elle fonda un grand nombre de colonies, car c'était le meilleur moyen de protéger ses intérêts commerciaux. Elle bâtit Nice, *Nicæa,* c'est-à-dire *la Victorieuse,* en commémoration d'une victoire remportée sur les Liguriens. Elle eut soin de choisir, pour fonder ces établissements, tous les points de rochers qui s'avançaient dans la mer, et elle les fortifia. Elle bâtit encore Antibes, *Antipolis,* ainsi nommée parce qu'elle

[1] Lucian. *de Amicitiâ.*

était vis-à-vis de la ville de Nice, et ce nom indique nécessairement que Nice a eu une fondation antérieure ; *Citharista*, aujourd'hui la Ciotat ; *Agatha*, aujourd'hui Agde ; *Olbia* et *Tauroentum* qui n'existent plus. Olbia, qui devait être une ville assez considérable, était située à deux milles à l'est des Salins d'Hyères. Tauroentum était un bourg muni d'un château fort et pourvu d'un port excellent à l'orient de la Ciotat. On attribue encore à Marseille la fondation de plusieurs villes sur les côtes d'Espagne et d'Italie ; *Hemeroscopium*, aujourd'hui Dénia, dans le royaume de Valence, entre le cap Saint-Antoine et l'embouchure du fleuve Xucar ; Empurias et Roses dans la Catalogne ; *Eléa*, dans le golfe de Salerne, et *Lagaria* près de Thurium. Marseille établit aussi dans l'intérieur des marchés, tels que *Gargarius* [1], *Trittis* [2], *Glanum* [3] et un grand nombre d'autres jusque dans le cœur de la Gaule.

Il est difficile de fixer, même approximativement, l'époque de la fondation des différentes colonies marseillaises. Peut-être même plusieurs d'entre elles ne doivent pas leur naissance à Marseille, et il est très possible qu'elles aient été fondées par d'autres peuplades de Phocéens et

[1] Saint-Jean-de-Garguier.
[2] Trets.
[3] Saint-Remi.

d'Ioniens. Cette observation s'applique surtout à Tauroentum. Apollodore, dans son premier livre des Géographiques, raconte qu'un vaisseau des Phocéens, séparé de la flotte par une tempête, fut poussé sur la côte, et ceux qu'il portait, ne voulant plus rejoindre leurs compagnons, jetèrent les fondements d'une ville qu'ils appelèrent *Tauroeis*, parce que ce bâtiment avait un taureau pour enseigne [1]. Cet événement se rapporte à la seconde migration des Phocéens qui vinrent augmenter la population de Marseille, fondée depuis soixante ans. Quelles que soient la date et la cause de la fondation de toutes ces villes grecques répandues sur la côte, elles formaient une ligue heureuse contre la barbarie des indigènes. Elles regardaient Marseille comme leur métropole, et avaient les mêmes croyances, les mêmes fêtes, les mêmes sacrifices. « Dans toutes « les colonies que les Marseillais fondèrent, dit « Strabon, ils portèrent principalement le culte « de Diane avec tous les rits qui se pratiquaient « dans le temple d'Ephèse [2]. » Ces villes étaient unies à Marseille par une origine commune, par la conformité des mœurs et du langage, par la reconnaissance, par l'intérêt; mais elles jouissaient de l'indépendance politique dans toute sa

[1] *Steph. Byz.*, *in voce* Tauroeis.
[2] Liv. IV.

plénitude. La métropole ne leur envoyait pas des magistrats et ne leur dictait pas des lois. Elles se gouvernaient comme elles l'entendaient. Les Grecs n'eurent jamais d'autre système colonial. Chez nous, une colonie est une dépendance de la métropole; elle lui est assujettie dans tous ses rapports civils, politiques et religieux; mais les établissements formés par les Grecs, aux terres étrangères, devenaient des Etats libres qui cependant conservaient le souvenir de leurs fondateurs.

La victoire de Philippe à Chéronée [1] fit perdre aux Athéniens, jusque-là concurrents des Marseillais, toute leur prépondérance commerciale, et Marseille profita de l'abaissement de ces rivaux. Cependant les Phéniciens et les Carthaginois étaient les peuples qui poussaient le plus loin leurs courses maritimes. On a même des raisons de croire que sous Nécao, roi d'Egypte, de hardis navigateurs de la Phénicie, partant de la mer Rouge, furent assez heureux pour doubler la pointe de l'Afrique que nous appelons aujourd'hui le cap de Bonne-Espérance et pour rentrer dans la Méditerranée par les Colonnes d'Hercule; étonnante entreprise que Vasco de Gama renouvela bien des siècles après, mais avec le secours de la boussole, des instruments nautiques et d'une expérience que le temps seul peut donner. Ces

[1] L'an 338 avant J. C.

voyages périlleux, si justement admirés dans l'antiquité, n'avaient servi qu'à faire briller le courage patient de quelques marins héroïques. Ils avaient été sans résultat avantageux pour le commerce et la géographie. Ils n'avaient fait acquérir que des notions incertaines, vagues et confuses, plus funestes souvent qu'une ignorance complète. Les Phéniciens et les Carthaginois, dirigeant toute leur ambition vers un commerce exclusif, cachaient sous un voile impénétrable la connaissance de leurs découvertes et de leurs opérations mercantiles. Ils recouraient à toutes sortes de moyens, ils faisaient même des récits fabuleux pour prévenir ou détourner des tentatives de concurrence. Ils possédaient seuls le commerce de l'étain que les Iles *Cassitérides* [1] fournissaient en abondance, et dont les anciens, et particulièrement les Gaulois, faisaient un grand usage. Ils possédaient seuls encore le commerce du succin, ou de l'ambre jaune, objet d'une grande valeur chez les nations anciennes. Pline nous apprend que la médecine l'employait fréquemment [2]; mais ce n'est pas à ce titre qu'il était le plus recherché. Les femmes le prisaient autant que les plus belles perles. On en faisait même des vases et d'autres ouvrages.

[1] Les Iles Britanniques.
[2] Liv. xxxvii, ch. 11.

Marseille nourrissait depuis long-temps un grand et beau projet. Il lui fut inspiré par l'amour des sciences, joint au désir d'étendre ses relations commerciales, de perfectionner sa navigation, et de connaître la source des richesses que procuraient l'étain et l'ambre jaune à deux peuples dominateurs et jaloux. Elle méprisait leurs vues étroites; sa politique généreuse n'eut jamais d'autre objet que celui d'assurer la liberté des mers. Elle n'encouragea ses navigateurs que pour jeter de saines idées dans les esprits et de nouvelles lumières dans le monde. Les côtes occidentales de notre hémisphère lui étaient peu connues; elle ne connaissait pas du tout celles du nord. C'est vers ces points que Marseille voulait diriger des recherches utiles; c'est la vérité qu'elle désirait mettre à la place de tant d'impostures intéressées; c'est son pavillon qu'elle avait le dessein de porter aux extrémités de la terre, plus loin que les vaisseaux de Tyr et de Carthage, et sur des mers vierges de toute tentative humaine. Le temps était venu d'exécuter ce projet glorieux, ces conquêtes pacifiques de la science, les seules que la raison puisse avouer, parce qu'elles sont les seules qui tournent au profit des peuples. Marseille en avait tous les moyens, et elle ne les laissa pas échapper. Alors elle était riche de deux citoyens illustres qui étaient sans rivaux dans tout l'Occident par leurs méditations et leur génie : Pythéas, astronome profond, habile géographe, intrépide navigateur; Euthymènes, son compagnon d'étude et de gloire, marchant sur ses traces et les suivant de près.

Les savants, qui s'accordent tous à dire que ces Marseillais célèbres étaient contemporains, ne sont point d'accord sur le temps où ils ont vécu. Vossius [1] et le P. Hardoin [2] le placent sous le règne de Ptolémée-Philadelphe qui monta sur le trône l'an 284 avant J. C. Gassendi [3], trompé par un passage de Polybe dont il n'a pas bien saisi le sens, soutient que Pythéas fut contemporain de P. Scipion, père du vainqueur d'Annibal, et consul l'an 218 avant l'ère chrétienne. Bayle, en combattant l'une et l'autre opinion, place vaguement ce temps dans le siècle d'Alexandre. Ne peut-on pas donner une date plus précise? Polybe, cité par Strabon [4], assurait que Dicéarque, disciple d'Aristote, avait lu les ouvrages de Pythéas. Ce grand homme vivait donc avant les conquêtes d'Alexandre. Bougainville [5] établit très bien qu'Aristote, en composant son Traité des

---

[1] *De Hist. græc.* liv. IV, ch. XI.

[2] *In Plin.* t. I, p. 65.

[3] *Peireskii vita*, lib. V.

[4] Liv. II.

[5] Eclaircissements sur la vie et sur les voyages de Pythéas. Mémoires de l'Académie royale des inscriptions et belles-lettres, t. XIX, p. 146 et suiv.

Météores, connaissait les écrits de Pythéas. Or,
cet ouvrage est antérieur à l'expédition du conquérant grec dans les Indes. Cela est si vrai que
l'auteur, dans l'énumération qu'il fait des grandes rivières, ne parle point du Gange, connu
seulement aux Grecs depuis cette expédition. La
date des écrits de Pythéas remonte donc avant
l'année 327, date de la conquête des Indes, et le
grand homme qui fit l'ornement de Marseille antique, était au moins contemporain d'Aristote,
si même il n'est pas plus ancien que lui.

A cette époque, l'Occident ne possédait que des
idées fautives ou superstitieuses dans les sciences
exactes. Une astronomie ignorante bornait ses
résultats à la connaissance de quelques constella-
tions. Pythéas, né avec le goût des études fortes
et sérieuses, se livra, dans le sein de sa patrie,
à des travaux immenses qui donnèrent une active
impulsion à l'intelligence humaine, et la préparèrent à d'autres progrès et à d'autres perfec-
tionnements. Il ne voulut pas ressembler à ces
philosophes oisifs et bavards qui, sur les bancs
du Portique, ou sous les platanes d'Académus,
croyaient faire briller leur imagination par des
rêves bizarres et des théories inutiles. Il savait
tout ce que les pythagoriciens enseignaient sur
la cause des éclipses et sur le système planétaire.
Hypparque lui-même reconnaît qu'il avait plus
de connaissances astronomiques qu'Eudoxe, un

des plus grands savants qui aient illustré la Grèce.
Plutarque nous apprend que Pythéas avait un
système particulier sur le flux et le reflux de la
mer [1]. Il paraît être le premier qui ait soupçonné
la liaison du phénomène des marées avec le mouvement de la lune, et Descartes, deux mille ans
après lui, a donné la même explication. Il écrivit
sur la différence des climats, sur les révolutions
des corps célestes, sur les étoiles qui s'aperce-
vaient autour du pôle boréal. Marseille est la
seule ville de l'antiquité qui ait eu sa latitude
déterminée avec la plus grande précision. Pythéas
fit cette observation célèbre en comparant l'ombre d'un gnomon qu'il fit construire à sa hauteur
au temps du solstice; comparaison de laquelle
Erathostène et Hypparque conclurent, suivant
Strabon [2], que la distance de Marseille à l'équa-
teur était de 43° 17'. L'observation de Pythéas
a été trouvée exacte par Gassendi, par le Père
Feuillée et par Cassini. Ce dernier remarque que
si l'on en savait exactement toutes les circonstances, elle servirait à décider la grande question
du changement de l'obliquité de l'écliptique [3].

[1] *De Placit. philosoph.* liv. III, art. XVII. *Pytheas Massiliensis
ait incremento quidem lunæ accessus fieri, decremento recessus.*

[2] Liv. II.

[3] Bougainville, Mémoire cité. — Azuni, Notice sur les voyages
maritimes de Pythéas; Mémoire publié par l'Académie de Marseille, année 1803.

Les ouvrages de Pythéas subsistaient encore au temps d'Etienne de Bysance, écrivain du 5ᵉ siècle. Ceux d'Euthymènes, également consacrés aux sciences astronomiques, géographiques et naturelles, se sont perdus depuis le siècle de Senèque au plus tôt. Suivant Artémidore d'E-phèse, cité par Vossius [1], Euthymènes avait laissé à la postérité une description de plusieurs pays étrangers. Il avait encore laissé une espèce de chronique, ou histoire des temps, dont Clément d'Alexandrie paraît avoir fait usage pour prouver à quelle époque vivait Homère [2].

La république de Marseille désigna d'une voix unanime Pythéas et Euthymènes pour diriger les expéditions mémorables dont elle fit sans doute les frais. Ils se chargèrent de cette périlleuse entreprise avec la joie si pure que donnent l'amour de la patrie et l'enthousiasme de la science.

Pythéas, voguant de cap en cap, côtoya l'Espagne jusqu'au détroit de Gibraltar. Au sortir du détroit, il remonta vers le nord, le long des côtes de la Lusitanie, doubla l'Aquitaine et l'Armorique, entra dans le Canal qu'on nomme aujourd'hui la Manche, suivit les côtes orientales de l'Ile Britannique, arriva à la partie la plus

---

[1] *De Hist. græc.* liv. III, pag. 174.

[2] Histoire littéraire de la France, tom. I, pag. 80.

septentrionale, et poussant toujours vers le nord, aborda, après six jours de navigation, une île que les Barbares nommaient *Thulé*[1], et où la durée du jour solsticial était de vingt-quatre heures; ce qui suppose 66° 30' de latitude septentrionale. On s'est livré à des recherches savantes sur la position de cette île, et l'on croit généralement qne c'est l'Islande. Des objets étonnants, des spectacles étranges frappèrent les regards de Pythéas et de ses marseillais. Quelle dut être leur surprise lorsqu'ils n'aperçurent sous un ciel inconnu qu'une nature engourdie et des frimats éternels?

Pythéas entreprit un second voyage vers le nord-est de l'Europe. Longeant toute la côte occidentale de l'Océan, il entra dans la mer Baltique par le détroit du Sund, et vogua jusqu'à l'embouchure d'un fleuve auquel il donna le nom de *Tanaïs*. Ce fut là le terme de ses courses. Bougainville fait très bien observer qu'il ne faut pas croire, avec Polybe et Gassendi, que le Tanaïs dont il s'agit ici soit le fleuve de ce nom qui se décharge dans le Palus Méotide. Il aurait fallu que Pythéas s'engageât dans l'intérieur de vastes contrées pour aller des bords de la mer Baltique à ceux de la mer Noire. Il est possible

---

[1] Strabon, liv. I. — Pline, liv. II, ch. IV, VI, XVI, XXXIV. — Cléomèdes, *de Sphærd*.

que le Tanaïs de ce voyageur soit la Vistule [1].

C'est vers le sud qu'Euthymènes dirigea les vaisseaux que Marseille plaça sous son commandement. Il parcourut les côtes occidentales de l'Afrique, d'où l'on tirait la poudre d'or, et pénétra jusqu'aux environs d'un grand golfe, *dans lequel tombait un fleuve considérable qui coulait vers l'Occident, et dont les bords étaient peuplés de crocodiles.* On croit que c'est l'embouchure du Sénégal. Ce ne fut point là, sans doute, le terme de sa navigation; mais nous n'avons pas d'autre renseignement sur ce voyage [2].

On a reproché à Pythéas et à Euthymènes d'avoir abusé de la crédulité de leurs contemporains et du privilége des voyageurs. Le premier a été vivement attaqué par Polybe et par Strabon; le second l'a été avec autant de vivacité par Senèque. Il est possible qu'ils aient, tous les deux, fait quelques erreurs dans leur récit; il n'en acquirent pas moins de grands titres à la reconnaissance de leur patrie et de leur siècle. Dans les entreprises les plus hardies, la plus petite circonstance malheureuse ne suffit-elle pas pour troubler les idées d'un homme de génie? C'est ainsi que l'immortel Christophe Colomb

[1] Mémoire cité.

[2] Senec. *Quæst. nat.* liv. iv, chap. ii.—Plutarq. *de Placit. philosoph.* liv. i, art. i.

fut saisi de frayeur dans son second voyage au nouveau monde, alors que dirigeant sa route au midi pour tâcher de découvrir un continent, après n'avoir trouvé que des îles, il fut arrêté par les courants dont l'étendue considérable et la direction toujours opposée à sa route l'obligèrent de retourner à l'Occident pour chercher terre. Il croyait que la mer allait en s'élevant vers le ciel, du côté du midi, et c'est ce qui l'avait empêché d'avancer dans cette direction [1]. Lorsque Colomb a failli, avec l'expérience de son siècle dans l'art nautique, Pythéas et Euthymènes n'ont-ils pas pu errer? Dans ces voyages justement admirés, les Marseillais étudièrent les mœurs et les coutumes de plusieurs nations dont personne n'avait jusques alors soupçonné l'existence; ils enrichirent la géographie et l'histoire naturelle de découvertes importantes, et par eux l'univers s'agrandit.

Le voyage de Pythéas fut surtout utile à Marseille, en découvrant les pays d'où les Carthaginois et les Phéniciens tiraient l'étain et le succin. Depuis lors elle partagea avec eux cette branche de commerce lucratif. Ses vaisseaux allaient aussi chercher l'ivoire, la gomme et les esclaves en Afrique; des métaux, du miel, des laines et des toiles en Espagne. Les Espagnols de ce temps-là

---

[1] Azuni, Notice citée.

étaient dans l'enfance des arts et de l'industrie.
Comme tous les peuples ignorants et grossiers,
ils n'éprouvaient que quelques besoins aussi simples que bornés, et estimaient beaucoup des
objets de peu de valeur dont les Marseillais leur
vantaient l'usage et le prix. Ceux-ci retiraient
de ce commerce d'immenses avantages [1].

Marseille était devenue une ville importante.
Son industrie faisait tous les jours des progrès; sa
puissance maritime était considérable; ses relations avec ses colonies étaient actives. Elle vit
accroître son influence et son commerce, lorsque
Tyr, qui avait follement irrité Alexandre, succomba sous ses armes victorieuses. Les historiens
de ce héros disent que parmi les ambassadeurs
étrangers qui lui rendirent hommage à Babylone, il y en avait qui étaient venus de la Gaule.
Le conquérant demanda à ces fiers Gaulois ce
qu'ils craignaient le plus. Il croyait sans doute
qu'ils allaient répondre que c'était lui. *C'est la
chute du monde,* lui dirent-ils d'un air intrépide.
On a cru que ces envoyés ne pouvaient être que
de Marseille; mais il n'y a rien de certain à
cet égard, et il n'est pas vraisemblable que des
Marseillais aient fait la réponse qui est prêtée
aux ambassadeurs gaulois.

[1] Diod. Sic. liv. v et vi.—Strab. liv. iv.—Pline. Hist.
nat. liv. xiv, xxv, xxviii, xxxvii.—Huet, Traité du Commerce, pag. 206.

Marseille dut avoir une jurisprudence commerciale. Nous n'en connaissons pas les éléments,
nous n'en possédons aucun texte; mais il paraît
qu'elle la tint des Ioniens, et que ces lois furent
les lois athéniennes adoptées par Phocée. Les
Marseillais ne durent pas faire de grands changements à ces lois. En général, la législation
commerciale est celle qui est la moins sujette à
la versatilité, et ses principes son indépendants
des variations qu'amènent les siècles et les événements politiques. Tel n'est point le droit civil,
essentiellement variable, toujours soumis aux
mouvements de la société. Il ne faut pas croire
que les premiers peuples qui se sont adonnés au
commerce et à l'industrie, n'aient eu besoin que
d'un petit nombre de lois vagues et incertaines.
Il leur a fallu au contraire des lois nombreuses
et précises, parce que l'industrie et le commerce
introduisent dans le même pays différentes sortes
de nations, beaucoup de contrats, d'espèces de
biens, et de manières d'acquérir [1]. Ce qui nous
fait croire aussi qu'il n'y eut pas une très grande
différence entre les lois commerciales de Marseille et celles d'Athènes, c'est que le petit nombre de notions qui subsistent sur la jurisprudence
des autres Etats de la Confédération Hellénique,

---

[1] Esprit des Lois, liv. xx, ch. xlviii. — Plato. *de Leg.*
liv. viii.

présentent des dispositions semblables à ce que nous savons des Athéniens. Chez ce peuple le commerce était si encouragé, que des peines étaient prononcées contre ceux qui reprochaient à un citoyen la médiocrité du trafic auquel il se livrait [1], et Solon avait assuré le droit de cité à tous ceux qui abandonnaient leur patrie pour embrasser à Athènes une profession commerciale. Dans la Grèce, comme à Marseille, aucun travail n'était déshonorant; il n'y avait de vil que la paresse. Les Marseillais, comme les Athéniens, durent prévoir et régler avec un soin particulier toutes les transactions auxquelles le commerce de terre et de mer, la banque, la commission et l'industrie manufacturière pouvaient donner lieu. Nous savons qu'à Athènes les livres des commerçans étaient le dépôt de la conscience; que la plus grande exactitude y était exigée, que la preuve qu'ils faisaient était admise [2]; que les formes, les conditions du prêt à la grosse étaient tracées [3]; que le commerçant qui n'acquittait pas ses obligations, perdait sa qualité; que celui qui faisait faillite était privé de l'exercice des droits de citoyen, et n'échappait aux poursuites de ses créanciers qu'en leur abandonnant tous

[1] Demosth. *in Enbulid.*

[2] Idem *in Callipium.*

[3] Idem *in Zenothemium.*

ses biens; qu'ils pouvaient aussi s'emparer de sa personne [1]. On était si convaincu de la nécessité de donner les plus fortes garanties aux prêteurs, qu'on était allé jusqu'à punir de mort celui qui avait contracté des dettes au-delà de ses facultés, et ne représentait pas les objets sur lesquels il avait emprunté.

A Athènes, les artisans pouvaient former entr'eux des corporations dont l'existence n'était soumise qu'à la condition de ne point porter atteinte à l'ordre public [2].

Il en était de même à Marseille. Nous savons que les artisans y formaient diverses corporations. Une inscription trouvée anciennement dans les caves de Saint-Sauveur mentionne un collége de marchands de bois, de charpentiers et de constructeurs, sous le nom de *Dendrophores* [3].

Tout indique que les Marseillais eurent le même droit maritime que les Athéniens. La ressemblance entre les lois d'Athènes et celles de Rhodes sur ce droit est constante. Le seul point qui puisse faire naître quelques doutes, est celui de savoir qui des Athéniens ou des Rhodiens a la priorité [4]. Les habitants de la Grèce et des rivages

[1] Demosth. *in Apaturium.*
[2] Polux, *Onomasticon, lib.* vii, *cap.* i *et* xxiii.
[3] Span. *Miscell. erud. antiq.*
[4] Pardessus, Collection des Lois maritimes, tom. i, pag. 48.

qui l'environnaient avaient la même jurisprudence, célèbre monument de sagesse [1]. Comment
n'admettrait-on pas que l'ancienne république
de Marseille ait adopté ces lois nautiques qui
régirent tous les peuples commerçants de l'antiquité, et qui sont venues se fondre, pour ainsi
dire, dans les ordonnances maritimes des peuples
de l'Europe?

Marseille, sans jeter l'éclat éblouissant des
conquêtes, sans être dotée de cette gloire des
armes, toujours si voisine des agitations, des
orages et du despotisme, florissait par les bonnes mœurs, les bonnes études et les bonnes lois.
Elle se distingua par la justice et son respect
pour les droits des autres peuples. Elle ne s'écarta
jamais des principes d'une sage modération. Elle
sut se garantir de ces vastes entreprises qui mettent en péril la destinée des Etats, et de ces grands
succès qui les corrompent. Montesquieu fait très
bien remarquer que la victoire de Salamine sur
les Perses corrompit la république d'Athènes,
que la défaite des Athéniens perdit la république
de Syracuse, et que celle de Marseille n'éprouva
jamais ces grands passages de l'abaissement à la
grandeur. Aussi se gouverna-t-elle toujours avec
sagesse, aussi conserva-t-elle ses principes [2]. Elle

[1] Pastoret, Dissertation sur les Lois maritimes des Rhodiens.

[2] Esprit des Lois, tom. i, liv. viii, ch. iv.

était libre et heureuse sous l'égide de ses institutions. Il fallait bien que ces institutions fussent
belles, puisque tous les auteurs de l'antiquité
s'accordent à en faire l'éloge; et quel éloge!
C'est de l'admiration, c'est de l'enthousiasme.
Poètes, orateurs, historiens, philosophes, ils
se réunisent tous dans un même sentiment, ils
ont tous le même langage. Tous ils représentent Marseille comme une ville modèle, comme
la république par excellence, comme le séjour
aimable de l'élégance, de la politesse et du bon
goût. Cicéron dont l'ame supérieure était si sensible aux beautés de l'ordre politique et de l'ordre
moral, ne parle qu'avec respect de la nouvelle
Phocée. Il croit que rien n'est comparable à la
bonté de sa police. Il s'écrie, dans un mouvement
d'éloquence : « Je ne t'oublierai pas, Marseille,
« toi qui surpasses en sagesse et en science non-
« seulement la Grèce, mais je dirai encore tous
« les peuples de l'univers, toi qui, aux extrémités
« de la terre, entourée de nations gauloises,
« pressée par les flots de la Barbarie, es si bien
« gouvernée par le conseil de tes principaux
« citoyens, qu'il est plus facile de louer tes lois
« que de les imiter [1]. » L'opinion de ce grand

---

[1] *Neque verò te, Massilia, prætereo, cujus ego civitatis dis-
ciplinam atque gravitatem, non solum Græciæ, sed haud scio
an cunctis gentibus anteponendam jure dicam; quæ...... Cùm
in ultimis terris, cincta Gallorum gentibus, Barbariæ fluctibus*

homme, qui avait approfondi la science du gouvernement et·médité sur les constitutions diverses des peuples, est une autorité bien puissante. Souvent, il est vrai, l'homme affligé de ce qui est sous ses yeux, dégoûté de ce qui l'entoure, aime, dans ses illusions, à embellir ce qui est éloigné, ne fût-ce que pour faire un contraste satirique. Tourmenté dans la société vicieuse où son existence est enchaînée, il a foi à des destins meilleurs, et son esprit abusé prête à des sociétés inconnues des charmes imaginaires. Cependant, quels que soient les goûts et les habitudes de notre nature, l'éloge si brillant que tous les écrivains ont fait des institutions de l'ancienne Marseille ne peut pas être exagéré. Nous devons voir dans la concordance et dans l'unanimité de leurs sentiments l'expression solennelle d'une de ces vérités historiques qui ne permettent pas le doute.

Les fondateurs de Marseille, nés dans une contrée riante qui éleva tant de monuments immortels à la gloire de l'esprit humain, avaient apporté avec eux l'amour des lettres et des sciences. Cet amour généreux ne s'éteignit jamais dans le cœur de leurs descendants. Toujours fidè-

alluatur, *sic optimatum consilio gubernatur, ut omnes ejus instituta laudare faciliùs possint quàm æmulari.* — Oratio pro L. Flaco.

les à de si nobles traditions, ils ne répudièrent
point les goûts et les doctrines de l'Ionie. Les
écoles de Marseille jouissaient d'une célébrité
éclatante, et n'avaient point de rivales dans
l'univers civilisé. Des professeurs publics y enseignaient, avec succès, la dialectique, l'éloquence, la géographie, la médecine, les mathé-
matiques et la philosophie. La jeunesse italienne
y accourait en foule, avide qu'elle était de ces
leçons savantes. L'Athènes des Gaules présentait
à l'observateur tous les avantages d'une civilisation avancée, unie à toute la simplicité des
mœurs primitives. C'était mieux que la civilisation de la Grèce. Dans ses murs ne se pressait
pas un peuple frivole, capricieux, moqueur,
amoureux de sophismes et de nouveautés, toujours porté aux extrêmes, embrassant avec une
égale ardeur et le bien et le mal, semblable
enfin à celui que faisait mouvoir Périclès. Le
peuple marseillais était laborieux, économe, ami
de l'ordre et des lois. Chez lui, point d'esprit
de faction, point de déchirements politiques.
On n'a à lui reprocher aucune de ces injustices
fameuses, si communes dans la turbulente démocratie d'Athènes qui inspira ce mot célèbre
de Platon, souhaitant au peuple un bon tyran -
aidé d'un bon législateur. L'étranger venait admirer à Marseille la puissance des arts bienfai-
sants qui avaient fait de belles conquêtes sur la

barbarie gauloise; qui, enseignant un autre droit
que celui de la force, une autre liberté que celle
d'une nature sauvage, avaient transformé des
cabanes de chasseurs en habitations agréables,
des sentiers impraticables en routes commodes,
des mœurs féroces et vagabondes en habitudes
plus morales et plus douces. Il venait y contempler les miracles d'une industrie créatrice,
l'active énergie des facultés intellectuelles, le
spectacle du génie de l'homme, vainqueur de
toutes les difficultés. Il venait y apprendre la
langue la plus sonore, la plus majestueuse qui
fût jamais, la langue d'Homère, de Sophocle et
de Démosthènes. Il venait y voir, non pas des
édifices somptueux, élevés par une opulence
orgueilleuse, insultant à la misère du peuple
et surchargeant inutilement la terre; mais des
monuments sans faste, consacrés à l'utilité nationale et au travail qui est la source des affections honnêtes; le gymnase, le palais des
Timouques, les temples d'Apollon Delphien et
de Diane d'Ephèse, les toits modestes sous lesquels Pythéas et Euthymènes avaient ouvert les
yeux à la lumière, l'arsenal si bien pourvu de
machines navales, les chantiers toujours en activité, le port où flottaient tant de pavillons, où
régnait tant de mouvement, et qui était le rendez-vous de toutes les nations commerçantes.
Marseille, justement honorée du titre de Sœur

de Rome, devint pour les Romains un séjour de prédilection et de délices.

Il est temps de parler des liaisons célèbres qui existèrent entre les deux républiques, et des événements que ces liaisons produisirent.

Marseille sentit de bonne heure le besoin qu'elle avait de l'alliance et de la protection des Romains, et Rome, de son côté, accorda son amitié à Marseille par plusieurs raisons politiques.

N'estimant que ce qui servait à la guerre, instituée pour la conquête et la domination, Rome honora toujours l'agriculture; mais elle regarda le commerce comme indigne de son génie et de ses destinées immortelles. Elle l'abandonna aux esclaves et aux affranchis. Il lui fallut pourtant une marine pour étendre sa puissance et lutter avec avantage contre Carthage, maîtresse orgueilleuse des mers. La fortune y pourvut, et le peuple romain qui sembla l'avoir à ses ordres en cette conjoncture, sut admirablement en mettre les faveurs à profit. Peuple étonnant qui fut poussé, comme par instinct, vers la science du commandement et la supériorité des armes! Jetée par la tempête sur les rivages d'Italie, une galère carthaginoise sert aux Romains de modèle, et il ne leur faut que trois mois pour avoir cent vingt navires, des matelots et des rameurs. Leurs essais sont soudain des triomphes. Ils s'élancent sur les mers, et ils en disputent l'empire à Carthage

tremblante. Myle, Ecmone, la Sicile sont les témoins de leur audace et de leurs exploits.

La marine des Romains fut toujours militaire,
jamais marchande. Elle leur servit à étendre et
à assurer leurs conquêtes; ils ne l'employèrent
point à obtenir des avantages mercantiles. Leurs
mœurs, leur éducation, la forme de leur gouvernement, leur droit civil et jusqu'à leur droit
des gens, les éloignaient du commerce. Il avait
toujours été honteux à leurs yeux de s'enrichir
par le trafic, et pendant très long-temps ils eurent une opinion et des lois peu favorables au
progrès des connaissances maritimes.

Insensibles aux jouissances intellectuelles, les
Romains, aux jours de leur grandeur et de leur
liberté, avaient aussi dédaigné la culture des lettres. Ils croyaient qu'elle étouffait dans les cœurs
des citoyens le patriotisme, le courage et les vertus publiques. Cela suffisait pour justifier leur
mépris. Ils plaçaient leur orgueil, et bien souvent leur morale, dans la force et la victoire. Ils
ne connurent jamais ces jeux brillants de la Grèce,
ces fêtes d'Olympie, qui donnaient à toutes les
puissances de l'ame une exaltation généreuse, et
furent pour un peuple avide d'émotions arden-
tes et poétiques, des instruments de génie, d'enthousiasme et de gloire. Les amusements de Rome
conquérante eurent toujours pour consécration
la douleur et la mort. Il lui fallut des spectacles

de sang, des combats de gladiateurs; elle exigea
que ces infortunés mourussent avec grâce. Voir
des rois enchaînés devant le char des triompha-
teurs, fut pour elle la pompe la plus douce et la
plus solennelle. Les Muses auraient-elles pu venir
se placer au milieu de ces dures institutions et
de ces mœurs sans pitié? Rome, toujours privée
de loisir, toujours en mouvement et en travail
pour des intérêts positifs, toujours absorbée par
la vie réelle, par les brigues du Forum, par les
exercices du Champ de Mars, par l'élection des
magistrats, par la lutte du Sénat et du peuple,
par des projets d'agrandissement, par une ambition insatiable, demeurait ainsi étrangère au
sentiment du beau dans les lettres et les arts.
Malgré son soleil inspirateur, tout chez elle porta
l'empreinte de la rudesse. Rome finit pourtant
par les recevoir ces sciences qu'elle avait si
imprudemment méprisées; mais elles entrèrent
dans son sein, à la suite des peuples vaincus et
humiliés, avec la corruption, avec le luxe et
tous les vices qui formaient leur cortége. Elles
n'arrivèrent que pour voir le hideux tableau des
guerres civiles, les convulsions de l'anarchie, et
les derniers efforts de la liberté mourante. L'origine de leur droit de cité eut toujours sur leur
direction une influence funeste. Sans caractère
national, elles ne surent que jeter quelques
fleurs sur les chaînes de la servitude; et Rome,

pour ne pas les avoir employées plus tôt au profit
des améliorations sociales et de la dignité humaine, expia ainsi sa faute et ses mépris.

Avec ses maximes et sa politique, Rome ne pouvait pas être jalouse de la prospérité de Marseille
qui ne grandissait que par le commerce, les lettres et les bonnes lois. En général, comme le remarque très bien Montesquieu [1], la république
romaine fut toujours portée à favoriser les peuples commerçants, et si elle attaqua Carthage,
ce fut comme nation rivale, et non comme nation
commerçante. Il lui parut utile et bon d'avoir
sur les côtes celto-liguriennes une ville alliée
qui pût l'avertir des entreprises des Gaulois, et
surveiller ces ennemis redoutables qui la frap-
paient d'une si grande épouvante qu'un mot
particulier avait été ajouté à la langue latine
pour désigner la menace de leur invasion, et
que la loi qui dispensait les prêtres et les vieillards d'aller à la guerre, cessait, par exception,
d'être observée, dans le cas de cette invasion
alarmante [2]. Elle prévoyait d'ailleurs que le
commerce et les arts de Marseille, civilisant
ces peuplades farouches, les rendraient ainsi

[1] Esprit des Lois, liv. xxi, ch. xiv.

[2] Salluste peint bien toute l'étendue de cette terreur, lorsqu'il dit des Romains que toute autre chose était facile pour
leur courage, mais que dans leurs guerres avec les Gaulois,

moins belliqueuses. L'événement justifia cette prévoyance.

Marseille, à son tour, était sans cesse menacée par ces voisins terribles qui la regardaient comme une riche proie. Ses colonies étaient exposées à être envahies et détruites. Quoique ses propres ressources lui eussent souvent suffi, quoique dans plusieurs occasions périlleuses, le courage de ses habitans eût déjoué les efforts des Barbares, elle avait besoin d'une protection efficace que Rome seule pouvait lui donner. D'ailleurs, un autre motif engageait Marseille à demeurer fidèle au peuple romain, à s'intéresser au succès de ses entreprises, à faire des vœux pour sa gloire et sa grandeur. Elle rivalisait avec Carthage par l'industrie, par la navigation, par ses connaissances commerciales; mais elle lui était inférieure en puissance. Elle ne fondait pas son opulence sur l'ambition et les conquêtes. Son génie était plus pacifique, son caractère moins avide. Sa prospérité, qui ne jetait pas un si vif éclat, reposait sur une base plus pure. La puissance de Carthage fit donc une loi à Marseille de s'attacher fortement à Rome, et d'en épouser les intérêts et les querelles.

c'était pour leur propre salut et non pour la gloire qu'ils combattaient.

Alia omnia virtuti suæ prona esse; cum Gallis pro salute, non pro gloriá certari. — Jugurth. cxi.

Les Marseillais saisirent avec empressement toutes les occasions de donner au peuple romain des preuves éclatantes de fidélité. Ils le soutinrent par leur secours dans des circonstances critiques [1]. Ils avaient envoyé des députés à Delphes pour déposer leur offrande sur les autels d'Apollon. Ces députés passèrent par Rome, à leur retour, au moment où les Gaulois Sénonais venaient de prendre la ville et de la livrer aux flammes. Le Capitole seul résistait. Il était pressé par Brennus qui, pour lever le siége, demandait des sommes énormes qu'un peuple nourri dans la pauvreté ne pouvait pas payer. Les députés de Marseille se hâtèrent de retourner dans leur patrie. Ils apprirent ou confirmèrent à leurs concitoyens les désastres de Rome. La consternation devint aussitôt générale; mais les Marseillais ne crurent pas accomplir par des marques de deuil les saints devoirs de l'amitié; ils ne se bornèrent pas à payer à une illustre infortune un stérile tribut de larmes. Ils recueillirent tout l'argent du trésor public, et le firent porter aux vaincus par les mêmes députés. Quelle reconnaissance, quelles bénédictions ne dut pas faire naître dans Rome l'arrivée de cette généreuse ambassade? Les Gaulois avaient été chassés, et Camille s'était vengé

---

[1] *Massilia cujus societate et viribus in discriminibus arduis fultam aliquoties vidimus Romam.*—Ammien-Marcell. liv. xv, ch. II.

de sa patrie ingrate, en la sauvant. Les Romains n'avaient plus besoin du secours des Marseillais ; mais en le refusant, ils accordèrent à ces alliés fidèles des distinctions honorables. Ils leur donnèrent rang parmi les sénateurs dans les spectacles publics [1].

Marseille ne fut pas à même d'être utile aux Romains dans leurs longues guerres contre les peuples d'Italie, ni dans celles qu'ils eurent à soutenir contre Pyrrhus; mais, dans les guerres puniques, l'occasion ne lui manqua pas de faire éclater sa fidélité.

Annibal, cherchant des périls et des exploits dignes de son grand cœur, forma, du fond de l'Espagne, le hardi projet de porter la guerre en Italie, et d'attaquer, au centre de son empire, cette Rome qui était encore dans la force de son institution et qui n'avait pas perdu ses vertus patriotiques. Il n'avait ni magasins, ni places, ni ressources assurées, ni espérance de retraite en cas de défaite; mais il se confia à sa fortune, à son génie, et à sa haine pour le nom romain. Il savait que les Gaulois Cisalpins l'attendaient avec empressement. Ennemis jurés de la domination romaine, ils le recevront à bras ouverts ; ils se rangeront en foule sous ses drapeaux libéra-

[1] Justin, liv. XLIII, ch. v. — L'an 363 de la fondation de Rome, 390 ans avant J. C.

teurs. Son attente ne fut pas trompée. Dans leur impatience, et avant qu'il eût franchi les Alpes, ils firent entendre le cri de l'indépendance. Ils se soulevèrent contre les Romains, afin de les occuper et de favoriser le passage de l'armée carthaginoise.

Les Gaulois Transalpins ne montrèrent pas des dispositions si favorables à Annibal. Les armes romaines, qui n'avaient pas encore pénétré parmi eux, n'avaient point fait baissé leur front altier. Ils n'avaient aucune injure à venger. L'approche d'Annibal ne dut leur inspirer que des soupçons et des craintes. Ce général fit tous ses efforts pour les rassurer, pour les convaincre qu'il n'en voulait qu'au peuple romain, lequel, dans son ambition toujours croissante, méditait l'asservissement des autres peuples. Voulant donner aux Gaulois un gage de sa franchise et de ses intentions pacifiques, il fit avec eux un traité pour les garantir de tous dommages, ou pour régler la réparation de celui qu'on ne pourrait éviter. Il n'épargna pas même l'argent [1], et il s'avança alors sans obstacle depuis les Pyrénées jusqu'au Rhône.

Les Marseillais firent savoir aux Romains qu'Annibal avait passé l'Ebre, et s'avançait à grands pas dans les Gaules, sans éprouver la moindre

[1] Polyb. liv. III, ch. VIII.

résistance. Aussitôt le consul P. Cornelius Scipion fut envoyé à Marseille avec une flotte de soixante galères et une légion, pour arrêter la marche de l'ennemi. Scipion fit débarquer ses troupes aux rivages marseillais et en repartit aussitôt pour aller se poster à l'embouchure du Rhône.

Les Marseillais fournirent des vaisseaux au consul romain. Ce furent deux galères marseillaises, envoyées à la découverte de la flotte carthaginoise, qui vinrent rapporter que cette flotte ennemie était à l'embouchure de l'Ebre [1].

Annibal, arrivé aux bords du Rhône, voulut le passer, selon Polybe [2], à quatre journées environ de la mer. C'était le pays des Cavares [3]. C'est là que le général carthaginois éprouva une résistance opiniâtre. Ces peuples s'étant tous placés sur la rive gauche du Rhône, s'opposèrent vivement au passage d'Annibal. Ils avaient été sourds à ses paroles de paix, et avaient méprisé ses négociations et ses promesses flatteuses. Ils étaient sous l'influence des Marseillais qui leur avaient envoyé des agents. Ceux-ci les avaient poussés à se soulever, à s'armer. Ils leur avaient

---

[1] Polyb. liv. iii, ch. xx.

[2] Liv. iii.

[3] Ce peuple habitait le district des villes d'Orange, d'Avignon, de Cavaillon et de Carpentras.

représenté les Carthaginois comme des ennemis farouches, venant leur apporter l'humiliation et des fers. Marseille, pour défendre Rome, avait ainsi excité la fierté et le courage de ces peuples, justement jaloux de leur liberté et ne pouvant supporter l'idée de la domination étrangère.

Tous ces efforts furent infructueux. Annibal, comprenant les dangers de sa position, recourut à un de ces stratagèmes si familiers à son génie militaire. Il détacha un corps de troupes, sous le commandement d'Hannon, un de ses lieutenants, avec ordre de remonter le fleuve pendant une journée de marche, d'en tenter ensuite le passage, et de tomber sur les derrières des Cavares, qui, voyant toujours les Carthaginois sur la rive droite, et ne soupçonnant pas qu'une partie de leur armée pouvait passer le fleuve plus haut, seraient ainsi surpris à l'improviste. Tout réussit selon les désirs d'Annibal. L'attaque d'Hannon saisit de frayeur les Barbares. Ils ne tinrent pas un seul instant; le désordre se mit dans leurs rangs; ils prirent la fuite; et Annibal passa le Rhône sans obstacle [1].

Scipion avait détaché trois cents cavaliers, sous la conduite de guides marseillais, pour reconnaître les lieux. Ce détachement tailla en pièces une troupe de cinq cents Numides. Exploit peu

___

[1] Polyb. liv. III. — L'an 219 avant J. C.

considérable, dit Tite-Live [1], mais qui pourtant présagea l'heureux succès d'une sanglante guerre. Le consul voulut se mettre à la poursuite des Carthaginois, s'avançant vers les Alpes à marches forcées. Il désespéra de les atteindre, en voyant la grande distance qui l'en séparait, et s'embarqua pour retourner en Italie.

Annibal vainqueur arrive au sommet des Alpes et fait voir à ses soldats harassés de tant de fatigues, les belles contrées où les attend une moisson immense de gloire et de richesses. Bientôt il se signale par d'étonnants succès; il ne fait que marcher de victoire en victoire, et l'on dirait que Rome a perdu devant lui le secret de sa force. Le malheur des Romains, loin d'ébranler la fidélité des Marseillais, donna à ce sentiment un nouveau degré de constance et d'énergie. Après tant de marques d'amitié réciproque, il leur eût semblé bien bas et bien lâche d'abandonner la république vaincue, alors surtout qu'au milieu de ses revers elle apparut si grande et si sublime; alors qu'après la défaite de Cannes, le Sénat complimenta le consul Varron pour n'avoir point désespéré du salut de la patrie et vendit le champ où campait Annibal [2]. Les Marseillais of-

---

[1] *Hoc præcipuum simulque omen belli, ut summè rerum prosperum eventum.* Liv. i, Décad. iii.

[2] Florus, liv. ii. — Annibal, voulant disputer de confiance, mit en vente, de son côté, les bureaux de banquiers de la ville;

frirent aux Romains tout ce dont ils pouvaient disposer. La générosité des sentiments s'unit, dans leur conduite, à l'intérêt et à la bonne politique. Après avoir fait tous leurs efforts pour arrêter Annibal dans les Gaules, après avoir soutenu avec tant d'ardeur la cause romaine, Carthage triomphante n'aurait-elle pas voulu les punir? n'aurait-elle pas pris avec plaisir ce prétexte pour abaisser des rivaux incommodes? Une fois Rome abattue, que serait devenue Marseille livrée à ses propres ressources? Aurait-elle pu résister à un ennemi si puissant, si enflé de ses victoires?

Heureusement pour Marseille, la victoire, long-temps infidèle aux Romains dans la seconde guerre punique, vint enfin se placer sous leurs enseignes. A force d'héroïsme et de patience, ils reprirent leur ancienne supériorité. Carthage éprouva à son tour les cruelles rigueurs d'une fortune inconstante. Annibal, sans asile et lâchement trahi, échappa aux Romains par le poison. L'Italie entière passa sous leur puissance. Les Gaulois Cisalpins, qui avaient montré tant de dévouement aux Carthaginois par haine contre Rome, rentrèrent sous le joug. La Ligurie Italienne, qui avait aussi excité la colère et la

mais personne ne se présenta aux enchères. Ce fut là un présage de la destinée des deux peuples.

vengeance des Romains par ses pirateries si nuisibles au commerce marseillais, fut soumise à leurs armes, depuis l'Arno jusqu'au Var. Dans ces circonstances, les Gaules Transalpines devaient tenter l'ambition de Rome et plaire à ses projets de conquête. Il lui fallait un motif pour passer dans ces contrées. Ce fut encore l'intérêt de Marseille qui le lui fournit.

La république marseillaise était en guerre avec les Décéates et les Oxybiens [1]. Ces peuples assiégeaient ses colonies d'Antibes et de Nice, et les mettaient dans un péril extrême. Marseille, habituée à tourner ses regards vers Rome, dépêcha aussitôt des ambassadeurs au Sénat pour implorer sa protection et obtenir du secours. Le Sénat résolut de député sur les lieux Flaminius Popilius Lœnas et L. Puppius, pour essayer de faire rentrer par la raison les Barbares dans des voies de paix. Les commissaires romains, suivis des ambassadeurs marseillais, arrivèrent par mer devant le territoire des Oxybiens, dans le dessein de débarquer à Ægytna, ville principale de ce peuple, située sur la plage de Cannes, au levant des îles appelées aujourd'hui Sainte-Marguerite [2]. Les Oxybiens ayant appris que les députés de Rome ne venaient que pour leur commander de,

---

[1] 155 ans avant J. C.
[2] D'Anville, ouv. cité.

lever le siége des deux colonies marseillaises, s'indignèrent d'un pareil ordre. Ils voulurent s'opposer de vive force à leur débarquement, et, dans ce dessein, ils accoururent sur le rivage; mais lorsqu'ils y arrivèrent, Flaminius était déjà descendu avec ses ballots et ses serviteurs. D'abord ils le sommèrent de quitter la terre et de rentrer dans son vaisseau. Le Romain, dans sa juste fierté, ne recula point devant cette sommation, quoique sans défense et entouré d'ennemis qui poussaient des cris de fureur et de mort. Ses bagages sont aussitôt pillés; deux de ses gens sont tués. Blessé lui-même, il n'a rien de mieux à faire que de remonter sur son bord, et est réduit, pour sauver sa vie, à couper les câbles de ses ancres. Il prend la route de Marseille, et trouve dans cette ville l'accueil généreux qu'il devait y attendre. Tous les soins lui sont prodigués.

Le Sénat, voulant venger cette violation du droit des gens, fait aussitôt partir avec une armée le consul Quintus Opimius contre les Décéates et les Oxybiens. Opimius conduit son armée devant Ægytna qui est incapable d'opposer une résistance sérieuse à la valeur des légionnaires. Il prend cette ville d'assaut, et réduit les habitants en esclavage. Il va ensuite à la rencontre des Oxybiens qui, au nombre de quatre mille hommes, et sans avoir attendu les Décéates, s'avançaient témérairement vers lui, avides

qu'ils étaient de combats, impatients de se mesurer avec les soldats romains. Ces Barbares sont
défaits complétement. Un grand nombre restent
sur le champ de bataille; les autres prennent la
fuite et se dispersent devant un vainqueur irrité.

Les Décéates, qui n'avaient pas eu le temps de
joindre les Oxybiens, avaient été renforcés des
fuyards. Ils eurent aussi la témérité de venir attaquer l'armée romaine, et combattirent avec
impétuosité et avec courage. Mais la victoire ne
fut pas long-temps indécise. Opimius les mit en
déroute; il s'empara de leurs bourgades, et y
plaça ses troupes en quartier d'hiver. Les vaincus
livrèrent leurs armes; ils furent obligés d'envoyer
à Marseille des ôtages qui devaient être échangés
à certain temps. Les terres conquises furent données aux Marseillais qui reçurent ainsi une satisfaction éclatante [1].

Les cités d'Ionie s'étant prononcées contre
Rome, lorsque des monarques d'Asie osèrent la
combattre, elles partagèrent avec eux les malheurs de la défaite. Plusieurs de ces villes furent
détruites. Phocée l'eût été comme elles, si Marseille, épouvantée du sort de sa fondatrice, n'eût

---

[1] Ambassades de Polybe, cxxxiv. — *Tit. Liv. Epitom.*
lib. xlvii. Ce dernier auteur, qui parle de la soumission de
ces peuples, ne dit rien de la distribution faite aux Marseillais
du territoire conquis. Son silence ne saurait atténuer le témoignage de Polybe.

obtenu la révocation du terrible décret porté par
les vainqueurs [1].

Marseille se vit bientôt en danger. Les Salyens
ayant formé contre elle une ligue puissante, elle
eut recours à la protection des Romains qui ne
repoussèrent pas ses prières. Les ennemis avaient
des forces considérables. Teutomal qu'ils avaient
choisi pour chef, se montrait digne de ce choix.
Guerrier plein de hardiesse et d'intrépidité, il
savait enflammer les cœurs de ses soldats. Caïus
Sextius Calvinus vint avec une armée dans la
Ligurie Transalpine. Il défit les Salyens en bataille rangée; contraignit Teutomal à se réfugier
chez les Allobroges, habitant le pays qui se trouve
entre le Rhône et l'Isère jusqu'au lac de Genève,
et fonda non loin de Marseille, au lieu même où
il avait remporté la victoire et où coulaient des
eaux chaudes, une place qui fut appelée *Aquæ
Sextiæ*. Il mit dans cette place une garnison romaine, et donna à la république marseillaise le
terrain que les ennemis avaient abandonné. Ce
terrain comprenait tout le rivage maritime du
Rhône aux limites de l'Italie, dans une largeur
de 12 stades sur les points d'un accès facile, et
de 8 stades auprès des côtes élevées [2].

---

[1] 127 ans avant notre ère. — Justin, liv. xxxvii, ch. i. —
Hist. univ. anglaise, tom. v, pag. 158.

[2] 121 ans avant J. C.

Alors florissait dans les Gaules un Etat puissant, la nation des Arvernes dont le territoire n'embrassait pas seulement l'Auvergne d'aujour'hui, mais s'étendait beaucoup au-delà [1]. Cette nation paraît n'avoir pas été étrangère aux principes d'une bonne organisation politique. Le luxe et l'opulence qui s'y étaient introduits font supposer une civilisation développée, une police avec des règles fixes et les arts en honneur. Strabon nous apprend que Luerius, chef de ces contrées, voulant éblouir ses sujets et les étrangers, voulant leur donner des preuves de son faste et de ses richesses, aimait à se promener dans les champs, assis sur un char magnifique, et jetant au peuple des pièces d'or et d'argent. Bituitus, son fils, en héritant de sa puissance, avait aussi hérité de son amour pour les prodigalités et le luxe. Il se servait d'un char d'argent pour prouver que les trésors de Luerius n'étaient pas épuisés [2].

Teutomal inspira aux Allobroges la haine qui l'animait contre les Marseillais et les Romains, et, à ses sollicitations, ils se décidèrent à venger ses affronts et ses disgrâces. Il eut même l'adresse et le bonheur de mettre les Arvernes dans ses intérêts, et de les associer à ses projets de vengeance. Bituitus, apprenant que le proconsul

[1] Strabon, liv. IV.
[2] Florus, liv. III.

I.   6

Domitius Ænobardus marchait contre les Allobroges, crut lui en imposer et lui donner une idée de sa grandeur, en lui envoyant une ambassade somptueuse. Le chef de cette ambassade ordonna au général romain de rétrograder, sous peine d'encourir la colère de son maître. Domitius, irrité de cette menace insolente, jeta sur les députés des regards de mépris, et, pour toute réponse, continua sa marche. Il rencontra l'armée des Allobroges vers le confluent de la Sorgue et du Rhône. Il fit aussitôt toutes ses dispositions pour l'attaque, et dans une bataille meurtrière les Barbares furent complétement défaits.

A cette nouvelle, Bituitus rassembla des forces considérables. Croyant facilement accabler les Romains, parce que leur armée était beaucoup plus faible en nombre, il alla hardiment à leur rencontre. L'armée romaine était alors commandée par Q. Fabius Maximus, et Domitius n'était plus que son lieutenant. Fabius resta vainqueur dans une grande bataille livrée vers l'Isère. Paul Orose raconte qu'il y périt 150,000 Gaulois, tant tués que noyés [1]; Pline, 130,000 [2]; Tite-Live, 120,000 [3]. Ce qui paraît constant, c'est que la perte des Gaulois fut considérable.

Quelque temps après, Domitius fit inviter Bi-

[1] *Lib.* x, *cap.* xiii.
[2] *Lib.* vii, *cap.* l.
[3] *Epitom. lib.* lxi.

tuitus à une entrevue, sous le prétexte de jeter les bases d'une paix désirable. Ce chef, ne soupçonnant aucune perfidie, se rendit sans escorte et sans suite auprès du général romain, qui le chargea de fers et l'envoya à Marseille, d'où il fut conduit par mer à Rome. Il serait difficile d'excuser une aussi odieuse violation du droit des gens. Le Sénat ne l'approuva pas, et ne voulut pas cependant renoncer à ses résultats, dans la crainte que Bituitus, renvoyé dans la Gaule, n'y suscitât de nouvelles guerres. Ce malheureux prince fut donc retenu et relégué à Albe[1].

Les Allobroges furent soumis à la domination romaine; les Arvernes eurent un sort différent; ils reçurent leur pardon, sans payer même aucun tribut[2]. Rien ne peut nous expliquer les motifs de cette distinction faite entre deux peuples qui avaient tenu la même conduite.

Depuis cette époque, la puissance des Romains fut consolidée dans le pays des Salyens; mais, toujours envahissante de sa nature, elle aspira bientôt à reculer ses limites. Les Volces-Arécomiciens[3] furent subjugués. Marcius Narbo fonda une

---

[1] Val. Max. liv. ix, ch. vi.

[2] Cæsar, de Bell. gall. liv. i, ch. xlv.

[3] Le nom de Volces était commun à deux peuples, les Arécomiciens et les Tectosages qui occupaient tout l'intervalle qu'il y a du Rhône à la Garonne; les Arécomiciens étaient voisins du Rhône et s'étendaient le long de la mer, dans ce qu'on ap-

colonie à Narbonne, appelée du nom même de ce consul [1]. Toutes les contrées soumises portèrent le nom de Gaule Narbonnaise et furent régies par un préteur qui résidait dans cette dernière ville. Ce n'est pas avec patience et lâcheté que ces peuples subirent le joug des vainqueurs. Si leurs efforts pour s'en délivrer ne firent que le rendre plus pesant, l'on vit du moins tout ce que l'amour de la liberté peut enfanter de courageux et d'héroïque. Tous les vaincus n'acceptèrent pas des fers, l'on en vit un grand nombre préférer la mort à la honte de la servitude [2].

La république marseillaise, agrandie dans son domaine, maîtresse tranquille d'une grande étendue de côtes et de terres, cessa d'être inquiétée. Elle crut n'avoir plus rien à redouter. Cependant elle ne devait pas s'endormir dans une imprudente sécurité. Des dangers plus grands que tous

pelle aujourd'hui le bas Languedoc. Leurs limites ont éprouvé des variations. On ne peut guère fixer d'une manière certaine les limites des Tectosages. Selon César (Comment. liv. vi) ils avaient pénétré en Germanie et s'étaient établis dans les meilleurs cantons aux environs de la forêt Hercynie. Ils s'y maintenaient avec une grande réputation de justice et de courage. Justin rapporte (liv. xxxii) qu'un corps de Tectosages avait pénétré dans l'Illyrie et s'était fixé dans la Pannonie. Leur plus célèbre établissement est celui qu'ils formèrent dans une partie de la Phrygie où ils occupaient Ancyra, la principale ville du pays qui prit le nom de Galatie.

[1] Eutrop. liv. iv.

[2] Paul-Oros , liv. v, ch. xix.

ceux qu'elle avait courus lui étaient réservés, et un orage terrible vint menacer son existence.

Une multitude prodigieuse de Barbares, sortis des côtes de la mer Baltique et des forêts de la Germanie, s'avançaient vers le midi de l'Europe, cherchant de nouvelles terres et un climat plus doux. Ce n'étaient pas des armées plus ou moins régulières, ayant un système arrêté de conquêtes. C'étaient des troupes de guerriers féroces, suivis de leurs femmes et de leurs enfans; nations aventurières, races exterminatrices, qui couraient au-devant de la mort comme d'autres au-devant des plaisirs. Les Cimbres et les Teutons, après avoir entraîné les Ambrons avec eux, s'étaient précipités sur la Gaule Septentrionale, et ensuite sur la Gaule Narbonnaise. Les Tectosages qui jusque-là avaient vécu en paix avec les Romains, s'étaient déclarés contre eux et en faveur des Barbares. Le consul Cœpion attaqua la ville de Toulouse, leur capitale. Il la prit et la livra au pillage. Il fit enlever du temple consacré à Apollon une masse immense d'or et d'argent, et l'ayant ensuite envoyée sous escorte à Marseille, il fit périr secrétement les hommes chargés de la garde et du transport de ce trésor, pour se l'approprier par ce crime qui depuis donna lieu contre lui à de graves poursuites dans Rome[1]. Les

---

[1] Paul-Oros, liv. v, ch. xv.

Tectosages perdirent leur indépendance, et leur pays fut incorporé à la Narbonnaise [1].

Cependant rien ne résistait aux Barbares. Tout tremblait, tout fuyait devant la terreur de leur nom. L'armée de Cœpion ainsi que celle de Mallius, nouveau consul envoyé en Gaule, avaient été taillées en pièces. Il semblait que ce torrent dévastateur allait tout détruire sur son passage. C'en était fait de Marseille, c'en était fait de Rome [2]; la face de la terre allait changer. D'autres mœurs, d'autres croyances allaient y prévaloir. Pour conjurer ces grands périls, Rome avait besoin d'un capitaine habile, plein de valeur et d'activité, déjà célèbre par d'éclatants triomphes. Il fallait qu'il eût la confiance du peuple et l'amour des soldats. Marius fut nommé; Marius qui, né de parents obscurs, élevé dans le travail et la pauvreté, passant par tous les degrés de la milice où il montra toujours un courage brillant et tranquille, de vastes ressources et de rares talents militaires, était monté aux premières dignités de l'Etat, en dépit du Sénat et de la noblesse. Mais l'orgueil patricien cessa de murmurer en ces extrémités. Le danger commun fit taire les

[1] La Gaule Narbonnaise embrassait alors le haut et le bas Languedoc, la Provence, moins le territoire des Marseillais, le Dauphiné et la Savoie.

[2] *Actum erat nisi Marius illi sœculo contigisset.*

Florus, liv. iii.

passions et les ressentiments, et le vainqueur de Jugurtha, nommé consul pour la seconde fois, devint le génie tutélaire de la république alarmée.

Les Barbares, après leurs victoires, prirent la route d'Espagne, au lieu de passer en Italie, et la Narbonnaise était délivrée de leur présence lorsque Marius y arriva. Ce général profita du loisir qui lui était laissé, en faisant exécuter à ses soldats d'immenses travaux. Il les croyait plus propres à vaincre, plus soumis à la discipline, en les endurcissant à la fatigue. Lui-même, d'une grande taille, d'une force de corps extraordinaire et d'un esprit indomptable, avait toujours montré du dédain pour les voluptés, et s'était accoutumé aux plus durs exercices qu'il regardait comme un jeu. Aussi bien, en occupant ainsi son armée, il ne faisait que suivre la politique et les coutumes de Rome qui, craignant toujours plus l'oisiveté que les ennemis, tenant toujours ses soldats en haleine, les employait à des ouvrages d'utilité publique, empreints du sceau de la grandeur et de l'immortalité [1]. Souvent elle leur fit désirer les combats comme la fin de leurs fatigues. D'ailleurs, elle voulait surprendre les peuples par tous les genres d'énergie et de puissance; elle voulait captiver les esprits autant par l'admiration que par

---

[1] Végèce, liv. i. — Montesquieu, Grandeur et décadence des Romains, ch. ii.

la crainte, persuadée que la soumission dépend toujours plus de l'opinion que de la force brutale.

Marius signala son séjour dans nos contrées par des travaux considérables dont il reste une multitude de vestiges. Grand homme de guerre autant qu'habile administrateur, son génie infatigable sut veiller et pourvoir à tout. Les Barbares, après avoir ravagé l'Espagne, retournèrent dans les Gaules. Les Cimbres prirent la route de l'Italie par les Alpes Orientales; les Teutons et les Ambrons se dirigèrent vers la Gaule Narbonnaise. Marius les y attendait, après avoir fait toutes les dispositions nécessaires pour qu'ils y trouvassent leur tombeau. Son camp était assis auprès du lieu où est aujourd'hui le village appelé Foz, autour d'un golfe qui est fermé du côté de la mer et divisé en plusieurs étangs. Il avait fait creuser un canal qui fut appelé de son nom *Fossæ Marianæ*. Ce canal, qui s'étendait du Rhône jusqu'au golfe où l'armée romaine était campée, lui assurait les subsistances. Les Barbares, impatients de combattre, passèrent devant le camp des Romains, en les provoquant à en sortir; mais Marius jugea prudent de ne point d'abord livrer bataille. Il retint son armée dans les retranchements pour l'accoutumer à supporter l'aspect effrayant des ennemis et leurs clameurs formidables. Cependant son plan était arrêté, et quand ils se furent retirés, il quitta sa position inexpugnable; il se mit à les suivre en queue, ayant soin de se poster dans les lieux les plus élevés où il ne pût être forcé. Après quelques jours de marche, les deux armées arrivèrent aux environs d'Aix. Les Barbares s'arrêtèrent dans la plaine, sur la rive gauche de l'Arc, et Marius établit son camp de l'autre côté, dans un lieu avantageux, mais qui manquait d'eau. Bientôt les soldats en murmurèrent. *Voilà de l'eau*, leur dit le Consul en leur montrant la rivière qui coulait devant eux; *mais les Barbares en sont les maîtres ; vous devez l'acheter au prix de votre sang.*

Alors ils demandent à combattre. Marius répond qu'il faut avant tout se retrancher. On obéit, et l'on travaille avec ardeur aux retranchements. Cependant les valets qui n'étaient pas employés à ces ouvrages, s'arment du mieux qu'ils peuvent, et descendent à la rivière pour faire leur provision d'eau. C'en fut assez pour engager une de ces batailles mémorables qui décident du sort des nations. D'abord un petit nombre d'Ambrons tombe sur les valets, mais peu à peu les autres surviennent, en agitant leurs armes et poussant des cris affreux. Les soldats romains sortent alors des retranchements et volent au secours des valets qui ne peuvent plus résister. Les Ambrons ne les attendent pas; ils se précipitent à leur rencontre; mais ils rompent leur ordonnance au passage de la rivière. Les Romains profitent de leur désordre pour les charger avec vigueur. Dans un instant la rivière est remplie de morts. Les troupes romaines, victorieuses sur tous les points, poursuivent les Barbares jusque dans leur camp dont l'enceinte avait été formée avec des chariots. Aussitôt les femmes des Ambrons sortent de ce camp et se précipitent dans la mêlée, frémissantes de rage; elles frappent leurs époux en leur reprochant leur lâcheté et leur fuite. Les Romains, étonnés de tant d'audace et épuisés de fatigue, se retirent dans leurs retranchements.

Les Teutons n'avaient pas combattu, et ils étaient les plus nombreux et les plus redoutables. Marius détacha Marcellus avec une troupe d'élite, pour se mettre en embuscade, au-dessus du camp des Barbares, derrière la chaîne de montagnes appelées aujourd'hui Sainte-Victoire, avec ordre de les attaquer quand le combat serait engagé. Lorsque toutes ses dispositions furent faites, Marius sortit de son camp, et s'avança du côté de Pourrière. Il rangea son armée en bataille sur la hauteur, et fit descendre la cavalerie dans la plaine, pour commencer le choc. Les Barbares s'avancèrent précipitamment pour combattre, et gravirent la colline. Les Romains, profitant de l'avantage de leur position, fondirent sur les ennemis, en les frappant sur la pente des coteaux. Les Teutons avaient déjà brisé leurs lignes et étaient repoussés, lorsque Marcellus, sorti de

son embuscade, tomba sur eux à l'improviste,
et acheva de répandre la confusion dans leurs
rangs. Le carnage devint affreux. Jamais défaite
ne fut plus complète. Teutobochus, roi des
Teutons, accoutumé à changer de cheval cinq
ou six fois dans la mêlée, en trouva à peine un
pour s'enfuir, et fut saisi dans un bois voisin.
Marius, après avoir rendu aux dieux de solennelles actions de grâce, après avoir mis ordre
aux affaires de la province, partit pour l'Italie
où il acheva l'ouvrage de la délivrance de sa
patrie par la destruction des Cimbres [1].

Marseille fut aussi sauvée. Elle n'eût pas été
épargnée par les Barbares, s'ils eussent été vainqueurs des Romains. Elle soutint de tous ses efforts la cause de Rome qui cette fois était la cause
de la civilisation et de la liberté contre la barbarie et la servitude. C'était aussi la sienne. Elle
fournit à Marius tous les genres d'assistance; elle
mit toutes ses ressources à sa disposition, trésors,
munitions, subsistances. Ses troupes auxiliaires
se distinguèrent sous les aigles romaines, et con-
coururent puissamment à la victoire des alliés.
Marius sut reconnaître des services si importants.
Il donna aux Marseillais les Fosses Marianes, et ils
s'en servirent utilement pour le commerce des

---

[1] 102 ans avant l'ère chrétienne.—Plutarch. *in Vit. Marii.*
—Tit. Liv. épit. L, LVIII. —Val. Max. liv. v, ch. IIV. — Aul.
Gell. Noct. att. liv. III.—Vell. paterc. liv. III. — Oros. liv. v.

Gaules. Ce canal devint même pour eux la source
d'un revenu considérable par les droits qu'ils
perçurent sur toutes les marchandises qui re-
montaient ou descendaient le fleuve. Ils élevèrent
sur la côte un phare pour guider les vaisseaux
pendant la nuit, et des édifices pour servir de
logement aux receveurs et d'entrepôt aux marchandises. Ils trafiquèrent librement dans les
Gaules, sans avoir à craindre aucune concurrence. Les cités gauloises ne pouvaient pas leur
en présencer, et il était de l'intérêt des préteurs
romains qui avaient le commandement de la province, de favoriser et d'étendre le commerce de
Marseille, toujours si favorable à leurs vues politiques et à leur système de domination.

Les guerres civiles de Rome causèrent dans la
Gaule Narbonnaise diverses agitations. Des mécontentements y éclatèrent. Les Voconces et les
Volces-Arécomiciens crurent que le moment
était propice pour se soulever. Ils se déclarèrent
pour Sertorius qui, ayant réuni en Espagne les
restes du parti de Marius, s'y maintenait avec
vaillance. Pompée fut chargé par Sylla de le
réduire. On croit que le jeune général, qui devait
plus tard fixer les regards de l'univers, séjourna
quelque temps à Marseille. Il marcha contre les
peuples révoltés des deux bords du Rhône, et
conjointement avec Fontéius, gouverneur de la
province, il n'eut pas beaucoup de peine à les

faire rentrer dans l'obéissance. Les deux généraux
les dépouillèrent d'une partie de leurs terres
qu'ils adjugèrent à la république marseillaise,
en exécution d'un décret du Sénat.

La Narbonnaise devint alors tranquille; mais
la domination fut toujours bien pesante. Il fallait
sans cesse fournir des hommes, de l'argent et des
vivres. Tous les impôts étaient exigés avec une
dureté insupportable. Cependant les vaincus s'ac-
coutumèrent insensiblement à la police, aux lois
et aux mœurs du peuple romain qui leur laissa
la liberté des opinions religieuses. Dans son despotisme, ce peuple fut toujours assez raisonnable pour ne pas imposer ses dogmes par droit de
conquête. Il savait que la violence exercée sur
les consciences est un de ces outrages qu'on ne
pardonne pas. Pourvu que les nations subjuguées
lui obéissent sans murmure, leur religion était
pour lui chose indifférente, et s'il ne professa
pas tous les cultes, s'il ne donna pas à tous une
sanction publique, il les toléra tous. Les croyances druidiques qui s'étaient usées d'elles-mêmes,
périrent plus tard par leurs excès et leur faiblesse. Les prêtres gaulois furent accusés d'exciter les peuples à la révolte, de déverser l'insulte
et le mépris sur les divinités de Rome, et Rome
alors ne voulut plus de ces croyances perturba-
trices. Tibère commença leur destruction, et
Claude l'acheva.

Jules-César ayant obtenu le gouvernement de la Gaule Cisalpine et de la Gaule Narbonnaise, ne changea rien à l'ordre établi dans cette dernière province. Durant les dix années qu'il employa à conquérir le reste des Gaules, il sut mettre à profit l'amitié des Marseillais, et obtint d'eux de grands secours. Il les en récompensa, en agrandissant non-seulement leur territoire, mais encore en leur permettant d'augmenter leurs droits de péages et les différents impôts mis sur le commerce [1].

Marseille était parvenue au faîte de sa puissance. Elle avait servi d'entrepôt pendant la guerre que les Romains avaient faite aux Carthaginois en Espagne, et cette guerre avait été pour elle une source de richesses. Lorsque après ces luttes longues et mémorables où combattirent les plus grands généraux de l'antiquité, Carthage fut prise et réduite en cendres par Scipion Emilien; lorsque, à la même époque, la célèbre Corinthe tomba aussi devant la puissance romaine et entraîna dans sa chute la république des Achéens, l'industrie commerciale de Marseille

---

[1] Cæs. de Bell. civil. liv. I.

Les Commentaires de César sont stériles sous le rapport politique et administratif; ils ne disent pas précisément que les Marseillais lui ont fourni des secours dans ses guerres contre les Gaulois; mais les récompenses qu'il dit leur avoir accordées le font nécessairement supposer.

devint encore plus active et plus florissante. Elle
ne fut surpassée que par celle d'Alexandrie. Le
héros macédonien qui regardait le commerce
comme le lien le plus fort qui pût unir tous les
peuples soumis à sa vaste domination, avait pro-
jeté d'établir en Egypte le siége de son empire,
et d'en faire en même temps le centre du commerce de l'univers. La mort qui le surprit au
milieu de sa carrière, ne lui permit pas d'exécuter ce grand projet. Mais ce qu'Alexandre ne
fit pas, les Ptolémées le firent avec succès. Sous
leur règne, le commerce et la navigation d'A-
lexandrie atteignirent un degré de splendeur que
les nations n'avaient pas encore vu. Jamais il ne
fut donné aux Marseillais d'y atteindre. Leur république fut moins favorisée par sa position et
par les circonstances politiques. Rome pourtant
la protégeait toujours. Un citoyen romain était-il
condamné à l'exil? L'exil perdait pour lui de son
amertume et de sa rigueur, s'il obtenait la faveur
de se fixer à Marseille. Il trouvait là des consolations et des sympathies. Aussi Milon, jouissant
de cette faveur, prit son parti avec résolution,
et écrivit à Cicéron qui lui envoyait l'admirable
plaidoyer qui nous a été transmis et qui n'est
point tel qu'il l'avait prononcé : *Je vous remer-
cie de n'avoir pas fait si bien d'abord; si vous
aviez parlé ainsi, je ne mangerais pas de si bon
poisson à Marseille.* Catilina, après que sa con-

spiration fut découverte, osa écrire au Sénat
qu'il consentait à s'éloigner de Rome, s'il pouvait
trouver un asile sur les terres marseillaises. Cependant la protection des Romains était bien
onéreuse, et la puissance de Marseille, acquise
par leur épée victorieuse, se trouvait sans appui
véritable, parce qu'elle ne reposait que sur le
bon plaisir de ses alliés, intéressés jusques alors
à la lui conserver, mais qui devaient finir par
avoir un intérêt contraire. La république marseillaise en était venue au point que sa grandeur
n'était plus pour elle qu'un embarras et un état
de gêne et de souffrance. Elle l'avait payée bien
cher, et sans cesse il fallait la maintenir par de
nouveaux sacrifices. Les sommes qu'elle avait
fournies aux Romains étaient immenses. Ses protecteurs pouvaient à chaque instant devenir ses
maîtres; ils n'avaient qu'à le vouloir. Sa population n'était pas en proportion avec la vaste
étendue de son territoire. Et qu'était-il, après
tout, cet empire territorial? Marseille n'y attachait aucun prix; elle ne pouvait le défendre en
cas d'attaque. C'est vers le Sénat romain qu'elle
tourna sans cesse ses regards. C'est lui qu'elle
prit toujours pour arbitre de ses destinées. Ses
colonies étaient riches et nombreuses; les vaisseaux de ses navigateurs et de ses négociants sil-
lonnaient sans obstacle toutes les mers connues;
un commerce toujours sage dans ses entreprises,

toujours intelligent dans ses vues, apportait dans ses murs de riches tributs; mais elle n'avait point de soldats, point de bâtiments de guerre, point de moyens de défense. Elle avait entièrement négligé son état militaire. Ne pourrait-on pas s'étonner de sa sécurité et la taxer d'imprudence impardonnable? Ne pourrait-on pas lui reprocher de s'être abandonnée avec trop de confiance à l'amitié des Romains, d'avoir eu trop de foi à l'éternité de leur alliance? Leur ambition ne lui inspira aucune alarme; elle favorisa de tous ses vœux et de tout son pouvoir leurs conquêtes dans les Gaules. Elle y dirigea leurs pas triomphants. Son dévouement à leurs intérêts fut si absolu, son enthousiasme pour leur puissance et leurs travaux fut si ardent, qu'ils lui firent quelquefois franchir les bornes raisonnables et lui inspirèrent des démarches désavouées par la justice. Le préteur Fontéius avait pressuré la Narbonnaise pendant les trois ans qu'il l'avait gouvernée. Il avait mis des subsides exorbitants sur les denrées, livré les peuples à toute l'avidité des publicains, contraint les propriétaires des terres voisines des grandes routes et surtout de la voix domitienne qui traversait la province depuis le Rhône jusqu'en Espagne, d'en faire les réparations à leurs dépens. Il avait fait de grandes levées de troupes, surtout de cavalerie, qu'il avait envoyées à Pompée avec des secours

considérables, tant en argent qu'en munitions.
Toutes ces vexations aigrirent les esprits contre
lui, et, au sortir de son administration, il fut
accusé de concussion par les Gaulois qui envoyèrent des députés à Rome pour y poursuivre leurs
griefs et en tirer raison. Induciomarus, chef des
Allobroges, fut placé à la tête de la députation.
Les Marseillais députèrent aussitôt à Rome pour
défendre Fontéius. Ils joignirent leurs efforts à
ceux de Cicéron qui soutint que l'accusation portée contre ce gouverneur n'était qu'un prétexte
avancé pour le perdre. Le grand orateur parla
deux fois en faveur de son client avec toute la
force de son éloquence. Nous n'avons plus le premier plaidoyer, et ce n'est que par un fragment
considérable qui nous reste du second que nous
apprenons le nombre et la qualité des chefs d'accusation. Nous ignorons les suites de cette grande
affaire. Quelle qu'en ait été la fin, il est difficile
de croire à l'innocence de Fontéius. On ne peut
pas admettre que la voix accusatrice d'une province entière ne fût que l'organe du mensonge,
et les Marseillais auraient sans doute beaucoup
mieux fait de rester neutres dans ces poursuites.
Malgré ces reproches, la politique de Marseille
peut encore se justifier. Il est pour les nations,
comme pour les individus, des positions malheureuses que la sagesse ne doit pas changer,
sous peine d'un malheur plus grand. Force doit

être d'en subir toutes les conséquences. Nous avons vu que la protection des Romains avait d'abord été nécessaire à Marseille. Lorsqu'elle n'eut plus rien à redouter des indigènes, grâce à cette protection puissante, mais onéreuse, devait-elle penser à étaler un appareil militaire qui n'aurait servi à rien? Pourquoi aurait-elle pris fièrement un aspect guerrier, lorsque tout chez elle était pacifique, lorsque ses tranquilles habitudes de commerce, l'esprit de ses citoyens, ses mœurs, ses souvenirs, ses lois, l'éloignaient de la guerre et de tout état de violence? Dans le calme d'une profonde paix, contre qui aurait-elle tenu en réserve des légions armées à grands frais? Contre Rome sans doute, car le danger ne pouvait plus venir que de ce côté. Elle fit bien de s'en épargner le ridicule; au moins sa dignité n'en souffrit pas. Que l'on soit sans regret. Il était dans sa destinée de perdre sa prépondérance politique. Aurait-elle pu se la promettre long-temps, au milieu de l'asservissement général, et, seule, aurait-elle conservé le privilége de lever un front ennobli par la liberté? Non; si elle eût échappé à l'ambition de César, elle aurait succombé un peu plus tard sous le colosse de l'empire romain qui foula tant de peuples. Peut-être aurait-elle pu reculer de quelques instants le moment fatal; mais il fallait que son tour vînt, et elle ne pouvait rien faire pour l'empê-

cher. Déjà elle était enveloppée et pressée de
toutes parts, et Rome pesait sur elle de tout le
poids de ses nombreux trophées.

Voici les causes de cette mémorable catastrophe.

Sylla, en abdiquant le pouvoir absolu, n'a-
vait pas fait revivre la liberté romaine dont
le prestige était détruit et qui avait perdu la
force de l'opinion et des mœurs. Le funeste
exemple du dictateur avait malheureusement ap-
· pris que les Romains pouvaient, sans murmurer,
supporter l'esclavage. César et Pompée étaient
trop puissants, trop ambitieux, trop avides de
commandement, pour respecter long-temps les
lois de la république. Cependant la puissance
de Crassus, uniquement fondée sur des richesses
immenses, servait de contre-poids à celle de ces
deux grands hommes, et les tenait unis malgré
eux. Crassus fut tué dans son entreprise téméraire contre les Parthes, et sa mort rompit aussitôt cette union forcée. La guerre éclata entre le
conquérant des Gaules et le vainqueur de Mithri-
date et de Tigrane.

Chacun adopta un parti suivant ses affections
ou ses intérêts, et Marseille fut aussi entraînée
dans la querelle qui partageait le monde.

Ce qui eût dû lui paraître le plus convenable et
le plus prudent, c'était de ne se déclarer ni pour
César ni pour Pompée. Mais cette neutralité qui
seule pouvait faire son salut, et qu'elle avait su

conserver dans les guerres civiles de Marius et de
Sylla, ne lui était plus permise. Les circonstances
n'étaient pas les mêmes, et il fallait évidemment
arborer une couleur. Pompée la pressait de se
déclarer en sa faveur; César la sollicitait de son
côté. Quelle règle devait-elle suivre en pareil
cas? Quel système politique devait déterminer
sa résolution? C'est la règle qu'elle avait toujours
suivie; c'est le système qu'elle n'avait cessé d'a-
dopter. Un sentiment d'affection et de reconnaissance pour Pompée ne fut pas son mobile;
elle devait avoir un sentiment semblable pour
César. Ces deux rivaux étaient également ses bien-
faiteurs et lui avaient accordé de grands avantages. Mais quoique Pompée ne fût pas meilleur
citoyen que César, quoiqu'il eût une ambition
aussi insatiable, et qu'il ne désirât, comme lui,
que l'établissement de sa puissance personnelle,
sa cause paraissait meilleure et avait tous les caractères de la légalité. Elle était soutenue par
Caton. Cicéron avait dit : *Mon choix n'est pas
douteux. S'il faut prendre les armes, j'aime
mieux être vaincu avec Pompée que de vaincre
avec César* [1]. Pompée avait pour lui tous les pouvoirs légitimes de l'Etat, tous les représentants de
l'opinion publique. Les Consuls, le Sénat entier
marchaient sous ses enseignes. Lui seul était donc

---

[1] *Ad Atticum.* VII.

le défenseur de Rome et de la constitution républicaine. Aux yeux des Marseillais, la guerre
n'était pas engagée personnellement entre deux
grands capitaines et pour leurs intérêts récipro-
ques; mais entre César voulant fouler aux pieds
les lois de sa patrie, et Pompée défendant ces
antiques et saintes lois. Aussi Marseille n'hésista
pas long-temps. En se déclarant pour Pompée,
elle voulut n'embrasser que la cause du Sénat et
de l'indépendance. Ce n'était pas le parti le plus
puissant et le plus sûr, mais c'était le plus juste.
Il fallait bien que la conviction de ses citoyens
fût sincère et profonde, qu'ils eussent une bien
grande confiance en la bonne cause de Pompée,
puisque leur détermination leur inspira des efforts surnaturels de patience et de courage. Les
magistrats et le peuple se réunirent dans une
même opinion. L'enthousiasme leur cacha les
dangers de la lutte inégale qu'ils allaient entreprendre contre les vieilles légions romaines que
César avait habituées à la victoire. S'il y a dans
cette politique si rare du devoir et de la fidélité
quelque chose qui contrarie les règles ordinaires
de la prudence, il y a quelque chose aussi qui
commande l'estime et le respect.

Pompée avait envoyé à Marseille, en qualité
de députés, des jeunes gens des premières familles de la ville, et qui s'étaient trouvés à Rome
lors de son départ. Il les avait engagés à user de

leur crédit pour que leurs concitoyens embras-
sassent sa cause. En même temps il avait donné
ordre à Domitius Ænobardus, un de ses lieutenants, d'aller se présenter devant le port de
Marseille, avec ses esclaves, ses affranchis, ses
fermiers, et une petite flotte de sept vaisseaux.
La résolution des Marseillais était déjà prise. Ils
se déclarèrent en faveur de Pompée avant l'arrivée de Domitius. Il leur fallut aussitôt faire
des dispositions de défense, car rien n'était préparé pour soutenir un siége, pour résister aux
armes et à la fortune de César. Point de galères
en état de tenir la mer, point de troupes, aucune ressource militaire. César était à la tête de
forces considérables ; toute la Narbonnaise lui
était dévouée ; Aix, qui servait alors aux Romains
de place forte, avait une garnison nombreuse et
disponible. Il semblait que Marseille ne pouvait
rien opposer à de si grands moyens d'attaque ;
pourtant elle fit voir qu'un peuple n'a pas perdu
toute sa force quand il possède encore des vertus
civiques et quand il est engagé dans une lutte
qu'il considère comme juste et nationale. L'a-
mour de la patrie et de la liberté enfanta des
prodiges. On vit l'ardeur la plus généreuse enflammer tous les esprits. Tous les citoyens sans
distinction, femmes, enfants, vieillards, tra-
vaillent aux fortifications, réparent les murailles
et les portes de la ville, s'encouragent les uns

les autres. Chacun rivalise de patriotisme. Des ateliers d'armes sont établis en plusieurs endroits ; des aprovisionnements sont tirés des colonies de la côte et de tous les cantons du voisinage ; des galères sont radoubées et armées ; des députés sont envoyés aux Albiciens, peuples barbares qui avaient toujours été les fidèles alliés de Marseille [1]. Les Albiciens accordent les secours qu'on leur demande et envoient à Marseille l'élite de leur jeunesse.

En cet état des choses, César qui n'ignorait pas ce qui se passait dans la ville, s'y présenta à la tête de trois légions. Les portes lui en furent fermées. Il voulut, avant de recourir à la force, employer la persuasion et la douceur. Il manda auprès de lui quinze des principaux citoyens, et leur représenta tout ce qui pouvait faire impression sur eux, tout ce qui pouvait porter la république de Marseille à embrasser ses intérêts. Il leur cita l'exemple de l'Italie qui lui obéissait, ses drapeaux qui flottaient sur le Capitole abandonné par Pompée, les avantages que les Mar-

---

[1] *Albicos, barbaros homines, qui in eorum fide antiquitùs erant, montesque suprà Massiliam incolebant, ad se Massilienses vocaverunt.* — *Cœs. Bel. civil.* liv. i, ch. xxxiv.

Tous les géographes et Papon placent ces peuples aux environs de Riez. La Statistique du département des Bouches-du-Rhône les place avec plus de raison dans la vallée de l'Huveaune et dans les montagnes environnantes. (Tom. ii, pag. 199 et 200 .)

seillais retireraient de son alliance, la témérité de leur résistance, la faiblesse du.parti de son ambitieux rival. Qu'avait-il à opposer à ses vieux soldats ? Une jeunesse efféminée, habituée aux délices de Rome; une troupe sénatoriale, inhabile au métier des armes.

Les députés marseillais, ne pouvant rien prendre sur eux-mêmes, rentrèrent dans la ville, et firent part à leurs concitoyens de ce que César leur avait dit. Mais aucune voix ne se fit entendre en sa faveur, et il avait été facile de prévoir que Marseille ne changerait pas de résolution. Les mêmes députés retournèrent vers le général romain, et n'osant pas lui annoncer ouvertement leurs dispositions hostiles, ils se bornèrent à lui dire qu'ils voyaient bien que le peuple romain était divisé en deux factions; que les chefs de ces factions étaient tous deux protecteurs de Marseille qui leur était également redevable, qu'elle devait donc ne rien faire pour l'un au préjudice de l'autre, et n'en recevoir aucun.

Pendant ces négociations, Domitius entra dans le port, et fut reçu avec des démonstrations d'amitié et de joie. Le commandement de la ville'lui fut donné. César jugea alors qu'il ne devait pas perdre du temps, et fit cerner Marseille par ses trois légions. Comme il fallait aussi bloquer le port et qu'il n'avait pas de flotte, il donna ordre de construire à Arles douze galères qui, dans l'espace de trente jours, furent lancées à l'eau. Elles furent armées avec la même diligence. Il en donna le commandement à Décimus Brutus, et Trébonius eut celui de l'armée de terre. César après avoir assuré les approvisionnements et les communications, après avoir donné toutes ses instructions à ses deux lieutenants, leur laissa la direction du siége, et partit pour l'Espagne, où Afranius, Pétréius et Varron, lieutenants de Pompée, avaient réuni de grandes forces.

La flotte de Brutus avait établi son mouillage entre les îles de Pomègues et de Ratonneau, dans le détroit qui prit en cette occasion le nom de *Fretum Julii,* et qui retient encore le nom de *Frioul.* Les Marseillais sentirent la nécessité d'un combat naval et s'y préparèrent avec ardeur. Dix-sept galères furent mises à flot; on y fit embarquer des Albiciens et de bons archers. Domitius fit aussi embarquer ses affranchis et ses esclaves, et promit la liberté à ces derniers, s'ils s'en montraient dignes par leur valeur. Un grand nombre de petits bâtiments furent joints à cette flotte qui était sous le commandement de Télon et de Gyarée, frères jumeaux, citoyens illustres, faisant la gloire de leur patrie comme ils avaient fait la fécondité de leur mère [1]. Télon

---

[1] *Stant fratres gemini fecundæ gloria matris.*
Lucain, liv. III.

n'avait point de rivaux dans l'astronomie et la science de la navigation [1].

Brutus vint au-devant d'eux, et le combat fut livré dans le golfe de Marseille. Les Marseillais étaient favorisés par l'habileté de leurs pilotes et la bonne construction de leurs navires; mais les Romains l'étaient par la discipline et le courage indomptable des légionnaires. Aussi les uns et les autres voulurent profiter de leurs avantages. Les galères marseillaises ne s'approchaient des galères romaines qu'avec l'intention de les mettre hors de service, en brisant les rames et le gouvernail. Les vaisseaux romains au contraire voulaient en venir à l'abordage, pour combattre comme sur la terre ferme, et c'est ce que les Marseillais évitaient, sentant leur infériorité dans ce genre de combat. Cependant, au moyen des corbeaux, le moment de cet abordage arriva. Des prodiges de valeur furent faits de part et d'autre, mais la victoire resta aux Romains. Télon, qui avait considérablement endommagé quelques vaisseaux ennemis, fut percé d'un javelot. Gyarée, qui voit tomber Télon, veut sauter sur le

---

[1] *Dirigit huc pupim miseri quoque dextra Telonis,*
Qua nullam melius pelago turbante carinœ
Audivere manum, nec lux est notior ulli
Crastina, seu Phœbum videat, seu cornua lunœ.
Semper venturis componere carbasa ventis.

Lucain, liv. III.

vaisseau de celui-ci pour le secourir ; mais un trait mortel le frappe au moment qu'il s'élance, l'attache en le tenant suspendu au navire qu'il allait quitter, et lui arrache la vie. Télon, qui survit à sa blessure, continue de combattre avec une valeur héroïque, et, dans son désespoir, cherche à venger la mort d'un frère adoré. Il perd la main droite, et ne laisse pas de combattre encore. Il perd peu après la main gauche, et se jette alors tout percé de coups sur un vaisseau romain qui déjà faisait eau de toutes parts. Il espérait ainsi le couler bas par le poids de son corps. Ce vaisseau s'engloutit en effet avec tout son équipage, et Télon trouva ainsi une mort glorieuse [1]. Neuf galères marseillaises furent prises ou coulées à fond, et les autres entrèrent en mauvais état dans le port.

Cet échec, loin d'abattre le courage des Marseillais, les enflamma d'une ardeur nouvelle. C'est à Trébonius qu'ils s'efforcèrent de résister.

La topographie de Marseille n'était pas alors tout-à-fait semblable à celle d'aujourd'hui. « Cette « ville, dit César, est baignée presque de trois « côtés par la mer ; du quatrième côté, elle est « accessible par terre. La partie de ce côté, qui « touche à la citadelle, est fortifiée naturellement

---

[1] . . . . *Desedit in undas*,
Vicinum involvens contorto vortice pontum.
Lucain, liv. III.

« par un fossé profond et présente des difficultés
« pour l'attaque[1]. »

Le passage de César est un peu difficile à entendre, parce que le sol a éprouvé de grands
changements. On peut néanmoins donner une
explication satisfaisante. Que l'on se figure un
quadrilatère très voisin d'un trapèze, c'est-à-dire
dont les deux côtés sont presque parallèles. La
grande base, qui est au midi, aura environ douze
cents mètres de longueur depuis le fort Saint-
Jean jusqu'au Cours, en suivant les Quais et la
Cannebière. Le côté droit ou oriental sera formé
par une ligne d'environ mille mètres inclinée au
nord-est, depuis l'angle du Cours et de la Cannebière, jusqu'à la porte de la Joliette. La petite
base formera une troisième ligne presque parallèle à la grande base, de cinq cents mètres,
depuis la porte de la Joliette jusqu'à l'endroit où
finissait autrefois l'ancien rivage. Enfin la quatrième ligne, presque parallèle à la seconde,
viendra rejoindre le fort Saint-Jean sur une longueur de onze cents mètres environ.

Il y avait ainsi trois côtés baignés par la mer,
savoir : le premier, le troisième et le quatrième.

---

[1] *Massilia enim ferè ex tribus oppidi partibus mari alluitur.
reliqua quarta est, quæ additum habet à terrâ. Hujusquoque
spatii pars ea ; quæ ad arcem pertinet, loci naturâ et valle
altissimâ munita, longam et difficilem habet oppugnationem.*
De Bell. civil. liv. i, ii, ch. i.

Le premier l'est encore en partie par le port ;
il se prolongeait autrefois davantage, parce que
la Cannebière était un marais où Jarret versait
ses eaux. Le troisième formait le port de la
Joliette, qui était anciennement plus profond,
parce que la langue de terre comprise entre ce
port et l'anse de l'Ourse s'étendait beaucoup plus
à l'ouest. Enfin le quatrième côté était, comme
aujourd'hui, baigné par la mer; mais toute la
ligne était plus avancée. Une bonne partie de
l'ancien rivage a été envahie par les eaux; cause
active de destruction qui travaille insensiblement, mais sans relâche, à produire de nouveaux
ravages. Les flots engloutiront peut-être un jour
ces lieux si animés que nous foulons avec sécurité,
ce théâtre mobile de nos joies et de nos douleurs,
de nos projets et de nos espérances. Ils couvriront
nos ossements dispersés, et les générations futures
feront des conjectures sur la position de Marseille
actuelle, comme nous en faisons aujourd'hui sur
celle de Marseille antique [1].

[1] Des routes tracées sur les bords de la mer, pour aller de
Marseille à Martigues, ont entièrement disparu. Des maisons
de campagne, des tours dont les anciens avaient bordé le rivage, sont ensevelies dans les ondes. Sur la plage sablonneuse
de Séon on a perdu des terrains d'une grande étendue depuis
l'année 1748. Des champs entiers, de grands vignobles sont
devenus, depuis cette époque, la conquête des eaux.

Grosson, Recueil des Antiq. et Mon. de Marseille. Discours
préliminaire.

Quant au second côté de la ville, le seul accessible, selon César, on peut le diviser en deux parties : la partie basse, qui s'étendait de l'angle du Cours et de la Cannebière jusqu'au-dessus de Saint-Martin, et qui était en plusieurs endroits marécageuse, et la partie haute, qui s'étendait de Saint-Martin à la Joliette. Cette partie était défendue par un ravin profond qui se voit encore au-dessous du boulevard des Dames. La citadelle devait occuper toute l'esplanade depuis la Joliette jusqu'à la Tourette [1].

A cette époque, Marseille devait avoir presque une lieue de circonférence. Aussi Strabon, qui vivait un peu plus tard, assure qu'elle était d'une grandeur considérable. Cet auteur dit aussi que le port est situé au midi, au-dessous d'un rocher en amphithéâtre, entouré de fortes murailles, ainsi que la ville entière; et que l'on trouve auprès du mouillage des vaisseaux, un autre port digne d'être cité [2].

Le quartier général de Trébonius occupait les hauteurs où se trouve aujourd'hui le Lazaret. Ce général voyait de là tout ce qui se passait dans

[1] Statistique des Bouches-du-Rhône, tom. II.—Mémoire de M. J. V. Martin; Recueil de l'Académie de Marseille, tom. VII.

[2] Liv. IV. — Ce port digne d'être cité était le port de la Joliette (*Julii statio*), et le mouillage est le lieu qu'on appelle aujourd'hui Lestaque, qui sert encore au même usage.—Mém. de l'Acad. de Marseille. Année 1811.

Marseille. Encouragé par les succès de la flotte de Brutus , il dirigea deux attaques contre la ville; la première, dans la partie voisine du port et de l'arsenal; la seconde, selon le langage de . César [1], vers l'isthme qui conduit de la Gaule et de l'Espagne à l'endroit où le Rhône se jette dans la mer.

Les Romains s'étaient approchés des murailles à la faveur des parapets et des mantelets; ils avaient construit une terrasse de quatre-vingts pieds de hauteur. Les Marseillais, soit dans leurs sorties où ils mettaient le feu aux machines des ennemis, soit par la vigueur de leur défense, rendirent vains ces travaux menaçants et ces redoutables attaques. Leurs balistes étaient si perfectionnées et servies avec tant d'adresse, qu'elles lançaient avec force des poutres de douze pieds de long, armées d'une pointe de fer, lesquelles perçaient quatre rangs de claies et s'enfonçaient encore dans la terre. Les assiégeants ayant élevé un rempart, parallèlement à la muraille, avec plusieurs arbres coupés et entassés les uns sur les autres, les Marseillais le brûlèrent en y jetant des barres de fer rougies. Lorsque la tortue s'approcha pour battre la muraille, ils prirent la tête du bélier avec un nœud coulant, et la lui levèrent si haut par le moyen d'une corde appliquée à un engin, qu'ils en ren-

[1] *Cæsar, de Bell. civil.* liv. II.

dirent l'usage inutile. Enfin avec les brûlots et les balistes ils ruinèrent toute la machine [1].

Les Romains travaillèrent alors à la construction d'une autre machine qui pût résister aux pierres et au feu; mais la difficulté du travail et la défense aussi habile qu'opiniâtre des Marseillais retardèrent cette construction.

Sur ces entrefaites, Nasidius que Pompée envoyait au secours de Domitius et de Marseille, avec seize galères dont quelques-unes avaient la proue armée d'airain, passa le détroit de Sicile et aborda à Messine qui était sous la domination de César. Il y causa une telle épouvante que les chefs de la ville prirent la fuite et lui donnèrent le moyen d'enlever une galère de l'arsenal. Il la joignit à ses autres navires et prit sa route vers Marseille. Il s'arrêta à Tauroentum, et faisant avertir les assiégés de son arrivée, il les engagea à venir le joindre avec tous les vaisseaux qu'ils pourraient mettre à la mer. Alors la joie éclate dans la cité, les temples retentissent d'actions de grâces, chacun croit que l'heure de la délivrance va sonner, toute la population est en mouvement, on travaille avec une incroyable ardeur à l'équipement d'une flotte nouvelle, l'élite des guerriers s'y embarque. Les femmes, dans leur enthousiasme, les excitent à combattre vaillamment pour le

[1] Vitruve, liv. x, ch. xxi.

I.   8

salut de la patrie; les vieillards gémissent de ne pouvoir partager leur gloire et leurs périls; tous, levant au Ciel leurs mains suppliantes, implorent sa faveur pour la plus sainte des causes; et c'est au milieu de ces exhortations, de ces prières, de ces adieux touchants, de cette scène déchirante et sublime, que les vaisseaux Marseillais mettent à la voile et cinglent vers Tauroentum.

Brutus n'ayant pu empêcher la jonction des deux flottes, va à elles, plein d'espérance et de résolution, avec dix-huit vaisseaux, en comptant les six galères prises sur les Marseillais. Il exhorte ses soldats à mépriser un ennemi affaibli qu'ils avaient déjà vaincu lorsqu'il avait toutes ses forces. Il donne ensuite le signal du combat. Les Marseillais combattirent avec un rare courage. Deux de leurs galères, ayant remarqué celle que montait Brutus qu'il était facile de reconnaître à son pavillon, partirent ensemble chacune de leur côté et vinrent sur lui à force de rames. Brutus ayant évité leur choc, ces galères se heurtèrent si violemment qu'elles en furent très endommagées. L'une eut sa proue brisée et fut toute fracassée. quelques vaisseaux romains qui étaient proches s'aperçurent de leur mauvais état, les attaquèrent et les coulèrent bientôt à fond. Les Marseillais pourtant ne perdirent pas courage, ils firent leur devoir et se bâtirent en héros. La victoire était encore indécise, et Brutus aurait été vaincu si les troupes auxiliaires de Pompée avaient été aussi braves que celles de Marseille devaient s'y attendre dans des circonstances où les Marseillais souffraient pour Pompée même tous les malheurs de la guerre. Mais Nasidius, par lâcheté ou par trahison, s'enfuit avec sa flotte, et gagna les côtes d'Espagne, suivi d'une galère marseillaise. Alors seulement les Marseillais furent découragés, et leur défaite devint complète. Cinq de leurs galères furent coulées bas et quatre prises. Une de celles qui restaient fut dépêchée pour porter à la ville la nouvelle de ce déplorable événement. Les habitants la voyant venir de loin, étaient sortis en foule sur le rivage, impatients de connaître les résultats d'un combat qui devait avoir tant d'influence sur leurs destinées. Lorsqu'ils apprirent leurs désastres, ils poussèrent des cris de douleur, toute la ville fut dans la consternation, et les circonstances parurent alarmantes. Néanmoins personne ne parla de se rendre. Au contraire, l'aspect du danger inspira de nouvelles forces, une plus puissante énergie, et le siége fut soutenu avec une courageuse persévérance.

Brutus, après sa victoire, s'empara de Tauroentum et de Cytharista. Il revint ensuite bloquer le port. Varron avait amassé une grande quantité de blé pour l'envoyer aux assiégés. Ils n'en purent rien recevoir. Tous les convois étaient arrêtés, et la ville allait être privée de subsistance.

Trébonius, qui avait entrepris d'immenses travaux, la pressait vivement du côté de la terre. Il avait fait élever une tour de six étages qui dominait les remparts. Chacun de ces étages avait des ouvertures pour le service des machines. Il avait ensuite construit une galerie de soixante pieds de. long et quatre de large, avec un toit de brique et de mortier fort épais, et cette galerie était placée entre la tour des Romains et les remparts qui pouvaient ainsi être sapés sans danger pour les assiégeants [1].

Toutes les tentatives des Marseillais pour détruire la galerie furent inutiles. Les Romains, du haut de la tour, écartaient, au moyen des machines qui lançaient des traits et des pierres, les soldats qui défendaient les remparts; la sape ébranlait la muraille et menaçait de la faire crouler. Alors les Marseillais alarmés, regardant une plus longue résistance comme impossible, craignant d'ailleurs la fureur du soldat romain, envoyèrent des députés à Trébonius. Ceux-ci se jetèrent à ses pieds, lui firent un éloquent por-

[1] Le chevalier Folard, dans ses Commentaires sur Polybe, tome II, traité de l'Attaque des Places, parle de cette galerie et remarque avec raison que quatre pieds de largeur que les Romains lui avaient donnés n'étaient pas suffisants pour que deux soldats de front pussent manier des outils et travailler sans se nuire l'un l'autre. Il ajoute qu'elle avait trop peu de largeur relativement à sa longueur, et qu'elle ne pouvait pas être solide sur son aplomb.

trait de l'affreuse position de Marseille, et le conjurèrent d'attendre l'arrivée de César, afin d'épargner une ville dont l'ancienne alliance avait rendu des services à Rome. Trébonius à qui César, lors de son départ pour l'Espagne et depuis dans ses lettres, avait recommandé de faire tous ses efforts pour que Marseille ne fût pas prise d'assaut, ne se montra pas sourd à ces supplications et consentit à une trève.

Les Romains étaient aussi tranquilles que s'ils s'étaient trouvés dans la plus profonde paix. Jamais sécurité plus complète; mais les Marseillais méditaient criminellement un acte de perfidie que leur désespoir ne pouvait pas excuser. Au bout de quelques jours, et lorsque les soldats de Trébonius, sur la foi de la trève, étaient les uns retirés dans leurs tentes, les autres dormant dans la tranchée, les Marseillais firent une sortie à l'heure de midi, et ne rencontrant aucun obstacle, mirent le feu aux ouvrages du siége, à la faveur d'un vent violent. Ce vent les seconda si bien, que dans le même instant le feu prit aux retranchements, aux mantelets, à la tortue, et aux autres machines. Les Romains frappés d'un malheur si subit, pleins de fureur et de vengeance, prennent les armes qui leur tombent sous la main, sortent du camp et courent sur les Marseillais; mais de la ville on les arrêta à coups de traits. Les assiégés se retirèrent sous leur muraille et brûlèrent tout à leur aise la tour et la galerie. Trébonius vit ainsi périr dans un instant le travail de plusieurs mois. Le lendemain les Marseillais firent une sortie avec plus d'assurance encore que la veille. Favorisés du même vent, ils tentèrent de mettre le feu à quelques ouvrages qui n'avaient pas été consumés. Cette fois leur perfidie ne triompha pas. Les Romains avaient tout préparé pour la défense et s'étaient mis sur leur garde. Ils tuèrent un grand nombre d'assaillants, empêchèrent les autres de rien faire et les repoussèrent dans la ville.

Tel est le récit de César [1]. Dion, historien assez exact et désintéressé, semble le contredire. Il ne parle pas de la perfidie des Marseillais en cette occasion. Les troupes romaines, dit-il, voulurent une nuit, pendant la trève, surprendre Marseille ; mais elles furent reçues de ses défenseurs avec tant de bravoure qu'elles n'eurent pas la hardiesse de les attaquer [2]. Cet auteur indique ainsi que la trève fut rompue par les Romains. Comment concilier ces deux versions contradictoires? Faut-il entièrement rejeter celle de César? Sans doute, en admettant le récit de

---

[1] *De Bell. civ.* liv. II.

[2] *Militesque tempore induciarum noctu se adorientes ità acceperunt ut in posterum nihil movere auderint.* Dion, Hist. Rom. liv. XIV.

Dion, on peut dire avec vraisemblance que le général romain avait intérêt de couvrir la honte de son armée. Une omission se concevrait donc de sa part. Mais comment concevoir qu'il ait imputé aux Marseillais une trahison commise par ses troupes, lorsqu'il n'avait qu'à garder le silence? Je le dis sans déguisement, les détails précis qu'il donne me paraissent porter l'empreinte de la vérité. Je ne puis croire que ces détails soient une pure invention. Eux seuls doivent me servir de guide.

Les Romains reconstruisirent leurs ouvrages en brique avec tant d'ardeur qu'en peu de jours les choses furent rétablies dans le même état. Alors la frayeur s'empara de nouveau des assiégés. Ils étaient dans une affreuse situation. Aucun moyen de résistance; les munitions de guerre manquaient; le vieux millet et l'orge gâté dont ils avaient vécu jusques alors étaient épuisés; une maladie épidémique exerçait de cruels ravages; les horreurs du pillage et de la servitude s'offraient aux esprits épouvantés. Un seul parti restait à prendre, c'était de se rendre à discrétion. Heureusement César arriva, et les assiégés résolurent de lui ouvrir les portes. Domitius, instruit de ce dessein, fit équiper trois vaisseaux, et sortit du port, à la faveur d'un brouillard. Il parvint à se sauver, malgré la poursuite de Brutus [1].

[1] *Cæsar, de Bell. civ.* liv. II. — Suivant Dion, les Mar-

Maître d'imposer à Marseille telles conditions qu'il jugerait convenable, suprême arbitre de son sort, César sut généreusement lui montrer que c'est avec raison qu'elle n'avait pas désespéré de sa clémence. Cet homme, l'un des plus étonnants des temps anciens, unissait au génie de la guerre la passion des lettres et des arts. Il ne voulut pas détruire une ville que protégeaient de nobles souvenirs, et qui, malgré sa conduite à son égard, avait conservé des titres à son affection. Le sentiment qui lui fit épargner Marseille fut celui dont Alexandre avait été animé, alors que, dans la ruine de Thèbes, il n'épargna que la maison et les descendants de Pindare. César laissa à Marseille son administration, ses magistrats et ses lois; mais il lui enleva toutes ses colonies, à l'exception de Nice, et réduisit la ville à son seul territoire. Il détruisit les fortifications et les machines de guerre; se fit livrer les armes, les vaisseaux, le trésor public et la citadelle où il mit deux légions en garnison [1]. Le port de la Joliette [2] fut exclusivement réservé aux Romains. L'ancien port de la ville, alors connu sous le nom de *Lacydon*, comme nous

seillais profitèrent de la trève pour faire sauver Domitius. *Inducias pacti dùm Cœsaris veniret in cujus se se potestatem dedituros ferebant, Domitium clam ablegaverunt.* Liv xiv.

[1] *Cæsar, de Bell. civil.* liv. ii — Florus, liv. iv.

[2] *Julii statio.*

l'apprennent Pomponius Mela et Eusthate [1], resta aux Marseillais en toute liberté.

Il est probable que César punit les Albiciens, en leur faisant perdre leur indépendance, et en réunissant leur territoire à celui de la Narbonnaise. Il n'est plus parlé d'eux dans l'histoire.

Après avoir subjugué trois cents nations, pris huit cents villes, gagné cinquante batailles et fait périr près de trois millions d'hommes, César institua dans Rome des fêtes triomphales qui durèrent quatre jours. La conquête des Gaules fut caractérisée par le Rhin, le Rhône et l'Océan captifs. L'image de Marseille fut portée parmi celles des peuples vaincus, et cette vue produisit l'impression pénible que ne manque jamais de produire un acte d'ingratitude. Marseille humiliée trouva bientôt dans Cicéron un éloquent vengeur. Il ne put pardonner à César cet affront inutile qu'il considéra comme un des plus grands attentats de l'ambition et de l'orgueil. Il dit avec une patriotique énergie : « Tout le peuple romain plaignit le sort d'une ville si fidèle, et « quoique chacun fût assez occupé de ses propres malheurs, il n'y eut néanmoins personne « qui ne prît part à celui de Marseille [2]. » Cicé-

[1] Pomp. Mel. liv. II, ch. v. — *Eust. in Dyonys.*

[2] *Tamen hujus civitatis fidelissimæ miserias nemo erat civis qui à se alienas arbitraretur.* Philip. VIII.

ron exprime ailleurs les mêmes sentiments, et ajoute : « Après avoir désolé et ruiné les nations « étrangères, nous avons vu César porter dans « son triomphe l'image de Marseille, comme « un signe de l'anéantissement de la république. « On n'a pas eu honte de triompher d'une ville « sans le secours de laquelle nos généraux ne « triomphèrent jamais dans nos guerres contre « les Gaulois Transalpins. Je pourrais rappeler « une foule d'autres injustices envers nos alliés, « si le soleil en avait jamais éclairé de plus in-« fame que celle-là. Nous sommes justement « punis '. » Touchant épanchement d'un cœur indigné! Regrets magnanimes d'un grand homme qui ne concevait pas qu'on pût aimer la république romaine, sans aimer la république marseillaise ' !

' *Vexatis et perditis exteris nationibus, ad exemplum amissi imperii, portari in triumpho Massiliam vidimus, et ex eâ urbe triumphari sine quâ nunquàm nostri imperatores ex transalpinis bellis triumpharunt. Multa prætereà commemorem nefaria in socios, si hoc uno sol quidquam vidisset indignius. Jure igitur plectimur. De Offic. liv. II, ch. VII.*

' *Neminem illi civitati inimicum esse arbitror, qui amicus sit huic civitati.* Philip. VIII.

LIVRE SECOND.

Marseille république marchande sous la protection des Romains. — Ville haute et ville basse. — Pendant une longue suite de règnes, il ne s'y passe rien de remarquable. — Ses écoles sont toujours célèbres. — Personnages illustres qui en sortent. — Les mœurs marseillaises se corrompent. — Introduction du Christianisme dans les Gaules. — Fausseté de la tradition populaire touchant saint Lazare. — Maximien-Hercule à Marseille. — Martyre de saint Victor. — Maximien assiégé dans Marseille par Constantin. — Mort du premier de ces princes. — Orésius, premier évêque de Marseille. — Il assiste au concile d'Arles. — Autres conciles. — Marseille ne se ressent pas des troubles causés par l'arianisme. — Réclamation de Proculus, successeur d'Orésius. — Les ordres monastiques s'introduisent dans la Narbonnaise. — Jean Cassien. — Il fonde à Marseille la célèbre abbaïe de Saint-Victor. — Salvien. — Autres personnages distingués. — Le commerce se soutient toujours. — Aperçu sur les Visigoths, les Bourguignons et les Ostrogoths. — Ils sont successivement maîtres de Marseille. — Esprit et caractère de leur domination. — Position morale et politique de Marseille sous leur puissance. — Clovis dans les Gaules. — Les Francs maîtres de Marseille. — Invasion des Lombards. — Passage des Saxons. — Childebert et Gontran. — Le premier cède la ville basse au dernier. — Childebert veut reprendre cette ville. — Gondulfe et Dyname. — Gondulfe s'empare de la ville basse au nom de Childebert. — Dyname s'en empare encore au nom de Gontran. — L'évêque Théodore persécuté. — Ravages de la peste. — A la mort de Gontran la ville basse passe sous la domination de Childebert. — Marseille est la résidence des gouverneurs de la province. — Sérénus, iconoclaste, cause des troubles religieux. — Ravage des Sarrasins. — Boson, roi d'Arles. — Marseille passe sous son empire. — Examen de l'existence sociale des Marseillais sous la puissance des rois francs. — Evêques, successeurs de Sérénus. — Influence et priviléges de Saint-Victor. — Révolutions du langage. — Commerce et industrie de Marseille sous les races Mérovingienne et Carlovingienne. — Franchises municipales.

LIVRE II.

MARSEILLE, privée de sa puissance politique, perdit son influence dans les Gaules; mais elle forma une république indépendante, sous la protection des Romains. La citadelle, toujours au pouvoir de ces derniers, devint avec le temps une ville distincte qui avait ses magistrats particuliers. La ville grecque resta étrangère à toutes les affaires de Rome. Sa population qui avait beaucoup diminué par les malheurs du siége, répara bientôt ses pertes et prit même un accroissement considérable, parce qu'un grand nombre de familles, habitant jusques alors ses colonies, vinrent se réfugier dans ses murs, pour ne point vivre sous une domination étrangère.

César, devenu maître de l'empire après la bataille de Pharsale, fonda les deux colonies d'Aix et d'Arles, villes qui existaient déjà, mais qui n'avaient pas rang parmi les cités romaines.

La Gaule Narbonnaise ne se ressentit en aucune manière des troubles qui suivirent la mort de César, et Marseille jouit paisiblement du peu de liberté qui lui avait été laissé. Il ne s'y passa rien de mémorable durant tout le long règne d'Auguste. Ce prince, voulant écarter Lucius Antonius, son petit-neveu et fils de Jules qui fut condamné à mort pour ses amours avec Julie, l'envoya dès sa plus tendre jeunesse à Marseille, où le prétexte de son éducation couvrit un véritable exil [1].

Lucius César, prince de la jeunesse, petit-fils de l'empereur et fils de Julie et d'Agrippa, séjourna aussi quelque temps à Marseille. Il y mourut lorsqu'il se disposait à partir pour aller prendre le commandement de l'armée d'Espagne. Son corps fut transporté par mer à Rome où on lui fit de magnifiques funérailles [2]. Marseille reçut encore dans son sein Apollodore de Pergame qui avait été le précepteur d'Auguste à Apollonie.

Les Gaules furent divisées en dix-sept provinces, et l'on fit alors la distinction des deux Narbonnaises. La première eut Narbonne pour chef-lieu ; Aix fut la capitale de la seconde, qui

---

[1] Tacit. Annal. liv. IV, ch. XLIV.
[2] *Idem*, liv. I, chap. III. — Vell. Paterc. liv. II. ch. CIII. — Sueton. *in Oct.* ch. LXV.

garda seule le nom de *Provincia Romana*, ou simplement *Provincia*. La juridiction de la colonie d'Aix s'étendit sur toute la Provence proprement dite.

Pendant une longue suite de règnes, les historiens ne nous ont rien transmis de bien important touchant la république de Marseille.

Tibère y avait relégué un riche romain nommé Vulcatius Moschus. Les Marseillais lui donnèrent le droit de Bourgeoisie. Moschus en fut reconnaissant, et laissa tous ses biens par testament à sa patrie adoptive. L'acceptation de cet héritage considérable irrita Tibère, et les Marseillais, craignant la vengeance de ce prince, lui envoyèrent une députation pour l'apaiser. Ils invoquèrent l'exemple de Publius Rutilius qui adopté, dans son exil, par la ville de Smyrne, lui laissa tout ce qu'il possédait. Cet exemple fut pour la cause des Marseillais une autorité qui triompha [1].

Claude étant parti de Rome pour aller calmer des troubles qui s'étaient élevés dans la Grande-Bretagne, fut forcé par une tempête d'entrer dans le port de Marseille et de faire quelque séjour dans cette ville [2].

Néron y relégua Cornélius Sylla ; quelque

[1] Tacit. Annal. liv. ix, ch. xciii.
[2] *Sueton. In Claudium*, ch. xxvii.

temps après il l'y fit mettre à mort, d'après le conseil de Tigellin.

Le nombre des exilés à Marseille fut très considérable durant la tyrannie des empereurs. Les riches Romains abandonnaient en foule l'Italie pour se réfugier dans la Gaule Narbonnaise qui devint riche et florissante. Pline assure qu'elle était si bien cultivée, ses campagnes si agréables, ses habitants si industrieux et si policés, qu'on ne la regardait pas comme une province étrangère, et qu'on l'aurait prise pour une portion de l'Italie [1]. Aussi obtint-elle un privilége remarquable. Les sénateurs romains qui en étaient originaires pouvaient y venir sans congé, quoiqu'il leur fût défendu de quitter l'Italie sans la permission de l'empereur [2].

Marseille n'avait point cessé de faire le commerce avec succès. Cultivant toujours avec gloire les lettres et les arts, elle était la maîtresse des bonnes études, et ses écoles continuaient de jouir d'une réputation éclatante. Toute la jeunesse romaine de la Narbonnaise venait y faire son éducation. Les Marseillais savaient habilement employer tout ce qui pouvait exciter l'émulation, épurer le goût et enflammer le génie. Ils mirent sagement en pratique cette vérité si bien expri-

[1] Hist. Nat. liv. III, ch. IV.
[2] Tacit. *idem.* — *Petri Hendreich Massilia,* pag. 373.

mée par Symmaque : « Les arts ne se soutiennent
« que par l'honneur, *Artes honore nutriri* [1]. »
Aussi, chez eux, la carrière des sciences fut la
carrière des honneurs publics. Il était beau de
voir une faible république tenir d'une main
ferme le sceptre littéraire et instruire les vainqueurs du monde. A l'exemple de Marseille,
d'autres écoles s'établirent dans la Gaule, qui,
débarrassée des langes de l'ignorance, ne se
fit plus remarquer que par les lumières d'une
civilisation brillante. Les Gaulois, à cette époque, portaient encore la crédulité à un tel point
qu'un poète fameux l'a consacrée par un proverbe [2] ; mais ils étaient doués d'un esprit vif
et ingénieux; ils avaient des dispositions naturelles pour la culture des belles-lettres, et
César les avait appelés depuis long-temps : *Ge-
nus summæ solertiæ* [3]. Rome se fit souvent un
mérite de tirer du fond des Gaules des personnages distingués pour remplir les premières magistratures de l'empire [4]. Elle en fit même entrer
plusieurs dans le Sénat. Les Gaulois fournirent
un grand nombre d'orateurs, et Juvénal, se
plaignant de ce que l'éloquence était presque

---

[1] *Lib.* I, *epist.* xv.
[2] *Et tumidus Gallâ credulitate fruar.*
        Martial. liv. v, épig. I.
[3] *Bell. gall.* liv. vii.
[4] *Magni Aurelii Cassiodoris senatoris.* Epit. I, liv. II.

entièrement négligée à Rome, renvoie dans les
Gaules ou en Afrique ceux qui voulaient se perfectionner dans cet art [1]. Ce furent les Gaules
qui, selon le même poète, formèrent les premiers
avocats ou jurisconsultes qu'on vit dans la Grande-
Bretagne [2]. Un ancien auteur nous indique que
les professeurs gaulois tiraient de leurs leçons
un lucre considérable, puisqu'il donne à leur
philosophie la qualité d'avare et de mercenaire [3].

Dans les écoles marseillaises l'éloquence grecque rivalisait avec l'éloquence latine; pourtant
les affaires publiques se traitaient en langue
grecque qui n'avait pas cessé d'être nationale.
Le nombre des hommes illustres qui sortirent de
ces écoles est considérable.

Marseille donna le jour à Lucius Plotius qui
fit à Rome le premier cours public de rhétorique
et enseigna aux Romains l'art de parler éloquemment leur propre langue. *Insignis maximè Plotius fuit*, dit Quintilien qui parle de lui comme
d'un grand maître [4]. Plotius, qui vécut jusqu'à

[1] . . . . *Accipiat te*
Gallia, vel potiùs nutricula Causidicorum
Africa. . . . .
                              Satyr. vii.
[2] *Gallia Causidicos docuit facunda Britannos.*
                              Satyr. xv.
[3] *Avara et fœnatoria Gallorum philosophia.* Valère-Maxime,
liv. ii, ch. vi.
[4] *De Orat. Inst.* liv. ii, ch. iv.

une extrême vieillesse, avait écrit un traité du Geste de l'Orateur. Cet ouvrage ne subsiste plus [1].

Gniphon, professeur des belles-lettres, naquit aussi à Marseille, et Rome fut encore le théâtre où il parut avec éclat. Les citoyens les plus distingués se faisaient un plaisir d'aller l'entendre. Il se distinguait des autres professeurs par le plus noble désintéressement, et n'exigeait de ses disciples pour son salaire que ce que leur libéralité dictait de lui donner [2].

Marseille fut également la ville natale de Valérius Caton, poète et grammairien, qui se fit à Rome une grande réputation. Orphelin dès son enfance et nourri dans la pauvreté, il amassa quelque bien et acheta une maison de campagne près de Tusculum. Mais la fortune l'accabla de revers et le dépouilla de tout. La plus affreuse indigence pesa sur ses jours abreuvés d'amertume. Il avait composé plusieurs traités de grammaire et divers poèmes qui sont perdus [3].

Les académies de Marseille formèrent encore Gallus, grand capitaine et poète aimable, immortalisé par l'amitié de Virgile [4] dont la muse ravissante le consola de l'infidélité de la belle

[1] *Quintil. De Orat. Inst.* liv. II, ch. III.
[2] *Suéton. De Illustribus Grammaticis,* ch. II.
[3] *Ibid.* ch. II.
[4] Eglogue VI.

Lycoris, lorsqu'elle le trahit pour suivre Marc-Antoine [1]; Pétrone que le dieu des vers inspira aussi, bel esprit, qui fut l'arbitre des plaisirs de Néron et qui sut laver les taches d'une vie licencieuse par un trépas courageux [2]; Trogue-Pompée, le seul historien latin qu'ait produit la Narbonnaise; Pacatus, Quirinalis et Agrotas, orateurs distingués; Oscus, qui se fit remarquer à Rome par des discours satiriques; Favorin, l'un des plus célèbres sophistes de son siècle, pyrrhonien absolu qui forma un grand nombre de disciples parmi lesquels furent Aulugelle et Alexandre de Séleucie.

Il est probable que les académies marseillaises eurent aussi la gloire d'élever Roscius qui naquit dans la Narbonnaise et excita l'enthousiasme de ses contemporains, en portant à la perfection l'art du théâtre, le geste, le port, toute la magie d'une diction enchanteresse. Tout est plein de ses éloges; tout retentit encore des accents d'admiration que causa son inimitable talent. Il fut honoré de l'amitié de tous les grands hommes de son temps qu'il forma à la déclamation oratoire, et c'est à lui, comme à un modèle achevé de ce que doit être un homme qui parle au public,

[1] Eglog. x.
[2] Il mourut tranquillement au milieu de ses amis, après s'être fait ouvrir les veines, pour prévenir le jugement de Néron dont on lui avait fait perdre les bonnes grâces.

que Cicéron renvoie son orateur [1]- « Oui, s'écrie
« le prince de l'éloquence romaine, il faut que
« cet homme sache, comme Roscius, s'attirer de
« fréquents applaudissements, faire rire lorsqu'il
« le veut, faire pleurer lorsqu'il le désire [2]. » Chose
remarquable! Les louanges que l'antiquité pro-
digue à ce comédien célèbre ne sont rien quand
on les rapproche de ce qu'elle nous apprend de
ses vertus. Pourtant il lui en manqua une. Il
n'eut pas le bonheur de connaître l'intelligence
suprême qui préside à l'harmonie des mondes.
C'est elle qui le combla de ses plus précieuses
faveurs. N'eût-il pas mieux fait de lui en rapporter toute la gloire [3]?

Trois médecins illustres, Démosthènes, Charmis
et Crinas, tous les trois contemporains, naquirent à Marseille et puisèrent dans ses écoles ces
connaissances profondes dans l'art de guérir qui
ont rendu leur nom immortel.

Démosthènes eut pour maître Alexandre sur-

---

[1] *De Oratore*, liv. i.
[2] *De Claris Oratoribus.*
[3] Roscius donna les plus illustres marques de désintéressement et de générosité. La république lui payait par jour cent
deniers de pension, sans comprendre ce qu'elle donnait aux
gens de sa suite. Cette pension allait environ par an à une
somme de cinquante à soixante mille livres de notre monnaie.
Roscius abandonna sa pension pendant dix ans de suite, et
négligea ainsi d'amasser une somme de cinq à six cent mille
livres, sans cesser néanmoins ses représentations théâtrales.

nommé Philalèthe, c'est-à-dire ami de la vérité [1].
Cet Alexandre, du temps de l'empereur Tibère,
était à la tête d'un école célèbre de médecine,
située près de Laodicée en Phrygie. Démosthènes
ne commença de briller que plusieurs années
après, et continua ses succès jusque sous l'empire de Néron. Digne disciple d'un maître illustre, il mérita de porter comme lui le glorieux
surnom de Philalèthe. Il composa en Grec trois
livres sur les différentes maladies des yeux et
sur la manière de les guérir. Il ne nous en reste
que quelques fragments. Galien parle de lui
avec éloge [2].

Charmis se distingua des autres médecins en
combattant leur système et en se frayant des
routes nouvelles. Il accourut, comme son compa-
triote Démosthènes, dans la capitale de l'empire,
et fit changer l'opinion publique sur l'usage des
bains chauds qui était généralement établi.
« J'ai vu moi-même, dit à cette occasion Pline
« l'historien qui vivait du temps de Charmis, j'ai
« vu des vieillards, hommes consulaires, faire
« gloire de se soumettre aux ordonnances de ce
« médecin, et prendre des bains froids dans la
« plus grande rigueur de l'hiver [3]. » Néanmoins

[1] Strabon, liv. xii.
[2] *De Compositione Remediorum per Genera*, liv. v, ch. xv·
— *Id.* liv. vii, ch. xii et suiv.
[3] Hist. liv. xxix, ch. v.

Charmis n'était pas le premier médecin qui eût conseillé les bains d'eau froide, quelle que fût la saison. Sous Auguste, un certain Musa Antonius en avait fait l'expérience sur Horace, à qui il avait défendu les bains des eaux chaudes de Baïe et ordonné des bains froids au milieu de l'hiver. C'est le poète lui-même qui nous l'apprend [1]. Charmis, qui acquit une grande fortune dans l'exercice de sa profession, faisait payer ses soins bien cher. Il exigea d'un homme de province qu'il guérit d'une maladie et de sa rechute une somme de deux cent mille sesterces, ou vingt mille livres de notre monnaie [2]. Nous ne savons pas s'il écrivit quelque ouvrage.

Crinas, après avoir professé quelque temps la médecine à Marseille, alla aussi à Rome sous l'empire de Néron, et y trouva toute la ville éprise des doctrines nouvelles de Thessale, autre médecin fameux qui, à force de déclamer contre ceux qui l'avaient précédé dans la même carrière, s'était fait une si grande réputation que tout le monde courait à lui. Crinas s'attira bientôt plus d'estime et de confiance que son concurrent ; il amassa des richesses immenses et devint célèbre par l'usage généreux qu'il en fit. Il légua par son testament dix millions de sesterces à Marseille,

[1] *Epist.* xv, *lib.* i.
[2] Pline. Hist. liv. xxix, ch. viii.

sa patrie, pour en faire réparer les murailles et les fortifications. Rien n'indique qu'il ait laissé des écrits [1].

Julius Græcinus, né à Fréjus de parents qui avaient occupé les premiers emplois de la province, fit ses études à Marseille avec le plus grand succès. Philosophe sans ostentation, magistrat d'une probité rigide, d'une science consommée, d'un patriotisme toujours pur, il obtint en récompense la venération publique, et Sénèque fut l'un de ses admirateurs [2]. Caligula lui commanda d'accuser Marcus Silanus dont l'innocence était évidente. Græcinus ne voulut point ternir l'éclat de ses vertus par cette lâche infamie. Le tyran ne lui pardonna pas un refus si courageux, et trouvant en lui plus de probité qu'il n'est avantageux aux oppresseurs couronnés d'en trouver chez les citoyens, il ordonna qu'on le mît à mort. Græcinus la subit avec résignation. Ce martyr de la justice et de la vérité laissa un fils digne de lui et qui marcha sur ses traces; ce fut Agricola, aussi élevé et instruit à Marseille, et dont Tacite, son gendre, a écrit l'histoire. Véritable grand homme, Agricola rappelait les anciens Romains par sa sagesse, son courage et

---

[1] Pline. Hist. liv. xxix, ch. v.
Les dix millions de sesterces laissés par Crinas à Marseille font environ un million de notre monnaie.
[2] *De Benef.* liv. ii, ch. xxi. — *Epist.* xxiv et xxix.

sa simplicité. Après avoir subjugué la Grande-Bretagne, sa gloire lui attira la jalousie de Domitien qui le rappela, et qui, pour tout accueil, l'embrassa froidement sans lui dire un seul mot. Agricola se consola de cette disgrâce dans le sein de la philosophie. Retiré à la campagne, il y coula des jours heureux, loin des intrigues de la cour, des complots de l'envie, et des orages des passions humaines[1].

C'est aux leçons des écoles marseillaises que Tacite attribue les vertus de son illustre beau-père. *Ce qui l'éloigna*, dit-il, *des désordres de la jeunesse, c'est qu'outre son excellent naturel, il eut, dès sa plus tendre enfance, pour demeure et pour école la ville de Marseille où la politesse grecque se trouve heureusement mélangée avec l'économie et la simplicité des provinces*[2].

Voilà sans doute un bel éloge de Marseille; mais il ne s'accorde pas avec le portrait qu'Athénée nous en a laissé.

[1] A la mort d'Agricola, le bruit général courut à Rome qu'il avait été empoisonné. Pour moi, dit Tacite, je n'oserai affirmer rien de positif. *Nobis nihil comperti affirmare ausim.* (*Vita Agricolæ.*)

[2] *Tacit. in Agricol.* ch. IV. *Arcebat eum ab illecebris peccantium, præter ipsius bonam integramque naturam, quod statim parvulus sedem ac magistram studiorum Massiliam habuerit, locum græcá comitate et provinciali parcimoniá mixtum ac benè compositum.*

Cet écrivain, après avoir parlé des Ibériens dont il loue les vertus guerrières, leur compare immédiatement les Marseillais [1], et représente ceux-ci comme des hommes efféminés et amollis par toutes sortes de vices, d'où serait né ce proverbe : *Massiliam naviges* [2], adressé par forme de reproche aux hommes corrompus par les plaisirs, ainsi que cet autre proverbe, ou plutôt ce corollaire du premier : *E Massiliâ venisti* [3].

Tacite est, dans l'ordre chronologique, le dernier écrivain qui ait fait l'éloge des mœurs marseillaises, et il vivait près d'un siècle avant Athénée. Il n'y a donc rien de contradictoire entre l'éloge fait par l'un et la censure faite par l'autre. Cela indique que de grands changements s'étaient opérés dans le caractère des Marseillais, et que leurs mœurs si vantées s'étaient corrompues. Au milieu d'un mouvement général de décadence et de dégradation, comment ces changements ne se seraient-ils pas opérés ? Comment ces mœurs seraient-elles restées stationnaires? Le luxe, le goût des plaisirs, l'image fatigante du despotisme de Rome, tout concourut à exercer sur les Marseillais une influence funeste. Peut-être même; du temps de

[1] Athén. liv. x, ch. v.
[2] Allez à Marseille.
[3] Vous êtes venu de Marseille.

Tacite, cette influence se faisait-elle déjà sentir, et il peut se faire que le prince des historiens latins, dans son jugement sur Marseille, ait été entraîné, malgré lui, par la puissance des traditions anciennes et par les séductions d'une bonne renommée qui existait encore, quoique la cause n'en existât plus.

Marseille, sous le rapport politique, était toujours dans le même état où Jules César l'avait placée. Elle avait les mêmes lois, le même gouvernement des Timouques. Modeste république marchande, elle jouissait en silence de l'ombre de puissance qui lui avait été laissée. Elle ne prenait aucune part aux affaires de l'empire livré aux calamités et aux désordres de toute espèce, au milieu desquels la majesté du nom romain allait tous les jours s'affaiblissant. Marseille était effacée par d'autres villes sur lesquelles les empereurs versèrent leurs bienfaits, et qui, ayant pris des accroissements rapides, étaient comptées parmi les principales cités de la Gaule. Elle leur avait révélé le secret des ressources inépuisables du commerce et de l'industrie. L'émulation enhardit celles-ci à prendre la même route, et la prospérité couronna leurs premiers essais.

Parmi elles, sur les bords de la Méditerranée, Arles et Narbonne annoncèrent dès leur début ce qu'elles feraient un jour. Elles furent récompensées de leurs efforts, et chacune eut son genre de gloire.

Arles fit preuve d'intelligence dans la science de la navigation, et excella dans l'art de la construction des vaisseaux [1]; mais sa position enfoncée dans les terres ne lui permit jamais de donner à sa marine un grand essor. Une partie de sa population s'adonna avec succès à l'exercice de l'industrie manufacturière, et ce qui attesta la persévérance et l'habileté de ses ouvriers, ce fut la perfection des ouvrages de rapport en or et en argent qu'elle offrit au luxe et à l'admiration des étrangers les plus opulents. Ils rappelaient les belles formes et le fini exquis dont les Grecs avaient donné de si brillants modèles.

Narbonne fut moins industrieuse qu'Arles, mais elle eut sur elle de grands avantages. Glorieuse autant que digne du titre de la première colonie romaine, elle acquit toute la consistance d'une véritable métropole. Elle était l'entrepôt des armées qui passaient d'Italie en Espagne, et les empereurs, jetant toujours sur elle des regards de complaisance et d'amour, l'avaient ornée d'un capitole, d'un amphithéâtre, d'obélisques et de bains somptueux. Elle touchait à la mer par les eaux de l'Aude, et ce magnifique abri attirait dans son canal les flottes de l'Orient,

[1] *Diod. Sic., lib.* IV *et* V. — *Auson. de Clar. urbibus.*

de l'Afrique, de l'Espagne et de la Sicile, tandis que ses rivages élargis appelaient sa population à entrer dans la carrière qui s'ouvrait devant elle [1].

Montpellier fixait l'attention par ses fabriques et ses bibliothèques. Agde et Antibes, toutes deux filles de Marseille, mirent quelque ardeur à s'emparer du commerce extérieur. Toulon voulut aussi entrer en concurrence avec elles.

Nous touchons à une époque fameuse. Depuis la bataille d'Actium jusqu'au règne de Dioclétien, le monde avait vu trente-neuf empereurs romains, et plusieurs de ces princes n'avaient paru sur le trône que pour tomber un instant après dans le sang. Dioclétien, formé au métier de la guerre sous Aurélien et sous Probus, fut élevé à l'empire par le suffrage des soldats. Les Barbares menaçaient toutes les frontières ; le poids du sceptre était accablant. Dioclétien voulut se donner un collègue, et c'est à Maximien-Hercule qu'il communiqua sa puissance. Maximien qui, comme lui, était né dans l'obscurité, crut effacer les traces de son origine en

---

[1] Tableau chronologique et moral de l'Histoire universelle du Commerce des Anciens, par Jullien de Ruet.

Narbonne perdit son influence aussitôt que son port fut sacrifié à des considérations systématiques aussi mal conçues que brusquement exécutées. Le changement du cours de l'Aude lui enleva son commerce maritime.

faisaut construire un palais dans un lieu près de Sirmium en lllyrie, à la place de la chaumière où son père et sa mère avaient gagné leur vie du travail de leurs mains. Bientôt après Dioclétien donna le titre de César à Galère et à Constance-Chlore.

Maximien-Hercule fut chargé de la défense de l'Occident et du Midi ; il fit quelque séjour à Marseille, étouffa plusieurs révoltes dans les Gaules, repoussa au-delà du Rhin les Germains et les Francs, et veilla à la sureté de l'Italie, de l'Espagne et de l'Afrique.

Une religion nouvelle s'était élevée qui se fortifiait et s'étendait par la persécution. Le Christianisme, enseignant une morale consolante, prêchant l'égalité devant Dieu, relevant la dignité humaine et donnant du prix aux souffrances, devait trouver beaucoup d'esprits favorables dans ces siècles d'oppression et de misère où la force tenait si souvent lieu de justice. Plein de jeunesse, de vigueur et d'enthousiasme, il chassait devant lui des croyances vieillies que l'habitude seule pouvait soutenir, mais qui n'avaient plus de sympathie avec le cœur, la raison et les besoins de l'homme. Il était temps qu'un culte plus pur et plus fécond parût et fît des progrès, car partout se faisait sentir le pressant besoin d'une régénération morale et intellectuelle.

Nous allons fixer l'époque où la lumière de l'Evangile a commencé de briller dans les Gaules. La plupart des églises, cherchant moins la vérité que l'honneur de paraître anciennes, font remonter le temps de leur fondation à celui des Apôtres. Cette passion d'antiquité est une des faiblesses de l'espèce humaine. L'église de Paris célèbre Denys l'Aréopagite comme son fondateur, et Marseille se vante d'avoir reçu de saint Lazare, ressuscité par le Christ, les premières semences de la foi.

D'après la tradition populaire, Lazare aborda à Marseille avec Marthe et Magdelaine, ses sœurs, avec Maximin, disciple de Jésus-Christ, Sidonius, l'aveugle né auquel le Législateur des Chrétiens avait donné l'usage de la vue, Marie surnommée de Jacques, et Marie Salomé. Lazare aurait été le premier évêque de Marseille et y aurait souffert le martyre ; Magdelaine aurait pleuré ses erreurs dans une grotte de la Sainte-Baume ; Marthe aurait vécu et expiré à Tarascon ; Maximin serait le fondateur de l'église d'Aix ; Marie de Jacques et Marie Salomé auraient fini leurs jours dans le territoire d'Arles.

Cette tradition ne s'accorde pas avec l'opinion de tous ceux qui ont approfondi ce sujet. Elle ne repose sur rien de fondé ; tous les documents historiques la combattent. Vainement dirait-on qu'il est possible que la ferveur des Apôtres et de leurs disciples en ait amené quelques-uns dans la Gaule, si voisine de l'Italie et si facilement accessible. Nous admettrons, si l'on veut, cette possibilité. Mais, est-ce donc ainsi qu'une vérité se démontre? La prétendue arrivée de Lazare à Marseille et son épiscopat seront-ils pour cela prouvés? Non, certainement; et Mézerai dit avec raison que rien n'établit que les Apôtres, ou leurs disciples, aient fondé des églises dans les Gaules et laissé des successeurs [1]. La croyance d'un grand nombre d'églises de France, qui font l'office de saint Lazare sous le titre de Martyr et de premier Evêque de Marseille, cette croyance qui subsiste dans le Martyrologe de l'Eglise Gallicane, les bulles de plusieurs Papes qui ont voulu la consacrer, ne sont pas des autorités irrécusables qui font fléchir devant elles toutes les intelligences soumises. Ces autorités commandent sans doute le respect, mais elles ne défendent point l'examen consciencieux d'une raison indépendante. Sur quoi s'appuient-elles? Uniquement sur la tradition populaire. Voilà leur seule base. Elles n'ont donc pas plus de force que la tradition elle-même.

Eh bien! Cette croyance est combattue par une croyance contraire, plus imposante et mieux fondée. Toutes les églises grecques croient que

_____

[1] Abrégé Chronologique de l'Histoire de France, tom. II, liv. V.

Lazare vécut encore trente ans après sa résur-
rection et mourut à Cytie, dans l'île de Chypre.

Tillemont, n'ajoutant aucune fois à une fable
que tous les bons esprits repoussent, adopte la
croyance des églises grecques. Cet écrivain dit
que, sous le règne de Léon le Sage, le corps de
Lazare, enterré à Cytie, fut porté à Constantinople où l'empereur le˙ fit mettre dans l'église
de son nom, et les Grecs célèbrent cette trans-
lation le dix-sept octobre de chaque année [1].

Longueval qui a fait de graves erreurs sur
l'ancienneté de quelques églises gauloises, et
notamment sur celle d'Arles, ne parle pourtant
pas de la mission de Lazare à Marseille [2], et
paraît ainsi ne pas admettre l'opinion vulgaire
établie à Marseille. Baillet la repousse avec
force [3]. Il dit qu'on en cherche encore les fondements, et qu'on ne la vit paraître qu'à la fin du
neuvième siècle. Launoy en place l'époque au
onzième [4]. Ce savant docteur, n'ayant pour guide

[1] Mémoires pour servir à l'Histoire Ecclésiastique des six
premiers siècles, tom. II, pag. 36.

Le même auteur, tom. II, pag. 520, combat la tradition
populaire sur l'arrivée de Magdeleine en Provence.

[2] Histoire de l'Eglise Gallicane. Dissertation préliminaire.

[3] Vie des Saints, t. III.

[4] Dissertations, 1641 et 1660, in-8°.

Les profonds ouvrages de ce théologien célèbre ont été
déclarés impies et scandaleux par le parlement d'Aix, en

que l'amour de la vérité, a publié des ouvrages
contre cette croyance populaire qui se dissipe
devant le flambeau de la raison ; il y a fait preuve
de la plus judicieuse critique, du plus profond
discernement. Il a démontré la fausseté de l'origine apostolique que la plupart des églises de
France s'attribuèrent dans l'ignorance du moyen
âge. Il a dévoilé le ridicule d'une multitude de
récits fabuleux dont se repaissait la piété de nos
crédules ancêtres.

Un passage de Sulpice-Sévère et un autre de
Grégoire de Tours semblent décider la question
sur saint Lazare.

Sulpice-Sévère, parlant du martyre de Pothin,
évêque de Lyon, assure que ce fut sous l'empire
de Marc-Aurèle, c'est-à-dire vers l'an 177, que
l'on vit pour la première fois des martyrs dans
les Gaules, et que la religion chrétienne fut
reçue un peu tard en-deçà des Alpes [1]. Lazare
ne fut donc pas martyrisé à Marseille dans les
premières années de notre ère ; la religion chrétienne n'y fut donc pas prêchée de si bonne
heure, puisqu'elle ne fut reçue qu'un peu tard
dans les Gaules. Ce n'est que vers le milieu du

1644. C'est un arrêt de plus à ajouter à tant d'arrêts ridicules. Des imbéciles en toge n'en n'ont-ils pas rendu pour
et contre les catégories d'Aristote ? N'ont-ils pas proscrit
l'émétique ?

[1] Histoire Sacrée, liv. II.

troisième siècle que le Christianisme a eu des
églises dans cette partie de l'Europe. Il y avait
été annoncé auparavant ; il y avait eu quelques
martyrs, mais ces martyrs n'avaient existé que
vers l'année 177, suivant le témoignage de Sulpice-Sévère. Cet élégant abréviateur d'Eusèbe,
que l'invasion des Vandales dans l'Aquitaine
obligea, vers la fin du quatrième siècle, de
chercher un asyle à Marseille où il entra dans
un monastère pour consacrer tout son temps à
la prière et à l'étude, aurait-il pu oublier de
parler de l'épiscopat et du martyre de Lazare,
si la tradition eût alors existé [1] ? Et n'eût-elle
pas existé à cette époque de ferveur chrétienne,
si Lazare eût réellement été le premier évêque
de Marseille ?

Grégoire de Tours, le père de l'histoire fran-

[1] Sulpice-Sévère, né vers l'an 363 dans l'Aquitaine,
s'appliqua dans sa jeunesse à l'étude du droit et suivit la
carrière du barreau qui conduisait alors aux premiers emplois.
Un riche mariage ajouta à sa fortune. La mort de sa femme
le plongea dans l'affliction et lui inspira la résolution de
quitter le monde. Il devint le disciple de saint Martin, évêque
de Tours, qu'il accompagna dans ses voyages. On croit
qu'il fut ordonné prêtre. Il entra dans un monastère à
Marseille, et l'époque de sa mort est incertaine.

Le principal ouvrage de Sulpice-Sévère est l'Histoire
Sacrée, divisée en deux livres. On l'a surnommé le Salluste
Chrétien, parce qu'il avait pris cet historien pour modèle, et
à cause de l'élégance de son style qui lui donne une grande
supériorité sur les autres écrivains du siècle.

çaise, dit que, sous le consulat de Dèce et de Gratus, vers l'an 250, la cité de Toulouse commença d'avoir un évêque, lequel fut Saturnin; et qu'il fut envoyé de Rome avec six autres pour prêcher l'Evangile dans les Gaules, savoir : Gatien, à Tours; Trophime, à Arles; Paul à Narbonne; Denys, à Paris; Austrémius, à Clermont; et Martial, à Limoges [1].

Comment pourrait-on admettre que Marseille ait eu des évêques deux siècles auparavant? Quels auraient été les successeurs de Lazare? On n'en indique aucun.

Les savants auteurs de l'Histoire Littéraire de la France disent avec une bonne foi pieuse : « Dieu dont les desseins sont impénétrables ne « fit pas sitôt annoncer aux Gaulois la parole « de vie. Il est cependant vrai que plusieurs « de nos écrivains modernes ont prétendu que, « dès le premier siècle, la foi avait été prêchée « et reçue dans nos provinces. Mais c'est ce qu'ils « ont avancé sans que personne se soit mis en « devoir de le prouver. Et comment aurait-on « pu le faire? Bien loin qu'il se trouve quelques « preuves positives pour l'établir, il y en a plu-« sieurs qui détruisent cette croyance, et qui « ne sont pas de peu de poids. Il s'agit d'un fait, « et tous les raisonnements que l'on pourrait

[1] Liv. I, c. XXVIII.

« faire ne sauraient l'établir, si le témoignage
« des anciens le dément [1]. »

Il importe fort peu de connaître la source de
l'opinion de l'Eglise Marseillaise touchant saint
Lazare, comme celle de tant de fausses croyances.
Il paraît pourtant que ce qui peut l'avoir produite, c'est le transport de quelques reliques
venues d'Orient, sous le règne des successeurs
de Constantin [2]. La propagation de la foi évangélique dut éprouver à Marseille un obstacle
dans les dispositions morales du peuple, car
aucune trace du Christianisme ne s'y fait apercevoir avant le martyre de saint Victor qui eut
lieu vers l'an 288.

Victor avait un commandement dans les
troupes romaines qui occupaient la citadelle.
Nous ne savons rien sur le lieu de sa naissance
ni sur ses premières années. Animé d'une ardente ferveur pour les nouvelles doctrines reli-

[1] Tom. 1, pag. 125 et 126.
Quelques auteurs ont fait de vains efforts pour prouver
l'arrivée et l'épiscopat de Lazare à Marseille, entr'autres le
P. Guesnay, savant jésuite qui a publié plusieurs opuscules
sur ce sujet; le respectable Belsunce, dans son Histoire des
Evêques de Marseille, tom. 1, liv. 1; Honoré Bouche, his-
torien de Provence, auteur d'une dissertation intitulée :
Vindiciæ fidei et pietatis Provinciæ, pro cœlitibus illius tute-
laribus restituendis adversùs quosdam libellos de commentitio
Lazari, etc. Aix, 1644, in-8°.

[2] Statistique des Bouches-du-Rhône, tom. 11, pag. 99.

gieuscs, il fortifiait par ses exhortations le zèle chancelant d'un petit nombre de Chrétiens que la fureur des persécutions épouvantait. Surpris un jour dans cet exercice apostolique, il fut conduit devant les préfets Astère et Eutique, et confessa courageusement la religion qu'il avait embrassée. Maximien-Hercule était alors à Marseille. Ce prince était animé d'une haine violente contre les Chrétiens qu'il regardait comme des perturbateurs. Les deux préfets lui renvoyèrent Victor qui montra devant lui le courage qui ne l'avait jamais abandonné. Ni les promesses les plus flatteuses, ni les menaces les plus terribles ne purent l'ébranler, et Maximien irrité ordonna son supplice. Il le fit d'abord traîner lié par les pieds dans les rues de la ville, et une populace aveuglée lui prodigua des insultes et l'accabla de coups [1]. Il fut ramené tout déchiré et couvert de sang devant Astère et Eutique qui le pressèrent vivement de mesurer l'effroyable abyme de maux où son obstination le plongeait, et de préférer les dieux de l'empire à un homme, disaient-ils, qui était mort sur la croix, à des

---

[1] L'acharnement du peuple marseillais contre Victor est une nouvelle preuve en faveur de mon opinion sur Lazare. Il démontre que ce peuple était encore très attaché au paganisme sur la fin du troisième siècle. On n'y aperçoit en effet d'autres chrétiens que Victor et les trois soldats qui se convertirent subitement.

mystères ridicules et à des biens imaginaires.
Victor, recueillant toutes ses forces, s'écria avec
l'accent de l'enthousiasme : « Non, non, je ne
« veux pas offrir un criminel encens à vos divi-
« nités honteuses. Je méprise leurs vils adora-
« teurs. Quels sont les dieux objets de vos hom-
« mages ? C'est un Jupiter adultère, une Vénus
« impudique, une Junon orgueilleuse et cruelle;
« c'est un Mars sans pitié qui ne se plaît qu'à
« l'odeur du carnage, comme une bête féroce.
« Que dirai-je de cette troupe subalterne dont
« vous peuplez l'Olympe et qui n'a de réel que
« le délire qui l'enfanta, de ces dieux et de ces
« déesses qui sanctifient toutes les passions et
« autorisent tous les crimes? Ah ! périsse, périsse
« à jamais ce culte, opprobre du genre humain !
« le Dieu ineffable que j'adore est un Dieu de
« justice, de pureté et de miséricorde. Heureux
« ceux qui le craignent et pratiquent ses com-
« mandements ! Gloire éternelle à lui sur la terre
« et dans les Cieux ! »
Le peuple qui jusque-là avait poussé de sourds
murmures, ne fut plus maître de son indignation
et fit entendre mille cris : *A la mort, à la mort.*
Versez le sang du blasphémateur. Alors les
préfets firent suspendre Victor et on brisa cruellement son corps à coups de bâton et de nerfs
de bœuf. On le reconduisit ensuite en prison
où il subit un nouvel interrogatoire de l'empe-

reur qui fit apporter devant lui un autel de Jupiter, et lui dit : *Prends de l'encens, sacrifie à ce dieu, et sois notre ami.* Victor, pour toute réponse, renversa l'autel d'un pied dédaigneux. Ce pied lui fut aussitôt coupé par ordre de Maximien. Sa constance ne se démentit pas un seul instant. Trois soldats, Alexandre, Longin et Félicien, qui avaient été commis à la garde de sa prison, déclarèrent hautement qu'ils embrassaient la religion de Victor, cette religion qui savait donner tant de force et de courage dans les tourments. Ils furent aussitôt mis à mort. Les souffrances de Victor se prolongèrent. On le plaça sous une meule de moulin qui tournait rapidement sur lui; mais la machine se dérangea, et l'intrépide chrétien, lassant enfin la rage de ses bourreaux, eut la tête tranchée [1]. Les corps des quatre martyrs furent jetés à la mer et repoussés par les flots sur le rivage. On recueillit leurs restes et on les enferma dans une grotte taillée dans le roc [2].

Galère, aussi ambitieux qu'ingrat, songea bientôt à dépouiller de l'empire Dioclétien à qui

[1] *Acta Martyr.* pag. 292.—Fleury, Histoire Ecclésiastique, tom. II, pag. 400 et suiv., in-4°. — Histoire Générale des Auteurs Sacrés et Ecclésiastiques, tom. III, pag. 366 et suivantes.

[2] Cette grotte devint une des chapelles souterraines de l'abbaye Saint-Victor.

il devait toute sa puissance. Le vieil empereur, accablé de chagrins, fut forcé d'abdiquer à Nicomédie, et Maximien-Hercule abdiqua aussi à Milan. Dioclétien, retiré dans ses jardins de Salone, fut plus heureux dans sa condition privée que lorsqu'il était revêtu de la pourpre. Il ne reportait ses pensées vers le passé que pour réfléchir sur les embarras et les malheurs attachés à cette souveraine puissance qui éblouit les hommes les plus sages. Maximien, au contraire, ne pouvait étouffer dans son cœur dévoré du désir de régner les regrets et les plaintes que l'ambition y formait. Le souvenir du passé, comparé à sa situation présente, le poursuivait sans cesse pour l'accabler. Il n'avait pas assez de philosophie pour se conformer à sa fortune nouvelle, et lui, qui était né dans les derniers rangs de la société, ne savait plus vivre hors du trône. Il reprit le titre d'Auguste, et fut bientôt forcé de le quitter. Constantin, son gendre, et fils de Constance-Chlore, était parvenu à l'empire. Pendant que cet empereur était à Trèves, Maximien, qu'aucune leçon ne pouvait corriger, reprit une troisième fois la pourpre, s'empara des trésors, répandit l'argent à pleines mains, et écrivit à toutes les légions en leur faisant de grandes promesses. Il marcha en même temps vers Arles et s'y enferma; mais il n'eut pas le temps de mettre la ville en état de défense, parce que Constantin, le poursuivant avec une incroyable célérité, y arriva bientôt après lui. Maximien se réfugia à Marseille, et Constantin l'y poursuivit encore.

Il commanda l'assaut, et la ville était prise si les échelles ne se fussent trouvées trop courtes. Les soldats étaient enflammés d'ardeur et de vengeance; plusieurs d'entr'eux se faisant soulever par leurs camarades, s'attachaient aux créneaux et étaient sur le point de gagner le haut du mur, lorsque Constantin fit sonner la retraite. Peu de temps après, Maximien s'étant montré sur le rempart, l'empereur lui reprocha sa trahison. Maximien ne lui répondit que par des paroles outrageantes. Pendant qu'il se livrait à ses emportements, les Marseillais ouvrirent une des portes de la ville; les soldats de Constantin y entrèrent et se saisirent de l'implacable vieillard qu'ils conduisirent à son gendre. S'il faut en croire Lactance [1], l'empereur crut assez le punir en le dépouillant de la pourpre, et lui laissa la vie; mais Maximien au désespoir conçut un exécrable projet, celui d'assassiner lâchement Constantin. Il osa en faire la confidence à l'impératrice Fausta, sa fille. Il mit tout en usage pour qu'elle le favorisât dans l'exécution de son dessein. Il la supplia de laisser ouverte la chambre où

[1] Ch. xxx.

couchait l'empereur, et de faire en sorte qu'elle fût mal gardée. Le jour et l'heure furent indiqués. Fausta feignit d'être sensible aux supplications de son père et de s'associer à ses vues de vengeance. Elle promit d'exécuter tout ce qu'il voulait. Elle n'agissait ainsi que pour sauver les jours de son époux qu'elle avertit aussitôt. On voulut prendre Maximien sur le fait. On mit dans le lit un eunuque pour y recevoir le coup destiné à l'empereur. Maximien, armé d'un poignard, approche au milieu de la nuit. Les gardes s'étaient éloignés; il trouve tout au gré de ses désirs, entre et frappe l'eunuque. Couvert de sang, il croit que sa vengeance est consommée. Au même instant l'empereur se montre environné de ses gardes. Maximien reste glacé d'effroi. Cette fois la clémence parut dangereuse à Constantin. Le meurtrier n'eut que le choix du genre de mort, et s'étrangla de ses propres mains. L'empereur ne le priva pas d'une sépulture honorable. Il fit seulement abattre ses statues et effacer ses inscriptions[1].

Tout est invraisemblable dans le récit de Lactance, seul auteur qui entre dans les détails de cette conspiration. Il a sans doute recueilli des bruits populaires qui sont sans fondement, car comment croire que Maximien ait fait à sa fille, épouse de Constantin, la confidence qu'on

---

[1] Lebeau, Histoire du Bas-Empire, tom. i, liv. i, ch. xlii.

suppose; que celle-ci ait eu l'air d'approuver l'atroce dessein de son père, précisément pour aller le révéler à l'empereur? Et cet eunuque sacrifié pour constater le crime ! De pareilles circonstances ne doivent pas inspirer beaucoup de confiance. Les écrivains ecclésiastiques sont trop souvent favorables à Constantin, aux dépens de la vérité. Il paraît que Maximien, désespéré d'être condamné par l'empereur à une détention perpétuelle et peut-être à mourir, choisit le supplice qui lui parut le plus doux. Alors serait née cette fable populaire rapportée par Lactance et accréditée par le caractère altier, remuant et sanguinaire de Maximien, justement détesté, et qui n'eut aucune bonne qualité pour racheter ses vices [1].

L'Eglise, si long-temps persécutée, vit luire enfin des jours de paix. Constantin, avant d'entrer dans son sein, avait autorisé par un édit le libre exercice du Christianisme, et admis avec empressement les Chrétiens dans ses armées. C'est en 311 qu'il embrassa publiquement leur culte et fit asseoir avec lui sur le trône des Césars cette religion triomphante.

[1] Selon une ancienne chronique, on crut, vers l'an 1054, avoir trouvé à Marseille le corps de ce prince, encore tout entier, dans un cercueil de plomb enfermé dans un tombeau de marbre. Raimbaud, alors archevêque d'Arles, le fit jeter dans la mer ainsi que le cercueil et le tombeau.

Nous avons vu que Marseille resta long-temps attachée au paganisme. Ce n'est que vers l'époque de l'abjuration de Constantin que cette ville paraît avoir eu un évêque ; cet évêque est Orésius, qui assista au concile d'Arles tenu au mois d'août 314.

Voici le motif de la convocation de ce concile. Dioclétien avait rendu un édit qui enjoignait aux magistrats romains, sous peine de la vie, d'arracher aux Chrétiens les saintes Ecritures. Plusieurs évêques eurent la faiblesse de les livrer ; on les appela traditeurs. Donat, évêque des Cases-Noires en Numidie, accusa Mensurius, évêque de Carthage, d'avoir ainsi manqué à ses devoirs. N'ayant pu le convaincre, il se sépara de sa communion, et eut un grand nombre de sectateurs en Afrique. Cécilien fut élu évêque après Mensurius. Quelques prêtres ses ennemis, une dame nommée Lucile, et d'autres personnes, poussées par différents intérêts, conspirèrent de le faire déposer sur ces deux chefs d'accusation : l'un qu'étant diacre du temps de Mensurius, il avait empêché qu'on assistât les confesseurs du Christ qui étaient en prison ; l'autre, qu'il avait été ordonné par Félix, évêque d'Aptonge, regardé comme traditeur. Une grande partie des évêques d'Afrique déposèrent Cécilien qui refusa de comparaître devant eux, et nommèrent à sa place Majorin, jusques alors au service de Lucile.

Cécilien n'obéit pas à leur sentence. La doctrine des Donatistes fut d'abord condamnée dans un concile tenu à Rome, composé de dix-neuf évêques et présidé par le pape Miltiade. Ils en appelèrent à un concile plus nombreux, et Constantin, accueillant leur demande, choisit à cet effet la ville d'Arles, pour que le différend fût terminé par des évêques gaulois qui n'avaient point participé au crime de tradition dont il s'agissait. L'empereur, occupé de la guerre contre Licinius, n'assista point au concile d'Arles. Le pape Sylvestre, successeur de Miltiade, y envoya ses légats. Des évêques de tout l'Occident s'y rendirent, mais on n'a dans la lettre synodale que la souscription de trente-trois, dont seize étaient des Gaules. Le nom des autres s'est perdu. Saint Marin, évêque d'Arles, dut présider le concile, car il est nommé le premier. Orésius, évêque de Marseille, est inscrit le treizième parmi les évêques gaulois. Les Donatistes furent de nouveau condamnés, et l'assemblée, avant de se séparer, fit quelques canons sur différents points de discipline. Il fut établi que la fête de Pâques serait célébrée le même jour dans tout le monde chrétien ; les comédiens et ceux qui conduisaient les chars dans le cirque furent excommuniés.

Constantin, devenu maître de tout l'empire après la défaite de Licinius, son collègue, établit son siége à Bysance qui prit de lui le nom de

Constantinople. Il divisa alors l'empire en quatre préfectures, sous le gouvernement d'autant de préfets du prétoire. Les Gaules, jointes à l'Espagne et à la Grande-Bretagne, composèrent une des quatre préfectures qui fut partagée en quatre diocèses, gouvernés chacun par un vicaire du préfet des Gaules. Ces quatre diocèses étaient ceux d'Espagne, d'Angleterre, des Gaules proprement dites, et de cinq provinces des Gaules formant un vicariat particulier. Ces cinq provinces furent la Narbonnaise, la Viennoise, l'Aquitanique, la Novempopulanie et les Alpes-Maritimes. La Viennoise et l'Aquitanique furent un peu plus tard subdivisées, et ce vicariat prit alors le nom de Vicariat des Sept Provinces des Gaules qu'on nommait aussi l'Aquitaine prise en général. Marseille ne dépendait d'aucune de ces provinces et avait son gouvernement particulier ; mais les grandes cités gauloises devenues chefs-lieux de vicariat ou de province, et même plusieurs villes secondaires, l'éclipsaient entièrement.

L'Arianisme, qui causa tant de troubles dans la Chrétienté, ne pénétra guère dans l'Eglise Gallicane sous le règne de Constantin. Cet empereur, avant sa mort, partagea l'empire entre ses trois fils, Constantin, Constant et Constance, et deux de ses neveux, ce qui fut une source de désordres. Marseille ne s'en ressentit pas. Par une suite de révolutions dont on n'a pas à parler ici, Constance devint maître de tout l'empire. Ce prince, qui était sectateur de l'Arianisme, fit assembler à Arles, en 353, un concile des évêques de la Gaule, pour les obliger à souscrire la condamnation d'Athanase, comme il avait obligé les évêques d'Orient. Saturnin qui avait été élu évêque d'Arles par la faction des Ariens, et qui avait embrassé leurs doctrines, dirigea ce concile, et il n'y eut que Paulin, évêque de Trèves, qui eut la fermeté de refuser la condamnation du patriarche d'Alexandrie. Deux autres conciles furent convoqués, l'un à Béziers en 356, l'autre à Valence en 374. Nous ne savons pas qui occupait le siége de Marseille à ces différentes époques. En 381, les églises des provinces méridionales de la Gaule furent invitées à envoyer des députés au concile d'Aquilée. Elles en envoyèrent six parmi lesquels se trouvait Proculus, évêque de Marseille, que saint Jérôme regardait comme un prélat recommandable par son zèle et sa piété [1]. Saint Ambroise dirigea cette assemblée. On y condamna deux évêques, Pallade et Secondien, qui professaient ouvertement l'Arianisme. Proculus motiva ainsi son opinion : *Plusieurs vénérables évêques ayant déjà condamné et déposé Pallade et Secondien, comme des blas-*

---

[1] Hieron. *Epist.* IV.

phémateurs qui, en ne repoussant pas les blasphémes d'Arius, les soutiennent comme un héritage impie qui leur appartient, je les condamne de même et dépose pour toujours [1].

En 397, le même évêque se rendit au concile de Turin, pour y faire juger la question de préséance qu'il réclamait sur les évêques de la seconde Narbonnaise. Il se regardait comme métropolitain de cette province, où aucun autre prélat ne jouissait encore de cette prérogative. La ville d'Aix, quoique métropole civile, n'avait pas encore ce rang dans l'Eglise. Proculus allégua, entre autres raisons, la grandeur de la ville de Marseille, qui était plus considérable que celle des métropoles des différentes provinces gauloises. Cet article n'avait pas besoin de preuves; mais les Pères, qui étaient presque tous Italiens, déclarèrent qu'ils ne connaissaient pas la grandeur de Marseille. Cependant le concile accorda la primauté à Proculus, sa vie durant, non en qualité d'évêque de Marseille, mais à cause de son mérite personnel. En vertu de cette décision, Proculus exerça les droits de métropolitain et conféra quelques ordres. Patrocle, évêque d'Arles, s'opposa à l'exercice de cette suprématie et réclama lui-même les droits de métropolitain auprès du pape Zozime. Il soutint que ces droits

[1] Belsunce, Histoire des Evêques de Marseille, tom. I, liv. II.

ne pouvaient pas lui être contestés, en sa qualité de successeur de Trophime qui, un des premiers, avait apporté dans les Gaules la lumière de l'Evangile. Une chose est ici à remarquer. Si Lazare eût véritablement été le premier évêque de Marseille, Proculus, alors placé sur son siége, n'aurait-il pas opposé aux prétentions de son adversaire un titre si puissant et si décisif? Et pourtant il ne l'invoqua pas. Il garda sur ce point un silence absolu. Ne voit-on pas là une nouvelle preuve que la tradition populaire sur l'arrivée de Lazare à Marseille ne repose sur aucun fondement et est postérieure à l'épiscopat de Proculus? Zozime fut favorable aux prétentions de Patrocle. Il voulut que l'évêque d'Arles eût la principale autorité dans les ordinations, et qu'il exerçât les droits de métropolitain dans la Viennoise et les deux Narbonnaises. Il écrivit aux évêques des Gaules et des Sept Provinces une lettre exprimant sa volonté à cet égard.

Proculus opposa à la sentence du Pape la décision du concile de Turin, et continua d'exercer les fonctions de métropolitain. Le Pape le cita à Rome, et l'évêque ne comparut point. Zozime procéda contre lui sur des mémoires qui lui furent probablement fournis par Patrocle qui était alors à Rome, et qui ne fit aucune difficulté de se trouver à l'examen de la cause de sa partie adverse. Cette cause fut bientôt instruite. Zozime écrivit au clergé, au sénat et au peuple de Marseille pour les exhorter à reconnaître la suprématie de Patrocle, et il alla même jusqu'à leur recommander d'élire un autre évêque à la place de Proculus qui, par son obstination et sa désobéissance, n'était plus digne, selon lui, d'exercer ses fonctions augustes. Cette lettre est remarquable par sa véhémence. « Je ne suis pas surpris, « dit le Souverain Pontife, que Proculus persiste « dans son effronterie, et qu'ayant perdu toute « pudeur il fasse chaque jour des actions con-« damnables. Il ne s'est fait connaître que par « le trouble et la confusion qu'il met dans Mar-« seille, faisant des évêques quoiqu'il ne le soit « pas; n'ayant qu'une autorité purement hu-« maine, il se vante de pouvoir donner à d'autres « une dignité dont il avait autrefois été revêtu « sans l'avoir méritée, et qu'il n'a pas pu con-« server [1]. »

Zozime mourut la même année, et Boniface, son successeur, ne soutint pas les prétentions de Patrocle. L'évêque de Marseille fut rétabli dans ses droits de métropolitain; mais ce ne fut pas

---

[1] *Non miror Proculum in consuetâ adhuc fronte durare, et oblitum penitùs pudoris quotidiè dignâ damnatione committere. Eccè cœtum vestræ dilectionis, suâ quoque solâ notus est turbatione confundit. Cùm ipse jàm non sit episcopus, episcopos facit, et humanus largitor aliis se dicit posse præstare quod datum sibi aliquandò immeritò tenere non potuit.*
Epist. Zoz. xii.

pour long-temps. Les évêques d'Arles firent bientôt revivre leurs prétentions qui paraissent avoir été définitivement accueillies.

Vers la fin du quatrième siècle, les ordres monastiques furent introduits dans la Narbonnaise. Honorat, après avoir voyagé dans l'Orient, se fixa dans l'île de Lérins [1] où vinrent le trouver un grand nombre de Cénobites. Un monastère fut bâti. Bientôt le monde religieux changea de face. Des idées étranges, inspirées par une piété mal entendue qui corrompait les voies de l'Evangile, prévalurent généralement. On dépouilla la vie de tous ses agréments pour l'entourer d'images sombres et d'objets affreux. On voulut se rendre agréable à Dieu par une contemplation stérile, à Dieu qui a donné à la pensée humaine un principe d'activité et qui a fait du travail une loi de notre nature. On crut l'apaiser par le sacrifice continuel des larmes et de la douleur, comme si les malheurs inséparables de notre condition ne lui suffisaient pas.

Au commencement du cinquième siècle, Jean Cassien fonda à Marseille deux monastères, l'un de religieux et l'autre de religieuses. Le premier fut l'abbaye de Saint-Victor, célèbre parmi les abbayes des Gaules. Le second fut celui de Saint-Sauveur. Les moines de Saint-Victor étaient à peu

[1] Appelée plus tard l'île Saint-Honorat.

près habillés comme ceux d'Egypte. Ils portaient sur la peau un cilice et par-dessus une tunique de toile dont les manches n'allaient que jusques au coude, un cordon de laine pour serrer ce cilice autour du corps, un manteau et un capuchon. Cette abbaye, à laquelle les moines attachaient une idée de perfection et qu'ils appelaient *la Porte du Paradis,* était située hors des murailles de la ville [1]. Elle renfermait plusieurs espèces de moines. Les uns, nommés *Monachi ad succurrendum,* étaient ordinairement des personnes d'une naissance illustre qui se revêtaient du sac de la pénitence lorsqu'elles étaient frappées d'une maladie dangereuse dont elles n'espéraient pas la guérison. Elles portaient ce nom pour exprimer qu'elles imploraient les secours spirituels de la communauté, et se soumettaient à l'adoption de la discipline monastique, dans le cas où elles recouvreraient la santé. D'autres étaient appelés Anachorètes. Brisant tous les liens qui les attachaient au monde, se condamnant à la plus étroite solitude, ils s'enfermaient pour le reste de leurs jours dans une cellule à côté de laquelle étaient un petit jardin et une chapelle. A leur entrée, on apposait le sceau de l'abbé sur la porte de cette cellule qu'on n'ouvrait que lorsque le reclus était malade, pour lui

[1] *Propè et extrà muros civitatis Massiliæ ,* disent les titres.

donner les soins nécessaires, sans pourtant le faire sortir de cette prison éternelle.

Cassien forma à la vie monastique cinq mille personnes qui se dispersèrent dans un grand nombre de couvents. On ne connaît pas la patrie de cet homme si fameux dans les fastes de la primitive Eglise. Il était Scythe, selon quelques-uns; Africain, selon quelques autres. Il en est qui ont écrit qu'il naquit à Athènes; d'autres enfin qu'il vit le jour à Rome. Le cardinal Noris [1] et Holstenius [2] le font naître dans la Narbonnaise. L'opinion de ces deux auteurs paraît être la mieux fondée.

Cassien, après avoir passé une partie de sa jeunesse dans le monastère de Bethléem en Palestine, alla conférer avec les solitaires de la Thébaïde et visita tous les monastères d'Égypte où il resta sept ans. Il se rendit ensuite à Cons-tantinople auprès de saint Jean-Chrisostôme qui le fit son diacre; et lorsque ce Père de l'Eglise fut chassé de son siége par une faction ennemie, Cassien eut l'honneur d'être envoyé par le clergé de la ville impériale vers le Pape Innocent I, pour défendre la cause de son chef. A la mort de Chrisostôme, Cassien demeura quelque temps à Rome pour combattre les opinions de Nestorius

[1] *Historia Pelagiana*, liv. ii, ch. i.
[2] *Codex Regularum*, Præfatio.

qui faisaient alors beaucoup de bruit. Il y composa le traité *De Incarnatione Verbi,* à la persuasion de Léon, archidiacre de l'Eglise Romaine qui, à la mort de Sixte, fut placé sur le trône pontifical. Cassien fit aussi le livre des Conférences des Pères du Désert et plusieurs autres ouvrages de théologie.

Ses ouvrages rendirent son nom célèbre dans les Gaules, mais y causèrent des troubles religieux. Les disputes sur la grâce étaient alors fort animées. Les Pélagiens venaient d'être condamnés en Afrique, à Rome et en Orient. L'opinion des Pélagiens, déjà marquée dans la troisième Conférence, était plus particulièrement développée dans la treizième. Saint Prosper se crut obligé de la combattre, et écrivit son ouvrage intitulé : *Contre l'Auteur des Conférences.* Saint Augustin composa, dans le même objet, ses deux livres de la Prédestination des Saints et du Don de la Persévérance. Cassien enseigna, entre plusieurs autres points de doctrine, que l'homme peut avoir de soi-même le désir de se convertir ; que le bien que nous faisons ne dépend pas moins de notre libre arbitre que de la grâce divine ; que cette grâce est gratuite ; que Dieu cependant la donne, non selon sa puissance souveraine, mais selon la mesure de la foi qu'il trouve dans chacun, ou qu'il y a mise lui-même ; qu'il y a réellement dans l'homme une foi que Dieu n'y a pas mise, comme il paraît par celle que le Christ loue dans le Centenier de l'Evangile.

Telle fut la doctrine qui excita à Marseille de violents troubles qui ne furent point apaisés par les écrits de saint Prosper et de saint Augustin. Les opinions da Cassien se répandirent bientôt à Arles, à Lérins, partout où pénétra la treizième Conférence, et les personnes les plus illustres par leur instruction et leur piété les soutinrent avec ardeur.

Léporius, qui embrassa la vie monastique à Marseille, sous Cassien, posa les fondements de l'hérésie de Nestorius, en disant que le Christ n'était simplement qu'un homme ; qu'il n'était pas né Dieu, mais qu'il avait été choisi par Dieu ; qu'il n'avait acquis la divinité que par le mérite de ses travaux et de ses souffrances ; qu'il avait vécu sans souillure, non par l'union du Créateur, mais par le bon usage qu'il avait fait de son libre arbitre ; qu'il n'était point venu au monde pour accorder aux hommes la grâce de la rédemption, mais pour leur donner seulement l'exemple d'une sainte vie.

Proculus occupait toujours le siége épiscopal de Marseille. La doctrine de Léporius lui parut impie et blasphématoire ; il la condamna. Ce moine se retira en Afrique, fut converti par saint Augustin, et, dans l'année 428, envoya à Proculus une rétractation dictée par la plus

profonde humilité. Il s'y avoue si coupable qu'il
ne sait par où commencer la confession de ses
fautes, et qu'il ne trouve rien qui puisse l'excuser. Il attribue son égarement à son ignorance,
à son fol orgueil, à son entêtement pernicieux.
*Tous ces vices ont régné en moi, dit-il, en sorte
que je suis honteux de m'en être laissé dominer.*
Il confesse ensuite la divinité du Christ en ces
termes : *Je reconnais Jésus comme Fils unique
de Dieu, qui étant né pour lui-même avant les
siècles, procède du Père, et qui ayant été fait
homme pour nous, dans le sein de la Vierge
Marie, par l'opération du Saint-Esprit, est né
de Dieu.* Léporius finit par une condamnation
générale de toutes ses anciennes opinions, *et
parce qu'il serait, dit-il, trop long de rapporter
en détail tout ce que nous avons avancé, nous
déclarons avec sincérité que nous en admettons
et en rejetons tout ce qu'en admet et en rejette
l'Eglise Catholique, anathématisant les hérétiques Photin, Arius, Sabellius, Valentin,
Apollinaire, Manès et tous les autres* [1].

Proculus mourut dans la même année et eut
pour successeur Vénérius, prêtre et religieux
du monastère de Saint-Victor. Cassien mourut
à Marseille en 439, sous le règne de Théodose et
de Valentinien [2].

---

[1] Belsunce, Histoire des Evêques de Marseille, tom. i, liv. ii.

[2] Histoire Générale des Auteurs Sacrés et Ecclésiastiques,
tom. xiii, pag. 41.

L'esprit humain subissait partout la triste influence des idées monacales. Un changement
complet s'opérait dans les mœurs. Marseille se
distingua beaucoup moins par le goût des lettres
et des arts. Les écoles publiques qui, pendant
plusieurs siècles, avaient fait son ornement et sa
gloire, étaient remplacées par d'autres écoles
où l'on instruisait les jeunes lévites destinés
au ministère des autels. Si on cultivait encore
les sciences profanes, c'était avec une certaine
modération, surtout avec une certaine méfiance,
parce que les payens les avaient jadis cultivées
avec succès, parce qu'elles avaient servi d'appui
à leur riante mythologie. Pourtant les Pères de
l'Eglise se vouèrent avec ardeur à la culture des
lettres grecques et latines ; ils les regardaient
même comme indispensables à la foi en certaines
occasions. « Oui, disait Tertulien, la connais-
« sance de la théologie payenne, enseignée par les
« poètes et les philosophes, est nécessaire aux
« défenseurs de la vérité, soit qu'ils agissent
« contre les idolâtres pour les réfuter et les
« combattre par leurs propres armes, soit qu'ils
« agissent contre les hérétiques dont les philo-
« sophes ont été les patriarches [1]. » Ces docteurs
ne purent rien contre les préjugés du vulgaire.
Les arts, d'abord accueillis avec indifférence,

---

[1] *Adversùs Hermogenem Liber.*

ensuite vus avec mépris, ne furent enfin regardés que comme les idoles du mensonge. L'impulsion était donnée. Une pente rapide entraînait vers la dégradation le peuple livré à des pratiques puériles. Le génie malfaisant du prosélytisme et de l'intolérance faisait tous les jours de nouveaux progrès. Bientôt, dominateur orgueilleux, il asservit les consciences à ses décisions arbitraires ; il fit gémir la raison dans des chaînes ignominieuses, et l'amour des études utiles s'éteignit, et toutes les facultés de l'homme dégénérèrent. L'instruction se concentra dans le clergé. Les prêtres de Marseille furent renommés dans l'Occident par leur savoir; mais quel savoir qui consistait le plus souvent à agiter avec subtilité des questions oiseuses et de misérables arguties, sans profit pour l'intelligence !

Salvien se plaça avec éclat parmi les prêtres marseillais, et étendit au loin sa réputation de science et de sainteté. Il nous dit clairement lui-même qu'il est né dans les Gaules [1], mais nous ne trouvons rien de bien précis sur l'année ni sur le lieu de sa naissance. Il paraît pourtant qu'il vit le jour quelques années avant la fin du quatrième siècle, et Tillemont croit que ce fut en 390 [2]. On ne sait pas si ses parents étaient

---

[1] *De Gubernatione Dei*, liv. VI.
[2] Histoire Ecclésiastique, tom. XVI.

eux-mêmes Chrétiens, ou s'il fut redevable à d'autres des lumières de l'Evangile. Il fit, dans sa jeunesse, une assez longue résidence à Trèves, et épousa Palladie, fille d'Hypace, seigneur payen. Il eut de ce mariage une fille nommée Auspiciola. Après la naissance de cet enfant, Salvien, voulant atteindre une perfection chimérique et des vertus que la nature condamne, frappé sans doute de l'exemple de saint Paulin et de Thérasie, de saint Eucher et de Galla, qui faisait du bruit dans l'Eglise, résolut de concert avec son épouse de garder la continence et de renoncer au monde. Dès-lors, entraîné vers la vie religieuse par une vocation toute-puissante, il conçut du mépris pour les choses terrestres et vendit tous ses biens dont il donna le prix aux pauvres. Il sortit de son pays désolé par les Barbares, pour se retirer dans la Viennoise qui obéissait encore aux Romains, et s'y fit estimer de saint Eucher qui lui confia l'éducation de ses deux fils. Salvien vint ensuite chercher un asyle dans l'abbaye de Lérins, et quitta cette solitude pour s'établir à Marseille où il fut ordonné prêtre [1]. Consulté par les prélats les plus illustres et honoré de leur confiance, il fut appelé le maître des évêques et devint l'oracle de la théologie chrétienne. Il parle lui-même avec humilité de la considération

[1] Gennade, *De Viris Illustribus.*

dont il jouissait. « Je ne le désavoue pas, dit-il,
« pour ne pas opposer l'ingratitude à la grâce que
« les Chrétiens me font. Mais en reconnaissant
« qu'ils me l'accordent, je suis obligé de recon-
« naître aussi que je ne la mérite point. S'il y a
« donc en moi quelque chose qui plaise aux autres,
« cela ne vient point de moi. C'est un don que
« j'ai reçu pour l'avantage des personnes à qui
« je puis être utile par ce moyen. Ainsi si je n'en
« faisais pas usage, je craindrais de leur refuser
« une chose qui leur appartient plus qu'à moi [1]. »
Salvien tonna avec une chaleureuse indignation
contre les vices et les désordres dont il était le
témoin, et ses écrits ont des beautés remarquables, quoiqu'ils ne soient pas toujours inspirés
par un goût très pur [2]. Il a une place distinguée
parmi les plus éloquents Pères latins, et Bossuet
ne parle de lui qu'avec éloge [3]. Qu'il est noir son
tableau des mœurs contemporaines ! Les anciens
principes méconnus ; les liens de la société relâ-
chés ; la licence sans déguisement ; l'excessive
inégalité des fortunes engendrant une foule de

[1] *Epistolæ.*

[2] Salvien a composé un grand nombre d'ouvrages. Il ne
nous en reste que deux qui sont : 1° *Adversùs Avaritiam Libri
Quatuor.* 2° *De Gubernatione Dei et de Justo Præsentique
Judicio Libri Octo.*

[3] Il l'appelle le saint et éloquent prêtre de Marseille.
Oraison Funèbre de la Reine d'Angleterre.

maux; les calculs insensés de l'avarice, passion
ignoble qui dessèche le cœur ; les discours honteux et les postures indécentes qu'on souffrait
sur le théâtre; les succès de la flatterie, de la
mauvaise foi et de l'intrigue; les emplois devenus
le prix de l'audace et du crime; le despotisme
sous toutes les formes : voilà le sujet des plaintes
véhémentes de Salvien. Nouveau Jérémie, il
versa des larmes amères sur les égarements de
son siècle, et mourut à Marseille dans un âge
très avancé.

A peu près à la même époque, Victorin qui
enseignait la rhétorique à Marseille [1], tandis que
son ami Corvinus y donnait de semblables leçons,
déplora, dans des poésies chrétiennes, la dé-
pravation des hommes de son temps. Le prêtre
Musée jeta quelque éclat en se livrant à des
travaux utiles. L'Eglise de Marseille estima son
mérite. Il fut chargé du ministère de la parole,
et fit plusieurs homélies ou discours au peuple.
Il dressa un Lectionnaire qui servit à faire l'office
divin avec plus de majesté. Il donna ainsi l'origine
de ce qu'on a appelé Bréviaire plus tard [2].

[1] On l'appelle aussi Claudius-Marius Victor.
[2] Musée composa encore un Sacramentaire, gros volume
qui était divisé en plusieurs parties, suivant la différence
des offices; des Leçons et des Psaumes qui se chantaient dans
l'église. On y trouvait des prières que les anciens nommaient
Contestationes et qui étaient proprement ce que nous appelons
aujourd'hui Préfaces de la Messe. (Mabillon , *De Liturgiâ*

Gennade, attaché comme Musée au ministère des autels, se fit aussi distinguer par ses travaux; mais il paraît qu'il avait plus d'érudition que de bon goût et de justesse d'esprit. L'antiquité nous fournit peu de lumières sur sa personne. Il est pourtant certain qu'il naquit dans les Gaules, qu'il fut prêtre à Marseille et qu'il y composa un grand nombre d'ouvrages. Il ne reste de lui qu'un traité sur les Dogmes Ecclésiastiques, attribué à différents auteurs, mais qui est surement du prêtre marseillais, et son Catalogue des Hommes Illustres, ou Auteurs Ecclésiastiques, que l'on regarde justement comme une suite de celui que saint Jérôme avait fait sur la même matière, à la fin du quatrième siècle [1]. Gennade, dans le traité sur les Dogmes, fait une exposition de ses principes sur la nature de l'ame, sur la grâce et le libre arbitre. Il rejette les opinions d'Origène qui soutenait la préexistence des ames. Dans le Catalogue des Hommes Illustres, il se déclare contre saint Augustin et affecte de lui appliquer ces paroles de l'Ecriture : *Quiconque parle beaucoup, ne manquera pas de pécher* [2]. Il mourut vers l'an 493.

Le commerce se soutenait toujours à Marseille.

Gallicand.) Musée mourut sous l'empire de Léon et de Majorien, c'est-à-dire, vers l'année 458.

[1] Hist. Littér. de la France, tom. ii, pag. 634.

[2] Mabillon, *Analectorum Veterum.* Tom. ii.

Cette ville n'avait pas cessé d'être l'entrepôt des marchandises des Gaules et de celles qu'on y transportait des contrées les plus lointaines. Ses vaisseaux fréquentaient les ports du Levant et toutes les côtes d'Afrique, d'Espagne et d'Italie. Elle répandait dans les Gaules les chevaux dès Asturies et d'Andalousie, le papier d'Egypte qui fut en usage en France jusque dans le onzième siècle, le parfum et les riches pelleteries du Levant, et surtout les étoffes de soie qu'on tirait de la Perse et des Indes par Alexandrie. Le prix de ces étoffes devint excessif, et une grande quantité de numéraire passait chez l'étranger; Théodose le Grand se crut obligé d'interdire ce commerce dans l'empire [1].

Un grand nombre de négociants juifs et grecs étaient venus s'établir à Marseille. Actifs, économes, patients, âpres au gain, ils ne négligèrent aucune espèce de profit et amassèrent de grandes richesses, en employant avec succès l'usure qui n'avait rien alors d'illicite. Les lois romaines lui étaient favorables, et les jurisconsultes qui n'en regardaient pas le profit comme conforme au droit naturel, ne le croyaient pourtant pas contraire au droit civil [2]. La loi mosaïque

---

[1] Papon, tom. II, pag. 7 et 8.

[2] *Usura non naturâ pervenit , sed jure percipitur.* Liv. LXII. *De Rei Vind.*

Usura pecuniæ quam percipimus in fructu non est , quia

qui défendait l'usure aux Juifs entre eux, leur permettait de prêter à gros intérêts aux étrangers [1].

Parmi cette foule de peuples barbares qui inondèrent l'Empire Romain dans le cinquième siècle, les Goths ont joué un rôle important dans l'histoire de nos contrées. La Nation Gothique qui habitait la Scandinavie, avait formé plusieurs établissements bien au-delà de cette grande péninsule. Caracalla entreprit vainement de la soumettre dans l'année 215. Les Goths se partagèrent plus tard en deux peuples principaux. On appela Ostrogoths ceux qui étaient à l'orient de la Thrace, où l'empereur Valens leur permit de rester lorsqu'ils furent chassés de leurs terres par les Huns, dans l'année 376; on nomma Visigoths ceux qui avaient leurs habitations à l'occident de cette province. Ces derniers, pressés par la disette des vivres et irrités des mauvais traitements qu'ils recevaient de la part des officiers romains, reprirent leurs courses et ravagèrent la Thrace et l'Illyrie. Ils furent enfin obligés de se soumettre à l'empereur Théodose qui leur accorda, en 382, une partie de la Thrace et de la Mœsie pour demeure. Ils servi-

---

non est ipso corpore, sed ex aliâ causâ, id est, novâ obligatione. liv. xii, ff De Verb. signif.

[1] Non fœnerabis fratri tuo ad usuram pecuniam, nec fruges, nec quamlibet aliam rem, sed alieno. Deuter. 23, 19.

rent fidèlement dans les armées romaines jusques
après la mort de ce prince. Alors ils recommencèrent leurs courses sous la conduite d'Alaric,
leur roi, et ravagèrent trois fois l'Italie, prirent
et pillèrent Rome le 24 août 410. Alaric mourut
quelque temps après, et Ataulfe, son beau-frère,
le remplaça.

Les Visigoths, conduits par ce prince, passèrent
dans les Gaules. En 413, ils firent une entreprise sur Marseille qu'ils se flattaient de surprendre facilement. Boniface, qui avait mérité
le titre de Comte par une bravoure à toute
épreuve et par des services éclatants, organisa
une si habile résistance et fit une défense si
vigoureuse qu'Ataulfe fut obligé de lever le siége
après avoir été blessé et après avoir éprouvé des
pertes considérables. Il fut plus heureux devant
Narbonne et Toulouse dont il s'empara. Ayant
ensuite fait avec les Romains un accord en vertu
duquel il devait se retirer en-delà des Pyrénées,
il fut assassiné à Barcelonne par un de ses domestiques qui voulut venger le trépas de son
ancien maître que ce prince avait fait mettre
à mort.

Sigeric, successeur d'Ataulfe, ne régna que
sept jours, au bout desquels les Visigoths,
mécontents de son commandement, s'en défirent
et placèrent Wallia sur le trône. L'empereur
Honorius fit avec ce nouveau chef un traité par

lequel les Visigoths devaient combattre en Espagne les Vandales, les Suèves et les Alains. Wallia exécuta fidèlement ce traité, et les trois peuples qui étaient la terreur de l'empire furent affaiblis et resserrés. Wallia abandonna ensuite l'Espagne à Honorius qui en échange céda aux Visigoths une partie de la Narbonnaise première, la Novempopulanie et l'Aquitaine seconde, depuis Toulouse, des deux côtés de la Garonne, jusqu'à Bordeaux et à l'Océan. Par cette cession Toulouse devint la capitale du royaume des Visigoths.

Théodoric ɪ succéda à Wallia. Il chercha à étendre sa domination au-delà des bornes qui lui avaient été prescrites, et éprouva quelques défaites qui furent loin de l'abattre. Littorius, général de l'armée romaine dans les Gaules, étant allé avec les Huns auxiliaires qu'il avait engagés au service de l'empire, porter la guerre dans le cœur du pays occupé par les Visigoths, fut défait devant Toulouse, fait prisonnier et mis à mort.

Attila, roi des Huns, envahit les Gaules. La crainte qu'inspirait ce terrible conquérant motiva l'alliance de Théodoric et de Valentinien ɪɪɪ. Ils l'attaquèrent dans les plaines de Châlons. *Le Fléau de Dieu* fut vaincu, mais Théodoric perdit la vie dans la bataille. Il eut pour successeur Thorismond, son fils aîné, qui montra la même valeur, et fut assassiné deux ans après par deux de ses frères, Théodoric et Frédéric[1]. Le premier monta sur le trône des Visigoths. Valentinien ayant été tué par deux soldats gépides, Maxime se fit proclamer empereur, et fut bientôt après massacré par le peuple de Rome assiégée par Genseric, roi des Vandales, qui trois jours après se rendit maître de cette capitale de l'empire[2]. Théodoric II fit proclamer Avitus empereur d'Occident.

Avitus perdit, huit mois après, la couronne et la vie. Le trône resta vacant environ un an ; après quoi Ricimer, maître de la milice, fit élire Majorien. Théodoric, indigné de la déposition et de la mort d'Avitus, fit la guerre aux Romains et vint mettre le siége devant Arles. La carrière des conquêtes s'ouvrait devant lui lorsqu'Euric, son frère, trancha le fil de ses jours[3], dans le temps que l'empire d'Occident était vacant par la mort de l'empereur Sévère que le Patrice Ricimer, depuis long-temps l'arbitre et le tyran de cet empire, avait fait assassiner, après avoir également fait assassiner Majorien.

Tout changea de face dans l'Empire Romain qui s'écroulait de toutes parts. Anthémius, successeur de Sévère, n'était pas capable de le soutenir.

[1] 453.
[2] 455.
[3] 466.

Euric, dévoré d'ambition, joignant d'ailleurs l'intrigue à la terreur qu'inspirait la prospérité de ses armes, se rendit maître, dans moins de cinq ans, de tous les pays compris entre l'Océan, la Loire, le Rhône et la Méditerranée, à l'exception de l'Auvergne qui finit pourtant par lui être cédée, et à ce prix la Provence fut conservée. Avant ce traité qui eut lieu en 475, Sidoine-Apollinaire, évêque de Clermont, avait écrit à Græcus, évêque de Marseille, une lettre qui démontre la grande influence que ce prélat marseillais exerçait sur les affaires de l'époque. « Rougissez, lui disait-il, de conclure un traité « qui ne peut être ni avantageux ni honorable. « Rien ne se fait que par vous. Dépêches, pro- « positions, accommodement, tout passe par « vos mains. Pardonnez, si je vous dis des vérités « dures, c'est la douleur qui me les arrache ; « mais puisqu'il faut l'avouer, rarement vous « traitez les affaires en commun, et s'il vous « arrive de vous assembler, vous travaillez plutôt « pour vos intérêts particuliers que vous ne songez « à porter remède aux malheurs publics [1]. » C'est à la suite des propositions de Græcus, unies à celles de trois évêques, Léonce d'Arles, Basile d'Aix et Fauste de Riez, que fut consentie la cession de l'Auvergne, et la lettre de Sidoine-

[1] Papon. Tom. II, pag. 37.

Apollinaire est relative à ces propositions. Græcus avait remplacé Eustate sur le siége épiscopal de Marseille. Eustate avait succédé à Vénérius, successeur de Proculus.

L'Empire Romain s'était éteint en Occident, dans l'anarchie et les calamités. Euric, possesseur paisible d'une grande partie des Gaules, voulut étendre sa domination au-delà du Rhône, et se rendit maître de la basse Provence en 480. Marseille fut assujettie à sa puissance, et Arles devint le siége de sa Cour et la capitale de ses Etats. La haute Provence était possédée par les Bourguignons qui passèrent le Rhin l'an 407, s'établirent en 443 dans la Savoie qu'Aétius, général romain, leur abandonna, et s'étendirent ensuite dans la Lyonnaise, le Dauphiné et jusqu'à la Durance.

Euric mourut quatre ans après, dans la ville d'Arles, au milieu de ses prospérités, et après avoir rempli le monde du bruit de sa renommée. Alaric II, son fils, le remplaça sur le trône des Visigoths. Les commencements du règne de ce prince, qui était alors fort jeune, furent assez tranquilles. Bientôt gronda un orage terrible. Après l'irruption dans les Gaules de tant de hordes germaniques, la redoutable nation des Francs était aussi venue y prendre sa part de conquêtes, et cette part, mesurée sur sa valeur, ne pouvait être que large. Clovis voulait étendre

la domination que les quatre rois, ses prédécesseurs, avaient établie en-deçà du Rhin; il
n'aspira à rien moins qu'à la monarchie de toutes
les Gaules.

Alaric, alarmé de ses victoires et de son voisinage, s'appuya sur l'alliance de Théodoric, roi
des Ostrogoths, qui régnait glorieusement en
Italie. Cette alliance lui était d'autant plus nécessaire que Gondebaud, roi des Bourguignons,
venait de lui enlever toute la basse Provence, à
l'exception d'Arles et de son territoire [1]. L'ambition des Bourguignons visait depuis long-temps
à cette conquête. Ils désiraient d'atteindre le
rivage de la Méditerranée, et leur désir fut
comblé par la possession de Marseille et de son
littoral [2].

Clovis, baptisé depuis peu de temps par saint
Remi, était cher aux Romains et aux Gaulois
par son catholicisme, et Alaric leur était odieux,
parce qu'il professait les opinions d'Arius. Ce
prêtre de l'église d'Alexandrie avait soutenu que
le Christ n'est point égal à son père, ni de même
nature et essence que lui, par conséquent qu'il
n'est point Dieu. Le concile de Nicée, qui fut le
premier des OEcuméniques, proscrivit cette
doctrine qui fut embrassée par les Goths et par

[1] Grégoire de Tours, liv. II, ch. XXXII.
[2] En 484.

d'autres Barbares nouvellement convertis au Christianisme. Clovis, qui se proposait depuis long-temps de tourner ses armes contre Alaric, trouva un prétexte de guerre dans la différence des deux communions. Il publia qu'il allait détruire l'Arianisme, pour se rendre favorables les populations soumises à l'empire des Visigoths. Les deux armées se rencontrèrent dans les plaines de Vouglé, près de Poitiers. Le choc fut vif de part et d'autre. Mais Alaric, aussi habile, aussi brave que son rival, fut moins heureux que lui. Cette bataille mit le comble à la fortune et à la gloire de Clovis. Alaric fut tué de sa main, les Visigoths taillés en pièces. Toutes les provinces possédées par eux subirent la loi du vainqueur, à l'exception du Languedoc et d'Arles. Clovis vint mettre le siége devant cette ville où il y avait déjà une armée de Bourguignons qui attendaient le roi des Francs pour faire cause commune avec lui. Le siége traînait en longueur, et l'armée de Théodoric, sous les ordres d'Ibbas, un de ses généraux, s'avançait au secours des Visigoths. Ceux-ci furent vengés par la défaite des Bourguignons et des Francs.

Les Visigoths avaient besoin d'un prince qui eût la main assez ferme pour tenir le sceptre, dans les circonstances difficiles où ils se trouvaient. Amalaric, fils légitime d'Alaric II, était encore enfant, et ne pouvait remplir les espérances de la nation. Il fut envoyé en Espagne, et l'on proclama roi à sa place Giselic, son frère naturel. Ce choix ne fut pas à la convenance du roi des Ostrogoths qui fit prononcer la déchéance de Giselic, et replaça la couronne sur la tête d'Amalaric qui était son petit-fils et dont il se déclara le tuteur. En même temps, stipulant pour son pupille, il fit un traité avec Gondebaud qui lui céda toutes ses possessions de la Provence. Il en fit un autre avec Clovis, auquel il abandonna les pays que les Francs avaient conquis sur les Visigoths qui ne retinrent de leur vaste établissement dans les Gaules que les huit cités de Narbonne, Béziers, Agde, Montpellier, Lodève, Nîmes, Carcassonne et Perpignan; ce qui forma depuis la province de Septimanie ou Gothie.

Théodoric gouverna la Provence en qualité de tuteur d'Amalaric. Il s'attira l'affection des peuples par sa sagesse et sa justice. Il eut soin principalement de punir les vexations des publicains et de faire garder aux troupes la discipline militaire la plus rigoureuse. Il prit tout ce qu'il y avait de bon dans l'organisation romaine, et rétablit à Arles le siége de la préfecture des Gaules que les Visigoths avaient abolie. Il confia cette charge importante au patrice Libère, romain d'un rare mérite. On peut juger de l'amour de ce prince pour ses sujets par la lettre qu'il écrivit à Gémellus, vicaire de Libère : « Conformez-vous si

« exactement à vos instructions, lui mandait-il,
« que la province retrouve en vous les sentiments
« romains dont je suis animé. Elle a besoin d'une
« administration sage qui répare les maux qu'elle
« a soufferts. Faites-lui aimer notre autorité,
« détournez les maux qu'elle éprouvait quand
« elle était réduite à souhaiter de vivre sous la
« domination romaine [1]. » Il nomma Marabadus
gouverneur de Marseille, et écrivit à ses habitants une lettre conçue dans les termes les plus
honorables. Il établit dans cette ville de grands
magasins de grains, et la destina à l'entrepôt
des munitions nécessaires à ses troupes. Il mourut
à Rome l'an 526, laissant deux petits-fils, Amalaric dont il avait gouverné les Etats pendant la
minorité de ce prince, et Atalaric, fils d'Atalasonte sa fille. Ce dernier fut élu roi des
Ostrogoths, mais il se trouvait en minorité sous
la tutelle de sa mère qui prit les rênes du
gouvernement.

Gondebaud, roi des Bourguignons, était
mort en 516, et avait laissé deux fils nommés
Sigismond et Godomar. Le premier lui succéda.
Les fils de Clovis lui déclarèrent la guerre. Il
fut vaincu, et ses sujets le livrèrent à Clodomir,
roi d'Orléans, en 523. Godomar monta sur le
trône des Bourguignons l'année suivante, et

[1] Cassiod. Epit. XVII.

Clodomir fit massacrer Sigismond, sa femme et ses enfants. Ensuite il marcha contre Godomar, le joignit aux environs de Vienne, lui livra bataille, fut pris et mis à mort. Godomar victorieux fit une paix honorable avec les Francs et une alliance offensive et défensive avec Amalasonte qui lui céda la haute Provence. Cependant peu d'années après, Childebert, Clotaire et Thierry envahirent le royaume des Bourguignons. Amalasonte secourut Godomar qui n'en fut pas moins vaincu et fait prisonnier, et, en 534, les trois princes francs partagèrent entre eux ce royaume qui avait environ cent ans d'existence.

Dans ce partage, Théodebert, fils de Thierry, demeura maître de la haute Provence, et la partie de cette province qui appartenait aux Ostrogoths eut bientôt le même sort. Atalaric mourut la même année, et Amalasonte plaça sur le trône Théodat, son cousin germain, qu'elle épousa. Ce prince dénaturé fit assassiner sa bienfaitrice. Les rois francs et Justinien, empereur d'Orient, allaient s'unir contre le chef ostrogoth, et Bélisaire conduisait en Italie son armée victorieuse de l'Afrique. Théodat, dans ce pressant danger, offrit aux princes francs deux mille livres pesant d'or et toutes les contrées que les Ostrogoths possédaient en-deçà des Alpes, sous la condition que les Francs se ligueraient avec lui contre Justinien. Le traité aurait été conclu si Théodat

n'eût été égorgé par un nommé Optaris, au milieu
de ses négociations. Vitigès, son successeur, fit
la cession projetée. Les Francs prirent possession
de la Provence en 536, sans secourir les Ostrogoths dont la domination s'éteignit ainsi dans
notre contrée. Elle succomba un plus peu tard
en Italie sous les armes impériales, et Totila fut
le dernier roi de ce peuple guerrier [1].

Ainsi, dans une période de cinquante-six ans,
Marseille resta d'abord sous l'empire des Visi-
goths, ensuite des Bourguignons, et enfin des
Ostrogoths.

Il est bien difficile de fixer sa position morale
et politique sous cette domination. Nous ne
pouvons faire que des conjectures.

Lorsqu'Euric s'empara de Marseille en 480,
elle était depuis long-temps divisée en deux parties, la ville haute et la ville basse. La première,
bâtie sur l'emplacement de l'ancienne citadelle,
était habitée par un grand nombre de Romains.
La seconde partie, c'est-à-dire Marseille proprement dite, la cité des Phocéens, se gouvernait
par ses lois. En 480 avait-elle encore son antique constitution des Timouques? Il est probable
que ce gouvernement avait subi des modifications
successives, et que perdant enfin ses formes
républicaines les mieux caractérisées, il s'était

[1] En 553.

fondu dans un simple régime municipal. Marseille avait toujours eu sous les yeux le modèle de ce régime qui avait de fortes racines dans les mœurs et les habitudes des Gaulois. Jadis les cités de la Gaule, administrées par des sénats héréditaires, choisissaient leurs magistrats. Elles furent transformées en Municipes que gouvernèrent leurs magistrats électifs. De nouvelles assemblées générales succédèrent à celles où les Gaulois discutaient les affaires d'intérêt public. Rome leur laissa le libre exercice de l'administration locale. Les cités eurent leurs milices qui servaient tantôt ·contre les cités voisines, tantôt contre les étrangers, ennemis des Romains. Elles eurent aussi leurs revenus qui consistaient dans des octrois et le produit de certains biens-fonds. Dans toutes les Gaules on rencontrait, à côté des douanes impériales, des bureaux appartenants aux cités pour la perception de leurs octrois. Mais les Curies furent organisées d'une manière si peu en harmonie avec les idées que nous nous formons des fonctions municipales, qu'elles parurent moins un honneur qu'un embarras et un fardeau. Les habitants qui ne possédaient pas l'étendue de terrain fixée par la loi n'étaient pas admis à exercer les droits municipaux, et ceux qui la possédaient et qui devenaient membres de la Curie n'avaient pas la faculté illimitée d'aliéner leur domaine. Les Décurions faisaient tous leurs efforts pour échapper aux sévères et pénibles devoirs de leur condition, et on promulgua une foule de lois pour obvier aux subterfuges qu'ils employaient. Saint Ambroise, archevêque de Milan, se plaignait à l'empereur Théodose de ce qu'on enlevait les prêtres au ministère des autels pour les rendre à la Curie, et les Juifs, que poursuivait l'animadversion publique, ne furent pas exempts des charges municipales [1].

Les Goths et les Bourguignons respectèrent les institutions romaines qui eurent toujours pour eux un prestige imposant. Ils cédèrent à l'autorité morale des lois, à l'ascendant des dignités et des magistratures du grand peuple. Ces guerriers de l'invasion enlevèrent seulement aux habitants des Gaules une partie des terres ; c'est là sans doute une bien grande violence, mais elle est plus supportable que celle qui s'exerce sur les habitudes, les mœurs, les opinions et les souvenirs, toutes choses qui constituent l'individualité des nations. Les lois des Barbares ne furent point communes et territoriales. Le Bourguignon était jugé par la loi des Bourguignons; le Goth, par la loi des Goths; le Romain, par la Loi Romaine; et, bien loin qu'on songeât dans ces temps-là à rendre uniformes les lois des peuples conqué-

---

[1] Raynouard, Histoire du Droit Municipal, t. i.

rants, on ne pensa pas même à se faire législateur
du peuple vaincu[1].

Les Barbares ne portèrent donc aucune atteinte
aux institutions marseillaises qui furent uniquement modifiées par le temps, les événements
extérieurs et la force des choses. Marseille ne fut
point soumise aux lois civiles des Visigoths,
différant peu des lois romaines; ni à ces fameuses
Lois Gombettes si bizarres et si extraordinaires,
qui, par respect pour la sainteté du serment, et
pour qu'on ne jurât plus sur des faits obscurs,
ou qu'on ne se parjurât point sur des choses certaines, introduisirent le combat judiciaire qui
eut ensuite ses règles et sa jurisprudence, comme
nous l'enseigne Beaumanoir[2]. Quelle que fût la
forme des institutions de Marseille à l'époque de
la conquête d'Euric, il paraît qu'elle ne perdit
son *eutonomie* qu'en fléchissant sous le joug de
ce prince[3]. Nous ne pouvons admettre qu'elle
l'ait conservée plus long-temps; nous ne pouvons
croire que les Visigoths, qui exercèrent d'une
manière rigoureuse les droits de la conquête,
puisqu'ils dépouillèrent les vaincus d'une partie
de leurs terres, aient laissé aux Marseillais l'in-

[1] Esprit des Lois, liv. xxviii, ch. ii.
[2] Coutume de Beauvoisis.
[3] Nous ne voulons parler ici et plus bas que de la ville basse.
la ville haute, soumise aux Romains, ne fit que passer d'une
domination à une autre, en passant sous la puissance d'Euric.

dépendance du gouvernement. Eh! pourquoi tant
de ménagement et de faveur? Pourquoi Marseille
n'aurait-elle pas subi le sort des autres cités subjuguées? Les Barbares ne lui étaient unis par
aucun lien d'affection et de reconnaissance, et
elle n'était pas protégée contre eux, comme elle
l'avait été contre les armes de César et des empereurs romains, par le souvenir de la fidélité
le plus constante et la plus honorable qui fût
jamais. Les lois civiles et municipales que les
Goths et les Bourguignons laissèrent à Marseille,
en ne lui accordant aucune faveur particulière,
puisqu'ils laissèrent les mêmes lois aux autres
villes de leur domination, ne constituent pas la
liberté du gouvernement politique et l'exercice
du pouvoir souverain que ces conquérants se
réservèrent.

Seulement le système municipal de la ville
basse dut conserver le type de l'ancienne administration, avant et après la conquête d'Euric.
Il dut être conçu sur un plan assez large. Ce
serait une erreur de croire que la religion catholique ait resserré ce plan et ait porté atteinte
aux franchises et aux formes municipales. Le
Catholicisme, dans sa naissance, n'était point
l'ami du despotisme. Il ne se faisait pas un plaisir
et un devoir de frapper d'un ridicule anathême
les droits imprescriptibles du peuple, d'où éma-
nent tous les pouvoirs de la société. Ce culte fut

intéressé à maintenir l'élection, partie essentielle du régime municipal, car il en usait lui-même pour le choix des pasteurs. Il adoptait pour la nomination des évêques les formes électorales prescrites pour la nomination des magistrats. C'est ainsi que les chefs de chaque église, investis de la confiance publique, exerçaient pour le bien de tous une plus grande autorité morale. Le droit d'élection des évêques formait alors un droit commun et invariable, reconnu par le Pape, qui lui-même n'était que l'évêque de Rome. Nous avons vu que Zozime, mécontent de la conduite de Proculus, écrivit au sénat, au clergé et au peuple de Marseille d'élire un autre évêque.

La domination dés Goths et des Bourguignons est digne de fixer l'attention, sous plus d'un rapport. Elle est surtout remarquable sous le rapport religieux. Elle fit un bien immense, en arrêtant dans sa marche le pouvoir sacerdotal qui, depuis Constantin, avait pris une extension rapide. Les ordres monastiques se maintinrent, mais ne se propagèrent pas. Quelques princes ariens suscitèrent des embarras au Catholicisme; mais ils eurent la sagesse de ne pas le persécuter ouvertement et d'en tolérer le culte public et les pratiques. Sous leur règne, les catholiques continuèrent d'élire librement leurs évêques. Le service des autels ne fut pas interrompu. Nous ne voyons aucun système de violence, aucun acte cruel de fanatisme, aucun martyr. Quant à Théodoric, il ne se borna pas à tolérer dans ses Etats l'exercice de la religion catholique; il en protégea les évêques et accorda des priviléges aux églises. On tint, sous son règne, des conciles aussi librement qu'on l'avait fait sous les empereurs. Saint Césaire présida plusieurs de ces assemblées, et il est étonnant qu'aucun évêque de Marseille n'y ait assisté, ni par lui-même, ni par ses députés. Quel en peut être le motif ? Ces prélats, déchus de leurs prétentions sur la seconde Narbonnaise, ne s'étaient-ils pas encore soumis à la métropole d'Arles? refusaient-ils d'en reconnaître la primatie ? les considérait-on comme n'étant attachés à aucune province? C'est sur quoi on ne peut avoir que des conjectures fort incertaines [1].

En général, le gouvernement des Goths et des Bourguignons fut assez éclairé. Cependant, et cela se conçoit, les évêques catholiques ne supportèrent qu'avec impatience cette domination, et appelèrent de tous leurs vœux celle de Clovis qui s'était déclaré le protecteur de leur foi. Sous l'empire d'Alaric II, Volusien, évêque de Toulouse, fut un de ceux qui déguisèrent le moins leurs sentiments. Le roi des Goths en fut instruit,

[1] Belsunce, Hist. des Evêques de Marseille, tom. I, liv. III.

et craignant que ce prélat ne portât par ses discours les peuples à la révolte et n'introduisît les Francs, ses voisins, dans la Touraine, il crut devoir prendre ses suretés. Il fit arrêter Volusien, le fit conduire à Toulouse, pour qu'il y rendît compte de sa conduite, et l'exila ensuite en Espagne. Volusien s'étant mis en chemin pour se rendre au lieu de son exil, mourut à quelque distance de Toulouse. Une ancienne tradition rapporte qu'après que ce prélat eut souffert la prison à Toulouse, ses conducteurs qui l'emmenaient en Espagne lui tranchèrent la tête, en haine de sa religion, dans le voisinage du Château de Foix où son corps fut inhumé. En supposant que cette tradition soit conforme à la vérité, il n'est pas établi qu'Alaric ait commandé lui-même ce meurtre, et d'ailleurs Volusien n'avait pas été exilé à cause de ses opinions religieuses, mais bien à cause de sa conduite politique et de sa haine prononcée pour le gouvernement des Visigoths. Tout indique donc que l'Eglise des Gaules vit des jours tranquilles sous le pouvoir des Barbares. Celle de Marseille n'eut aucune agitation durant cette période; Honoré et Eméthère en furent successivement les évêques. Honoré possédait à un degré éminent le talent de la parole, et prêchait avec une admirable facilité. Il citait si à propos des passages de l'Ecriture qu'on eût dit qu'il la savait toute par cœur. Il composa en forme d'homélies plusieurs discours que nous n'avons plus et dans lesquels il s'attachait à combattre les diverses hérésies. Il écrivit aussi les Vies des Saints Pères, et surtout celle de saint Hilaire d'Arles, dont il avait été le disciple. Quant à Eméthère, il ne se distingua par aucune qualité remarquable.

Le commerce ne fut pas négligé, et les Marseillais continuèrent de marcher dans les voies qu'ils s'étaient tracées, depuis la perte de leur prépondérance. Les Barbares dédaignaient de se livrer aux opérations commerciales, mais ils voyaient avec plaisir que les vaincus s'y livrassent. Ils sentaient le prix des jouissances que l'industrie procure et des besoins qu'elle satisfait. Marseille conserva, sous leur empire, son droit commercial et maritime légèrement modifié par la législation des provinces gauloises dont les peuples du Nord s'étaient emparés. Cette législation était romaine. Elle n'avait pas pour base le code Théodosien, très incomplet sur le droit maritime et sur toutes les matières qui donnent lieu à de fréquentes transactions commerciales. Elle reposait sur l'Edit perpétuel, rédigé par l'ordre d'Adrien, vers l'an 131, les commentaires dont il avait été l'objet, les ouvrages des jurisconsultes dont les fragments devaient bientôt être recueillis dans le Digeste. La Constitution faite par Valentinien III, en 426, sur l'autorité que devaient avoir aux yeux des juges les citations de plusieurs jurisconsultes, les écrits de Scœvola, de Sabinus, de Papinien, de Paul, de Caïus et d'Ulpien, étaient la règle des jugements. Si l'on trouve à peine quelques mots dans les lois des Barbares qui puissent se rattacher au commerce maritime, tels que l'addition première, § 7, du Code des Bourguignons, et l'article 119 de l'Edit de Théodoric, c'est précisément parce que ces lois se taisaient, qu'il fallait bien qu'une autre parlât, et cette loi ne pouvait être que ce qui avait été jusques alors pratiqué, c'est-à-dire, le droit romain [1].

La loi des Visigoths accorda aux marchands étrangers le droit d'être jugés, suivant leurs lois, par ceux qui présidaient à leurs comptoirs [2] et par leurs propres juges appelés alors *Tolonarii,* ou autrement Bayles et Prieurs des marchands [3]. Elle déclara, dans l'intérêt du commerce, que le propriétaire d'une chose volée ne pouvait la revendiquer entre les mains du possesseur de bonne foi [4]. Disposition importante qui a fait naître le principe maintenu par les

[1] Pardessus, Collection des Lois Maritimes, tom. I.

[2] *Lex Wisigoth. lib.* XI, *tit.* III.

[3] *Mascardus, de Jure Mercatorum, lib.* III, *cap.* VI.—Azuni, Origine et progrès du Droit et de la Législation maritime.

[4] *Lex Wisigoth. lib.* XI, *tit.* III.

codes français, après douze siècles d'expérience :
En fait de meubles, la possession vaut titre [1].

Passons maintenant à la domination des Francs.

D'après l'usage de cette nation, les fils du roi, à la mort de leur père, se partageaient le royaume, comme un bien patrimonial, et ces démembrements étaient une source de guerres et de malheurs. Théodebert, vainqueur des Ostrogoths et des Romains, rentra triomphant dans ses Etats. Justinien s'efforça néanmoins de gagner les Francs, en leur cédant la Provence qui était déjà en leur pouvoir, et sur laquelle il n'avait plus que des prétentions illusoires. Théodebert affectait de le braver, et ne se préparait à rien moins qu'à porter la guerre à Constantinople, lorsqu'il mourut avant l'âge de 50 ans. Théodebalde, son fils naturel, lui succéda, car les enfans illégitimes n'étaient point exclus alors du trône. Il ne régna que six ans, et sa succession passa à Clotaire, roi de Soissons, qui, par la mort de Childebert, son frère, roi de Paris, se vit maître de toute la monarchie en 558. Clotaire mourut quatre ans après, et son royaume fut partagé entre ses quatre fils, Caribert, Gontran, Chilperic et Sigebert. A cette époque la Provence était divisée en deux provinces. La Province Marseillaise comprenait les diocèses de Marseille,

---

[1] Code civil, art. 2279.

d'Avignon et d'Aix; la Province d'Arles comprenait tout le reste. Sigebert, roi d'Austrasie, eut
dans son partage la première province, et Gontran, roi de Bourgogne, la seconde.

La sagesse de ces deux princes semblait annoncer des règnes tranquilles; cependant les discor-
des, les trahisons et les crimes firent de la maison
royale et de la France un théâtre inondé de sang.
Les deux frères se déclarèrent bientôt la guerre et
se disputèrent la ville d'Arles sur laquelle Sigebert croyait avoir des droits, quoique, par le
partage, elle fût du domaine de Gontran. Fir-
min et Audovar, généraux de Sigebert, se rendirent maîtres de cette ville, et Gontran envoya
le patrice Celse à la tête d'une armée pour la
reprendre. Celse s'empara d'Avignon qui appartenait à Sigebert; il alla ensuite mettre le siége
devant Arles où il entra après avoir battu les
généraux de Sigebert. Les hostilités cessèrent
bientôt, et la ville d'Avignon fut rendue au roi
d'Austrasie.

La Provence ne jouit pas long-temps de la
paix, et eut à repousser une invasion redoutable. L'eunuque Narsès, premier ministre à
la cour de Constantinople, irrité d'une injure
reçue de l'impératrice, avait, pour se venger,
attiré les Lombards en Italie. Ce peuple, après
y avoir fondé sa domination, résolut de passer
les Alpes. Une première bande battit les géné-

raux de Gontran, ravagea plusieurs villes de l'ancienne Viennoise, et retourna chargée de dépouilles. Les Lombards reparurent l'année suivante, sous la conduite de trois chefs, Amon, Zaban et Rhodanus. Le premier, après avoir ravagé toute la haute Provence jusqu'aux portes d'Avignon, s'avança vers Arles d'où il fut repoussé. Jetant partout la terreur et la désolation, mettant tout à feu et à sang, il traversa la Crau et se présenta devant Marseille. Il trouva la ville bien fortifiée, et désespéra de la prendre d'assaut. Son plan de campagne ne lui permettant pas de s'y arrêter davantage, il se porta à Aix dont il forma le siége. Les habitants, tremblant devant ses armes, lui comptèrent vingt-deux livres pesant d'argent pour qu'il se retirât. Sur ces entrefaites, Mummolus, habile général à qui Gontran donna le commandement de ses troupes, battit, non loin d'Embrun, Zaban et Rhodanus. Leur corps d'armée fut contraint de repasser les Alpes, et Amon ayant appris la défaite de ses deux collègues, et craignant d'être enveloppé par Mummolus, eut grand' peine à regagner l'Italie.

Les Saxons s'étaient associés à la fortune des Lombards pour la guerre et les conquêtes; mais ces derniers refusèrent de les faire entrer en partage de la contrée italienne à laquelle ils ont donné leur nom, et les Saxons, qui n'avaient pas assez de forces pour faire valoir leurs droits, retournèrent dans leur patrie, en prenant le chemin des Gaules. Ils en obtinrent le passage à prix d'argent; et quoiqu'ils ne se présentassent point en conquérants, ils causèrent de grands dommages en Provence et y laissèrent des traces de barbarie. Marseille, éloignée de la route qu'ils suivirent, n'eut rien à en souffrir.

Sigebert fut assassiné au milieu de son armée par deux scélérats qui étaient l'instrument de Frédégonde, sa belle-sœur [1]. Les excellentes qualités de ce prince, si rares dans ces siècles d'horreurs, lui méritaient une fin plus heureuse.

Il eut pour successeur son fils Childebert, alors âgé de cinq ans, et qui, deux ans après, fut adopté par son oncle Gontran, roi de Bourgogne. Celui-ci qui n'avait aucun port de mer, sentait la nécessité d'en avoir un pour ses vastes Etats. Il demanda la moitié de Marseille toujours divisée en deux parties, la ville haute et la ville basse. Childebert fut contraint de céder à son oncle cette dernière. Théodore, alors évêque de Marseille, convaincu que les intérêts de Childebert dont il avait vivement épousé la cause, venaient d'être sacrifiés, ne dissimula pas ses sentiments, et la discorde ne tarda pas à éclater entre lui et le patrice Dyname, envoyé par Gontran en qualité de gouverneur.

[1] En 575.

Dyname, célèbre dans les écrits des hommes distingués de son temps, était issu d'une ancienne famille gauloise, et avait reçu une éducation conforme à la noblesse de sa naissance. Il s'appliqua à l'étude des lettres et principalement à la culture de la poésie où il se rendit habile au-delà de ce qu'on l'était en son siècle [1]. Il se maria fort jeune et entra de bonne heure dans les charges publiques [2].

Les querelles de l'évêque et du gouverneur engendrèrent de grands troubles à Marseille. Dyname fit emprisonner Théodore, et ce prélat, ayant trouvé le moyen de sortir de prison, résolut d'aller à la cour d'Austrasie implorer le secours du roi Childebert. Il fut, sur l'ordre de Gontran, arrêté dans sa route par Jovin, officier de Dyname. Ses ennemis accueillirent la nouvelle de son arrestation avec des transports de joie. Les prêtres de Marseille dont il était haï, parce qu'il voulait faire de sages réformes dans son diocèse, travaillaient sourdement, de concert avec Dyname, à le faire déposer. Lorsqu'ils le virent

---

[1] Dyname avait envoyé quelques-unes de ses poésies à Fortunat, évêque de Poitiers, lorsque celui-ci était à la cour d'Austrasie, comme l'indique le vers suivant d'une de ses réponses.

Massiliæ tibi regna placent, Germania nobis.

Tous les poèmes de Dyname nous manquent.

[2] *Duchesne, Historiæ Francorum scriptores, etc.*, Histoire littéraire de la France, tom. III.

arrêté, ils crurent qu'il serait condamné à un exil perpétuel. Dirigés par Anastase, abbé de Saint-Victor, qui, dans ces circonstances, se signala par ses emportements, ils s'emparèrent des maisons qui appartenaient à l'Eglise, disposèrent des emplois, ouvrirent les archives, pillèrent les greniers, s'emparèrent de tous les biens de l'évêque, et l'accusèrent de plusieurs crimes dont la fausseté était évidente.

Childebert devenu plus puissant, et ne se croyant pas lié par la cession qu'il avait faite à son oncle, lui redemanda la partie basse de Marseille. La voie des négociations ayant été infructueuse, il résolut de recourir à celle des armes. Il ordonna à Gondulphe, lieutenant de ses armées, de se diriger vers Marseille et de s'en rendre le maître. Gondulphe rencontra en chemin l'évêque Théodore qui avait une seconde fois rompu ses fers et se retirait vers le roi d'Austrasie. Le prélat se joignit à lui, et tous deux arrivèrent devant la ville dont ils trouvèrent les portes fermées. Un acte de perfidie de Gondulphe les fit ouvrir. Il fit proposer à Dyname une entrevue dans l'église de saint Etienne située assez près des remparts. Il est probable que c'est la même que nous appelons aujourd'hui *Notre-Dame du Mont* [1]. Dyname s'y rendit sans

---

[1] Hist. des Evêques de Marseille, tom. I. liv. III.

méfiance, mais pourtant avec une escorte. A l'instant où il entra dans l'église, des soldats, apostés par le lieutenant de Childebert, écartèrent ses gardes, et fermèrent les portes, sans qu'il s'en aperçût. Après une conversation qu'ils eurent près de l'autel, sur différents objets, ils s'en éloignèrent et entrèrent dans le *salutatoire*. C'est le nom qu'on donnait à des salles où l'on plaidait les causes de la juridiction ecclésiastique. On y tenait aussi des synodes. Dyname y étant entré fut dépouillé de ses habits et accablé de reproches; et comme ses gardes qui étaient restés dehors poussaient des clameurs, Gondulphe les fit charger et mettre en fuite. Le patrice se voyant à la disposition de ses ennemis, fit tout ce qu'ils voulurent. Il prêta serment de fidélité au roi Childebert et à Théodore, et s'engagea à replacer la ville sous leur autorité. Il accomplit sa promesse. Gondulphe et l'évêque entrèrent dans Marseille comme en triomphe, environnés de drapeaux, au milieu des acclamations populaires. Anastase et les autres chefs du clergé les plus compromis vinrent chercher un asyle dans la demeure de Dyname et implorèrent sa protection. Mais rien ne justifia leurs craintes et ils n'eurent à souffrir aucune violence [1].

Gondulfe, après avoir placé la ville basse sous

---

[1] *Greg. Turon. lib.* VI, *cap.* II.

l'obéissance de Childebert, et rétabli Théodore
sur son siége, alla à la cour de son maître lui
rendre compte du succès de sa mission. A peine
fut-il parti, que Dyname, oubliant son serment,
s'empara de la ville inférieure et représenta au
roi Gontran l'évêque Théodore comme l'ennemi
de sa puissance, ajoutant que jamais il ne joui-
rait dans Marseille de la plénitude du pouvoir
royal, tant que ce prélat en occuperait le siége.
Gontran s'écria dans un mouvement de colère :
Que l'ennemi de ma couronne soit envoyé en exil,
afin qu'il ne puisse plus me nuire à l'avenir.
L'exécution de cet ordre avait ses difficultés. Il
n'était pas prudent de se saisir de l'évêque dans
la ville, parce qu'il y avait de puissants amis prêts
à le défendre, et Théodore soupçonnant quelque
trame contre lui, n'en sortait pas. Il crut cependant devoir en sortir un jour, pour célébrer
la fête de la dédicace d'une église qui n'était pas
éloignée. Dyname avait aposté sur le chemin
des gens armés qui fondant tout à coup du lieu
où ils étaient cachés, tombent sur le prélat, le
jettent de son cheval à terre, mettent en fuite
les prêtres qui l'accompagnent, lient ses domestiques, et le conduisent, dans un honteux équipage, à la cour de Bourgogne. Le clergé de
Marseille, faisant de nouveau éclater la haine
qui l'animait contre son chef, livra son hôtel au
pillage.

Théodore, arrivé à la cour de Gontran, se justifia si pleinement qu'il fut renvoyé dans son évêché avec les égards qui lui étaient dus. Mais il y fut bientôt victime de nouvelles persécutions. Un piége lui fut tendu et il eut l'imprudence de s'y laisser tomber. Gondebaud qui se disait fils du roi Clotaire Premier, et qui passait pour l'être, vint par mer de Constantinople à Marseille. Ce jeune homme, qui avait été bien élevé, portait une longue chevelure qu'il laissait pendre derrière le dos, à la façon des enfants de la maison royale. Théodore, trompé par des ordres supposés, le reçut avec distinction, le logea, et lui fournit une escorte de cavalerie pour aller joindre à Avignon Mummolus qui l'attendait, et qui, après avoir quitté le service du roi de Bourgogne, s'était retiré dans cette ville, pour y vivre sous la protection de Childebert. Mummolus procura de plus à Gondebaud l'appui de Didier, duc de Toulouse, qui embrassa secrètement son parti et le favorisa de tous ses moyens.

Le dessein de Gondebaud et de ses partisans était d'envahir le royaume de Bourgogne sur Gontran; mais à peine fut-il arrivé à Avignon, qu'il se vit trahi par le duc Gontran-Boson qui l'avait attiré dans les Gaules et qui lui enleva les richesses dont l'empereur Tibère l'avait comblé, à son départ de Constantinople. Boson fit même arrêter Théodore comme un conspirateur, qui, par le moyen de Gondebaud, avait voulu soumettre le royaume des Francs aux lois impériales. Le prélat, chargé de fers, fut envoyé au roi de Bourgogne avec un évêque étranger, nommé Epiphane, qui, craignant la fureur des Lombards, s'était réfugié à Marseille, et avait aussi été arrêté comme complice de cette prétendue conspiration. Le roi Gontran les interrogea lui-même, et sa prévention était si forte que les moyens justificatifs allégués par l'évêque de Marseille ne firent sur l'esprit de ce prince aucune impression, et qu'il ordonna de détenir plus étroitement les deux prélats qui furent traités avec une dureté excessive. La santé d'Epiphane ne put résister à tant de rigueurs, et il succomba bientôt. Théodore fut enfin relâché et renvoyé à son diocèse.

Gondebaud, après avoir soumis à sa puissance le duché de Toulouse et l'Albigeois, vit toute la Novempopulanie se soulever en sa faveur. Mais la fortune arrêta bientôt le cours de ses prospérités. L'armée que le roi Gontran fit marcher contre lui, l'assiégea dans la ville de Comminges, où il fut trahi et tué par ses partisans.

On ne pouvait plus soupçonner Théodore d'avoir des intelligences coupables avec les ennemis de l'Etat. Néanmoins on ne cessait de le calomnier auprès du roi de Bourgogne. Rathaire, gouverneur de Marseille pour ce prince, fit de nouveau emprisonner le prélat, qui fut conduit vers Gontran, résidant alors à Mâcon où tous les évêques de France devaient se rendre pour tenir un synode. Childebert, ayant appris l'injuste détention de Théodore, défendit à tous les évêques de son royaume de se rendre à Mâcon. Gontran députa vers le roi d'Austrasie Félix, son ambassadeur, pour connaître la cause de cette défense et des mécontentements qu'il pouvait avoir contre lui. Grégoire de Tours, qui porta la parole au nom de Childebert, dit que son maître ne désirait rien tant que d'entretenir avec le roi Gontran des relations amicales, mais qu'il voyait avec déplaisir les persécutions dont l'évêque Théodore était victime. Gontran n'osa plus alors maltraiter le prélat, qui fut rendu à la liberté et retourna à Marseille ; mais il eut encore à souffrir quelques vexations de la part du patrice Nicétius qui succéda à Rathaire.

Bientôt un fléau terrible et destructeur vint exercer ses ravages. En 586, la peste dépeupla presque toute la Provence. Elle recommença deux ans après avec une violence plus meurtrière. Elle fut apportée à Marseille par un vaisseau venu d'Espagne et chargé de marchandises infectées que plusieurs citoyens s'empressèrent d'acheter dès qu'on les eut débarquées. Une maison en fut d'abord attaquée, et de toutes les personnes qui l'habitaient, au nombre de huit, il n'en échappa aucune. Le mal contagieux ne fit pas d'abord des progrès rapides et ne se manifesta qu'après un certain espace de temps. Il s'étendit en France et en Italie, et le pape Pélage II en mourut. Théodore se retira dans l'enceinte de l'abbaye Saint-Victor, avec le peu de personnes qui étaient restées auprès de lui, et la ville, comme l'affirme Grégoire de Tours, ne présenta qu'un aspect affreux et devint un vaste cercueil [1]. Ce fléau, après une cessation de deux mois, reprit avec plus de fureur que jamais et enleva tous les Marseillais qui d'abord avaient fui au loin et étaient ensuite rentrés avec sécurité dans leurs foyers domestiques [2].

Le clergé de Marseille, aveuglé par son zèle, faisait tous ses efforts pour convertir les juifs à la religion catholique, et employait la force au lieu de la persuasion. Le pape Grégoire le Grand qui professait des principes de raison et de tolérance, désapprouva la conduite des prêtres marseillais, et écrivit à Théodore, le 9 juin 591, une

---

[1] Liv. IX, ch. XXII.

[2] Ibid. — Cessante verò hac plagá mensibus duobus, cùm jam populus securus redisset ad urbem, iterùm succedente morbo, qui redierant sunt defuncti.

Grégoire de Tours ajoute que le même fléau affligea encore Marseille à différentes reprises; mais cet historien ne fixe aucune date. Sed et multis vicibus deinceps ab hoc interitu gravata est.

lettre exprimant à ce sujet ses sentiments et ses plaintes. « Je crois, dit-il, l'intention de ceux « qui les ont baptisés digne de louange ; mais je « crains que si elle n'est pas réglée par l'Evangile, « elle ne soit sans récompense et ne nuise même « au salut des ames que nous voulons sauver. « Ceux qui viennent au baptême par nécessité, « et non par conviction, retournent à leur pre- « mier culte, et ce qui paraissait les avoir fait « renaître, leur cause une mort plus funeste. « Que ce soit plutôt l'onction du prédicateur « que tout autre chose qui leur fasse désirer de « changer de vie. Ainsi, par vos fréquentes exhor- « tations, en méritant pour vous-même d'amples « récompenses, vous leur procurerez, avec la « grâce de Dieu, une existence nouvelle dans les « eaux salutaires de la régénération [1]. »

Théodore mourut vers la fin de la même année. Le Martyrologe de l'Eglise Gallicane l'a placé au rang des Saints. Il eut à souffrir pendant presque tout son épiscopat les traitements les plus durs.

---

[1] *Intentionem quidem hujusmodi laude dignam censeo; sed hanc eamdem intentionem nisi competens Scripturæ Sacræ comitetur effectus, timeo ne aut mercedis opus exindè non proveniat, aut juxta aliquid animarum quas eripi volumus, quod absit, dispendia subsequantur. Dùm enim quispiam ad baptismatis fontem non prædicationis suavitate, sed necessitate, pervenerit, ad pristinam superstitionem remeans, indè deteriùs moritur, undè renatus esse videbatur, etc.*

S. Greg. lib. i, *epist.* xlv.

Poursuivi par la haine et l'injustice, chassé plusieurs fois de son siége, plongé dans les cachots, accablé d'injures, rassasié d'opprobres, il opposa à la mauvaise fortune une patience invincible.

Gontran et Childebert s'étaient réconciliés avec sincérité, et le roi de Bourgogne avait restitué [1] au roi d'Austrasie la partie de la ville de Marseille, cause de leur ancienne division.

Gontran mourut en 593, après un règne long mais sans gloire. La Provence entière passa sous l'obéissance de Childebert, son fils d'adoption, lequel mourut empoisonné, en 596, laissant deux fils en bas âge sous la tutelle de la reine Brunehaut, leur aïeule. Théodebert l'aîné fut roi d'Austrasie dont la Province Marseillaise dépendait; Thierry ii, roi d'Orléans et de Bourgogne, posséda la province d'Arles.

Théodebert fut mis à mort, en 612, par les ordres de Brunehaut; Thierry ii mourut de maladie un an après, laissant quatre fils naturels dont aucun ne lui succéda. Ses Etats et ceux de Théodebert passèrent sous la domination de Clotaire ii, fils de Chilperic, qui par-là devint maître de la France entière. Dagobert, son fils, posséda seul la Provence, et la partagea, en 633, entre ses deux enfants, Sigebert ii et Clovis ii.

[1] An 587.

Le premier gouverna le royaume d'Austrasie et la Province Marseillaise jusqu'en 656. Durant cette décadence des Mérovingiens, les maires du palais qui n'avaient commandé d'abord que dans le palais des rois, étaient devenus plus puissants que les rois mêmes et avaient rendu héréditaires des fonctions si importantes. Pépin d'Héristal, qui exerçait ces fonctions, vainquit, en 687, Thierry III, troisième fils de Clovis II, et anéantit ainsi les restes de l'autorité royale. La Province Marseillaise passa sous sa puissance. Maître absolu de Paris, des finances, de l'administration, il gouverna toute la monarchie française, sous le simple nom de Maire du Palais. Il gagna les cœurs par sa sagesse et changea la face des affaires par ses talents.

Marseille, sous les successeurs de Childebert, fut la résidence des gouverneurs de la Province à laquelle elle donna son nom. Ces gouverneurs avaient les uns le titre de Patrice, les autres le titre de Préfet, de Duc ou de Comte.

La lèpre qui commença d'être connue dans les Gaules sur la fin du sixième siècle, déploya un peu plus tard en Provence tout ce qu'elle avait d'effrayant. Les armées romaines et les peuples du Nord avaient détruit presque tous les bestiaux, diminué le nombre des cultivateurs, coupé les arbres, arraché où foulé les vignes. Les aliments les plus sains, les fruits et les végétaux manquèrent; le vin et l'huile devinrent rares; de là une boisson malsaine et une nourriture fréquente de poissons gras souvent gâtés. Il faut ajouter à ces causes les vices du logement et l'altération de l'air, et nous trouverons réunies toutes celles qui engendrent la lèpre.

Les contrées maritimes en furent surtout infectées, et Marseille fut en proie à ses horribles ravages. Cette maladie, après avoir fait tomber tous les poils du corps, le couvrait de pustules et d'une croûte qui formait une écaille universelle, sillonnée par des gerçures. Le malheureux qui en était attaqué présentait un aspect si hideux qu'on le séparait de la société [1]. La lèpre devint une cause de dissolution du mariage, et l'on permit à la partie saine de se remarier. Les deux époux habitaient ensemble jusqu'à ce que la maladie fût constatée; ce qui semblerait prouver qu'elle n'était pas contagieuse. C'est l'avis de quelques savants médecins qui ne paraissent pourtant pas être généralement suivis en ce point [2].

Sérénus fut le successeur de Théodore sur le siége épiscopal de Marseille. Il y avait encore à cette époque quelques restes d'idolâtrie dans les Gaules. L'an 544, Childebert avait publié une

[1] Papon, tom. ii, liv. ii.
[2] Histoire de l'Eléphantiasis, par le médecin Raymond, de l'Académie de Marseille.

constitution pour les anéantir, et le pape
saint Grégoire avait exhorté la reine Brunehaut
à empêcher ses sujets de sacrifier aux idoles,
d'adorer les arbres, et de se servir de têtes
d'animaux pour faire des sortiléges ridicules [1].
Leurs efforts avaient été impuissants. La Provence
aussi conservait des vestiges de paganisme. Plusieurs chrétiens rendaient aux démons un culte
impie. Sérénus voyait avec peine que le peuple
marseillais, aveuglé par la superstition, avait
trop de respect pour les images des Saints placées dans les églises. Il craignait que ce respect,
qui ressemblait à l'adoration, ne dégénérât en
idolâtrie. Poussé par son zèle religieux, il fit
briser toutes les images. Cette action causa beaucoup de scandale, presque tous les chrétiens
refusèrent de communiquer avec ce prélat, et
un schisme fut sur le point de se former. Le pape
saint Grégoire n'apprit ces événements qu'avec
douleur. Il crut pourtant devoir ménager un
évêque dont la foi était pure et les intentions
droites. Il lui écrivit une lettre dont fut porteur
l'abbé Cyriaque, envoyé vers Syagrius, évêque
d'Autun, et qui devait passer à Marseille. Elle
contenait du blâme et des louanges tout ensemble. Le blâme fut pour la destruction violente
des images, la louange pour avoir empêché l'ado-

---

[1] *S. Gregor. lib.* VII, *epist.* v.

ration. Sérénus n'eut pas pour les avis de Grégoire toute la déférence qu'il devait avoir; ce
n'est pas qu'il refusât de s'en rapporter au sentiment de ce sage pontife, mais il crut que la
lettre qu'il avait reçue était supposée et que
Cyriaque avait voulu le tromper. Grégoire lui.
en écrivit une seconde pleine de douceur et de
force. Il commence par justifier Cyriaque, incapable d'une fraude pareille, et avertit Sérénus
que ce n'est pas seulement par son entreprise
contre les images, mais encore par le soupçon
formé contre cet abbé, qu'il s'est rendu coupable. « Dites-moi, mon frère, ajoute-t-il, avez-
« vous jamais ouï dire qu'un évêque ait agi
« comme vous l'avez fait? Nous vous exhortons
« d'être attentif à vos devoirs, de vous défaire
« de cet esprit de présomption qui a été votre
« mobile, et d'employer toutes les voies de la
« douceur paternelle pour rappeler au plutôt à
« vous ceux que vous savez s'en être séparés.
« Oui, il faut rassembler les enfants de l'Eglise;
« il faut les convaincre, par l'autorité de l'Ecri-
« ture Sainte, qu'il n'est permis d'adorer aucun
« des ouvrages des hommes, parce qu'il est écrit :
« *Vous adorerez le Seigneur votre Dieu, et vous*
« *ne servirez que lui.* Il faut ajouter que les
« images ont été employées pour l'édification du
« peuple ignorant, afin que ceux qui ne savent
« pas lire, puissent, en voyant les histoires

« représentées, apprendre ce qui s'est passé
« autrefois. Regagnez les esprits en les adoucis-
« sant. Si quelqu'un veut avoir des images, ne
« le défendez en aucune manière, mais mettez
« tout en usage pour empêcher l'adoration.
« Encore une fois, apprenez aux peuples que ce
« n'est que devant Dieu qu'ils doivent se pros-
« terner humblement. C'est mon zèle pour la
« gloire de l'Eglise qui m'engage à vous parler
« de la sorte [1]. »

L'année suivante [2], Sérénus alla à Rome, et
le motif de ce voyage nous est inconnu. En
retournant, il mourut dans un monastère de
Blanderat, petite ville à huit milles de Verceil [3].

On ne sait pas d'une manière positive quel
fut le successeur de Sérénus. Il y en eut un
indubitablement, car l'Eglise de Marseille jouissait alors d'une profonde paix, sous le gouvernement des rois d'Austrasie, qui protégeaient
la religion catholique. Ambroise était évêque
en 683 [4].

[1] S. Greg. lib. ix, epist. ix.

[2] En 601.

[3] C'était autrefois une ville considérable qui appartenait
à des comtes puissants. Elle fut presque entièrement détruite
par les Milanais en 1168, et depuis ce temps-là elle n'a pu
se rétablir dans son ancien état.

[4] C'est du moins ce que pense Belsunce, ouv. cit. tom. 1,
liv. iv. Il fonde son opinion sur celle de Dom Mabillon. Denis
de Sainte-Marthe paraît ne pas l'adopter. Gallia Christiana,
tom. 1, col. 543 et 801.

Pépin d'Héristal fut enlevé à ses peuples après vingt-sept ans de règne [1]. Lui seul régna, car les derniers descendants de Clovis, méprisables fantômes sur le trône, ne méritent pas le nom de rois. Charles-Martel, digne fils de ce grand homme, eut la même politique et sut rendre son nom immortel.

Rodéric, roi des Visigoths d'Espagne, ayant deshonoré la fille du comte Julien, ce seigneur implacable avait appelé en 711 les Sarrasins d'Afrique, peuple altéré de sang, avide de rapines, brûlant du fanatisme des nouvelles croyances musulmanes et de l'enthousiasme des conquêtes. Après avoir conquis l'Espagne, les Sarrasins voulurent envahir les Gaules. Charles-Martel marcha contre eux, les attaqua entre Poitiers et Tours, et remporta une victoire complète [2]. Cinq ans après, ils franchirent encore les Pyrénées, et s'avancèrent jusqu'à Avignon qui leur fut livré par la trahison de Mauronte, gouverneur de Provence, qui prenait le titre de Duc de Marseille. Ce seigneur, cherchant à se rendre indépendant, s'était lié secrètement avec quelques autres gouverneurs des parties méridionales du royaume de Bourgogne qui avaient le même dessein. Charles arriva peu de temps après,

[1] En 714.
[2] En 732.

reprit Avignon, repoussa les Sarrasins dans le Languedoc, et les défit près de Narbonne.

Favorisés par l'infame gouverneur, ils rentrèrent quelque temps après en Provence, et, mettant tout à feu et à sang sur leur passage, prirent et saccagèrent Arles, Aix et Marseille. Cette dernière ville devint un affreux théâtre de désolation et d'horreur. Ses monuments, livrés aux flammes, n'offrirent plus que des monceaux de cendres. Le sol se couvrit de cadavres; l'abbaye Saint-Victor fut dévastée, toutes les églises détruites. Eusébie était alors abbesse de Saint-Sauveur. Ce monastère, fondé par Cassien, était hors de la ville et assez peu éloigné du port. Eusébie, craignant qu'on n'attentât à sa pudeur, se déchira le visage, se coupa le nez, et persuada à ses compagnes de suivre son exemple, pour ne pas être exposées à la brutale lubricité des Barbares. Aucune d'elles ne fut sourde à une voix qui leur avait toujours prêché l'amour de la vertu et leur servait de guide dans le sentier des devoirs religieux. Ces vierges chrétiennes, héroïques sans ostentation comme sans effort, surent donner au monde un spectacle sublime de chasteté et de courage. Se préparant au sacrifice de la vie avec la sérénité d'une conscience pure, elles adressèrent d'abord leurs humbles prières à Dieu et le supplièrent de répandre sur elles les inépuisables trésors de sa miséricorde infinie. Ensuite elles se mutilèrent horriblement la figure, sans jeter le plus petit cri, sans faire paraître la plus légère marque de douleur. Et comme les Sarrasins approchaient en poussant des clameurs d'extermination, elles se dirent un dernier adieu, se donnèrent rendez-vous dans un monde meilleur, et se présentèrent à eux, toutes couvertes de sang et ayant Eusébie à leur tête. A cette vue, les Barbares étonnés s'arrêtent immobiles. Une émotion inconnue suspend leur férocité; mais ce n'est pas pour long-temps. A la surprise succède la rage, et ils massacrent ces filles saintes, qui expirent en regardant le Ciel [1].

Charles-Martel avait été obligé de porter ses armes vers le Nord, contre les Frisons. Informé de l'irruption des Sarrasins en Provence, il revint en-deçà du Rhin, rassembla une armée considérable, et se mit en marche pour chasser ces barbares des villes dont ils s'étaient emparés. Il détacha d'abord le duc Hildebrand, son frère, avec quelques autres généraux, pour investir Avignon, principale place d'armes des infidèles.

[1] Dom Mabillon, Annales de son Ordre, tom. ii, liv. xxi, pag. 88.

On ne manquait jamais autrefois de proposer l'exemple d'Eusébie et de ses compagnes à toutes les filles qui prenaient le voile dans le monastère de Saint-Sauveur. C'était un article du cérémonial.

Il suivit de près avec le reste de ses troupes, et à son arrivée il assiégea cette ville et la prit d'assaut. La garnison fut passée au fil de l'épée. Charles, pénétrant dans le reste de la Provence, à la tête de son armée victorieuse, fait mordre la poussière aux Sarrasins partout où il les rencontre, leur enlève toutes leurs conquêtes, délivre Marseille et les autres cités qu'ils avaient assujetties, force le peu d'ennemis qu'il n'a pas exterminés à se sauver dans les Alpes avec le traître Mauronte, et retourne à Paris, chargé de riches dépouilles.

Croyant que les Sarrasins n'étaient plus en état de rien entreprendre, il ne prit malheureusement aucune de ces précautions que commandent la prudence et l'art militaire. Mauronte descendit bientôt des Alpes et exerça de nouveaux ravages, sans rencontrer la moindre opposition. Les peuples consternés n'osèrent faire aucune résistance. Charles envoya d'abord Hildebrand sur les bords du Rhône, et ne tarda pas d'arriver lui-même devant Avignon, avec les milices du royaume. En même temps il se ligua avec Luitprand, roi des Lombards, qui régnait en Italie. Les deux monarques, agissant de concert, forcèrent les Sarrasins de se replier du côté de Nice, où ils périrent presque tous.

Ce fut au milieu de ces malheurs publics que s'éteignit la race avilie des Mérovingiens,

cédant justement la place à une dynastie nouvelle, plus digne d'occuper le trône, car la
nature lui accorda le rare et glorieux privilége
d'avoir une suite non interrompue de grands
hommes : Pépin d'Héristal, Charles-Martel,
Pépin le Bref, et cet étonnant Charlemagne
qui les surpassa tous, météore resplendissant
de clarté dans ces siècles de ténèbres, figure
historique qui saisit l'imagination par ses proportions poétiques et gigantesques.

L'histoire de Marseille, sous la domination des
Carlovingiens, est peu féconde en événements
politiques. En 814, cette ville passa sous la
puissance de Louis le Débonnaire, indigne fils
de Charlemagne. Vers la fin de son règne [1],
les Sarrasins débarquèrent sur nos côtes, renou-
velèrent leurs ravages et leurs massacres, détrui-
sirent le monastère de Saint-Victor qui s'était
relevé de ses désastres, amenèrent captifs une
multitude d'habitants, et firent un butin considérable. Louis le Débonnaire fit plusieurs fois le
partage de ses Etats, mais il n'y eut rien de bien
fixe qu'après celui qu'il fit en 839. Charles le
Chauve eut alors dans son lot la Provence. Quatre
ans après, cette province et Marseille firent partie de l'héritage de Lothaire qui eut le royaume
d'Italie avec la partie orientale de la France,

[1] En 838.

depuis le Rhin jusqu'à la Méditerranée, entre les Alpes, l'Escaut, la Meuse, la Saône et le Rhône. Son règne fut marqué par une autre irruption des Sarrasins qui s'emparèrent à l'improviste d'une petite île, à l'embouchure du Rhône, où ils surprirent Rolland, archevêque d'Arles [1], qui mourut bientôt après. Les habitants de cette ville, attachés à leur pasteur, et ignorant sa mort, proposèrent aux Barbares une rançon considérable qui fut acceptée, comme si le captif eût été vivant. Rolland fut placé dans une barque, vêtu de ses habits pontificaux, et envoyé dans cet état aux citoyens qui l'attendaient sur le rivage, et qui firent éclater leur douleur en ne recevant qu'un cadavre. Marseille fut épargnée dans cette irruption.

Lothaire mourut, en 855, sous un habit de moine dont il s'était revêtu depuis quelques jours, et ses trois fils partagèrent ses Etats. Louis II, en sa qualité d'aîné, eut la dignité impériale, Rome et l'Italie. Lotaire II eut la partie septentrionale des Gaules, depuis l'embouchure du Rhin et de la Meuse jusqu'au Rhône. Charles eut tout le restant du Rhône à la Méditerranée, avec les comtés d'Usez, de Viviers et de Lyon. Il résida dans cette dernière ville, et donna à ses Etats le nom de Royaume de Provence.

[1] En 850.

Charles qui était d'un caractère faible et in-
dolent, se laissa dominer par Gérard de Roussillon, son principal ministre, homme d'un grand
courage et d'une rare capacité, qui eut à défendre
le royaume de Provence contre les entreprises
des Normands et de Charles le Chauve, roi de
France. Les Normands étaient entrés en Provence
par le Rhône; ils ravageaient les environs de ce
fleuve, et s'étaient établis dans la Camargue,
qu'ils quittaient pour faire des incursions dans
le reste de la Provence [1]. Ce peuple sauvage,
sorti de la Scandinavie, commettait d'affreux
brigandages. Il n'épargnait que les enfants pour
en faire des pirates. Il inspirait une si grande
épouvante que le peuple ajoutait ces paroles à
la fin des Litanies : *Délivrez-nous, Seigneur, de
la fureur des Normands*. Gérard les chassa de la
Camargue. Mais l'année suivante ils revinrent
plus nombreux, et les seigneurs de Provence
demandèrent du secours à Charles le Chauve, roi
de France, dans l'espérance que ce souverain
les délivrerait plus facilement de ces ennemis
féroces, que leur propre roi qui avait choisi
pour résidence une ville éloignée. Le roi de
France espéra de faire tourner cette circonstance
au profit de son ambition, et menaça d'envahir
le royaume de Provence. Mais Gérard de Rous-

[1] En 859.

sillon déjoua ses projets, marcha vers Arles et chassa une seconde fois les Normands:

Charles, roi de Provence, étant mort sans postérité au commencement de l'année 863, l'empereur Louis ii, et Lothaire, roi de Lorraine [1], ses frères, se rendirent chacun de leur côté dans le pays, pour s'emparer de son héritage. Les deux princes paraissaient disposés à vider leur querelle par le sort des armes, lorsque quelques seigneurs provençaux, au nombre desquels se trouvait Gérard de Roussillon, s'étant rendus médiateurs de ce différend, firent consentir les deux frères à un partage provisoire. Lothaire eut dans son domaine la Lyonnaise, la Viennoise, le Vivarais et le pays d'Usez. Louis ii eut Marseille et la Provence, sans cependant prendre le titre de Roi. Lothaire étant lui-même décédé sans enfants, le 6 août de l'an 869, il semblait que l'empereur Louis, son frère unique, devait naturellement lui succéder. Mais ce prince, occupé alors contre les Sarrasins, qui désolaient ses Etats du côté de Bénévent, ne pouvait soutenir ses droits. Charles le Chauve, son oncle, profita de cette conjoncture, s'empara de la succession de Lothaire, et la partagea ensuite avec Louis le Germanique, roi de Germanie. Louis ii joignit peu de temps après dans

[1] Austrasie.

la tombe ses deux frères Charles et Lothaire [1].
Dès qu'il eut expiré, Charles le Chauve passa en
Italie, et y fut couronné empereur. Le Pape dont
l'autorité commençait à devenir redoutable aux
monarques, affecta d'appeler à l'héritage de
Louis ce prince qui ne parut recevoir le sceptre
impérial que comme un don du pontife. Dès ce
moment Charles le Chauve posséda l'ancien
royaume de Provence qu'il ne chercha point
à rétablir. Louis le Germanique, son frère, voulut
lui disputer l'empire, et mourut en s'y préparant.

Charles relégua en Bourgogne Gérard de
Roussillon, et nomma Boson, son beau-frère,
gouverneur de la Provence.

La puissance des grands feudataires de l'empire et l'hérédité de leurs fiefs leur avaient inspiré l'amour de l'indépendance. Boson avait tout
ce qu'il lui fallait pour satisfaire ses désirs ambitieux qui tendaient à rétablir pour son propre
compte le royaume de Provence. Son caractère
était audacieux et entreprenant, sa famille
ancienne et illustre. Il était fils de Buvin, comte
d'Ardennes, qui tenait un des premiers rangs
dans l'Etat, et frère de Richard, dit *le Justicier*,
comte d'Autun. Après la mort d'Hermentrude,
première épouse de Charles le Chauve, sa sœur

---

[1] En 875.

Richilde plut au roi de France qui en fit sa maîtresse d'abord, puis sa femme. La fortune de Boson fut, dès cet instant, rapide et éclatante. Les premières charges de la cour et les premières dignités du royaume s'accumulèrent sur sa tête. Lorsque Charles eut été proclamé empereur, il donna le gouvernement de l'Italie à Boson qui se lia avec Bérenger, duc de Frioul, prince du sang des rois Lombards, sous la tutelle duquel vivait Hermengarde, fille unique de l'empereur Louis II. Boson épousa cette princesse, après avoir fait empoisonner sa première femme, s'il faut en croire la tradition historique. Son autorité était presque souveraine, il ne lui manquait qu'une couronne. La mort de Charles le Chauve qui fut empoisonné par un médecin juif, appelé Sédécias, lui fournit l'occasion d'en prendre une. Louis le Bègue était appelé au trône de France. Boson crut que le moment était propice pour éclater, et Hermengarde, son épouse, l'affermit dans sa résolution. Une seule difficulté restait à surmonter ; c'était d'obtenir la faveur du souverain Pontife dont la volonté, considérée, dans ces temps d'ignorance et de superstition, comme l'organe sacré de la volonté divine, faisait et défaisait insolemment les rois. L'impératrice Angelberge, veuve de Louis II, trouva le moyen d'intéresser à l'entreprise de son gendre Boson, Jean VIII qui occupait la chaire de Saint-Pierre.

Le Pontife, pressé par les Sarrasins, eut recours à la protection de Louis le Bègue, et vint débar- quer à Arles. Il y fut reçu avec les plus grands honneurs. Boson, son épouse et l'impératrice Richilde l'accompagnèrent à Troyes, où il se rendit pour tenir un concile qui publia ce canon peignant si bien l'esprit du siècle : *Les puissances du monde traiteront les Evêques avec toute sorte de respect, et n'auront jamais la hardiesse de s'asseoir devant eux, s'ils ne l'or- donnent.* Hermengarde et Richilde réussirent par leurs intrigues à faire épouser à Carloman, second fils de Louis le Bègue, une fille que Boson avait eue de sa première femme.

Tout étant ainsi disposé, Boson convoqua une assemblée d'évêques et de seigneurs au château de Mantailles, situé sur le bord du Rhône entre Vienne et Valence. Il y fut élu Roi de Provence, et sacré le 15 octobre 879 par Rostang Ier, archevêque d'Arles. Les prétextes ne manquent jamais aux usurpateurs. L'attentat de Boson fut couvert des intérêts du Ciel, de l'amour du bien public et du besoin des circonstances. Le nou- veau monarque affecta de se reconnaître indigne de la couronne, et répondit à la harangue des prélats et des seigneurs : « Convaincu de mon « insuffisance, et sentant combien les obligations « que je vais contracter sont au-dessus de mes « forces, j'aurais refusé vos offres, si je n'avais

« reconnu la volonté de Dieu dans l'unanimité
« de vos suffrages; mais je cède à vos désirs,
« puisqu'il le faut. Au reste, si mon élection
« déplaît à quelqu'un, je le supplie de s'en expli-
« quer librement. Je vous conjure aussi, au nom
« de cet amour que vous me témoignez, de faire,
« pendant trois jours, à la tête du peuple qui
« est confié à vos soins, des prières solennelles,
« afin que Dieu ne permette pas, à cause de mon
« indignité, que vous ou moi nous tombions
« dans un égarement qui ferait le malheur de
« l'Etat; mais prions-le de se servir de nous pour
« faire éclater sa miséricorde [1]. »

Vingt-trois prélats assistèrent à l'assemblée de
Mantailles, et parmi eux Léodoin, évêque de
Marseille. On juge par leurs diocèses que le
royaume de Boson était d'une vaste étendue et
comprenait la Provence, le Vivarais, le pays
d'Usez, le Dauphiné, la Savoie, le Lyonnais, les
districts de Mâcon et de Châlons, la Bresse et la
Franche-Comté [2].

---

[1] Papon, tom. II, liv. III.

[2] Les prélats qui se rendirent à l'assemblée de Mantailles,
sont les archevêques de Vienne et d'Arles (la province
ecclésiastique de Vienne étant alors divisée entre ces deux
villes), ceux d'Aix, de Lyon, de Tarantaise et de Besançon,
et leurs suffragants évêques de Toulon, Marseille, Avignon,
Valence, Grenoble, Vaison, Die, Maurienne, Gap, Châlons-
sur-Saône, Lausanne, Apt, Mâcon, Viviers, Orange, Usez
et Riez.

C'est ainsi que s'opéra une révolution importante qui fit passer Marseille sous d'autres maîtres.

Avant d'entrer dans cette nouvelle époque historique, il convient de fixer nos regards sur l'existence sociale des Marseillais soumis à la puissance des rois Francs.

Ces princes, sûrs de leur domination, n'eurent pas pour les vaincus les ménagements qu'avaient eus les Visigoths et les Bourguignons, qui avaient toujours cherché à se concilier les anciens habitants de la Gaule. La loi salique était dure et partiale. Elle établit entre les Francs et les Romains [1] les distinctions les plus affligeantes dans les compositions pécuniaires; règle tyrannique qui rappelait avec orgueil l'humiliation du peuple conquis et le tenait à une grande distance du peuple conquérant. Les Francs ne se contentèrent pas de partager les terres; ils prirent ce qu'ils voulurent, mais sans avoir le dessein d'établir la servitude de la glèbe [2]. Tout cela contrarie un peu le système de l'abbé Dubos qui suppose que les Francs étaient les meilleurs amis des Romains [3].

---

[1] On distinguait toujours deux sortes de peuples, les Romains et les Barbares. On appelait Romains les Gaulois qui suivaient encore les lois et la religion romaines.

[2] Esprit des Lois, liv. xxx, ch. v et vii.

[3] Etablissement des Francs dans les Gaules.

Cependant les vaincus ne furent pas soumis à la loi salique, et conservèrent leurs lois, c'est-à-dire, le droit romain du code théodosien, pour régler les relations et les différends qu'ils pouvaient avoir entre eux. Le voisinage de l'Italie fit que ce droit se conserva mieux dans nos contrées, d'autant plus qu'il était une loi territoriale et une espèce de privilége [1]. D'ailleurs toute l'administration des premiers Francs consistait dans l'occupation militaire. Des bandes de soldats, parcourant le pays comme des colonnes mobiles, rançonnaient les habitants, mais ne les gouvernaient pas; ils les abandonnaient soit à leur régime municipal, soit au despotisme de leurs évêques auxquels les lois des derniers empereurs avaient accordé une sorte de pouvoir absolu sur les Curies. Ce pouvoir, accru de plus en plus après la ruine de l'empire, dégénéra presque partout en seigneurie féodale [2].

Les cités provençales étaient alors régies par les coutumes romaines. Marseille, et plus particulièrement la ville basse, avait ses statuts particuliers et jouissait du régime municipal dont elle avait joui sous les Goths et les Bourguignons. Seulement ce régime dut éprouver quelques changements par l'influence de l'Eglise. Cette influence fut beaucoup plus considérable sous

[1] Esprit des Lois, liv. xxviii, ch. xi.
[2] Augustin Thierry, Lettres sur l'Histoire de France.

le gouvernement des Francs que sous l'empire
des autres peuples dominateurs. Les évêques,
favorisés par des monarques très attachés à la
foi catholique, prirent une part active dans
l'administration Marseillaise, et étendirent fort
loin leur autorité temporelle. Ces prélats eurent
leurs *vidames* ou *avoués,* qu'ils chargèrent du
soin de toutes les affaires du diocèse. Ces intendants furent d'abord pris parmi le peuple. On
les choisit ensuite dans un état plus relevé, lorsqu'ils joignirent aux fonctions d'administrateur,
celles d'avocat et de juge.

Les évêques de Marseille qui, dans la confusion
des pouvoirs spirituel et temporel, se prétendaient les protecteurs nés du peuple, siégeaient
en cette qualité au conseil municipal de la ville
basse, et cherchaient à l'influencer. Ils réussis-
saient d'autant mieux que ce conseil avait souvent besoin de la protection épiscopale contre
les gouverneurs militaires, tout-puissants dans
la ville haute, et voulant également dominer
dans l'autre partie de la ville. Les prélats s'in-
terposaient entre les prétentions de ces gouverneurs et les modestes réclamations de l'autorité
municipale. Pouvait-il y avoir une position plus
favorable à ces médiateurs déjà si puissants par
les préjugés populaires? Aussi surent-ils en
profiter.

Depuis Ambroise qui fut évêque après Sérénus

l'Iconoclaste [1], jusqu'à l'usurpation de Boson,
neuf évêques occupèrent successivement le siége
de Marseille. Ce sont Adalong, saint Mauront,
Yves, Gulfaric, Babon, Vadalde, Théodebert,
Alboin et Léodoin. Ce dernier, comme nous
l'avons vu, concourut à la sanction de cette usurpation, en assistant à la fameuse assemblée de
Mantailles [2].

Sous l'épiscopat de Babon, en 813, Charlemagne fit assembler un concile à Arles, pour
la réforme des églises. Jean, archevêque d'Arles,
et Nibridius, archevêque de Narbonne, y assistèrent non-seulement comme évêques, mais
encore comme commissaires de l'empereur. On
n'a pas les souscriptions des autres prélats. On
ne peut donc pas savoir si Babon fut présent à
ce concile. La vraisemblance est qu'il s'y rendit.
Il y fut ordonné que la dîme serait exactement
payée ; que les poids et les mesures seraient
partout les mêmes et également justes ; il fut
enjoint aux évêques de visiter leur diocèse tous
les ans et de se souvenir qu'ils sont chargés du
soin de protéger et de défendre les peuples

[1] Nous avons dit qu'il nous est impossible de désigner le
successeur immédiat de Sérénus. Ambroise remplaça ce successeur inconnu en 683.

[2] Adalong était évêque en 737, saint Mauront en 767, Yves
en 781, Gulfaric en 789, Babon en 800, Vadalde en 817,
Théodebert en 818, Alboin en 844, et Léodoin en 875.

contre les puissants du siècle. L'empereur qui ne permettait pas que les prérogatives de la couronne fussent usurpées par le clergé qui a toujours aspiré à dominer, laissa au concile d'Arles toute liberté pour les règles de discipline ecclésiastique ; mais il voulut que les articles regardant le gouvernement politique fussent soumis à son approbation personnelle.

Si la puissance des évêques était considérable à Marseille, les abbés de Saint-Victor, maîtres de grandes richesses, exerçaient de leur côté une influence qui ne servait qu'à compliquer les affaires et à embarrasser la marche de l'administration. Les anciennes règles monastiques de Cassien n'étaient plus suivies. On y avait substitué celles de saint Benoît, adoptées par tous les ordres religieux de la France. Les statuts de ce moine célèbre, prescrivant le travail des mains comme un principe de santé et de bonheur, n'ordonnaient rien qui surpassât les forces de l'homme. Elles n'exigeaient ni macérations extraordinaires, ni efforts surnaturels. Les religieux de cet ordre prononçaient trois vœux, savoir : de chasteté, de stabilité et de conversion de mœurs. Leur vêtement consistait dans un habit long de couleur noire, un capuchon et un scapulaire. L'habit de chœur était une ample robe, comme celle des avocats, surmontée d'un capuchon. L'esprit de cette institution fut bientôt méconnu dans l'abbaye Saint-Victor. L'austérité des règles se trouva remplacée par le goût immodéré du faste et des plaisirs, par les calculs d'une ambition toujours croissante, par l'ardeur de toutes les jouissances mondaines. Les priviléges de l'abbaye étaient très étendus. Il était défendu à tous agents du gouvernement d'exiger d'elle ni amende, ni frais de procès, d'y loger les troupes ou les officiers du prince, d'en retirer des contributions pour fournir aux dépenses des commissaires envoyés par la cour, d'obliger les personnes qui en dépendaient, soit qu'elles fussent libres ou esclaves, de donner caution en jugement [1]; le monastère avait le droit d'ancrage et de douane de la ville, qui lui avait été accordé pour le luminaire de l'église. Enfin il était exempt de toute charge, et mis spécialement sous la sauvegarde de l'empereur [2].

Lothaire confirma tous ces priviléges, par lettres patentes datées d'Aix-la-Chapelle, la première année de son règne en France, et la huitième en Italie, sur la supplique qui lui fut présentée à cet effet par Théodebert, évêque de Marseille.

Ces lettres patentes n'empêchèrent pas que

[1] *Aut fidei justores tollere, nec homines tam ingenuos, quam servos.* Belsunce, Hist. des Evêques de Marseille, tom. i, liv. iv.

[2] Archives de Saint-Victor.

quatre ans après, c'est-à-dire, en 844, on n'entreprît d'enlever à l'abbaye le droit d'ancrage et de douane, appelé *Table de la mer*. Guinifred, chargé d'affaires de Rothbert, vicaire d'un comte nommé Adalbert, lui contesta ce droit, prétendant qu'il appartenait à son maître, lequel en avait reçu l'investiture pour lui et ses successeurs. Alexandrius, avocat de l'abbaye [1], ne voulut pas d'autre juge que le vicaire lui-même, et se présenta à lui, dans l'audience publique tenue à Caderosc qu'on appelle à présent Berre. Rothbert avait avec lui des assesseurs. Ce fut devant ce tribunal qu'Alexandrius plaida sa cause, en présence de Guinifred qui se défendit en supposant la prétendue investiture dont nous avons parlé. Mais Alexandrius le confondit en produisant les lettres patentes de Lothaire. Le vicaire entendit ensuite plusieurs habitants du lieu, après leur avoir fait prêter serment de dire la vérité. Ils témoignèrent unanimement en faveur du monastère qui gagna son procès.

Depuis Gennade, Marseille n'avait donné le

---

[1] La désignation d'avocat, *advocatus*, s'appliquait alors à un agent ou homme d'affaires. Les avocats des églises et des abbayes qu'on appela *avoués* eurent de grands priviléges dont ils abusèrent souvent. On les prenait d'abord parmi les scolastiques, ou gens de lettres; mais on fut obligé plus tard de les prendre parmi les militaires, pour défendre les biens ecclésiastiques des usurpations qu'on en faisait à main armée.

jour à aucun homme de mérite. On ne trouve pas un seul personnage qui mérite d'être cité. Les belles-lettres, stériles et languissantes, ne produisirent rien que le bon goût pût avouer. On avait perdu jusqu'à l'idée de la véritable poésie, et l'épitaphe placée sur le tombeau de l'abbesse Eusébie contenait presque autant de fautes d'orthographe et de grammaire qu'il y avait de syllabes [1].

Aucun langage n'est stationnaire, car rien de ce que l'homme enfante n'est stable sous le soleil. Tout change autour de nous. La face des sociétés humaines est mobile comme une onde agitée. Plusieurs circonstances concourent à faire subir à la langue d'un peuple des variations successives [2]. *Comme ainsi soit,* dit Estienne Pasquier en termes naïfs mais énergiques, *que selon la diversité des temps, les habits, les magistrats, voire les républiques, preignent divers plis sous un mesme peuple, aussi se changent les langues par une insensible alluvion* [3]. La langue primitive des Marseillais n'éprouva que fort tard des chan-

---

[1] Mabillon, Annales de son ordre, liv. xxi.

[2] *Ut silvæ foliis pronos mutantur in annos,*
  Prima cadunt, ita verborum vetus interit ætas,
  Et juvenum ritu florent modo nata vigentque...
  Multa renascentur quæ jàm cecidere, cadentque
  Quæ nunc sunt in honore vocabula...
                    Horace, Art Poétique.

[3] Recherches de la France, liv. vii, ch. i.

gements. Cette belle langue grecque, qui s'était répandue dans toutes les Gaules et dont l'alphabet avait même été adopté par les Helvétiens [1], n'existait plus en Provence, du temps de Strabon [2]; mais elle était encore à cette époque en usage à Marseille, et beaucoup plus tard saint Jérôme, confirmant le témoignage de Varron, assurait que l'on parlait dans cette ville trois langues, le grec, le latin et le gaulois [3]. Marseille, indépendante sous la protection des Romains, continua de se servir de la langue grecque dans les actes publics et privés, lorsque dans le reste des Gaules la langue latine exprimait tous les actes de l'autorité publique, les décisions de la justice, et s'appliquait à tout, excepté à la vie commune. Les Romains ne négligèrent rien pour faire régner leur idiome dans les pays de leur domination. Saint Augustin remarque avec vérité que c'était la coutume de ces vainqueurs superbes d'imposer le joug de leur langue aux peuples qui subissaient celui de leur empire [4]. Une loi expresse enjoignait aux magistrats de ne promul-

[1] *Cæsar, de Bell. Gall. lib. i.*
[2] *Liv. iv.*
[3] *Massiliam Phocæi condiderunt, quos, ait Varro, trilingues esse, quòd et græcè loquantur et latinè et gallicè. — Hyeron. in Proleg. lib. ii. Comment in epist. ad Galatas.*
[4] *Opera data est ut imperiosa civitas non solùm jugum verùm etiam linguam suam domitis gentibus imponeret. De Civitate Dei, lib. xix, cap. vii.*

guer leurs décrets qu'en latin [1], et Caligula, pour fixer la langue latine dans les Gaules, établit des écoles à Lyon et à Besançon et y proposa des prix d'éloquence. Mais ces fiers conquérants cherchaient alors à imiter les Grecs; ils en apprenaient la langue par principe d'éducation et de bon ton, et il y avait peu de Romains d'un certain rang à qui cette langue ne fût familière. Le fréquent usage qu'ils en firent devint même une manie que déplora Juvénal [2]. On conçoit facilement que l'idiome grec ne dut pas beaucoup souffrir de la domination romaine.

Nous croyons que le dialecte ionique fut à Marseille la langue écrite jusque vers le milieu du quatrième siècle. A cette époque la religion chrétienne ayant dominé dans cette ville, le latin, langage de l'église et de la cour de Rome, devint la langue écrite et dominante. Mais le grec y fut encore en usage pendant quelque temps. Le gouvernement des Goths et des Bourguignons l'affaiblit et l'altéra. Ce langage y était détruit lorsque les Francs se rendirent maîtres de la cité.

Alors une nouvelle langue s'était formée à Marseille et dans les Gaules. L'idiome celtique avait toujours porté en lui-même des germes de

---

[1] *Decreta à prœtoribus latinè interponi debent.*
ff. *lib.* XLII, *tit.* I, *lib.* XLVIII.
[2] Satyr. III.

décadence, car rien ne conserve mieux une langue que les livres, et chacun sait que les Gaulois n'écrivaient ni leurs lois, ni leur histoire, ni les dogmes de leur religion, ni ce qu'on enseignait dans les écoles. Les Romains, de leur côté, quelque désir qu'ils eussent de conserver et d'étendre leur langue, durent la voir se corrompre de jour en jour par le contact de tant de dialectes barbares [1]. Cette langue nouvelle fut composée de celtique et de latin; mais celle-ci l'emportait assez pour qu'on la nommât *romane* [2].

La langue romane fut commune à tous les peuples qui avaient fait partie de l'empire d'Occident. Elle était vulgaire à Marseille dans le sixième siècle.

Il y avait dans les Gaules, lorsque les Francs y entrèrent, trois langues vivantes, la latine, la celtique et la romane. Les nouveaux vainqueurs ne firent aucun effort pour imposer leur langue aux vaincus, et pourtant, quelque temps après leur établissement, il n'y eut plus d'autre langue vulgaire que la romane et la francique ou tudesque. La celtique fut anéantie [3]. La latine qu'on ne maniait plus qu'avec peine, devint la langue

[1] Duclos, Acad. des Insc. tom. xv, pag. 565.

[2] Raynouard, Choix des Poésies des Troubadours, tom. i.

[3] On a cru qu'il en est resté quelques faibles vestiges dans la Basse-Bretagne.

écrite. Les ecclésiastiques furent les seuls qui
l'entendirent un peu. Toutes les chroniques informes dans lesquelles on consignait de loin en
loin le souvenir de quelques événements, étaient
en latin. Tous les contrats de mariage, d'achat,
de prêt, d'échange, étaient dans la même langue,
ou plutôt dans le jargon barbare que les notaires
croyaient latin, et qui était aussi éloigné de la
langue parlée que de la véritable langue écrite.
Du reste, tous ces idiomes étaient, pour ainsi
dire, confondus, parce que les révolutions continuelles qui amenaient de nouvelles races à
la place des premières, qui substituaient de
nouveaux dialectes de la Germanie à ceux avec
lesquels les méridionaux avaient commencé de
se familiariser, ne permettaient point à un langage quelconque d'acquérir la moindre fixité [1].
Le parchemin nécessaire à l'écriture s'éleva à un
prix excessif. C'est alors que l'on gratta d'anciens
manuscrits pour les employer à des copies de
nouveaux ouvrages qui plus tard furent à leur
tour effacés pour. faire place à des œuvres plus
conformes au goût du temps. Les pauvretés de
ces âges d'ignorance furent indignement subs-
tituées aux trésors du génie antique, et de ridicules homélies anéantirent ainsi des pages pré-

[1] Sismonde de Sismondi. De la Littérature du Midi de
l'Europe, tom. i.

cieuses de Cicéron et de Tacite. Perte immense
pour l'esprit humain ! noble sujet de désespoir [1] !

La langue tudesque était celle de la cour ; mais
elle prenait graduellement quelque chose du
latin et du roman, en leur communiquant de
son côté quelques tours ou expressions. Les rois
Francs qui sentirent la rudesse et la disette de
leur langue, entreprirent de la policer et de
l'enrichir. Ils s'aperçurent qu'ils manquaient de
caractères pour exprimer les nouveaux sons introduits par des mots nouveaux. Chilperic rendit
plusieurs ordonnances touchant la langue [2]. Les
langues romane et tudesque, tout imparfaites
qu'elles étaient, furent les seules en usage au
temps de Charlemagne. La tudesque se fondit
plus tard dans la romane qu'elle modifia. Il est
bien difficile de suivre ces divers changements et
d'en fixer l'époque.

L'influence des Francs ne fut pas aussi grande
dans les provinces méridionales que dans le

---

[1] Le docte Angelo Mai s'est avisé le premier, à Rome, de
scruter ces parchemins et d'y recueillir quelques parcelles du
génie de l'antiquité. Il a fait connaître ces manuscrits sous le
nom de *Palimpsestes*.

C'est ainsi qu'il découvrit et publia, en 1814, des fragments
de trois discours de Cicéron qui étaient ensevelis sous les
vers de Sédulius, poète latin du moyen âge. Un peu plus
tard, il a exhumé le traité célèbre *de Republicâ*, autre ouvrage
de Cicéron, qui est malheureusement mutilé.

[2] Grégoire de Tours, liv. v, ch. xliv.

I.   16

nord, et la langue de ce peuple ne fut jamais
vulgaire à Marseille. Ses monarques qui laissèrent subsister dans la Provence la dignité de
patrice, laquelle donnait un grand crédit, la
conférèrent presque toujours à des personnes du
pays, ou qui étaient nées dans la Bourgogne. Les
gouverneurs des cités, le plus souvent nommés
par ces patrices, durent de leur côté être Provençaux ou Bourguignons. Ces gouverneurs, ou
subdélégués, étaient appelés *vicarii*, d'où est
venu le nom de viguier. Le viguier était assisté
par des juges nommés *scabini* ou *scavini*, d'où
nous avons fait le mot échevin. On sent que la
langue francique ne pouvait pas faire de grands
progrès à Marseille, qui, sous l'empire des
Francs, avait conservé ses juges, sa police et la
forme de son gouvernement civil. Il paraît pourtant que quelques mots et quelques désinences
du langage francique ont passé dans l'idiome
provençal qui a remplacé la langue romane.
Comment cela ne serait-il pas? La domination
des peuples conquérants exerce toujours de l'influence sur le langage des nations conquises, et,
outre les traces laissées par les Francs, on pourrait encore trouver dans le provençal des expressions et des formes grammaticales qui indiquent
une parenté non-seulement avec la langue des
Goths et des Bourguignons qui ont été successivement les maîtres de la Provence, mais encore

avec celle des Lombards et des Saxons qui n'ont fait que passer, et celle des Sarrasins qui n'ont pas formé des établissements durables.

La domination de la race Mérovingienne a toujours été marquée comme une des époques les plus funestes à l'esprit humain. Cette période n'offre qu'une fatigante sécheresse. Qu'y voyons-nous en effet? Des intérêts obscurs et compliqués, des noms barbares, un dédale historique, les lumières éteintes, des crimes sur le trône, des passions insensées étouffant la nature, une piété superstitieuse faisait taire la voix du remords et défigurant les simples et sublimes notions de la divinité. Quels siècles! quelles mœurs! Dans les premiers âges du Christianisme, les conciles avaient au moins servi à imprimer du mouvement aux esprits, et le mouvement intellectuel, quel qu'il soit, est toujours salutaire. Plus tard, la rareté de ces assemblées fut une des causes qui contribuèrent à épaissir les ténèbres de l'ignorance. Les moines seulement rendirent à l'instruction quelques services dont il ne faut pas leur savoir gré, car ils ne furent point mus par l'amour de la science. Ils ne cherchèrent qu'à éviter l'ennui du cloître en transcrivant des ouvrages qui auraient pû disparaître sans leur travail, et en tenant des Légendes dans lesquelles ils consignaient des détails insignifiants et négligeaient de conserver le souvenir des événemenls qui pouvaient avoir quelque intérêt. Il se passa bien du temps avant qu'ils pussent transcrire les historiens, les poètes et les orateurs de l'antiquité. Ils commencèrent par les livres qu'ils croyaient plus nécessaires : la Bible et les ouvrages liturgiques, les écrits des Pères, les recueils de Canons. On eut une foi aveugle à l'astrologie, aux sortiléges, aux pactes faits avec l'enfer. Les imaginations crédules peuplèrent le monde d'êtres fantastiques et de puissances mystérieuses. L'imposture multiplia les miracles qui n'ont jamais existé dans les siècles de philosophie, parce qu'on connaît alors les lois de la nature qui ne change pas, au gré de nos vains désirs et de nos pensées d'un jour, ses règles immuables.

Cependant il ne faut point perdre de vue que la barbarie était alors commune à toute l'Europe, et la France a été le pays que les ténèbres ont le moins couvert. Les créations de l'homme y eurent des formes moins grossières et des proportions moins mesquines. Quoique le corps social fût profondément engourdi, on pouvait y apercevoir des signes d'intelligence et de vie. Clovis et ses successeurs donnèrent des encouragements à l'industrie et à l'agriculture. Lorsqu'ils eurent réuni dans un même empire les diverses provinces de la Gaule, et conquis sur les Visigoths les contrées méridionales où se trouvaient les ports les plus importants de la Méditerranée, la France devint le pays le plus commerçant de l'Europe [1]. Partout ailleurs le commerce était sans aliment, et, pour ainsi dire, ignoré. Seulement quelques villes maritimes d'Italie, échappées aux invasions des Barbares, entretenaient avec Constantinople de faibles relations [2]. Venise, fondée par des familles fugitives dans les lagunes de l'Adriatique, ne pouvait pas encore paraître avec éclat sur la scène du monde. Elle commençait à former sa marine, et jetait avec quelque lenteur les fondements de sa puissance.

Le commerce des Indes, établi depuis si longtemps à Alexandrie, était ce qui attirait plus particulièrement les marchands européens dans le Levant. Aux cinquième et sixième siècles, le principal entrepôt de ce commerce était l'île de Taprobane, la même que Sérendib ou Ceylan. Tous les vaisseaux de l'Inde, de la Chine et de la Grèce, se rendaient dans cette île [3].

Justinien donna ordre à deux moines d'aller aux Indes pour apporter des vers à soie, ce

[1] Melot, Mémoire sur le Commerce de la Gaule, Acad. des Insc. tom. XVI, XVIII et XXIII.

De Guignes, Mémoire sur l'état du Commerce des Français dans le Levant, Acad. des Insc. tom. XXXVI.

[2] Pardessus, Collection des Lois Maritimes, introduction.

[3] De Guignes, Mém. cit.

qu'ils exécutèrent avec succès [1]. Ils se rendirent à Sérendib et revinrent à Constantinople avec des œufs que l'on fit éclore. Les Grecs apprirent ainsi l'art de nourrir ces insectes. Des fabriques de soie s'élevèrent en plusieurs lieux, et ce commerce que les Perses avaient toujours gardé précieusement se multiplia en Europe [2].

Avant cette époque, un grand nombre de Syriens avaient formé en France des établissements commerciaux[3]. Ils y apportaient les étoffes de soie de Damas, les vins de la Palestine et d'autres marchandises d'Orient. Le vin de Gaza était renommé en France, et on y en buvait du temps de Gontran [4].

Marseille était le principal intermédiaire de ce commerce. Les étrangers y étaient attirés par la bonté de son port [5], par la sécurité qu'une police vigilante et sévère y entretenait [6], par la probité de ses habitants et l'aménité de leurs mœurs [7]. La Méditerranée lui assurait la communication avec le Bosphore, la Grèce, la Syrie,

[1] Procop. liv. 2, *de Bello Vand.*

[2] De Guignes, *ibid.*

[3] *Greg. Tur. lib.* VII, *cap.* XXXI; *lib.* VIII, *cap.* I; *lib.* X, *cap.* XXVI.

[4] *Ibid. lib.* VII, *cap.* XXIX.

[5] *Sidon. Apoll. Epist. lib.* VII, *epist.* VII.

[6] *Greg. Tur. lib.* IV, *cap.* XL.

[7] *Agathias. de Reb. Justin. Imp. lib.* I, *cap.* XX.

l'Egypte et les côtes d'Afrique ; le détroit de Gibraltar, celle des côtes et des îles de l'Océan ; tandis que la Durance, le Rhône, la Saône et les Voies Romaines lui ouvraient l'intérieur de la France [1].

Tout indique que, sous les rois Mérovingiens, Marseille fut une ville très commerçante qui n'avait rien perdu de son ancienne splendeur.

Quelques domestiques de l'archidiacre Vigile volèrent, du temps de Sigebert, à Marseille, plusieurs barils d'huile qui appartenaient à des marchands d'outre-mer [2]. Ce fait ne démontre-t-il pas que le port de cette ville était alors fréquenté par les étrangers ?

Grégoire de Tours nous fait aussi connaître que Marseille tirait de l'Egypte le papyrus et les épiceries. Cet historien, voulant donner une idée du caractère médisant et calomniateur de Félix, évêque de Nantes, dit que si ce prélat avait été évêque de Marseille, les vaisseaux, au lieu d'apporter de l'huile et des épiceries, n'auraient été chargés que de papier pour écrire les calomnies qu'il débitait [3].

Sous le règne de Dagobert, Marseille fut

---

[1] De Guignes, *ibid.*

[2] *Greg. Tur. lib.* IV, *cap.* XXXVIII.

[3] *Id. lib.* V, *cap.* V. *O si te Massilia habuisset sacerdotem, nunquàm naves oleum aut reliquas species detulissent, nisi tantùm chartam,* etc.

obligée de payer à l'abbaye de Saint-Denis des sommes qui se prenaient sur les droits d'entrée [1].

A la faveur du commerce marseillais, plusieurs Français allaient faire des pélerinages à Jérusalem, parcouraient les pays situés sur les bords de l'Euphrate et visitaient les solitaires de la Thébaïde. Ces pélerinages contribuèrent à leur tour à augmenter le commerce de Marseille [2].

Toutes les conquêtes de Charlemagne furent au profit de la civilisation et du bonheur public. Ce grand prince, devenu maître de presque toute l'Europe, sembla multiplier les ressources de son génie pour protéger et étendre le commerce de ses sujets. Il s'occupa du soin d'éloigner les pirates et les Sarrasins qui menaçaient les côtes et nuisaient au commerce des différents ports. Il créa partout un système de défense que le succès couronna [3], et établit en faveur de la navigation des phares sur les points dangereux [4]. Il introduisit la monnaie de compte, en concurrence avec la monnaie réelle, pour la commodité des commerçants [5]. Il envoya des secours à ceux de ses

[1] *Acta Sanct. tom.* iv, *pag.* 563.

[2] De Guignes, *ibid.*

[3] *Ado. Chron. ad ann.* 809. — *Eginh. Vita Carolimagni,* cap. xvii. — *Capitul. ann.* 802, *cap.* xiv. — *Capitul. gen. lib.* iv, *cap.* v.

[4] *Ado. Chron. ad ann.* 811

[5] Leblanc, Traité des Monnaies, pag. 4 et suiv.

sujets qui se rendaient à Alexandrie [1]; entretint des rapports d'amitié avec les souverains d'Afrique; prit des mesures pour favoriser tous les moyens d'accès et de sureté dans les pays occupés par les musulmans, et le calife Aaron al Raschild, célèbre comme lui par ses victoires et par son amour pour les sciences, lui fit témoigner par une ambassade solennelle son estime et son admiration [2].

Ce héros sentit que la facilité des communications était nécessaire au développement du commerce. Il construisit une route le long du Danube [3], et conçut le projet de joindre l'Océan à la Mer Noire par un canal de communication entre ce fleuve et le Rhin [4]. Il dut peut-être cette idée aux fameux canaux de Drusus et de Corbulon, dont le premier joint le Rhin avec l'Issel, et le second fait communiquer le même fleuve avec la Meuse [5]. Cette entreprise n'échoua que parce qu'on ignorait bien des choses indispensables pour l'exécution. Quoi qu'il en soit, de pareils projets n'ont pas besoin du succès pour mériter des éloges à leurs auteurs.

Venise voyait grandir sa puissance et sa pros-

[1] *Eginh. Vita Carolimagni, cap. xxvii.*
[2] *Id. cap. xvi.*
[3] *Mabillon, Museum Italic. tom. i, part. ii.*
[4] *Eginh. Annal. Carolimagni, ad ann. 793.*
[5] *Schœphlin. Acad. des Inscr. tom. xviii, pag. 256.*

périté. Elle aspirait déjà à la domination de la
Mer Adriatique. Charlemagne fit respecter les
droits des autres cités commerçantes [1]. Cette
république osait faire le commerce d'esclaves
chrétiens qu'elle allait vendre aux musulmans.
Charlemagne s'efforça d'arrêter ce honteux trafic.
En 785, quelques Grecs s'y livraient dans ses
Etats; il les en chassa [2]. Marseille, sous les
successeurs de Childebert, avait outragé de la
même manière la nature et l'humanité. Saint
Bonnet qui en avait été gouverneur et qui devint
ensuite chancelier de France, abolit, durant
son gouvernement, la vente des esclaves encore
tolérée dans quelques villes de Provence [3]. La
servitude n'en subsista pas moins long-temps
après lui, de même que l'abolition de la traite
des nègres n'a pas détruit, de nos jours, l'esclavage dans les Colonies. Sous la première et la
seconde race, l'état des personnes fut le même
à Marseille que dans les siècles précédents. Les
habitants étaient toujours distingués en hommes
libres et en serfs. La condition de ces derniers
n'avait pas changé. Dans le neuvième siècle, sous
les faibles successeurs de Charlemagne, tous les
monastères de Marseille possédaient des escla-

[1] *Ado. Chron. ad ann.* 810.

[2] De Guignes, *ibid.*

[3] Ruffi, tom. i, liv. ii, ch. v.

ves. Les abbés de Saint-Victor et les religieuses de Saint-Sauveur en eurent un nombre considérable.

Gênes et Pise, marchant sur les traces de Venise, s'avançaient dans la carrière de la puissance commerciale; et Marseille était placée après ces trois villes pour le commerce du Levant.

Comment les Marseillais faisaient-ils ce commerce? Leurs marchands allaient-ils eux-mêmes sur les côtes du Levant? se contentaient-ils d'aller chercher les marchandises chez les peuples de l'Italie? les leur apportait-on dans le port? Il est certain que les Marseillais allaient eux-mêmes dans le Levant, et ce commerce leur créait des relations importantes avec Lyon, qui servait alors d'entrepôt à l'Allemagne [1]. Au commencement du neuvième siècle, c'est-à-dire, en 813 et aux années suivantes, les habitants de Lyon, unis aux Marseillais, avaient coutume d'aller, deux fois l'année, à Alexandrie, d'où ils rapportaient les épiceries de l'Inde et les parfums de l'Arabie. Une partie de ces marchandises était déposée à Marseille, pour être vendue en France ou en Espagne; une autre partie plus considérable remontait le Rhône et la Saône. On les

[1] Poullin de Lumina, Abrégé chronologique de l'Histoire de Lyon, pag. 31.
Velly, Histoire de France, tom. 1, pag. 501. édit. in-12.

embarquait ensuite sur la Moselle qui les dis-
tribuait par le Rhin, le Mein et le Neker jusqu'aux extrémités de l'Allemagne [1].

Le savon était à cette époque l'objet d'un
grand commerce pour les Marseillais. Pline assure qu'il fut inventé dans la Gaule [2], et il
est probable qu'il le fut à Marseille ou dans ses
colonies, parce que les arts qui tiennent à l'industrie y étaient cultivés avec plus de soin et
de succès que dans les villes gauloises, et que
d'ailleurs cette utile fabrication semble avoir
exclusivement appartenu aux Marseillais dans
les temps anciens comme de nos jours. Les anciens en faisaient beaucoup moins d'usage que
nous. Ils l'employaient dans la médecine, et
surtout pour changer la couleur des cheveux [3].
Pline nous apprend qu'on le faisait avec du suif
et des cendres de bois de hêtre. C'est à cause de
cela que plusieurs auteurs l'ont appelé *unguen-
tum cineris* [4]. Dans les septième et huitième
siècles, on ajoutait seulement de la chaux aux

[1] Poullin de Lumina, Abrégé chronologique de l'Histoire
de Lyon, pag. 31.

Mémoire sur l'état du Commerce en Provence, dans le
moyen âge, par feu M. le président Fauris de Saint-Vincent.

[2] Hist. Nat. liv. 28, ch. 12.

[3] Pline. id.—*Martial. lib.* xiv, *epig.* 27.

[4] *Valer. Max. lib.* ii, *cap.* i.—*Tertull. ad Uxorem, lib.* ii,
cap. 8.

cendres. Ce n'est que depuis cette époque qu'à la place du suif on y fait entrer de l'huile d'olive [1].

Les jours brillants du règne de Charlemagne firent bientôt place à des jours de ténèbres et de confusion. Les successeurs de ce héros ne furent pas les héritiers de son génie. La France et l'Europe furent en proie aux calamités les plus affreuses. L'anarchie féodale démembra la monarchie qui se couvrit de châteaux et de forteresses. Les cités dégénérèrent et perdirent leurs franchises. Une foule de petits tyrans, maîtres des rivières et des passages, percevaient des droits qui élevaient le prix des marchandises et des denrées ; souvent même ils pillaient les marchands. Le système monétaire éprouvait des variations perpétuelles. Le commerce, confondu avec l'usure, le monopole, la levée des subsides, et tous les moyens malhonnêtes d'acquérir de l'argent, fut regardé comme une occupation infâme. Il languit et passa entièrement dans les mains des juifs, qui, enrichis par leurs exactions, étaient dépouillés par les princes avec la même tyrannie ; chose qui consolait les peuples, et ne les soulageait pas [2].

Cependant les villes maritimes du midi de la France et de l'Italie conservèrent des relations

[1] Fauris de Saint-Vincent, *ibid.*
[2] Esprit des Lois, liv. xxi, ch. xx.

avec le Levant où coulaient toujours les trésors de l'Inde. Le commerce, qu'elles n'avaient cessé d'encourager et d'honorer, les maintint dans un meilleur ordre de choses. Ami des lumières et de la liberté, il sut y faire régner quelques saines doctrines, quelques droits politiques, quelques formes républicaines. Il opposa une digue puissante au torrent de la barbarie, et Marseille en fut heureusement préservée. Ses franchises municipales s'affaiblirent; jamais elles ne furent éteintes, tant leur force était vitale , tant leur principe tutélaire avait pénétré dans les mœurs. Noble destinée des institutions helléniques ! Elles avaient péri à Marseille au milieu des vicissitudes humaines, et pourtant il était facile d'en apercevoir les traces glorieuses. Elles n'ont passé nulle part sans laisser quelque chose de grand et d'immortel qui témoigne en faveur de leur origine. Partout des peuples sans dignité rampaient, comme de vils troupeaux, sous la verge honteuse de quelques despotes sans génie. Mais le peuple Marseillais se faisait distinguer par de précieux restes d'indépendance. C'est que sur cette terre, jadis défrichée par des Grecs, la liberté avait jeté un germe indestructible.

LIVRE TROISIÈME.

Marseille sous Boson et ses successeurs. — Sous les Comtes de Provence. — Vicomté. — La ville haute, fief épiscopal; la ville basse, fief vicomtal. — Aperçu sur ces deux villes. — Abbaye de Saint-Victor. — Caractère du gouvernement des Vicomtes. — Confrérie du Saint-Esprit. — Croisades. — Part active que les Marseillais y prennent. — Priviléges qui leur sont accordés dans l'Orient. — Consulat de la mer. — Etablissement des consuls en pays étrangers. — Armoiries Marseillaises. — Commerce. — Affaiblissement du pouvoir vicomtal. — La ville basse achète des Vicomtes les faibles droits seigneuriaux qui leur restent. — Affranchissement de cette commune. — Seconde République Marseillaise — Lois populaires. — Oriflamme. — Cavalier de Saint-Victor. — Existence sociale de la ville basse. — La ville haute s'efforce d'établir le gouvernement républicain. — Cette tentative est réprimée par l'évêque. — La ville basse, alliée des Comtes de Toulouse, est entraînée dans les guerres de religion. — Elle a un différend avec le monastère de Saint-Victor. — Les Vicomtes veulent ressaisir leur domaine seigneurial. — Contestations à ce sujet. — Raymond-Bérenger, comte de Provence, fait avec la République Marseillaise une ligue offensive et défensive. — Différend de la république avec l'évêque. — Nouveau différend avec l'abbaye de Saint-Victor. — Cour brillante de Raymond-Bérenger. — Le troubadour Fouquet. — Raymond-Bérenger veut assujettir la république de Marseille. — Il vient assiéger la ville sans résultat avantageux. — Plusieurs seigneurs croisés s'embarquent à Marseille. — L'évêque Benoît d'Alignano prend aussi la croix et les suit en Palestine. — Traité de paix entre la République et Raymond-Bérenger. — Mort de ce prince. — Charles d'Anjou Ier, son successeur, déclare la guerre à Marseille. — Premier traité de paix. — Nouvelles hostilités. — Second traité, appelé *Chapitres de Paix;* les lois républicaines sont abolies. — La ville basse n'est plus qu'une ville municipale. — Benoît d'Alignano, de retour de la Terre Sainte, cède à Charles d'Anjou le fief de la ville haute, toujours séparé de la ville basse. — Cette dernière ville tente vainement de rétablir la démocratie. Le Comte de Provence lui impose un troisième traité qui est très onéreux mais qui ne détruit pas les priviléges municipaux accordés par les chapitres de paix.

Il ne paraît pas que Boson, après son couronnement, ait changé l'administration de la Provence. Marseille, sous son règne plein de modération et de sagesse, continua d'être régie comme elle l'était auparavant.

Les rois français, Louis iii et Carloman fils de Louis le Bègue, et Charles le Gros, roi de Suábe, l'un des trois fils de Louis le Germanique, marchèrent contre Boson qui n'était à leurs yeux qu'un vassal révolté. Ce prince éprouva d'abord quelques revers et perdit quelques places, mais ses ennemis ne purent réussir à le renverser du trône. Charles le Gros passa en Italie en 881, pour recevoir la couronne impériale de la main du Pape. D'un autre côté, les ravages des Normans obligèrent Louis d'aller défendre ses propres Etats. Boson, profitant habilement de toutes ces circonstances, recouvra une partie de ses possessions, et l'on croit qu'il fit sanctionner son pouvoir en reconnaissant la haute suzeraineté impériale. Il mourut en 887, après un règne de huit ans.

Louis, son fils, à peine âgé de dix ans, lui succéda sous la tutelle de sa mère Hermengarde. La régente mena son fils à son cousin l'empereur Charles le Gros, pour lui prêter hommage. Charles accueillit le jeune Boson avec bonté, et lui conféra l'ancienne adoption des empereurs romains. Louis ne fut pourtant couronné roi de Provence qu'en 890. La puissance Carlovingienne venait de s'éteindre sans retour, et Eudes, fils de Robert le Fort, avait été proclamé Roi de France par les évêques et les seigneurs.

Le règne de Louis, roi de Provence, fut fécond en événements divers dont l'histoire n'est pas de notre sujet. Ce prince, après avoir détrôné Bérenger, roi d'Italie, fut victime d'un complot tramé par quelques seigneurs du pays. Bérenger se saisit de lui à Vérone, lui fit crever les yeux, et le renvoya dans son royaume de Provence. Le malheureux Louis fixa sa résidence à Vienne, et plaça à la tête des affaires Hugues, fils de Thibaut, comte d'Arles, et de Berthe, fille naturelle du roi Lothaire. Louis étant mort en 923 environ, son fils Charles Constantin, relégué dans son comté patrimonial de Vienne, ne conserva aucune autorité en

Provence toujours gouvernée par Hugues, qui pourtant ne prit pas le titre de roi. Hugues, pour repousser les Hongrois qui ravageaient le royaume, se ligua avec Rodolphe II, roi de la Bourgogne Transjurane. Après avoir repoussé ces Barbares, Hugues qui avait en Italie des alliances considérables, voulut s'y faire nommer roi. Il s'embarqua à Marseille, et suivi d'une flotte nombreuse, il se rendit à Pise, où il trouva les envoyés du pape Jean x, qui le saluèrent au nom du Pontife; il alla ensuite à Pavie où il fut couronné[1].

Les Etats de Provence furent gouvernés par Eudes, fils du comte de Vermandois, qui eut le comté de Vienne, et par Boson, frère de Raoul, roi de France, qui eut le comté d'Arles dont Marseille fit partie. Le royaume de Provence finit à cette époque. Hugues n'y exerça plus aucune autorité, et lorsqu'il y revint, en 945, après avoir été chassé d'Italie, il se retira dans un monastère où il mourut deux ans après.

Boson, frère de Raoul, commença la série des comtes de Provence qui furent des souverains indépendants, exerçant leur autorité du littoral de Marseille et de Fréjus jusqu'à l'Isère. Ils confièrent à des lieutenants nommés Vicomtes le gouvernement de quelques districts importants, et notamment de celui de Marseille. Les vicomtes

[1] En 926.

de cette ville, d'abord subordonnés au prince, trouvèrent le moyen de s'affranchir de son pouvoir, et d'ériger leur gouvernement en une véritable souveraineté qui fut bientôt suivie de celle de l'évêque. Les deux puissances se partagèrent Marseille qui formait toujours deux villes distinctes, la supérieure et l'inférieure. De ce partage naquirent deux fiefs. Les évêques eurent la seigneurie de la ville haute, les vicomtes la seigneurie de la ville basse; mais ces derniers exercèrent aussi des droits domaniaux dans tout le reste du district, contrée assez étendue qui comprenait tout le littoral depuis Fos jusqu'à l'embouchure du fleuve d'Argens, près de Fréjus, toute la vallée de l'Huveaune et tous les pays qui bordent la rive orientale de l'étang de Berre. Telle fut sans doute l'origine de la seigneurie vicomtale de Marseille et du fief épiscopal adjacent. Il est possible aussi que les vicomtes de Marseille aient été de la famille des comtes de Provence, et que les premiers d'entre eux aient reçu en apanage la vicomté héréditaire de la ville inférieure, lorsque les évêques avaient déjà érigé en fief la ville haute. Peut-être encore cet apanage fut-il étendu à la ville supérieure, et, dans ce cas, les évêques se seraient rendus indépendants de la puissance vicomtale elle-même. Ce point est un des plus obscurs de l'histoire de Marseille. Toutes les recherches sont sans résultat certain, et l'époque précise de ce démembrement est aussi inconnu que la cause qui l'a produit. Tout ce qui est démontré, c'est que Guillaume 1er était vicomte en 972. Il faut donc le considérer comme l'auteur de la dynastie vicomtale.

A cette époque la ville supérieure, qui fut appelée épiscopale, n'avait pas une grande importance et n'était pas peuplée. Elle était principalement habitée par les pêcheurs qui formaient une corporation composée d'environ six cents chefs de familles, lesquels nommaient, toutes les années, quatre d'entre eux, appelés *Probi Homines Piscatorum* [1]. L'élection avait lieu le jour de saint Etienne. Ce tribunal, qui subsiste encore, jugeait souverainement et sans appel, sans écriture et sans formalités judiciaires, tous les différends relatifs à la pêche.

La ville haute renfermait dans son enceinte la Major et ses environs, et allait aboutir à l'esplanade qui est au devant de l'église Saint-Laurent [2].

Cette ville était encore divisée en deux parties soumises à une juridiction différente. Il y avait la juridiction de l'évêque proprement dite, et celle du prévôt et du chapitre de la cathédrale. Les habitants ne jouissaient d'aucun régime mu-

---

[1] Aujourd'hui Prud'hommes.
[2] Ruffi, tom. ii, liv. xii.

nicipal. La portion de l'évêque était appelée *Villa episcopalis Turrium*, parce qu'il y avait plusieurs tours. Celle du prévôt et du chapitre *Villa præposituræ et operæ sedis Massiliæ*. Le conseil de l'évêque était composé de quarante-cinq membres; celui de la prévôté l'était de vingt-cinq. L'évêque instituait un juge dans la première partie de la ville supérieure. Le prévôt et le chapitre en mettaient un autre dans la ville de la prévôté, et un chanoine de leur corps remplissait ordinairement cette fonction. Mais le juge du prévôt et du chapitre était subordonné à un autre juge de l'évêque, qui prononçait sur les appels et était juge souverain de tous les habitants de la ville haute [1].

Les prisons étaient près du lieu où l'on bâtit plus tard le couvent des Présentines. Le palais épiscopal, aussi grand que magnifique, était situé au-dessus de l'église actuelle des Prêcheurs [2]. Les deux salles principales où se tenaient les assemblées étaient appelées, l'une, la salle verte,

---

[1] Ruffi, tom. i, liv. v, ch. iii.

[2] Il fut rebâti dans l'année 1200. *Actum in domo novâ episcopali*, dit un titre de l'an 1254.

La rue sur laquelle la Porte Française, *Porta Gallica*, ouvrait, était encore appelée rue *Française* dans le 17ᵉ siècle, lorsque Etienne de Puget, évêque de Marseille, y fit bâtir le palais épiscopal actuel. Elle fut alors distribuée en deux parties; la rue supérieure fut appelée de *la Joliette*, et l'inférieure, de *l'Evêché*.

et l'autre, la salle ronde. Un inquisiteur informait, dans la ville haute seulement, sur toutes les affaires religieuses. Ce juge ecclésiastique avait une maison avec de beaux jardins, une tour et des prisons particulières [1].

L'ancienne citadelle où les Romains, les Goths, les Bourguignons et les Francs avaient placé garnison, avait été battue par les Sarrasins et était tombée en ruine. On avait fortifié avec ses débris quelques autres points, et les monastères de Saint-Victor et de Saint-Sauveur. Cette citadelle était remplacée, dans la ville haute, par une forteresse appelée le Château-Babon, *Castrum Babonis,* construite par l'évêque de ce nom. Elle occupait l'éminence de la place de la Tourette [2]. Il est probable que dans cette citadelle était renfermé *Casteou-Joly,* vieux édifice qui se trouve au-dessous de la place Saint-Laurent et qu'on a faussement attribué à Jules-César, à cause de l'analogie de son nom [3].

L'anse de la Joliette était le port de la ville inférieure. On l'appelait *Portus Gallicus,* et l'en-

[1] Ruffi, tom. ii, liv. xiii, ch. ii.

[2] La chapelle du Château-Babon, d'abord annexe de la Major, reçut le titre de Paroisse en 1250, époque où ce château tombait en ruine. Elle en a long-temps conservé le nom, et a ensuite été désignée sous le titre de Saint-Laurent.

[3] L'Hermès Marseillais, pag. 138.

trée en était défendue par des tours. La porte
de la ville qui était dans cette partie avait le
nom de *Porta Gallica.*

La ville basse était aussi nommée Vicomtale. Elle
avait le port actuel, appelé le Grand Port, ou le
Port Vieux, *Portus Antiquus.* L'évêque et l'abbé
de Saint-Victor contribuaient aux frais de cu-
rage, concurremment avec la ville basse, parce
qu'ils percevaient des droits de douane sur les
navires qui entraient. L'entrée de ce port était
défendue par deux tours, l'une, du côté de la
ville, appelée *Turreta Portus*[1], et l'autre, vis-à-
vis, nommée la Tour Saint-Nicolas, à cause d'une
ancienne chapelle dédiée à ce saint.

L'arsenal et les chantiers étaient au *Plan Four-
miguier,* situé au bas de la Cannebière[2].

Toutes les rues étaient mal percées et très
étroites. Marseille, sous ce rapport, ressemblait
aux villes les plus importantes de l'Europe qui
étaient entourées de murailles. Le besoin d'une
bonne défense en cas d'attaque ne permettait pas
de leur donner une vaste enceinte.

Un rempart qui traversait l'ensemble de

[1] La Tour, *Turreta Portus,* fut appelée plus tard Tour Saint-
Jean, lorsqu'on construisit à côté une chapelle sous la dédicace de ce saint.

[2] Les titres du commencement du 12me siècle l'appellent
Podium Formiguerium.

l'agglomération, séparait les deux villes qui communiquaient par une porte établie au milieu.

La ville basse était fermée du côté du Port. Les maisons qui ouvrent aujourd'hui sur le quai, donnaient sur les rues intérieures parallèles, et étaient adossées contre le rempart qui était percé d'un grand nombre d'ouvertures. Ces ouvertures portaient le nom de *Grottes* et avaient été faites pour la libre circulation des marchandises et pour faciliter les communications de la ville avec le quai. En dedans de ces étroits passages étaient des places où l'on pouvait étaler les objets débarqués. A l'entrée de la nuit, une grille en fer fermait la *grotte* qui, comme les autres portes, n'était rouverte que le lendemain au point du jour [1].

[1] A côté de l'une de ces *grottes* était la maison de la famille de Village, et le nom de *Grotte-de-Village* est resté à la ruelle qui de la Place Neuve conduit au Port.

Le 10 juin 1458, Jean de Village, maître d'hôtel du roi René, fit don de son jardin à la commune de Marseille, tant en son nom qu'en celui de Perrete Cœur, son épouse, sous condition de le convertir en place publique, et d'y placer des fontaines pour la commodité des navires.

Perrete Cœur était nièce du fameux Jacques Cœur, argentier de Charles VII, roi de France, c'est-à-dire administrateur des finances.

La ville remboursa aux époux de Village cinquante florins qu'ils avaient déboursés pour déblayer cet emplacement, et acheta quelques maisons pour agrandir le local. Cette place resta long-temps imparfaite. Elle n'était pas achevée en 1471. En 1559 elle fut exhaussée, et l'on pratiqua trois rangs de

La Major était la principale église de la ville haute, et Notre-Dame des Accoules la cathédrale de la ville inférieure. La Major qui a incontestablement été élevée sur l'emplacement du célèbre temple de Diane, renfermé dans l'ancienne citadelle de la cité grecque, a été, à ce qu'il paraît, plusieurs fois reconstruite. Le monument, tel qu'il est aujourd'hui, et qui n'a rien de remarquable, est du moyen âge ; il est impossible d'indiquer avec précision quel était l'avancement du rivage occidental au-delà des limites actuelles. Quoi qu'il en soit, il est prouvé que les envahissements de la mer avaient, au 10e siècle, respecté quelques points. L'entrée de la Major était à l'ouest, et l'ancienne porte reste encore. Elle est sous l'orgue, en face du maître autel. Au-delà de cette porte était une grande place terminée par le rempart.

Notre-Dame des Accoules qui était appelée *Nostra Donna de las Accoas,* parce qu'elle avait été bâtie en façon d'arc, *quasi per angulos et*

marches pour y monter. La ville fit placer long-temps après des fontaines aux quatre extrémités ; ce sont celles qui existent encore. En 1743 on supprima les marches, et on mit cette place à niveau des rues qui y aboutissent. Le nom de *Place Neuve* lui fut donné par le peuple qui désigne ordinairement ainsi tous les édifices nouveaux.

. Les troupes des galères venaient autrefois à la parade en cet endroit qui leur servait de place d'armes.

arcuatim constructa [1], aurait été primitivement un temple dédié à Apollon, s'il faut en croire la tradition qui paraît assez vraisemblable. L'image de la Vierge Marie, exposée dans cette église, était pour le peuple marseillais l'objet d'une vénération particulière. Dans les dangers, dans les afflictions, dans toutes les souffrances du corps et de l'ame, on invoquait avec ferveur cette *Vierge de Bon-Secours* [2]. C'est à elle qu'une mère éplorée demandait la guérison d'un fils chéri, et les marins, au milieu des tempêtes, la suppliaient de calmer par un de ses regards la colère du ciel et la fureur des vagues mugissantes. Les murs noircis de l'antique basilique étaient couverts d'une multitude d'*ex-voto*, devant lesquels des cierges brûlaient sans cesse; touchantes offrandes des cœurs reconnaissants, simples et pieux monuments de tant de sentiments douloureux, de tant d'émotions diverses [3].

[1] Selon quelques-uns, le nom des Accoules vient de *Aquis fluentibus.*

[2] C'est le nom qui lui était donné.

[3] Les religieuses de Saint-Sauveur furent reçues dans l'enclos de cette église en 1033, et en furent les rectrices. Elles se démirent de cette qualité en 1538, et la paroisse fut cédée par elles en 1558. Elles voulurent rétracter leur cession et en investirent les grands Cordeliers qu'on fut obligé de chasser des Accoules et de la ville, *manu militari,* après de longs débats. Cette paroisse fut érigée en collégiale en 1560.

L'abbesse, Armeline de Baux, de l'illustre maison de ce

L'autorité des vicomtes était infiniment bornée dans la ville basse et ne consistait que dans la haute juridiction. Le conseil municipal avait su conserver son pouvoir. Nous ne connaissons pas la formation ni les éléments de ce conseil; mais nous savons qu'il avait à sa tête des consuls, appelés Recteurs de la ville vicomtale; leur nombre n'était pas fixe; tantôt il était de deux, tantôt de trois, et quelquefois de douze [1].

Les vicomtes avaient l'administration de la justice dans la ville inférieure. Ils la rendaient quelquefois eux-mêmes dans le Tolonée qui était leur palais seigneurial; ils chargeaient le plus souvent de ce soin leurs lieutenants appelés Viguiers. Le Tolonée, *Palatium Tolonei, Domus aut Turris Tolonei,* était situé vers la Poissonnerie Vieille; il était en forme de tour, et valait trois mille livres royales couronnées, somme qui était alors immense [2].

La cité des vicomtes l'emportait de beaucoup sur la ville épiscopale qui n'eut jamais une grande importance. Ces seigneurs gouvernèrent la ville inférieure pendant environ 240 ans. Nous ne faisons remonter leur domination qu'à l'année

nom, la fit réparer en 1115, comme on pouvait le voir par l'inscription qui était à côté du bénitier.

[1] Ruffi, tom. II, liv. XII, ch. II.

[2] *Id.* liv. XII, ch. I; liv. XIII, ch. II. La livre royale couronnée valait environ 13 francs de notre monnaie actuelle.

972, parce que ce point de départ offre une certitude historique qu'une plus grande ancienneté n'offrirait point.

Guillaume r^{er} passa toute sa vie dans des pratiques de dévotion. Sous son gouvernement, une terreur générale s'empara de tous les esprits, parce qu'une fausse interprétation de l'Ecriture fit regarder l'an 1000 de J. C. comme l'époque fatale où le monde devait prendre fin. Dans l'attente du jugement dernier, on chercha à gagner le Ciel par de bonnes œuvres, par de riches concessions faites aux églises et aux couvents. Tous les testaments de cette époque portent de semblables donations fondées sur cette croyance.

Guillaume, fuyant le tumulte, peu jaloux de soigner ses affaires temporelles et l'administration de ses domaines, allait souvent s'enfermer dans le monastère de Saint-Victor auquel il fit des largesses considérables. Là, il consacrait des journées entières à faire des lectures ascétiques, et, tremblant pour le salut de son ame, il demandait à Dieu le pardon de ses fautes.

En 1004, ce prince se vit atteint d'une maladie mortelle. Les religieux de cette abbaye se rangèrent autour de son lit, ayant à leur tête Viffred que l'abbé Garnier avait établi prévôt pour tenir sa place. Ils l'exhortèrent à renoncer entièrement aux choses de ce monde, et à prendre place parmi eux, serviteurs de Dieu. Ils appuyèrent leur discours sur plusieurs passages de l'Ecriture Sainte. Le vicomte, touché de componction, se fit aussitôt couper les cheveux, et reçut des mains de Viffred l'habit de St-Benoît. En même temps les moines lui firent renouveler les donations qu'il leur avait faites et lui en firent ajouter d'autres. Après quoi, Guillaume, un peu plus rassuré sur le sort de son ame, rendit le dernier soupir[1].

Ses enfants partagèrent son héritage. Pons et sa sœur Billielis eurent quelques places dans le district vicomtal. La ville inférieure de Marseille et le restant de la vicomté obvinrent à Guillaume II et à Fulco, par portions égales.

Ces deux seigneurs furent imitateurs de la piété peu éclairée de leur père. Les libéralités faites au clergé régulier et séculier étaient toujours comprises parmi les premiers devoirs de la religion. Guillaume II et Fulco ne surent pas s'élever au-dessus de ces idées. Ils ne sont connus dans l'histoire que par les prodigalités inouïes qu'ils firent à l'abbaye Saint-Victor où ils allaient souvent s'enfermer, à l'exemple de leur père. Non contents de ces dons, ils lui firent restituer des biens qui lui avaient été enlevés.

Les circonstances de cette restitution peignent assez bien l'esprit de l'époque.

[1] Denys de Sainte-Marthe. *Gallia Christiana*, tom. I.

Sifroi, seigneur provençal, et Exlemba sa femme, avaient légué au monastère une terre étendue, nommée Maravilhan, et des particuliers avaient trouvé le moyen de s'en emparer. Guillaume et Fulco, ayant lu les titres de la donation, soumirent les possesseurs à donner caution et leur fixèrent un délai pour fournir leur défense. Ce délai étant expiré, les adversaires des religieux en demandèrent un autre qui leur fut accordé; et, quelques jours après, ils produisirent un témoin qui jura que cette terre était leur propriété légitime. Alors les religieux portèrent solennellement par trois fois la châsse de saint Victor sur les lieux contentieux et l'y laissèrent en dépôt, sachant bien que le peuple ne permettrait pas qu'ils fussent spoliés d'un bien dont le martyr venait lui-même se mettre en possession [1]. Voulant pourtant montrer qu'ils n'appuyaient leurs prétentions que sur le droit et la justice, ils s'étaient fait suivre de deux avocats disposés à défendre envers et contre tous la validité de leurs titres [2]. Une foule immense vint se prosterner devant les reliques du saint [3], et les

---

[1] *Monachi arcam sancti Victoris illùc detulerunt, et tribus diebus, totidem noctibus, illic cùm eâ manserunt... Monachi alterâ die, matutinis celebratis, mox tulerunt arcam Victoris beati, et venerunt antè civitatem in medium prati.*

[2] *Duo secum advocati chartam ipsius allodii defendere parati.*

[3] *Cum eccè plurima multitudo ipsius civitatis, utriusque sexûs*

moines gagnèrent leur cause, non par l'éloquence des deux avocats, mais par l'autorité des deux vicomtes.   ·

Les successeurs de Guillaume et de Fulco se divisèrent en plusieurs branches, et le fief de la ville inférieure de Marseille fut toujours possédé par plusieurs vicomtes à la fois. Leur généalogie est très difficile à établir, parce qu'il est impossible d'avoir des titres authentiques. Quelques membres de la maison de Baux, si puissante en Provence dans le moyen âge, et qui avait des droits de seigneurie ou de propriété sur un grand nombre de communes que l'on nomma par cette raison *Terres Baussenques,* possédèrent du chef de leurs femmes une portion de la seigneurie vicomtale [1].

De quel intérêt, de quelle utilité serait la connaissance de cette généalogie? C'est l'esprit et le caractère du gouvernement des vicomtes que nous devons rechercher.

mixtis turbis, venerunt ad martyris arcam p̄oplitibus curvis.— Explication des usages et coutumes des Marseillais par Marchetti.

[1] Ces princes avaient un palais à Marseille, sur la rue *Baussenque,* qui aboutit de la rue du *Panier* à celle de l'*Observatoire.* Ce palais était fort vaste; mais il est impossible d'en fixer l'emplacement. Les monastères de la Magdeleine, des Orphelines et l'hôpital de Saint-Joseph dénaturèrent le local. Tous ces quartiers étaient anciennement habités par les citoyens les plus honorables; c'est ce qu'attestent un grand nombre de contrats de mariage des premières familles, publiés dans leurs domiciles situés sur ces rues.

Ces seigneurs, qui n'avaient pas soumis la ville par la force des armes, n'eurent jamais la prétention de lui imposer des lois tyranniques. Les ménagements et la douceur furent plutôt chez eux l'effet de la nécessité que de la vertu. Ils gouvernèrent toujours un peuple naturellement amoureux de l'indépendance, sans cesse occupé à affermir et à étendre les droits municipaux et la juridiction consulaire.

Leur gouvernement fut sans lumières, sans prudence, sans esprit de conservation; rien de grand, rien qui commande notre estime ne s'y attache. Il ne fut dirigé que par des doctrines étroites, repoussées par les mœurs des Marseillais. Un usage consacré dans la famille des vicomtes leur fut surtout funeste. Ils divisèrent à l'infini leurs domaines, et cette imprévoyance qui leur fit perdre leurs richesses, ne tarda pas à les déconsidérer dans une ville où la fortune était alors la première et presque l'unique cause de la considération publique. Les enfants partageaient l'héritage du père. Les filles recevaient des seigneuries pour dot. Ils se multiplièrent tant par ces divisions et sous-divisions, par les alliés qu'ils se donnèrent et que ceux-ci se donnèrent à leur tour, qu'on les appela par dérision les *sous-roitelets* de Marseille, et qu'on les regarda comme on regardait, avant la révolution de 1789, les seigneurs de ces villages de Provence où l'on en comptait jusqu'à vingt et trente[1]. La plupart des branches vicomtales prirent un nom propre différent de celui qu'elles portaient d'abord. Toutes ensemble s'appauvrirent, perdirent avec leurs biens les traces de leur origine, et tombèrent dans une obscurité complète.

Les vicomtes de Marseille commirent une autre faute, en faisant de grandes donations à l'Eglise et en enrichissant de leurs dépouilles le monastère de Saint-Victor, qui gagna l'influence qu'ils perdirent eux-mêmes. Il possédait des biens non-seulement en France, mais encore en Espagne, en Italie et en Sardaigne. Richard, abbé de ce monastère, jouit d'un crédit considérable par l'affection et l'estime que Grégoire VII lui témoigna [2]. Ce pape le fit cardinal, et c'est un des premiers qu'il y ait eus en France. Il l'envoya ensuite légat en Espagne, et enfin il le mit au nombre des trois qu'il désigna pour le remplacer sur le trône pontifical. Les suffrages se réunirent pourtant en faveur de Disdier, abbé de Mont-Cassin, qui prit le titre de Victor III. Cette élection causa un dépit extrême à Richard, qui cabala contre le nouveau pontife, et montra ainsi qu'il était indigne du rang où son ambition aspirait.

Le monastère n'était pas soumis à la juridiction

[1] Essai sur l'Histoire de Provence, par J.-F. Bouche, tom. I, p. 223.

[2] Fleury, Hist. Eccl. liv. LXIII.

épiscopale. Jadis l'Evêque et le Chapitre de sa cathédrale concouraient à l'élection des abbés. Le pape Jean xviii ordonna que l'abbé serait élu par toute la communauté[1]. Ce pape défendit de contrevenir à ce privilége, non-seulement sous peine d'excommunication, mais encore sous peine de cent livres d'or le plus pur.

L'église de l'abbaye eut aussi des prérogatives particulières : elle fut solennellement consacrée par le pape Benoît ix, qui vint à Marseille dans l'année 1040, et qui fut assisté par vingt-trois évêques accompagnés de leur clergé. Les pontifes et les prélats menacèrent de la malédiction de Dieu et de celle de tous les saints quiconque mal-traiterait, dans leurs personnes ou dans leurs biens, les fidèles qui se rendraient à cette église, ou qui en retourneraient. Ils ajoutèrent : « Si quel-« que téméraire, fût-il empereur, roi, duc, mar-« quis, comte ou vicomte, archevêque ou évêque, « ou de quelque autre rang, de l'un ou de l'autre « sexe, voulait s'approprier les biens dont cette « abbaye est aujourd'hui en possession, ou qu'on « lui donnera dans la suite pour l'amour de Dieu, « qu'il soit frappé d'anathème ; que, maudit dans « ses désirs, dans son pouvoir, dans ses pensées, « il soit effacé du livre de vie et boive au vase de « la colère de Dieu ; qu'il serve d'aliment aux

[1] En 1009.

« flammes éternelles, et qu'il endurc ce supplice
« pendant les siècles des siècles, à moins que,
« touché d'un sincère repentir, il ne s'efforce de
« réparer le mal qu'il aura fait [1]. »

De grandes contestations éclatèrent entre cette
abbaye opulente et le clergé de la Major. Les moines devaient à la cathédrale de la ville haute la
légère redevance d'une livre de cire, et ils refusaient de la payer. Ils dressaient des actes de mariage et en retiraient la rétribution. Ils prétendaient que lorsque quelqu'un avait été enseveli
dans leur cimetière, les enfants et les descendants
du défunt devaient, après leur mort, y être aussi
inhumés. La dispute s'échauffa à un tel point,
qu'on en vint à des voies de fait, et un cadavre fut
enlevé de vive force.

Guillaume 1er eut une politique prévoyante, en
faisant investir Honoré ii, son frère, de l'évêché
de Marseille. Cette prélature resta dans la famille

---

[1] *Gallia Christiana*, tom. i.

Cette église était sans doute d'une bien mauvaise construction,
puisqu'elle ne dura qu'environ 160 ans. On la reconstruisit en
1200, et elle ne fut terminée qu'en 1279. Quelque temps après,
le monastère ayant besoin de réparations, le pape Urbain v en
fit revêtir les murs de pierres taillées, et y joignit des tours; de
sorte que l'abbaye devint une véritable place forte. Sous ce
pontife, l'église fut également rebâtie et rendue plus grande
qu'elle ne l'avait jamais été; le clocher fut construit en forme
d'une grande tour carrée: c'est le même qui existe aujourd'hui.

vicomtale pendant plus d'une siècle, c'est-à-dire, jusqu'à la mort de Pons II, arrivée en 1073 [1].

Six ans après, le vicomte Geoffroi donna aux moines de Saint-Victor la rivière de l'Huveaune. Ce prince mit la charte de la donation sur l'autel de saint Pierre, qui était le grand autel de l'église de l'abbaye. A cette époque, les libéralités au profit des établissements religieux se faisaient ainsi et devenaient irrévocables [2]. La donation de Geoffroi fut célébrée avec pompe, en présence de plusieurs évêques et d'un grand nombre d'abbés et de moines accourus de différentes provinces à Marseille [3].

Le pouvoir des vicomtes, qui renfermait en lui-même plusieurs causes d'affaiblissement, se trouvait encore affaibli à Marseille par l'énergie du conseil municipal, qui lui resistant sans cesse

[1] Béranger succéda à Beaudoin, dont nous avons parlé dans le livre précédent. Venator et Dragon, ou Dreux, montèrent ensuite et successivement sur le siége épiscopal. Il est difficile de bien fixer l'époque de leur avènement. Honoré II, frère de Guillaume Ier, succéda à Honoré, son oncle, en 976; il eut pour successeur, en 1014, Pons II, fils de Guillaume II.

[2] *Voir* les notes de Bignon sur le premier livre des *Formules de Marculfe*, ch. I.

[3] *Acta est hæc donatio in solemnitate sancti Victoris in eætu omnium hominum illic adstantium episcoporum, presbytero-rum, abbatum, monachorum ex diversis provinciis congrega-torum, super altare Principis Apostolorum. Facta donatio hæc anno incarnationis dominicæ 1079.* — *È magno chartario sancti Victoris, fol.* 14 *verso.* — Explication des Usages et Coutumes des Marseillais, par Marchetti, p. 125.

avec avantage, sut faire respecter ses prérogatives et les étendit même chaque jour. Ce conseil était admirablement secondé, dans sa lutte, par le peuple qu'il représentait; chacun était convaincu que la force est dans l'union, et que sans elle il n'y a point de liberté. Tous les habitants de la ville basse ne pensèrent qu'à déposséder lentement la puissance seigneuriale; tous leurs efforts tendirent à ce but désiré, et leur moyen le plus efficace fut l'esprit d'association.

L'origine des confréries remonte à des temps reculés. La religion catholique vit avec plaisir celles qui se dévouaient au soulagement des pauvres et à des actes de pénitence; d'autres se formèrent qui n'eurent pas le même objet, du moins spécialement. Telle fut celle établie à Marseille sous le nom de *Confrérie du Saint-Esprit;* grande confédération politique, militaire et religieuse tout à la fois. S'encourager réciproquement, se prêter un mutuel appui et se serrer les uns contre les autres, travailler constamment à l'affranchissement complet de la commune, répandre les bonnes doctrines avec les bonnes œuvres, tels furent le désir et le devoir des confrères marseillais. Ils eurent partout des affiliés. Le corps municipal les dirigea, il en fut l'ame, et les recteurs de la ville vicomtale s'appelèrent Recteurs de la *Confrérie du Saint-Esprit.*

De grands événements vinrent favoriser les progrès de la commune de Marseille et porter les derniers coups à la puissance ébranlée des vicomtes.

Les convulsions d'un fanatisme jusques alors inconnu, auquel se mêlaient le goût de la nouveauté, des longs voyages et des aventures, une ardeur belliqueuse et chevaleresque, un esprit d'impatience et de secrète inquiétude, agitèrent bientôt l'Europe. Grégoire vii avait formé le dessein de conquérir la Palestine. Il en fut détourné par les affaires de la chrétienté. C'est dans le Concile de Clermont où Philippe, roi de France, fut excommunié par Urbain ii, que ce pape inspira l'ardeur des Croisades. Pierre l'ermite, au retour du voyage de Jérusalem, peignit éloquemment la profanation de la cité sainte et les rigueurs dont les chrétiens étaient accablés. L'enthousiasme religieux embrase tous les esprits. L'Europe est en mouvement : depuis le Tibre jusqu'à l'Océan, depuis le Rhin jusqu'au-delà des Pyrénées, on ne voit que des troupes d'hommes revêtus de la croix, jurant d'exterminer les Sarrasins, et d'avance chantant leurs victoires. Partout se fait entendre le cri de guerre : *Dieu le veut, Dieu le veut* [1]. Les Etats se dépeuplent. Des troupes innombrables de

[1] Michaud, Hist. des Croisades, liv. i.

Croisés prennent différents chemins, commettent des pillages et des crimes, et sont bientôt dispersées et anéanties comme des bandes dévastatrices de brigands indisciplinés. Des armées plus régulières se réunissent enfin aux environs de Constantinople. Le sang alors coule plus noblement sur les champs de bataille. La religion du Christ et celle de Mahomet se heurtent avec fureur, avec cette puissance de conviction qui ne voit dans la mort que la couronne du martyre. Luttes terribles et mémorables ! Elles sont étrangères à notre histoire. Qu'il nous suffise de dire que Jérusalem, possédée par les Turcomans, destructeurs de l'empire des Califes, fut emportée d'assaut en 1099, et qu'on lui donna pour souverain le fameux Godefroi de Bouillon.

Les Marseillais prirent une part très active à ce grand mouvement, plus par esprit de commerce que par esprit de dévotion. Les guerres saintes leur procurèrent d'immenses avantages mercantiles. Jamais, aux jours les plus brillants de l'ancienne république, les chantiers n'eurent plus d'activité. Le port se couvrit de navires, l'argent fut abondant, toutes les richesses affluèrent. Marseille voyait sans cesse arriver dans ses murs des Croisés de tout pays, de tout âge, de toute condition, et ses négociants leur fournissaient des vaisseaux, des provisions et des armes. Ce fut à cette époque que le commerce des

armes devint une branche principale de celui de
Marseille. Les ateliers en ce genre étaient si
nombreux qu'une rue assez longue a retenu le
nom de Lancerie, parce que les fabricants de lances
l'habitaient de préférence.

Aicard, petit-fils du vicomte Geoffroi, et Pierre
Barthélemy, prêtre, conduisirent en Syrie un
grand nombre de Croisés marseillais. Ils se trouvèrent à la prise de Jérusalem et à celle des villes
les plus importantes de la Palestine. En 1130,
le seigneur de Baruth, en Syrie, voulant récom-
penser les services que les Marseillais avaient
rendus aux Croisés, les exempta des droits d'entrée et de sortie, et leur permit d'avoir, dans ses
Etats, des juges particuliers de toutes les contestations commerciales; il ne se réserva que la connaissance de l'homicide.

Les Marseillais fournirent de puissants secours
aux rois de Jérusalem dans les guerres continuelles
qu'ils eurent à soutenir contre les Sarrasins et les
Égyptiens. Fouques, comte d'Anjou et du Mans,
ayant été élu roi, après la mort de Beaudoin II[1],
accorda, en 1150, aux négociants de Marseille
une décharge et franchise perpétuelles de toute
sorte de droits et d'impositions dans ses Etats. Innocent IV fit une bulle dans laquelle il excommu-

---

[1] Beaudoin II succéda à Beaudoin Ier, lequel succéda à
Godefroi de Bouillon.

nia tous ceux qui oseraient troubler les Marseillais dans la jouissance de ce privilége ; il déclara expressément, par une autre bulle, qu'il plaçait sous la protection du Saint-Siége la ville de Marseille, ses hàbitants et généralement leurs biens et leurs personnes.

Fouques mourut d'une chute de cheval, après deux ans de règne ; et Beaudoin III, son fils aîné, le remplaça sur le trône de Jérusalem. Ce prince régna vingt ans, pendant lesquels il fut presque toujours en guerre avec les Sarrasins, qui firent dans ses Etats des conquêtes importantes. Les chrétiens d'Occident se croisèrent et volèrent à sa défense. Les Marseillais le secoururent activement par terre et par mer, et lui firent encore présent de trois mille besans sarrasins, pour empêcher que les ennemis ne se rendissent maîtres des villes d'Ascalon et de Jaffa. Beaudoin III leur donna, en récompense, une grande maison à Jérusalem, appelée *Rame*, avec tous les meubles qui s'y trouvaient et les bestiaux qu'elle possédait. Les lettres patentes de donation, de 1152, disent que *les Marseillais avaient secouru les rois ses prédécesseurs de leurs biens et de leurs personnes, par terre et par mer, en la conquête de Jérusalem et de Tripoli*[1]. Le prince ne borna pas là ses

[1] Archives de l'Hôtel de Ville de Marseille. — Ruffi, tom. I, liv. III.

bienfaits : il voulut que les Marseillais eussent à Jérusalem, à Acre et dans toutes les villes maritimes de sa domination, une église, un four et une rue, avec pouvoir d'en disposer; il les affranchit en même temps de tous droits. Telle est probablement l'origine des quartiers des Francs dans les échelles du Levant. Beaudoin III, voulant donner une grande solennité à ces lettres patentes, les fit signer par Almaric, son frère, Rodulfe, chancelier du royaume, Raymond, comte de Tripoli, Roardus, Beaudoin de Lisle, Raynaud de Sidon, Urric, vicomte de Naples, Beaudoin, son fils, Boemond et son frère Constantin, Pierre de Soppe, Josselin de Sanbac, André de Miradel, Jacques de Montgisac, Gautier de Caimont, et par plusieurs autres princes et seigneurs. Elles furent confirmées par Clément III, à Viterbe, la troisième année de son pontificat, et à Lyon, par Innocent IV, sept ans après son élévation sur la chaire de saint Pierre.

Beaudoin III mourut sans enfants en 1163. En la même année, Rodulfe, évêque de Bethléem, pressé du besoin d'argent, reçut en prêt des négociants marseillais établis à Jérusalem, et du consentement de son Chapitre, 2,208 besans sarrasins. Ce prélat leur donna en gage de leur créance un château appelé *Romadet*, et les maisons que lui et son Chapitre possédaient dans la ville d'Acre, auprès du Temple, avec la clause formelle que, si cette somme n'était pas payée aux prêteurs à son échéance, ceux-ci pourraient faire vendre et le château et les maisons[1].

Amalric, comte d'Ascalon et de Jaffa, succéda à Beaudoin III, son frère; il régna onze ans, et Beaudoin IV, son fils, recueillit sa succession. Il donna la régence de ses Etats à Guy de Lusignan, seigneur français, son beau-frère, que Sibille, sœur de ce prince, avait épousé en premières noces, après la mort de Guillaume Longue-Épée, marquis de Montferrat, son premier mari, dont elle avait eu un fils appelé Beaudoin. Guy de Lusignan, s'étant rendu odieux par son orgueil et ses vexations, fut destitué de la régence, et le Roi fit couronner de son vivant Beaudoin V, son neveu, fils de sa sœur Sibille. Ce dernier prince ne régna que six mois; il mourut empoisonné par sa mère, qui voulut par ce crime élever sur le trône Guy de Lusignan, son second mari. Ce seigneur français fut, en effet, reconnu roi par la faveur des Templiers, que ses largesses avaient gagnés; mais la mésintelligence ne tarda pas à éclater entre le nouveau monarque et le comte de Tripoli. Les affaires des Croisés allaient tous les jours en déclinant. Le sultan Saladin sut habilement profiter de leurs divisions, et se rendit maître de Jérusalem et de plusieurs autres places.

---

[1] Archives de l'Hôtel de Ville. — Ruffi, *ibid.*

Le pape Grégoire vııı appela alors à la défense
des chrétiens d'Orient toutes les puissances eu-
ropéennes. Ce pontife compta principalement sur
le secours des Marseillais ; et, pour les engager
à se rendre promptement dans la Palestine, il les
prit sous sa protection spéciale, et écrivit à l'archevêque de Narbonne et aux évêques de Toulon et
d'Antibes, de *lancer les foudres d'excommunication contre ceux qui les vexeraient par procès*[1].
L'espoir de Grégoire vııı ne fut pas trompé, et
les Marseillais répondirent avec ardeur à son
appel. Ces Croisades furent toujours pour eux un
instrument de fortune et de gloire. Conrad, marquis de Montferrat, frère de Guillaume Longue-
Épée, ayant acquis le comté de Tyr, vit bientôt
les Sarrasins assiéger cette place ; mais les Marseillais l'assistèrent vigoureusement, et le comte,
voulant leur donner un témoignage de reconnaissance, leur fit expédier, en 1187, de l'avis du
grand maître des Templiers, des lettres patentes
portant permission de négocier dans la ville de
Tyr, sans payer aucun droit, avec la liberté d'y
établir un consul pour leur administrer la justice[2].

Toutes les forces de l'Europe ne passaient en
Asie que pour s'y ensevelir ; et ces désastres,

[1] Fleury, Hist. Eccl. — Archives de l'Hôtel de Ville. —
Ruffi, *ibid.*

[2] Archives de l'Hôtel de Ville. — Ruffi, *ibid.*

loin d'être pour les chrétiens occidentaux une cause de découragement, ne servaient qu'à les enflammer d'une ardeur nouvelle. Lusignan n'était plus qu'un roi sans pouvoir. Saladin, célèbre par sa sagesse et son courage, faisait trembler la Palestine sous ses armes triomphantes. Philippe-Auguste, roi de France, et Richard, roi d'Angleterre, oublièrent un moment leurs querelles opiniâtres, pour prendre la croix. Il fut convenu que quiconque ne se croiserait point paierait la dîme de tous ses biens, une fois seulement, pour les frais de l'expédition, et cette taxe fut appelée la dîme saladine. Plusieurs princes et seigneurs français vinrent à Marseille, en 1190, avec dix mille Croisés, y firent équiper une flotte considérable, mirent à la voile, et arrivèrent, en trente-cinq jours, à la rade de Ptolémaïs. Peu de temps après, une autre armée navale partit de Marseille ; elle était composée de Templiers et d'Allemands, sous le commandement du duc de Gueldres ; quelques Catalans s'y étaient joints. Ces deux armements procurèrent de grands bénéfices aux négociants de Marseille. Les Marseillais qui étaient en Palestine se signalèrent au siége d'Acre, et cette place importante fut reprise, à l'arrivée de Philippe-Auguste et de Richard : ce fut tout le fruit de cette grande expédition. Le roi de France tomba malade et revint dans son royaume. Le roi d'Angleterre, resté seul en Palestine, y fit des prodiges de valeur, qu'aucun succès ne couronna. Parmi les citoyens de Marseille qui se distinguèrent le plus dans cette croisade, et notamment au siége d'Acre, on cite Bertrand Sarde, Anselme, Étienne Jean, Raymond et Guillaume de Posquères, Pierre et Bertrand Anuda, Hugues Fer, Gautier Anglic, Guillaume et Bérard Gati, Bertrand Caminal, Pons de Revest, Bérenguier et Fulco Rostang [1]. Lusignan accorda aux Marseillais qui habiteraient Acre et son territoire, à une lieue des remparts, l'exemption des droits d'entrée et de sortie, les réduisant seulement à un pour cent sur chaque cent pesant, pour ce qui viendrait par voie de mer; leur permettant aussi de construire des bâtiments et de les conduire où ils voudraient sans rien payer; d'avoir dans Acre des consuls et des magistrats nationaux pour juger leurs contestations, à condition qu'ils prêtassent serment entre les mains du Roi, avec pouvoir de connaître de toutes leurs causes, tant civiles que criminelles, excepté des crimes de vol, rapt, homicide, fausse monnaie et trahison. Ces lettres patentes, datées de 1190, furent souscrites par Josselin, sénéchal de Jérusalem, et par Aimeric, connétable; elles furent scellées par Pierre, chancelier.

Guy de Lusignan, voyant que par la mort de son épouse tous les droits du trône de Jérusalem

---

[1] Archives, cit.

étaient échus à Isabelle, sa belle-sœur, acheta des Templiers ou de Richard, roi d'Angleterre, l'île de Chypre, pour le prix de cent mille écus; il s'y fit couronner roi, et mourut sans enfants en 1197. Amaury de Lusignan, son frère, monta après lui sur le trône de Chypre. Ce prince confirma, la même année, aux Marseillais tous les dons que les rois de Jérusalem ses prédécesseurs leur avaient faits. Il leur accorda aussi le privilége de commercer librement dans le royaume de Chypre, sans être obligés de payer aucun droit, et leur fit présent d'un château appelé *Flacci*, avec tous les meubles et bestiaux qui s'y trouvaient [1].

Dans la même année, Philippe de Montfort, seigneur de Tyr, confirma aux négociants de Marseille les droits qui leur avaient été accordés par ses prédécesseurs.

Jean de Brienne, frère de Gautier de Brienne, qui avait conquis la Sicile, fut couronné roi de Jérusalem dans la ville d'Acre, en 1211. L'année suivante, les consuls marseillais établis en Syrie se présentèrent devant ce prince, pour réclamer la possession d'une rue que la nation possédait dans Acre, et qui lui avait été accordée par les rois de Jérusalem. Jean de Brienne exigea que les consuls lui montrassent les titres de possession. Ces titres avaient été perdus dans les désordres et les

[1] Archives, *cit.*

guerres dont la Palestine avait été le sanglant
théâtre. Le Roi ordonna de faire une enquête. Les
plus âgés du pays furent entendus, et leur témoignage fut favorable à la réclamation des consuls
marseillais. Il fut constaté que cette rue était près
de l'église de saint Démétrius. Jean de Brienne,
respectant les droits acquis, confirma par de nouvelles lettres patentes la possession de cette rue ;
elles furent souscrites par Jean d'Ibelin, par Guy
de Montfort, par Jacques Durinac, maréchal du
royaume, et par d'autres seigneurs.

Les Croisades produisirent un bien immense,
que personne n'avait peut-être prévu dans ces siècles où la philosophie était sans interprète : elles
servirent à rétablir l'autorité des rois. Les grands
vassaux, pour avoir de quoi entreprendre de si
longs voyages, aliénèrent leurs domaines, perdirent ainsi une partie de leur puissance, et cet affaiblissement, en tournant au profit du pouvoir
royal, facilita aussi l'affranchissement des peuples[1]. Elles aplanirent la voie des grandes découvertes, et étendirent la navigation et le commerce.
Marseille, qui joua un rôle actif et brillant dans
ces guerres lointaines, sut toujours en tirer un
merveilleux parti ; elle ne laissa passer, sans en
profiter, aucune occasion favorable à ses intérêts

[1] Robertson, Introduction à l'Histoire de Charles - Quint,
sect I.

mercantiles et à son influence politique. Son antique législation maritime n'était plus ; la faux destructive du temps en avait fait disparaître les monuments respectés ; mais si ces lois avaient cessé d'être écrites, leur esprit n'était point affaibli; elles vivaient dans les souvenirs et les traditions[1], et les usages que cette cité célèbre avait su conserver étaient accueillis par tous les navigateurs. Lorsqu'en 1059 Raymond-Bérenger Ier, victorieux des Maures, et portant au plus haut degré la prospérité de la Catalogne, forma le noble dessein de donner des institutions à ses peuples, et que, par sa salutaire impulsion, les magistrats de Barcelonne recueillirent les coutumes maritimes conservées par tradition et usitées dans les différents ports de la Méditerranée, Marseille ne dut-elle pas fournir un important tribut à cette rédaction des *Lois Barcelonnaises!* A qui, si ce n'est aux Marseillais, pourrait-on attribuer les principaux éléments de ce code si fameux vulgairement connu sous le nom de *Consulat de la Mer*, qui, traduit dans toutes les langues[2], fut adopté d'un consentement unanime[3]? Tant fut toujours puissant l'empire de l'expérience, de la justice et de la raison!

[1] Mornac, *ad leg.* 9, § *de Lege Rhodiâ.* — Giballinus, *de Usuris et Commerciis,* lib. IV, *cap.* II, *art.* II, *n.* 2.

[2] Muratori, *Rerum Ital. Script. t.* III, p. 367.

[3] Vinnius, sur la loi I, § *de Lege Rhod.* — *Apparet ex scriptoribus, quà Hispanis, quà Italis, Gallis et Anglis, bonam par-*

Vainement quelques villes d'Italie ont-elles voulu s'attribuer la principale part dans cette composition célèbre; vainement encore quelques villes d'Espagne, et Barcelonne elle-même, ont-elles revendiqué le même honneur : leurs efforts n'ont eu d'autre résultat que de détruire leurs prétentions respectives; et l'origine marseillaise du *Consulat* est assez prouvée par les mœurs qu'il rappelle, par les institutions auxquelles il se réfère, et que plusieurs siècles n'ont pu effacer.

L'établissement des consuls en pays étranger.[1] est évidemment dû à Marseille, qui la première envoya de pareils agents dans le Levant, pour la protection de son commerce. Elle ne confia ces fonctions importantes qu'aux citoyens les plus honorables[2]. Les consuls marseillais n'étaient nom-

tem legum quibus hodiè ad res maritimas utuntur, depromptam esse ex libro Consulatûs.

Casaregis, disc. 213, *n.* 12. — *Consulatus Maris, in materiis maritimis, tanquàm consuetudo universalis habemus vim legis, inviolabiliter attendenda est apud omnes provincias et nationes.*

De Luca, de Credito, disc. 107, *n.* 6, *et in Conflictu, observ.* 22. — Lubeck, en ses Annotations sur les Avaries, p. 110.

[1] Ces officiers étaient inconnus des peuples anciens, qui en avaient peu besoin : leur principal commerce, dans les pays éloignés de leurs métropoles, se faisait ordinairement par le moyen des colonies qu'ils y établissaient, ou des peuples qu'ils assujettissaient.

[2] *Similiter semper tales quod illi consules sint de melioribus, facundiâ et discretione, et probitate, et honestate, ad honorem*

més que pour un an ; mais leur emploi pouvait être prolongé en cas de nécessité; leur juridiction s'étendait non-seulement sur tous les nationaux établis dans le district du consulat, mais encore sur les capitaines et les matelots des navires de Marseille qui y abordaient. Ils présidaient aussi à l'administration économique et politique de la nation, et étaient les défenseurs nés de tous les intérêts de leurs compatriotes. Ils étaient tenus de faire l'inventaire des biens de ceux qui décédaient sans héritiers sur les lieux, ainsi que des effets sauvés des naufrages. Il est probable que leurs émoluments étaient pris sur la valeur des marchandises appartenant aux Marseillais, qui entraient ou sortaient des ports du district consulaire. Aucun capitaine de vaisseau ne pouvait être revêtu des fonctions de consul dans les pays où il faisait un voyage[1]. Celui auquel un gouvernement étranger accordait certaines faveurs, certains priviléges, ne pouvait pas être nommé consul auprès de ce

---

et utilitatem communis Massiliæ, etc. — Statuts municipaux et Coustumes anciennes de la ville de Marseille, ch. xviii.

On ne connaît pas la date précise de la rédaction de ces statuts; on croit généralement que cette rédaction a été faite en 1253 ou 1254. Tout indique que la plupart d'entre eux existaient avant cette époque; d'autres ont été faits plus tard.

[1] *Sed nec magister qui vulgariter nauchérus appellatur, vel aliquis dominus, vel domini, major vel majores alicujus navis, possunt esse consul vel consules extrà civitatem Massiliæ, in illo viagio quo ibit, etc.* — *Id.* ch. xviii.

gouvernement [1]. Les consuls de Marseille devaient, dans tous leurs actes, dans toutes leurs décisions, recourir à l'avis d'un citoyen marseillais au moins, et mieux encore de deux. Ils devaient avoir pour chancelier un notaire du pays de leur résidence; et quand ils ne pouvaient pas en avoir un, il leur était prescrit d'employer à cet usage l'écrivain d'un navire [2]. Leurs sentences n'étaient point souveraines ; elles pouvaient être réformées en tout ou en partie par les magistrats de Marseille; mais il fallait alors que celui qui en était frappé en demandât l'annulation dans le mois de son arrivée : passé ce délai, on ne pouvait plus se pourvoir contre elles, et l'autorité de la chose jugée était acquise. Lorsqu'il n'y avait pas de consul dans un pays où plusieurs Marseillais étaient établis, ils pouvaient en choisir un parmi eux, pourvu qu'ils fussent au moins dix. Le consul ainsi choisi avait le même pouvoir que les consuls directement nommés par le gouvernement de Marseille, et il ne pouvait refuser de remplir ses fonctions, sous peine d'une amende de 10 livres royales couronnées, à moins d'un empêchement légitime jugé tel par ses concitoyens. La moindre négligence était punie d'une amende de 25 livres de la même monnaie [3].

[1] Statuts, ch. xviii.
[2] Id. ch. xix.
[3] Id. ch. xviii.

C'est au temps des Croisades qu'il faut placer le changement des enseignes marseillaises. L'ancienne république, et plus tard la ville municipale, avaient pour armoiries un lion; on voit un lion sur presque tous les revers de leurs médailles; les vicomtes en plaçaient un sur les armes de leur famille : ce qui prouve que Marseille n'adopta pas les armoiries d'argent à la croix d'azur lorsque le libre exercice de la religion chrétienne y fut établi. Il est bien plus naturel de croire que ce changement s'opéra à l'époque des guerres saintes.

Pendant tout le temps de ces guerres, Marseille fit un grand commerce d'épiceries; il s'en faisait alors une grande consommation, et les Européens ne pouvaient s'en passer. Ce commerce a toujours procuré des fortunes considérables à plusieurs négociants marseillais [1]. Ces épiceries étaient apportées des Indes dans Alexandrie où on les vendait aux marchands européens. Chaque nation y avait ses boutiques, ses marchés, ses magasins distingués suivant les marchandises.

Le commerce du Levant apporta des richesses immenses en Egypte. Les califes de Bagdad

---

[1] Fauris de Saint-Vincens, Mémoire cité.

C'est ce que développe très bien Etienne Bertrand, jurisconsulte d'Avignon du quinzième siècle, dans une consultation qui commence par cette phrase : *Multi in hoc sæclo, et præteritis temporibus, aromatorii insignes et divitiis affluentes.*

étaient maîtres de celui qui se faisait par Bassora.
On conçoit que les sultans d'Egypte devaient
favoriser celui de la mer Rouge, car les Egyp-
tiens étaient les seuls qui allassent dans l'Inde
par cette mer sur laquelle ils n'avaient pas de rivaux. Notre commerce se faisait alors par échange. Nous portions à Alexandrie nos marchandises,
et les négociants de cette ville nous livraient celles
de l'Inde [1].

On faisait également le commerce par le golfe
Persique ; mais il était plus concentré dans l'intérieur du pays des Musulmans [2].

Les marchands marseillais se rendaient aussi
dans la ville de Tyr où étaient établis un grand
nombre de leurs compatriotes. Cette ville avait
des fabriques de verre qui donnèrent sans doute
à Venise le moyen de faire ces glaces si renom-
mées pendant long-temps dans tout l'Occident.
Antioche était alors très riche. Des vaisseaux,
chargés de toutes sortes de marchandises, y entraient et sortaient par l'Oronte. Tripoli était
rempli d'ouvriers occupés à faire des étoffes de
soie et des camelots [3].

Les Juifs de Jérusalem avaient le privilége exclusif pour la teinture des laines et des draps,

[1] De Guignes, Mém. cit.

[2] Id.

[3] Guillaume de Tyr, p. 565. — Sanute, liv. III, ch. XVIII.

moyennant une somme qu'ils payaient annuellement [1].

Le sucre, si mal connu des anciens [2], était,
à l'époque des Croisades, un objet de commerce
pour les Marseillais. Ils le tiraient d'Alexandrie
comme les épiceries. On trouvait des cannes à
sucre dans l'île de Chypre, à Rhodes et dans
d'autres contrées [3]. Les Croisés les transportèrent
en Sicile; elles furent ensuite cultivées à Grenade
et dans les parties les plus méridionales de l'Espagne; de là à Madère, d'où on les porta au Brésil
et dans le reste de l'Amérique [4].

Marseille faisait aussi le commerce de la soie
dans le 11ᵉ siècle et dans le 12ᵉ. On ne connaît pas
précisément l'époque où l'on a commencé à
la récolter en Provence. Les habits de cette
étoffe étaient un rare objet de luxe, et les lois
somptuaires de la plupart des Etats de l'Europe
les défendaient. Ces lois étaient en vigueur à

[1] De Guignes, Mém. cité.
[2] Saumaise, Dissertation sur Pline, vol. ii et suiv.
[3] Sanute, p. 24.
[4] Dans le 15ᵉ siècle, on fit des tentatives pour les cultiver
en Provence. Pierre de Quiqueran, évêque de Senès, le dit
ainsi dans le Traité qu'il a fait, vers le milieu du 16ᵉ siècle,
sur l'éloge de cette province, de Laudibus Provinciæ. Il
ajoute que, dans le moment où il compose son ouvrage, il
y a des cannes à sucre à Hyères depuis deux ans, et qu'on
attend la troisième année pour en faire la récolte.
Fauris de Saint-Vincens, Mém. cité.

Marseille, et il n'était permis qu'aux nouvelles mariées de porter de la soie; encore ne pouvait-elle être placée qu'aux garnitures de leurs manteaux, *in infroidurâ pallii* [1]. Cependant les femmes pouvaient porter des robes de soie dès le 13e siècle, car les statuts de Marseille fixent à 5 sous le prix de la façon de ces robes [2].

Marseille faisait à la même époque un grand commerce de pelleteries. Les peaux ou fourrures étaient un objet de luxe en France, en Angleterre et en Allemagne. On fourrait les chapes, les manteaux et les cottes d'armes, et dès les premières Croisades, plusieurs familles mirent l'hermine et le vair dans leurs armoiries. On trouve chez un de nos plus anciens jurisconsultes, Accurse Maynier d'Avignon, une consultation pour Jean-Baptiste Maynier son parent, établi à Marseille, qu'il appelle *nobilis mercator pelletarius seu parthiarius* [3]. Le commerce des cuirs et des peaux préparées, bien différent de celui des pelleteries et des fourrures, était aussi fort cultivé à Marseille [4]. Un quartier de la ville assez étendu était destiné aux fabriques de tanneries, sur lesquelles l'administration publique veillait

[1] Fauris de Saint-Vincens, Mém. cité.

[2] *De Vestibus Dominæ sericis, sive de Clamide et Tunicâ,* 5 *sol. lib.* II, *cap.* XXXIX.

[3] Fauris de Saint-Vincens, Mém. cité.

[4] Statuts, liv. II, ch. XLI; liv. III, ch. XII.

avec soin [1]. On fabriquait à Marseille une grande quantité de draps, mais ils n'étaient pas d'une qualité assez fine pour être recherchés par les étrangers. Ils ne pouvaient soutenir la concurrence des draps fabriqués en Italie. Aussi n'étaient-ils consommés que dans la Provence et aux environs [2].

Il a toujours été dans la destinée de la puissance commerciale de Marseille de ne pas occuper le premier rang. Jamais, au temps dont nous parlons, elle ne poussa son commerce aussi loin que les républiques d'Italie, jalouses et rivales les unes des autres. La marine de Venise effaça celle de tous les autres peuples. Son commerce était supérieur à celui de l'Europe entière. Ses finances étaient bien administrées. C'est la première cité qui ait imaginé d'attacher au gouvernement les sujets riches, en les engageant à placer une partie de leur fortune dans les fonds publics [3]. Tous ses efforts tendirent à empêcher les autres nations de faire le commerce du Levant. Elle y réussit en partie ; du moins les autres peuples furent-ils réduits à se pourvoir des marchandises de l'Inde

---

[1] Fauris de Saint-Vincens, Mém. cité.

[2] Id.

[3] Raynal, Histoire philosophique et politique du Commerce des Européens dans les Deux-Indes, Introduction.

par la voie de l'Egypte. Gênes florissait aussi par un commerce actif et étendu, par des forces navales assez considérables. Sa puissance était oppressive. Le génie commercial de Pise et de Florence jetait aussi un vif éclat. Leurs magistrats favorisaient tous les genres d'industrie[1]. Florence surtout devint célèbre par ses manufactures et par sa banque. La ville d'Amalfi se livrait aussi au commerce avec succès, et l'hôpital des Amalfites, à Jérusalem, renfermait de grandes richesses[2].

Cet état de splendeur des républiques italiennes n'empêchait pas Marseille d'avoir en Europe et en Asie une haute influence. Sa part était encore assez belle.

Comment le pouvoir des Vicomtes aurait-il pu résister à tant de causes puissantes de destruction? Ce pouvoir morcelé et avili s'était presque éteint dans les Croisades; il avait été effacé par les richesses commerciales de la cité, et par la grande considération dont les négociants jouissaient. Ces seigneurs ne gouvernaient plus, à proprement parler. Le corps municipal s'était organisé de manière à leur enlever toute participation aux affaires publiques. Ils ne possédaient plus que quelques droits domaniaux. Mais le fief, tout faible et léger qu'il était, existait encore; l'idée

---

[1] Robertson, Recherches sur l'Inde, p. 172.

[2] Jacques de Vitry, p. 1082.

seule du vassalage offensait la fierté des Marseillais ; toutes les classes de citoyens s'en indignaient.
La Confrérie du St.-Esprit ne ralentissait pas ses
patriotiques efforts. Il était temps, il était juste
que tant de vœux fussent comblés. Tout était mûr
pour le triomphe fortuné de l'indépendance
marseillaise.

Par suite des divisions d'héritage adoptées,
comme une coutume et un droit, par la race des
vicomtes, le fief de la ville inférieure était
possédé, sur la fin du 12ᵉ siècle, par quatre
co-seigneurs. C'étaient Roncelin, Raimond de
Baux, Hugues de Baux et Gérard-Adhémar. Raimond de Baux n'avait pas en propre sa portion de
seigneurie ; elle ne lui appartenait que du chef
d'Adalasie, sa femme, sœur de Roncelin et fille
de Guillaume v, dit *le Gros*, mort vers l'an 1191.
Il en était de même de Hugues de Baux et de Gérard-Adhémar ; le premier ne jouissait de sa part
de fief que comme mari de Barrale, le second
comme mari de Mabile, filles toutes les deux du
même Guillaume.

Roncelin, moine de St.-Victor, libertin effron-
té, entra dans le cloître, en sortit bientôt après,
se maria, quitta sa femme, rentra dans le cloître
et en sortit encore. Il vendit à l'abbaye une partie
de ses droits de fief sur Marseille, tint la vente
secrète, et eut ensuite la bassesse et l'audace d'a-
liéner en faveur d'Anselme, gentilhomme mar-

seillais, la propriété qu'il venait de perdre. Anselme, plein de bonne foi et se croyant possesseur légal et incommutable des droits de Roncelin, les revendit aussitôt aux confrères recteurs, qui stipulèrent au nom de la commune, moyennant le prix de 1,000 livres couronnées, payable comptant. Cette cession fut faite en 1211. Roncelin vendit deux ans après aux mêmes recteurs le restant de ses droits pour 600 livres. A la même époque, Raimond de Baux, quoique maître de domaines immenses en Provence, avait un pressant besoin d'argent, et ne savait quel moyen prendre pour s'en procurer. Les recteurs, profitant de sa pénurie, lui fournirent un moyen efficace, et lui proposèrent avec empressement de vendre à la commune les droits de seigneur dont il jouissait du chef d'Adalasie. Raimond de Baux accepta l'offre, et la vente fut consentie moyennant 80,000 sous royaux couronnés [1]. Mais les confrères municipaux exigèrent sagement que Hugues leur fût tenu d'éviction, et qu'Adalasie assistât au contrat avec Rostang d'Agoult, son frère. Elle n'y consentit qu'à condition qu'on lui donnât *pour épingles* 12,000 sous royaux couronnés qui lui furent effectivement comptés. Hugues était à peu près dans la même position que Rai-

---

[1] Le sou royal couronné valait à peu près 15 sous de notre monnaie.

mond. Il avait emprunté de fortes sommes à la commune, et il ne pouvait se libérer. Les recteurs le pressaient d'autant plus, qu'ils connaissaient son extrême embarras. Enfin, vivement sollicité de satisfaire à ses obligations, il donna en paiement la portion des droits qu'il exerçait sur la vicomté, comme mari de Barrale. Restait à acquérir les droits de Gérard-Adhémar, et celui-là n'était pas disposé à les céder. Souverain de Monteil et seigneur de Grignan, sa fortune égalait sa puissance. Aucune raison personnelle ne pouvait l'engager à se dépouiller de sa portion de vicomté. D'un autre côté, les Marseillais voulaient à tout prix s'affranchir des derniers restes du fief. On fit à ce seigneur les offres les plus séduisantes; elles ne purent faire fléchir sa volonté opiniâtre. On employa même les menaces, elles n'eurent pas plus de succès. Il paraît que sa résistance était excitée par sa femme qui, dans son orgueil, ne pouvait supporter l'idée de l'aliénation de son antique patrimoine. Cet obstacle irritait tous les désirs. Que faire dans ces circonstances? Quelques citoyens influents, persuadés que la force était l'unique moyen qui leur restait pour arriver au but désiré, s'entendirent avec la confrérie et excitèrent une émeute populaire. Courte fut la lutte. Le seigneur, chassé de la ville, fut privé des rentes qu'il y possédait, et dépouillé de ces mêmes droits qu'il n'avait pas voulu céder aux conditions les plus avantageuses. Son obstination se changea bientôt en regrets amers. Il fit dire aux chefs de la commune qu'il était prêt, ainsi que sa femme, à vendre tous ses titres à la seigneurie. On aurait pu certainement dédaigner ses offres tardives, car il n'avait plus rien à céder. Les Marseillais avaient conquis leur entière indépendance, et cette indépendance, don précieux du ciel, n'est pas dans le commerce des hommes. Elle est imprescriptible et sacrée. Son aliénation est un attentat qui révolte la nature. Sa conquête est toujours légitime et glorieuse. Le conseil municipal de Marseille crut pourtant, en cette occasion, devoir faire preuve de générosité. Il paya à Gérard-Adhémar 5,000 sous royaux couronnés, et s'engagea à lui supporter une pension annuelle et viagère de 100 livres, payable le jour de St. André. Ces achats successifs prouvent que la commune de Marseille possédait de grandes ressources financières, car elle déboursa environ 93,550 francs de notre monnaie actuelle, somme énorme pour ce temps-là. Encore elle compensa la valeur des droits domaniaux de Hugues de Baux avec l'argent que ce seigneur lui devait, et qui ne figure pas dans ce compte. N'y figure pas aussi la pension dont elle se greva au profit de Gérard. Ces sacrifices étaient grands, mais elle les fit avec plaisir. La cause en était si belle !

C'était en l'année 1214, époque à jamais mémorable dans les annales marseillaises. Les riches et fiers marchands de la ville inférieure, ayant joint la seigneurie à la commune, proclamèrent avec solennité leur affranchissement, et dès cet instant commença la seconde république de Marseille. Le rétablissement des formes républicaines aurait de quoi nous étonner, si les Marseillais avaient subitement passé de l'obéissance absolue à une liberté entière. Mais il n'en fut pas ainsi. La grande révolution dont nous parlons fut toute naturelle. Elle se fit insensiblement et par gradation ; il était facile de la prévoir.

Il fallait donner des fondements solides à la liberté naissante ; il fallait paralyser toutes les tentatives ennemies qui pouvaient la mettre en péril. Les vicomtes, depuis la vente de leur sei-gneurie, n'étaient considérés que comme personnes privées ; ils avaient perdu avec leur juridiction civile et criminelle tous droits de censives, treizains, chevauchées, leudes, ports, eaux, terres, montagnes, etc. ; mais on craignait qu'ils ne cherchassent à ressaisir l'autorité que leurs mains débiles avaient laissé échapper. Le commandement, quel qu'il soit, est si séduisant pour la faiblesse humaine ! la coupe du pouvoir est si enivrante ! La commune, prudente dans son triomphe, sentit la nécessité de faire un acte d'é-nergie. Par une délibération solennelle, rédigée en forme de statut, elle exclut à perpétuité la race vicomtale des emplois publics. Tous les membres jurèrent par trois fois d'observer ce statut fondamental, et il fut ordonné que tous les citoyens marseillais de la ville basse répéteraient ce serment auguste, qui fut en effet répété par toutes les classes de la cité avec des accents d'enthousiasme, et au milieu des fêtes publiques [1].

Voici comment le gouvernement républicain fut organisé: un magistrat suprême fut chargé de la haute administration, du pouvoir exécutif et du commandement des troupes. Il eut le titre de Podestat. Il devait être étranger au pays, pour ne pas être soumis, dans l'exercice de son autorité, à des influences locales et à des considérations de famille. On voulut aussi éviter par là les brigues et les cabales auxquelles les plus puissantes maisons de Marseille se seraient livrées pour obtenir cette première magistrature. La république lui faisait un traitement de 1,800 livres royales couronnées, lui payait en outre 37 livres de la même monnaie pour le logement et le bois de chauffage.

La création du podestariat fut suggérée à Marseille par l'exemple de quelques républiques d'Italie qui avaient une haute magistrature de ce genre; aussi le choix des podestats, chefs de la république marseillaise, tomba le plus souvent

_____
[1] Statuts, liv. i, ch. xvi.

I. 20

sur des Italiens. Si l'on se conformait à ce qui s'observait dans les villes d'Italie, la maison de ce premier magistrat devait être composée de deux chevaliers, huit pages, six damoiseaux, huit cavaliers dont trois armés. Cependant il ne paraît pas que cet usage ait été pratiqué à Marseille. Aucun historien n'a donné une liste complète des podestats de cette république. Le pape Honorius, dans une bulle de 1222, fait mention du podestat de Marseille, mais le nom n'y est point indiqué. Nous savons le nom des podestats qui gouvernèrent la ville dans les années suivantes, jusques en 1229 inclusivement. Ce sont : Reforçat, Jacques Carlavaris de Orzano, Spinus de Surexina, Hugolin, Robert, Marrat de Saint-Martin. Nous ne connaissons pas leurs successeurs [1].

Le podestat avait sous ses ordres un viguier ou lieutenant. Trois syndics lui étaient encore subordonnés, et ces syndics, suivant les termes contenus dans la charte de leur institution, devaient être *probi homines, providi et discreti ac legales, cives civitatis vicecomitalis Massiliæ, et habitantes in eâ, non tamen jurisperiti* [2]. Ils avaient un traitement annuel de 20 livres royales couronnées, ou plutôt ils ne recevaient ce paie-

[1] Tous les historiens de Provence, *passim*.

[2] Statuts, liv. I, ch. XI.

ment qu'à titre de frais de représentation, car on leur imposait l'obligation d'entretenir un cheval qu'on appelait palefroi, et s'ils ne l'entretenaient point, on ne leur donnait rien. Il leur était défendu d'accepter le plus petit présent. Leurs fonctions consistaient principalement à défendre tous les droits et à poursuivre toutes les actions de la république. Il leur était enjoint d'être circonspects dans l'accomplissement de ce devoir, et d'éviter les contestations intempestives, fâcheuses ou injustes, qui pourraient troubler la bonne harmonie des citoyens [1].

Les finances étaient confiées à trois directeurs de la trésorerie, appelés clavaires, qui avaient le même traitement annuel que les syndics, à la charge, comme eux, d'entretenir un palefroi [2].

Trois archivaires remplissaient les fonctions de secrétaires d'Etat. Ils rédigeaient les actes du gouvernement, dressaient les procès-verbaux, avaient la garde des papiers, apposaient les sceaux et timbres. Les archives étaient conservées dans l'Hôtel de Ville. Il y avait deux clefs de la salle des archives. L'une était confiée aux

---

[1] *Attamen ista faciant eo salvo quod dicti syndici non possint vel debeant aliquam controversiam, seu causam movere, nomine vel occasione dicti communis, ex qua discordia vel pelegia maxima creari posset in Massiliâ vel oriri, etc.* Id.

[2] *Id.* ch. xxii.

archivaires, l'autre aux syndics qui la laissaient
en dépôt à l'Hôtel de Ville [1].

Une amirauté, composée de six officiers désignés sous le nom de prud'hommes de la guerre,
dirigeait le département de la guerre et de la
marine. Elle administrait et surveillait l'état militaire et maritime de la république. La police et
la direction de l'arsenal lui appartenaient exclusivement. Elle avait soin d'entretenir des pilotes
pour guider les vaisseaux. L'amirauté avait sur le
quai du Port un hôtel pour ses assemblées et ses
bureaux, appelé *domus officii guerrœ*. Les magasins d'armes étaient dans la maison commune
sous la garde d'un archer et d'un arbâletrier, sur-
veillés par deux officiers annuellement nommés,
et revêtus du titre de gouverneurs des armes [2].

La république avait des fonctionnaires d'un
rang inférieur, tels que deux inspecteurs des
chemins publics, chargés de veiller à leur entretien et à leur élargissement [3]; un officier préposé
à recevoir et à garder les dépôts, les cautionnements et tous les deniers consignés [4]. Les six quartiers de la ville avaient chacun deux intendants
chargés d'assurer les approvisionnements et les

[1] Ruffi, tom. II, liv XII, ch. II.

[2] *Id.*

[3] Statuts, liv. I, ch. XLII.

[4] *Id.* ch. XIV.

subsistances, de constater les fraudes des vendeurs, d'examiner leurs poids et mesures au moins quatre fois par an, *parce qu'il est bon*, dit naïvement le statut, *qu'une police sévère réprime ceux qui ne sont pas détournés du mal par la crainte de Dieu* [1]. Quatre autres intendants étaient plus spécialement chargés de veiller à ce qu'on ne commît aucune fraude dans la vente de la farine et du pain, et tous les boulangers juraient une fois par an de ne vendre que du pain bien fait et bien cuit [2].

Un grand conseil, ou conseil général, était investi des pouvoirs les plus étendus et du droit de discuter les questions législatives. Il surveillait tous les fonctionnaires, et pouvait les destituer dans le cas d'une mauvaise gestion.

Ceux qui avaient droit d'entrée dans cette assemblée étaient divisés en trois classes : 1° les bourgeois, les négociants et les marchands; 2° les docteurs en droit; 3° Les chefs de corporations et de métiers qui étaient au nombre de cent. Il fallait être citoyen marseillais de la ville inférieure, et y avoir au moins un domicile réel depuis cinq ans sans interruption. Il fallait encore posséder à Marseille, ou dans son territoire, cin-

---

[1] *Id.* ch. LVI. *Quoniam quos Dei timor à malo non revocat, eos saltem coercere debet severitas disciplinæ.*

[2] *Id.* ch. XLI.

quante marcs d'argent [1] en biens meubles ou im-
meubles. Les étrangers, quelques services qu'ils
eussent rendus à la république, ne pouvaient
dans aucun cas exercer des fonctions aussi importantes.

Ce conseil général était composé de quatre-
vingt-neuf membres, savoir : quatre-vingt bourgeois, négociants ou marchands, trois docteurs
en droit, et six chefs de métiers.

Il se formait de la manière suivante : chaque
année, trois jours avant la Toussaint, les syndics,
les clavaires, six chefs de métiers et un notaire
choisi par ces derniers et remplissant les fonctions
de secrétaire, se réunissaient sous la présidence du
viguier. Ils juraient sur l'Evangile de ne consulter
dans leur choix que l'amour du bien public ; de
n'être guidés ni par l'amitié, ni par la haine, ni
par la crainte, ni par l'envie, ni par aucun sentiment passionné ; mais d'élire en leur ame et
conscience les meilleurs et les plus utiles. Ils nommaient ensuite dans chacun des six quartiers de la
ville deux citoyens recommandables, *duos probos
viros et discretos civitatis vicecomitalis Massiliæ.*
Les douze citoyens ainsi élus se réunissaient sur-
le-champ, et après avoir prêté le même serment
que ceux qui venaient de les élire, ils choisissaient
à leur tour, et sans désemparer, soixante et onze

[1] Le marc d'argent valait environ 52 livres de notre monnaie.

citoyens réunissant les conditions d'éligibilité, et
pris indistinctement dans tous les quartiers. A ces
quatre - vingt - trois conseillers se joignaient six
chefs de métiers avec voix délibérative, avec tous
les droits et toutes les prérogatives des autres
membres. Ils étaient appelés à tour de rôle sur
une liste de cent personnes, et leur service dans
le conseil ne durait qu'une semaine. Les six chefs
de métiers qui concouraient à l'élection des douze,
sous la présidence du viguier, étaient précisément
ceux qui exerçaient leurs fonctions durant la semaine qui précède la Toussaint [1].

Voici comment se faisait l'élection du podestat,
des grands officiers et des magistrats :

Les douze premiers conseillers, après avoir élu
leurs soixante et onze collègues, nommaient,
séance tenante, sept électeurs, savoir : trois parmi
ces soixante et onze, et quatre parmi les cent
chefs de métiers. Les sept ainsi nommés étaient immédiatement convoqués, et les douze ne se retiraient que quand les sept étaient réunis et quand
ils avaient prêté devant eux ainsi que devant le
podestat et les six chefs de métiers, un serment
semblable à celui que les autres électeurs avaient
prêté. Ces sept nouveaux électeurs formant une espèce de conclave étaient enfermés avec un notaire
du choix des chefs de métiers dans une salle de

[1] Statuts, ch. VIII.

l'Hôtel de Ville, et l'on prenait les mesures les plus attentives pour qu'ils n'eussent aucune communication avec l'extérieur. Les noms des grands officiers et des magistrats nommés étaient écrits par le notaire sur une feuille qui était aussitôt close et scellée par lui et sur laquelle trois électeurs au moins apposaient aussi leur sceau. Ces nominations étaient tenues secrètes, jusqu'à ce qu'elles fussent solennellement proclamées dans la séance d'ouverture du nouveau conseil général qui se tenait le jour de la Toussaint [1].

Le podestat et tous les fonctionnaires publics n'étaient nommés que pour un an. Ils n'étaient rééligibles qu'après une année d'intervalle. On ne pouvait cumuler deux emplois. Cependant les membres du grand conseil et les chefs de métiers étaient aptes à exercer cumulativement une autre fonction publique [2].

Les cent chefs de métiers, qui avaient tant d'influence dans ce système de gouvernement, étaient nommés chaque année par leur corporation respective. L'élection se faisait dans l'octave de la fête de St. Jean-Baptiste. Pour pouvoir être élu, il fallait être citoyen marseillais de la ville basse, y avoir un domicile réel de trois années sans interruption, et posséder au moins une livre royale

[1] Statuts, ch. VIII.

[2] *Id.* ch. IX.

couronnée. Ces chefs s'obligeaient par serment à maintenir le bon ordre et la paix publique ; à défendre de tous leurs moyens les droits et la liberté de la cité ; à révéler sur-le-champ les complots contre l'Etat qui pourraient parvenir à leur connaissance. Ils n'étaient élus que pour une année, et un an d'intervalle était nécessaire pour leur réélection[1].

Le conseil général était renouvelé en entier chaque année, et les membres n'étaient rééligibles que trois ans après leur sortie.

Les séances n'étaient pas publiques, mais l'assemblée pouvait permettre à qui que ce fût d'assister à ses débats[2]. Il n'y avait point de tribune, et chaque orateur restait à sa place. Aucun vote n'était secret. L'avis de chacun était énoncé dans le procès-verbal de la séance, rédigé par un notaire secrétaire. Lorsqu'une mesure quelconque avait été décrétée, le conseil nommait une commission chargée de la transmettre au podestat et de veiller à ce qu'elle fût exécutée fidèlement[3].

Les conseillers étaient tenus d'assister régulièrement aux séances annoncées par la cloche de l'Hôtel de Ville. Ils n'en étaient dispensés que lorsqu'ils étaient malades, ou lorsqu'ils se trou-

[1] Statuts, ch. x.
[2] Id. ch. viii.
[3] Archives de l'Hôtel de Ville.

vaient dans tout autre état d'empêchement dûment constaté. Prenaient-ils médecine? C'était pour ce jour-là un cas de dispense[1]. Convoquait-on le conseil pendant qu'ils étaient à la messe, à des noces ou à des funérailles? Ils n'étaient pas obligés de quitter brusquement ces cérémonies. Il leur était permis d'en attendre la fin; mais ils devaient aussitôt après ¦se rendre à la séance. S'ils ne se trouvaient pas dans un de ces divers cas d'exception, leur absence entraînait la condamnation d'une amende qui variait suivant la gravité de la faute. Se présentaient-ils à la séance quand elle était commencée? L'amende était de 12 deniers. La manquaient-ils entièrement? L'amende était alors de 2 sous[2].

Le membre qui divulguait une délibération que le conseil général voulait rendre secrète, n'était pas puni d'une manière déterminée, parce que le dommage pouvait être plus ou moins con-

---

[1] *Est autem justa excusatio seu impedimentum, si tunc infirmi fuerint, vel medicinam receperint, etc.* Statuts, liv. i, chap. viii.

[2] *Item si ad missam, vel nuptias, vel exequias mortuorum fuerint, venire non tenentur donec illa fuerint finita; quibus finitis venire tenentur, nisi jam consilium fuerit terminatum.*

Si quis verò non venerit ad consilium, nec se poterit excusare ex causis supradictis, duos solidos nomine pœnæ solvere compellatur. Si verò venerit consilio jam incepto, nec habent, ut dictum est, justam excusationem, duodecim denarios nomine pœnæ persolvat. Id.

sidérable. C'est le conseil qui fixait lui-même
cette peine suivant les circonstances. Mais dans
tous les cas, le membre condamné était exclu de
l'assemblée [1].

Si l'objet qui était en discussion se rattachait
aux intérêts personnels d'un conseiller ou à ceux
de son fils, ce conseiller ne pouvait pas assister
à la délibération, pour ne point gêner par sa
présence la liberté des votes; mais il pouvait,
avant de sortir, faire valoir ses raisons et son droit [2].

Le conseil général nommait quelquefois des
commissions spéciales pour l'expédition de certaines affaires. Ainsi, par exemple, une commission de six membres était nommée pour régler
conjointement avec les syndics, les clavaires, et
une autre commission de six chefs de métiers,
choisie par les cent chefs de corporations, le compte
des dépenses faites par les envoyés de la république; réglement qui devait s'opérer dans les dix
jours de leur arrivée à Marseille. Une autre commission de six conseillers qui se réunissaient également-
ment aux syndics, aux clavaires et à une commission de six chefs de métiers, procédait tous les
quatre mois à l'apurement des comptes des agents
du trésor public et de l'officier préposé à la garde
des cautionnements et des dépôts [3].

[1] Statuts.
[2] *Id.*
[3] Statuts, ch. xi et xiv.

Le podestat pouvait avoir un conseil privé pour l'éclairer dans son administration. Le nombre des membres n'était pas limité. Ils étaient nommés par ce premier magistrat, les syndics, les clavaires et les six chefs de métiers en exercice [1].

La toute-puissance nationale, la véritable souveraineté résidait dans l'assemblée générale du peuple, appelée *parlamentum*, parlement. Tous les citoyens de la ville inférieure, ayant l'exercice de leurs droits civils, y étaient admis. L'assentiment du parlement était nécessaire dans toutes les affaires importantes. Lui seul pouvait faire la guerre ou la paix, conclure des traités de commerce et d'alliance, et ce n'est qu'après son approbation que les résolutions du grand conseil avaient force de loi. Ces résolutions ne pouvaient pas être modifiées. Le peuple devait les adopter ou les rejeter purement et simplement.

A côté de l'église des Accoules, et en face de la Maison de Ville située où est maintenant la chapelle du St.-Esprit [2] et proche de l'Hôtel-Dieu,

[1] *Ordinamus præsenti constitutione deinceps firmiter observandâ quod quandocumque visum fuerit rectori Massiliæ, cum suis officialibus, scilicet syndicis, et clavariis et septimanariis, secretum consilium eligere, ipsum eligant bonâ fide. Id.* ch. xiii.

[2] La Maison Commune ou Hôtel de Ville était, avant cette époque, près des Grands-Carmes. Après avoir essuyé divers changements, elle fut bâtie une seconde fois sur le quai du Port. Cette dernière bâtisse fut faite dans le 17e siècle.

un des plus anciens hospices de France ¹, était une grande place servant, de temps immémorial, à la sépulture des Marseillais. Ce cimetière était clos de murailles, et des tombeanx voûtés à l'antique en ornaient le pourtour. C'est là que le parlement était convoqué au son des cloches, *sono campanarum.* Toutes les corporations s'y rendaient processionnellement, ayant chacune une bannière sur laquelle était peinte l'image d'un Saint choisi pour patron. Nous ne connaissons que le peuple marseillais qui ait imaginé d'établir son forum dans l'asyle de la mort, sur une poussière qui jadis avait été animée. Idée morale et

¹ Il fut fondé en 1188 par des religieux de l'ordre hospitalier du St.-Esprit, établi à Montpellier en 1180. Ces religieux, arrivés à Marseille, achetèrent de l'abbesse de St.-Sauveur une maison où ils accueillirent les malades et les enfants abandonnés. Un habitant, nommé Hozimel, leur donna, l'année même de leur établissement, une maison contiguë à celle qu'ils occupaient. Cet exemple eut des imitateurs. Plusieurs donations furent faites.

L'établissement était sous la direction du commandant des Frères du St.-Esprit. Les commandeurs perdirent cette juridiction, et au commencement du 14ᵉ siècle, l'administration de l'hospice fut entre les mains de recteurs à la nomination du viguier, près du conseil de ville. Cela dura jusqu'à la révolution. A cette époque on créa un mode uniforme d'administration pour tous les hospices du royaume.

L'Hôtel-Dieu ne comprenait d'abord que plusieurs maisons placées sur la rue du St.-Esprit. Il fut plus tard changé et agrandi.

patriotique ! Cette poussière était la cendre des vieux enfants de Phocée dont le monde avait admiré les sages lois et le génie. Le souvenir de ces glorieux ancêtres, inspirant une juste fierté, semblait dicter de grands devoirs. Il invitait à suivre et leurs leçons et leurs exemples. Là tout forçait au recueillement et au respect, tout commandait l'amour du bien public et de la vertu. Sur le seuil de cette enceinte sacrée semblaient venir expirer toutes les passions désordonnées, toutes les injustices populaires.

Le podestat, à son avènement à la magistrature suprême, prêtait serment[1], au milieu des pompes les plus solennelles, devant le conseil général et tous les chefs de métiers réunis dans la grand' salle de l'Hôtel de Ville, appelée[2] salle verte. La main sur l'Evangile[3] il jurait, d'abord dans

[1] Statuts, liv. 1, ch. 1.

[2] Elle portait le même nom que la salle principale du palais épiscopal.

[3] A cette époque, il n'y avait pas de serment sans l'attouchement des livres saints : l'antiquité avait transmis cet usage. Les Juifs juraient sur le livre de la loi en le touchant avec la main. Les Grecs et les Romains juraient en touchant les autels ou les images de leurs dieux : *Tange aram Veneris, per Venerem tibi jurandum est,* dit Plaute. Selon Marculfe, les rois envoyaient, de son temps, par les provinces, par les villes et les bourgades, des reliques de Saints, sur lesquelles les peuples leur prêtaient le serment de fidelité. (lib. 1 *Formular. cap.* XL.)

cette salle, de respecter la liberté marseillaise;
de ne gouverner que suivant les lois de la république; de se conformer à la volonté du conseil
et à celle du peuple; de veiller à ce que les services de l'administration fussent faits avec régula-
rité. Il jurait de défendre non-seulement les citoyens, mais encore les étrangers et les commerçants qui venaient à Marseille, par mer ou par
terre [1], pour s'y établir, ou pour n'y séjourner
que passagèrement; de tenir la main à ce qu'ils
y trouvassent sûreté et protection, pour leur personne, pour leurs biens, pour les gens de leur
suite; à ce que la justice fût rendue impartiale-
ment. Il jurait encore de ne point divulguer les
secrets d'Etat; de ne point permettre que les hérétiques demeurassent à Marseille et dans son
territoire; de faire tous ses efforts pour découvrir
ceux qui ourdiraient des complots attentatoires à
l'intérêt et à l'honneur de la république, et de
les faire punir suivant la nature du crime. Il jurait enfin de n'ouvrir et de ne lire qu'en présence
des syndics, des clavaires et des chefs de corporations, en service semainier, les lettres et les dépêches qui lui seraient personnellement adres-
sées, ainsi que celles qui seraient à l'adresse du
conseil; de ne rien écrire lui-même à qui que ce
fût, touchant les affaires publiques, hors de la pré-

[1] Statuts, *ibid.*

sence et sans la participation des mêmes membre du corps législatif [1].

Le podestat, entouré des syndics et des grands officiers, se plaçait ensuite sur le balcon de l'Hôtel de Ville. Cette apparition calmait tout à coup le tumulte qu'entraînent toujours les grands rassemblements populaires. A la bruyante impatience de la foule agitée succédait un silence grave et religieux, tel que le commandait l'auguste cérémonie. Les bannières inclinées saluaient le nouveau chef de la république qui renouvelait son serment, toujours la main sur le livre sacré. Et quand il avait fini de parler, les bannières s'inclinaient encore, le peuple faisait retentir l'air d'acclamations patriotiques, et il se répandait dans la ville ornée comme dans son plus beau jour de fête, et il célébrait avec les vives démonstrations de la joie méridionale, l'alliance heureuse de la liberté et du pouvoir.

Les précautions que l'on prenait pour empêcher le podestat de s'écarter de ses devoirs et d'attenter aux droits des citoyens étaient extrêmes, et certes on avait raison. Si la tyrannie est naturellement ombrageuse, la liberté l'est aussi. Il ne faut pas lui en faire un crime, car c'est l'expérience qui lui a commandé de l'être. Déplorable condition du cœur humain ! Si les

[1] Statuts, *Ibid.*

hommes qui obéissent sont portés, par un penchant secret, à une indépendance dont l'excès peut être fécond en orages, les hommes qui commandent ne sont-ils pas toujours disposés à rendre le commandement plus pesant, à l'étendre au-delà des bornes légitimes ? Et les usurpations d'un pouvoir oppresseur ne sont-elles pas plus funestes que les égarements d'une liberté méfiante? Le podestat, à l'expiration de sa charge, était obligé de rester quinze jours dans la ville, pour rendre compte de sa conduite, et pour répondre aux plaintes que les citoyens avaient à porter contre lui, soit pour malversation, soit même pour dettes. Cela s'appelait *faire syndicat*[1].

La justice était administrée publiquement et gratuitement devant la porte de l'église des Accoules [2]. Deux degrés de juridiction étaient établis. Le juge de première instance était nommé le juge ordinaire, le juge d'appel avait le titre de Juge-mage. Ces magistrats n'étaient nommés que pour un an, et n'étaient rééligibles qu'après une

---

[1] Statuts, *Ibid.*

[2] Vers l'année 1400, la justice était rendue dans l'hôpital du St.-Esprit. En 1565 le palais était peu de chose, et un parquet fut bâti par les soins de Catin, lieutenant civil et criminel. Peu de temps après, le palais fut achevé. Cet édifice tombant en ruine fut démoli en l'année 1745, et à sa place la communauté fit construire le palais actuel. Pendant qu'on le bâtissait, les tribunaux furent transportés dans l'ancien hôtel de Jarente, rue de la Miséricorde.

année d'intervalle [1]. On leur donnait pour salaire 60 livres royales couronnées [2].

Les parties ne pouvaient procéder en justice
qu'avec le ministère d'un procureur [3]. Ces officiers publics, dans toutes les causes où ils occupaient, étaient obligés de jurer sur l'Evangile et
devant le juge, d'agir sans fraude, de ne calomnier personne, de ne rien faire et de ne rien dire
qui pût léser les droits de leurs clients. Trahis-
saient-ils ce serment? Ils étaient chassés du sanctuaire des lois comme de vils parjures, et leur
nom, inscrit à l'Hôtel de Ville, était voué à un
opprobre éternel [4].

La noble profession d'avocat, toujours plus
brillante dans les républiques que dans les Etats
régis par la loi d'un seul, jouissait à Marseille de
la considération qui lui est due. Leurs salaires
étaient réglés suivant l'objet et l'importance du
litige; et en commençant leur postulation ils
prêtaient serment de ne rien exiger de plus. Le
pacte *de quotâ litis* était considéré comme odieux
et contraire aux bonnes mœurs. Le citoyen qui,
ayant besoin du ministère des avocats, n'en trouvait aucun qui voulût le lui fournir, s'adressait

---

[1] Statuts, ch. ix.

[2] *Id.*, ch. lxix.

[3] Il paraît que le nombre des procureurs n'était pas limité.

[4] Statuts, ch. xxvi.

au magistrat, lequel lui en nommait un d'office, pour la juste défense du faible contre le fort, du pauvre contre le riche. Lorsque la cité sollicitait l'appui de leurs lumières et de leur éloquence, ils ne pouvaient le lui refuser. Il leur était interdit de rapporter cession des droits litigieux, de former entre eux aucun contrat, aucune société, dans l'exercice de leur profession. L'inobservation de ces devoirs était punie par l'infâmie publique et par une amende de 10 livres royales couronnées. L'avocat qui perdait son procès par sa faute grossière, alors que l'action avait été mal introduite, n'avait droit à aucun salaire, et était tenu de restituer, dans les dix jours du jugement, ce qu'il avait déjà reçu à ce titre; mais il fallait que le juge exprimât formellement que la perte du procès provenait du fait seul du défenseur [1].

Entre autres conditions exigées par les statuts pour exercer la profession de notaire, il fallait être citoyen marseillais de la ville inférieure, être âgé de vingt-trois ans au moins, avoir des mœurs irréprochables, et posséder non-seulement les connaissances de l'état, mais encore les notions essentielles de la grammaire et des belles-lettres [2]. L'emploi de greffier auprès des tribunaux était rempli par des notaires, et cette

[1] Statuts, ch. xx et suiv.
[2] *Id.* ch. xxvii.

charge, qui était annuelle comme toutes les autres, avait un émolument de 12 livres royales
couronnées. Un d'entre eux était spécialement
chargé de recevoir les enquêtes, et celui-là recevait 15 livres de la même monnaie. Un autre était
attaché aux clavaires et à la trésorerie, avec des
appointements de 30 livres. Tous les salaires que
l'Etat accordait étaient payés par trimestre [1].

Les mêmes statuts défendaient aux citoyens de
remplir des emplois publics dans la ville supérieure, sans la permission du conseil général,
sous peine d'une amende de 100 marcs d'argent
et d'être déclarés incapables d'exercer pendant dix
ans aucune charge dans la ville basse [2]. La simonie était formellement proscrite. Quiconque était
convaincu d'avoir donné de l'argent, sous quelque prétexte que ce fût, et même sous le nom
de prêt, pour obtenir un emploi, était privé,
pendant dix années, de ses droits politiques, et
de plus condamné à une amende de 20 livres
royales couronnées. Celui qui avait reçu l'argent
subissait la condamnation d'une amende double
de la somme reçue [3].

A l'exemple des autres Etats souverains, Marseille républicaine eut, dans ces temps, son ori

[1] Statuts, ch. LXIX.

[2] *Id.* ch. LXV.

[3] *Id.* ch. LXI.

flamme particulière qui était en soie rouge dé-
coupée à panonceaux. Comme il était d'usage de
mettre la principale enseigne militaire sous la
protection de quelque Saint, les Marseillais choisirent naturellement St. Victor, intrépide guerrier, qui avait répandu son sang dans leurs murs
en confessant la foi chrétienne. Victor fut représenté sur l'oriflamme en cavalier armé de
toutes pièces, avec les armoiries marseillaises sur
son écu, et foulant aux pieds le dragon de l'abyme. Cet étendard national, objet de la vénération
publique, était déposé dans l'église abbatiale,
sous la garde des religieux. On le portait à la
procession le jour destiné à célébrer la fête
du Saint protecteur, et il était confié à un capitaine élu annuellement, emploi infiniment
honorable qui était recherché par les preux chevaliers, par les principaux gentilshommes, et
que les vicomtes eux-mêmes n'avaient pas cédé à
d'autres [1]. Le capitaine venait se placer devant
l'église de St.-Jean de Jérusalem, située au bout
du port, qui était traversé sur un pont de bateaux
par les religieux de St.-Victor en chapes et précédant la châsse du martyr, que portaient douze
diacres, revêtus de leurs aubes et de leurs dalma-
tiques, tenant à la main des palmes, et couronnés

[1] *Dominus Fulco non poterat adesse, propter alias causas quæ
erant fieri necesse; sed dominus Vilelmus, frater illius, propter
se et propter illum, regebat sancti Victoris vexillum, etc.*
Grand Cartulaire de St.-Victor, fol. 14.

de chapeaux de fleurs. La construction du pont
était confiée aux soins des prud'hommes, qui le
couvraient de riches étoffes. Au milieu s'élevait
un trône magnifique, sur lequel les reliques du
Saint, placées pendant quelques instants, recevaient le salut des équipages de tous les navires.
Au moment du débarquement, les prud'hommes
les saluaient aussi avec de longues et larges épées,
au son des cloches, au bruit des tambours, des
fanfares et des chants religieux qui montaient
dans les airs avec des nuages d'encens. Le capitaine se mettait à genoux devant le prieur de
l'abbaye, qui lui donnait la bénédiction et lui remettait l'oriflamme. Il montait alors sur un cheval richement harnaché, ayant des caparaçons
de damas blanc, semé de croix de taffetas bleu,
aux armoiries du monastère, qui étaient d'azur à
quatre bâtons en sautoir pommetés d'or, et l'écu
de Marseille sur le tout. La procession à laquelle
venaient se joindre tout le clergé, tous les corps
religieux, les syndics en robe rouge, et les principaux magistrats, se mettait en marche, et le
capitaine la suivait avec l'oriflamme déployée,
suivi lui-même de pages et de valets à ses couleurs.
Les rues où elle passait étaient ornées de tentures
et de drapeaux, jonchées de fleurs et d'herbes
odoriférantes. Elle s'arrêtait à diverses reprises,
et pendant ces pauses, le capitaine et sa brillante
suite faisaient des cavalcades dans les principaux

quartiers et devant les groupes de dames. La procession et les courses terminées, le capitaine remettait l'étendard entre les mains des moines, qui lui donnaient un splendide repas. Cette cérémonie engageait le même chevalier à remplir une autre cérémonie aussi dispendieuse pour lui. C'était celle du guet de la veille de St.-Lazare, qui se faisait à la lueur des torches, et dans laquelle le chevalier se montrait richement vêtu en costume ancien, avec des habits de soie enrichis de dorure, et suivi de nombreux serviteurs. La ville ne lui donnait que cinq douzaines de flambeaux de cire blanche, et deux autres douzaines de cire jaune [1].

[1] Marchetti, ouv. cité.

L'usage d'élire un capitaine pour porter l'oriflamme de Marseille existait encore en 1528, comme nous le confirme un registre des délibérations du conseil de ville. Voici les termes qui y sont insérés en langue provençale : *Noble François d'Albertas fara courre l'estendar de la cioutat de Marseilho, lou jour de la feste de San Vitou prochana, venent à l'honnour deldit San et de la cioutat, coumme es de bouna coustuma.*

Cette cérémonie, après avoir été interrompue, fut de nouveau renouvelée; mais elle ne le fut pas avec le même éclat; il n'y eut plus de procession. Au lieu d'un citoyen recommandable, choisi pour porter l'oriflamme, ce ne fut plus qu'un domestique de l'Hôtel de Ville, qui se rendait la veille de la fête à la petite chapelle de St.-Victor, où un prêtre de l'abbaye lui donnait la bénédiction. Il partait de là et faisait les courses sans aucune suite. Enfin cet usage fut totalement aboli en 1750.

Le sceau de la république portait l'effigie de
St. Victor et l'inscription suivante :

Actibus immensis urbs fulget Massiliensis.
Massiliam verè Victor civesque tuere [1].

Aucun élément aristocratique n'entrait dans le
système du gouvernement marseillais. Aussi bien,
dans le moyen âge, comme dans des temps plus
modernes, l'ordre des patriciens ne prit jamais
racine à Marseille. A peine laissait-il apercevoir
quelques traces d'existence. Aucune distinction
entre les nobles et les roturiers, aucun privilége
de naissance, aucun préjugé de caste. Les personnes et les propriétés étaient soumises aux mêmes charges publiques [2]. Quel avantage cette république n'avait-elle pas sur les républiques italiennes! Combien son organisation était préférable!
Les lois de Venise défendaient le commerce aux
nobles [3]. A Marseille, au contraire, dans le 13e
siècle et les suivants, les nobles pouvaient, sans
déroger, se livrer à des opérations commerciales [4].
Le commerce, qui était une source de considéra-

---

[1] Antiqvités de la ville de Marseille, par Ivles Raimond de
Solier, ivrisconsulte. Lyon, 1632.

[2] Statuts, liv. i, ch. LXII et LXIII.

[3] Amelot de la Houssaye, du Gouvernement de Venise, part. III.

[4] Discours sur le négoce des gentilshommes de la ville de
Marseille, et sur la qualité de nobles marchands qu'ils prenaient, par Marchetti. Marseille, 1671.

tion et d'influence, conduisait à tout ce que l'Etat avait de plus élevé, et ne voyait au-dessus de lui aucune supériorité sociale. A Gênes, les principaux du peuple, éloignés du pouvoir et des emplois publics, ne pouvaient exercer quelque influence dans le gouvernement qu'en administrant en grande partie la banque de St.-Georges [1]. Mais à Marseille, tous les arts utiles, toutes les professions industrielles, intéressés à la chose publique, étaient directement appelés à l'exercice de la souveraineté. Pouvaient-ils recevoir des encouragements plus honorables? Les corporations pouvaient-elles raisonnablement demander une portion plus large de la puissance politique? Quel est le pays où elles ont été plus favorisées? Elles nommaient librement leurs chefs, et ceux-ci les représentaient au conseil et y défendaient leurs droits. Le mandat que ces chefs de métiers recevaient était, aux yeux de la loi, une garantie suffisante.

Le royaume de Provence avait depuis longtemps le titre de Comté. La maison de Boson avait été remplacée par celle de Barcelonne [2]. Le corps

---

[1] Addisson, Voyages d'Italie, p. 16.

[2] Gilbert, vicomte de Milhaud et de Gévaudan, qui avait hérité de ce comté par son mariage avec Gerberge, sœur de Bertrand II, mourut en 1109, et ne laissa que deux filles nommées Douce et Etiennette qui furent mariées, l'une à Raymond-Bérenger, comte de Barcelonne, et l'autre à Raimond de

social était en mouvement. Plusieurs grands vassaux avaient fondé leur indépendance, entre autres les comtes de Forcalquier. Les principales villes s'étaient organisées en municipalités presque libres. Arles avait des consuls, elle nommait quelquefois un podestat, elle s'était complétement affranchie de l'autorité du comte; mais son administration dépendait malheureusement de l'archevêque qui en était l'ame et le chef. Nice, qui tenait un rang distingué parmi les cités provençales, avait été maintenue par sa situation et son commerce dans les immunités municipales les plus étendues. Elle se sentait fière de la gloire de sa fondatrice. Avignon avait aussi une administration consulaire, une commune florissante. Cette ville, à l'imitation d'Arles, se donnait aussi quelquefois des podestats. Venaient ensuite des bourgs d'un ordre inférieur, tels que celui de Grasse, où les consuls avaient fait des statuts pour arrêter les entreprises des comtes; celui de Brignoles, petite république féodale gouvernée par un corps de nobles; celui de Tarascon, ancien chef-lieu du comté, après la perte de la ville d'Arles; celui

---

Baux. En 1112, Gerberge, veuve de Gilbert, céda à Douce le comté de Provence. Quant à Etiennette, elle eut les domaines considérables connus sous le nom de *terres baussenques*. Douce, par acte du 13 janvier 1113, ayant fait donation à Raymond-Bérenger III des Etats qu'elle avait reçus de sa mère, les comtes de Barcelonne furent appelés à régner sur la Provence.

d'Apt dont les habitants avaient été assez heureux pour placer la commune en dehors du fief, sans avoir besoin du concours du seigneur, ni de la concession du souverain.

Toutes ces villes formaient entre elles, par sympathie comme par besoin, une grande confédération, à la tête de laquelle Marseille était naturellement placée. Un peu avant de proclamer son entier affranchissement, sa commune qui déjà avait assez de pouvoir pour faire en son propre nom des traités et contracter des alliances, qui déjà s'était hautement déclarée pour les Pisans contre les Génois, qui avait ensuite conclu avec Gênes une paix de vingt ans [1], s'était unie étroitement à la commune d'Arles, afin de se prêter des secours mutuels en cas de nécessité. Les chefs municipaux des deux cités s'étaient assemblés à Marseille pour s'entendre sur les articles de la convention. Il fut unanimement stipulé, entre autres dispositions, que la municipalité marseillaise emploîrait tout son crédit et ferait tous ses efforts pour empêcher que les vicomtes et les vicomtesses, qui alors possédaient encore quelques faibles restes de leurs droits domaniaux, n'exigeassent à l'avenir certaines charges des citoyens d'Arles habitant Marseille, et réciproquement

[1] Au mois d'août 1211.

que les citoyens marseillais seraient affranchis,
dans Arles, des mêmes charges [1].

Aussitôt après l'établissement de la république,
Hugues, comte d'Empurias en Catalogne, envoya
aux Marseillais une ambassade solennelle pour
leur témoigner son estime et leur exprimer le
désir qu'il avait de contracter alliance avec eux.
Les Marseillais reçurent ses députés avec les plus
grands honneurs, et accueillirent avec plaisir
des propositions qui ne pouvaient qu'être avantageuses à leur commerce. En effet, un traité
d'union fut conclu, par lequel les Marseillais
eurent la faculté de faire, sans entraves, le négoce
à Empurias et dans toutes les terres de sa dépendance, et le comte abolit en leur faveur le droit
barbare d'aubaine et de naufrage.

Peu de temps après, la ville de Nice envoya
aussi des députés à Marseille, pour resserrer les
nœuds de leur antique union. La nouvelle alliance fut jurée de part et d'autre, et les sentiments des citoyens marseillais furent ainsi expri-
més dans le préambule du traité : *En tous nos
conseils et en toutes nos actions procédant avec
zèle, nous avons mis notre ville en liberté. C'est
ainsi que nous avons accru la richesse, l'autorité
et le pouvoir de la république. Nous espérons,
avec l'aide de Dieu, la maintenir au même état* [2].

[1] Archives de l'Hôtel de Ville.

[2] *Id.*

Occupons-nous un instant de la ville haute. Cette ville n'avait profité en rien des améliorations politiques de la cité adjacente. Elle était toujours asservie sous l'autorité de l'évêque, et n'avait pas la faculté de se donner des magistrats; ils dépendaient tous du clergé. Les intérêts généraux étaient sans défenseurs, la cause du peuple sans organe. Le prélat exerçait la juridiction temporelle et les droits régaliens dans toute leur plénitude.

Spectacle étrange! Contraste étonnant! Les Marseillais étaient divisés en deux classes d'habitants gouvernés par des règles entièrement opposées. Ici étaient des citoyens fiers de leur liberté et ne dépendant que des lois protectrices; là, des vassaux de l'Eglise assez éclairés pour sentir leur sujétion; le système républicain à côté du régime féodal. Les habitants de la ville supérieure ne pouvaient pas rester spectateurs indifférents du bonheur de leurs compatriotes. Le beau sang marseillais ne coulait-il pas dans leurs veines? Eux aussi méritaient d'être citoyens : ils éprouvaient le sentiment douloureux de la dignité humaine blessée dans ce qu'elle a de plus cher. Favorisés peut-être par leurs voisins, ils organisèrent une confrérie et tentèrent de se soulager du poids d'un vasselage humiliant.

Une insurrection éclata, et le gouvernement

populaire fut établi [1] sur des bases à peu près
semblables à celles de la constitution de la ville
inférieure. Le conseil de ville, formé à la hâte,
élut un podestat nommé Rican, des syndics et
des juges. Rican fit publier diverses ordonnances,
créa plusieurs offices, et conféra les fonctions de
notaire à Guillaume Arnaud. Le patriotisme des
nouveaux républicains ne faillit pas un seul
instant.

Heureux s'ils avaient pu conserver leur liberté!
Mais sa possession ne fut qu'éphémère; ils en saluèrent la douce aurore, et bientôt après ils re-
tombèrent sous le joug de leur seigneur et maître.
A peine organisés, privés de ressources et de secours, ils se trouvèrent dans l'impossibilité d'opposer à l'évêque une longue résistance, et se soumirent en espérant des temps meilleurs. Le prélat
convoqua le peuple sur une place publique, par un
hérault, au son de la trompette. Il s'avança ensuite,
accompagné de l'archidiacre et de quatre autres
chanoines, et prononça un arrêt qui contenait en
substance : « Nous, Pierre, par la grâce de Dieu,
« évêque de Marseille, à qui appartient la pleine
« et entière juridiction temporelle, de quelque
« espèce qu'elle soit, dans la ville supérieure;
« juridiction que Jésus-Christ a donnée, de temps
« immémorial, à nos prédécesseurs et à l'église

[1] En 1219.

« marseillaise ; prononçant en dernier ressort,
« cassons, annulons, bannissons du souvenir des
« hommes, toutes les sentences que nos infidèles
« vassaux, leur podestat, leurs syndics ou leurs
« juges ont prononcées, tout ce qu'ils ont établi
« en matière de tutelle, de curatelle et de con-
« trats, ct généralement tous les actes où ils sont
« intervenus comme personnes publiques, et nom-
« mément la création d'une charge de notaire
« en faveur de Guillaume Arnaud [1]. »

Il fut ensuite dit aux habitants que c'était in-
justement et mal à propos qu'ils avaient envahi
les droits de leur pasteur. Comment pouvaient-ils
avoir eu la téméraire prétention de s'arroger un
pouvoir temporel qui appartenait à l'évêque en
toute propriété? comment justifier cette désobéissance? Défense leur fut faite de former aucune
association ou confrérie avec les citoyens de la
ville basse, d'établir le consulat, ou telle autre
institution municipale.

Aussitôt, quatre des principaux habitants,

[1] L'évêque qui rendit cet arrêt est Pierre II de Montlaur. Il
fut revêtu de l'épiscopat en 1215. Il remplaça Rainier, qui
remplaça Nicolas Ier en 1192. Celui-ci succéda, en 1185, à
Foulques de Torame, qui succéda à son tour à Pierre Ier en
1170. Pierre Ier vint après Raymond de Soliers en 1152. Ce
dernier fut, en 1122, le successeur de Raymond Ier, lequel le
fut de Pons en 1073. Pons II, comme nous l'avons dit dans
une note précédente, monta sur le siège épiscopal de Marseille
dans l'année 1014.

Pierre Bomand, Foulques de Ners, Jean de Bucco, et Robert de Vienne, parlant au nom de leurs compatriotes de la ville supérieure, suivant ce qui avait été concerté d'avance, firent leur soumission à l'évêque, se reconnurent ses vassaux, et lui jurèrent foi et hommage sur l'Evangile. Acte fut dressé de ce serment, et l'évêque y fit mettre son sceau de plomb [1].

Reportons maintenant nos regards sur cette ville basse, heureuse et puissante par ses lois républicaines.

Comme elle s'était alliée avec Raymond VI, comte de Toulouse, qui avait puisé dans le sein de sa famille une violente haine contre les comtes de Provence, elle se trouva entraînée dans les guerres de religion que ce malheureux prince eut à soutenir. Dans les provinces méridionales de la France, on commençait à raisonner sur la foi, et les esprits rompaient quelques-unes des lisières qui les retenaient captifs. Arnauld de Brescia avait levé l'étendard de l'insurrection contre tous les abus du gouvernement théocratique. Henri, jeune enthousiaste, marchant toujours nu-pieds, portant une croix de fer à la main, se condamnant à toutes les rigueurs de la pénitence et tout disposé à recevoir le martyre, avait dogmatisé,

[1] Archives de la Cathédrale de Marseille.—Hist. des Évêques, tom. II, p. 91 et suiv.—Papon, tom. III, p. 526 et suiv.

avait vu la foule suivre ses pas, avait été reçu en
prophète. Les peuples, indignés des mœurs scan-
daleuses et de la tyrannie du clergé, couraient
en foule entendre les prédicateurs de la nouvelle
doctrine, et ces novateurs furent appelés Albigeois. La cour de Rome, frappée d'épouvante,
envoya pour légats deux moines de Cîteaux, avec
pouvoir de contraindre tous les seigneurs du pays,
par les censures ecclésiastiques, à confisquer les
biens des sectaires, à les bannir, à les punir même
de mort. Ces légats sont les premiers qui exercèrent l'inquisition.

Cette insurrection menaçante avait pris un
grand caractère et s'étendait au loin. Raymond vi,
cousin germain de Philippe-Auguste, en était
regardé comme le protecteur. Pierre de Castel-
nau, un des légats, osa l'excommunier, et fut tué
peu de temps après au faubourg de Trinquetaille-
lez-Arles [1]. Le comte de Toulouse fut accusé d'a-
voir excité ce meurtre. Et le pape Innocent iii
lançant aussitôt contre lui tous les foudres du
Vatican, proclama la guerre sacrée, appela tous
les chrétiens aux armes, donna les Etats du Comte
au premier occupant. Dans cette croisade d'une
espèce particulière, le pontife accorda les mêmes
indulgences que dans celles contre les musulmans. Des troupes innombrables de croisés, parmi

[1] Le 8 janvier 1208.

I.   22

lesquels se trouvaient plusieurs évêques, accoururent de toutes les provinces françaises et menacèrent le Languedoc. Les seigneurs de l'armée, après avoir tenu conseil, choisirent pour général Simon de Montfort, et lui confièrent la direction suprême de cette guerre. Jusque-là, le comte de Toulouse s'était montré homme de tête et de cœur; mais il perdit la tête, et le cœur lui faillit, lorsqu'il vit ces formidables préparatifs. Il crut désarmer ses ennemis en offrant sa soumission. Il alla au-devant du légat, témoigna un grand repentir, protesta de son attachement à l'Eglise Catholique. A Saint-Gilles, le légat reçut son abjuration. Ce Prince, arrivé au dernier degré de l'humiliation, fut obligé de se croiser contre ses sujets, et quoique pénitent, il n'en fut pas moins dépouillé de ses Etats.

Raymond, victime des persécutions pontificales, mourut en laissant un fils qui fut le successeur de sa mauvaise fortune. La guerre continuait entre l'armée des croisés et ce fils, nommé Raymond VII. La Provence était dans l'agitation, dans l'anarchie. Les seigneurs de Baux, les seigneurs de Sabran-Forcalquier, soutenaient le jeune comte de Toulouse par esprit de haine contre Raymond-Bérenger V; mais Guillaume de Baux, prince d'Orange, qui avait su profiter de ces troubles pour obtenir le titre de Roi d'Arles, prit parti pour les croisés, tandis que les habitants d'Avignon s'armèrent contre eux. Parmi les villes de la Provence qui montrèrent le plus d'attachement au comte de Toulouse, Marseille se plaça au premier rang ; elle fit tous ses efforts pour le remettre en possession de ses Etats. Ce n'était point par zèle pour la doctrine religieuse des Albigeois. Cette doctrine ne pénétra point chez elle. Le seul mobile de sa conduite était le désir d'affaiblir le despotisme de l'Eglise Romaine. Elle le voyait de près ce despotisme écrasant, ennemi de toute amélioration sociale et de toute idée généreuse. La république était placée entre l'évêque, véritable souverain de la ville haute, et l'abbé de St-Victor, plus riche et plus puissant qu'un grand nombre de princes. L'influence théocratique de ces deux voisins lui inspirait de justes craintes. D'ailleurs elle venait d'avoir avec l'abbaye un différend qui ne s'était pas terminé à l'avantage de ses citoyens. Voici ce qui en avait été la cause : Nous avons dit que le vicomte Roncelin, avant l'acte de vente passé à Anselme, avait vendu les mêmes biens au monastère. Postérieurement à la revente que le gentilhomme marseillais fit à la commune, l'abbé de St-Victor vint soutenir que cet acte n'avait pu être fait au préjudice de ses droits dont il poursuivit la revendication. La république soutint, de son côté, que la donation était frauduleuse, et qu'ayant acquis légitimement et de bonne foi les droits seigneu-

riaux de Roncelin, elle ne devait pas en être spo-
liée. Pourtant elle offrit une indemnité au monastère, pour vivre en bonne intelligence avec
lui. Une proposition si raisonnable semblait devoir être acceptée. Mais l'abbé, plaçant tout son
orgueil et tous ses désirs dans la possession de
cette ancienne portion de seigneurie, poussant
même l'aveuglement jusqu'à ne point voir que
Marseille avait tout à la fois pour elle la justice
et la force, recourut à l'autorité d'Honoré III, qui
envoya trois députés avec ordre de mettre le monastère en jouissance des biens donnés par Roncelin, et en cas de résistance, de lancer les ana-
thêmes de l'Eglise contre des républicains inso-
lents Ces députés, qui étaient les évêques de Riez,
d'Antibes, et l'abbé Dutoronet, confirmèrent la
donation en arrivant à Marseille, et prononcèrent
la sentence d'excommunication contre quiconque inquiéterait l'abbaye à ce sujet. Ils sortirent
ensuite du monastère accompagnés de tous les
religieux, et plantèrent sur le sommet de la tour
du Tolonée une croix et une bannière aux armes
de St-Victor, en signe de mise en possession. Ils
en dressèrent procès-verbal en présence de plusieurs témoins dont la plupart étaient moines [1].
Le peuple murmura hautement, et le podestat fit
aussitôt abattre la bannière. Vainement l'évêque

----

[1] Archives de Saint-Victor.

de Marseille, Benoît d'Alignagno [1], usa de tous ses moyens d'influence pour faire triompher les prétentions du monastère ; vainement l'abbé Bonfils, qui en était le chef, fit ratifier la donation de Roncelin par Raymond-Bérenger v, comte de Provence, auquel il fit hommage et prêta serment de fidélité, en lui payant 3,000 sous royaux pour le droit d'investiture; vainement le Pape approuva par une bulle datée de Latran tout ce qui avait été fait par ses légats, et notamment la sentence d'excommunication qu'ils avaient lancée contre les Marseillais ; ce peuple ne céda pas et sut tout braver. Enfin le temps adoucit l'aigreur commune et disposa les esprits à la paix. Il fit naître des circonstances qui commandaient aux Marseillais de se montrer moins inflexibles, de se relâcher de leurs droits, dans l'espérance de voir naître des temps plus propices. Le différend fut terminé par une transaction. Il y fut stipulé que l'abbé et les religieux affermeraient à la république, pour six années, la portion de seigneurie contestée, moyennant le prix de 500 sous royaux couronnés, payables chaque année à la fête de St-Victor, avec condition néanmoins qu'à l'expiration du terme, la ville restituerait à l'abbaye ces droits seigneuriaux [2].

[1] Successeur de Pierre II de Montlaur.

[2] Ruffi, t. I, liv. IV, ch. I.

On connaît maintenant les raisons qui engagèrent les Marseillais à secourir le comte de Toulouse, qui semblait appeler sous les drapeaux de la
liberté religieuse tous les ennemis du Saint-Siége,
toutes les victimes de l'orgueil clérical et de l'intolérance catholique. Ils combattirent pour lui, dans
le Venaissin, contre les croisés, avec les habitants
d'Avignon, de S'-Gilles, de Beaucaire et de Tarascon, et poursuivirent avec fureur le cardinal
Bertrand, légat du Pape. C'était une guerre d'extermination ; jamais le fanatisme n'engendra plus
d'attentats contre la nature et l'humanité, et l'esprit se soulève au récit des horreurs qui furent
commises. Les Avignonais écorchèrent vif et cou-
pèrent en morceaux Guillaume de Baux, prince
d'Orange [1]. La Provence fut enfin délivrée de tant
de fléaux destructeurs, et Marseille vit heureusement la fin d'une guerre dans laquelle le ressentiment l'avait engagée. Montfort, le héros du fanatisme, périt au siége de Toulouse. Son fils, ne
pouvant résister au jeune Raymond, offrit les
Etats usurpés à Philippe-Auguste, qui refusa d'en
dépouiller l'héritier légitime.

Peu de temps après [2], Raimond et Hugues de
Baux voulurent ressaisir la portion du domaine
seigneurial qu'ils avaient aliénée. Raimond ré-

[1] Papon, t. ii, liv. iv.
[2] En 1225.

clama le premier , et fut assez puissant pour recourir à la force des armes. Nous n'avons auçun
détail sur la guerre que les Marseillais soutinrent
contre lui ; mais nous savons que les hostilités
furent terminées par un traité de paix dont voici
les articles : Les parties se quittent de tous les
dommages soufferts pendant la guerre. Raimond
de Baux renouvelle, tant pour lui que pour sa
femme et ses enfants, la cession déjà faite de leurs
anciens droits domaniaux sur la vicomté de Marseille. La ville s'engage à lui payer annuellement
et à perpétuité, à la fête de Sᵗ André, la somme
de 3,000 sous royaux ; à lui donner une maison
de la valeur de 1,000 sous, et à le recevoir, ainsi
que les membres de sa famille, au nombre de ses
citoyens. Ce seigneur s'obligea à défendre les
Marseillais contre tous leurs ennemis, et ceux-ci,
de leur côté, promirent de lui prêter secours en
cas de besoin. Ils furent affranchis de toutes charges dans ses terres, où aucun d'eux pourtant ne devait être reçu contre le gré de la république. Raimond de Baux, pour l'assurance de ses promesses ,
s'engagea à remettre son château de Vitrolles entre
les mains de deux personnes probes de la ville de
Marseille, lesquelles le garderaient pendant trois
ans. Il fut, en outre, convenu que, s'il s'élevait
quelques difficultés sur l'exécution du traité, les
parties choisiraient chacune un citoyen marseillais, et que ces deux juges videraient le différend

par voie d'arbitrage ; que les parties seraient tenues de déférer à la sentence rendue, sous peine,
savoir : la république, de payer à Raimond de
Baux 2,000 marcs d'argent, et Raimond de Baux
de remettre en propriété à la république les terres
de Vitrolles et de Châteauneuf[1]. Ce traité fut con-
firmé, la même année et la suivante, par la femme
et les enfants de Raimond.

Hugues de Baux crut aussi que le moment était
favorable pour rançonner Marseille. Il réclama[2]
la portion de la vicomté qu'il avait possédée du
chef de Barrale, sa femme. Marseille repoussa ses
prétentions injustes. Moins puissant ou moins entreprenant que Raimond de Baux, il n'employa
pas la force ouverte ; il se borna à recourir au
comte de Provence, et à implorer sa protection.
Raymond-Bérenger ne crut pas devoir épouser la
cause de ce seigneur ambitieux, qui ne savait pas
respecter la foi promise et la sainteté des contrats.
Hugues adressa alors ses plaintes à l'empereur
Frédéric II, qui prétendait avoir des droits sur la
Provence, parce que ce comté avait fait partie du
grand royaume de Bourgogne, et que Rodolphe,
son dernier roi, avait institué pour héritiers l'empereur Conrad et Henri III, son fils. Depuis lors,
les empereurs croyaient que les comtes de Pro-

[1] Archives de l'Hôtel de Ville. — Ruffi, t. I, liv. IV.
[2] En 1226.

vence devaient recevoir l'investiture de leurs mains, et leur prêter serment de fidélité.

L'Empereur, sur la seule plainte de Hugues de Baux, écrivit au conseil de la république de Marseille, et lui commanda de restituer à son protégé le patrimoine seigneurial qui lui était détenu. Le conseil, croyant n'avoir aucun ordre à recevoir de l'Empereur, persuadé d'ailleurs que ce commandement avait été surpris à sa justice, prit la ferme résolution de n'y point obéir. Alors l'Empereur ordonna aux Marseillais de se soumettre sans délai à sa volonté souveraine, sous peine d'encourir son indignation et d'être mis au ban de l'empire. L'acte de soumission n'arrivant point, Frédéric réalisa sa menace. Par arrêt de la chambre impériale, Marseille, traitée comme rebelle, fut mise au ban de l'empire et privée des droits d'une ville libre.

En apprenant cet arrêt fulminant, les Marseillais s'épouvantèrent. La prudence leur commanda de faire tous leurs efforts pour en empêcher l'exécution. A cet effet, ils offrirent une somme considérable à Hugues de Baux, pour qu'il abandonnât ses poursuites. Ce seigneur ne voulant consentir à rien, les Marseillais députèrent le podestat Hugolin et quelques citoyens recommandables vers Thomas, comte de Savoie, lieutenant de l'Empereur en Lombardie, pour le supplier d'intercéder auprès de ce monarque, et de détourner l'orage qui les menaçait. Thomas, qui avait toujours montré beaucoup d'affection pour Marseille, reçut les députés avec des marques d'estime et d'honneur. Il leur dit qu'ils n'avaient pas compté en vain sur son amitié, et leur témoigna le plaisir qu'il éprouvait d'avoir une occasion de leur être utile. Ses deux fils, Henri, marquis de Carreto, et Amé, montrèrent les mêmes sentiments. Les Marseillais, placés sous cette protection puissante, n'eurent plus à redouter les armes de Frédéric, qui consacra ses soins à des affaires plus importantes. Hugues de Baux s'agita sans succès; toutes ses intrigues furent déjouées.

A cette époque, Raymond-Bérenger étant venu à Marseille, traita de pair à pair avec la république, et fit avec elle une ligue offensive et défensive. Il promit pour lui et ses successeurs de la défendre contre tous ses ennemis, et dans le cas où elle serait attaquée, il s'engagea à lui fournir un secours de cent hommes d'armes et de cinq cent cinquante fantassins, entretenus à ses frais durant deux mois de chaque année. Marseille s'obligea de son côté de l'assister, en cas de besoin, avec cinquante hommes d'armes et deux cents hommes de pied, entretenus pendant deux mois de l'année aux dépens de la ville. Eustache et Raimond Gantelmi, Audibert, Isnard de Forcalquier et Raimond de Mora, gentilshommes provençaux, se rendirent personnellement garants des promesses du prince.

Le podestat Spinus de Sorezina, les syndics Ricaut et Pierre Bonvin, les clavaires Pierre Vétuli, Tortel et Jacques Guillaume, jurèrent publiquement, au nom de la république, l'inviolable observation de ce traité dont les articles furent publiés en présence de Raimond et Bertrand de Baux, de Raimond de Conchis, d'Anselme Fer, de Reynaud de Trets, d'Augier de Mari, de Guillaume Vivaud, de Bérenger de Péricart, de Jacques de Populo et de plusieurs autres citoyens distingués [1].

Le territoire de la république n'était pas très étendu, mais elle possédait en Provence quelques places importantes. En 1217, elle avait acheté de Raymond Geoffroy, fils de Pons de Fos, une partie des châteaux et seigneuries d'Hyères et de Bregançon, avec tous les droits qui étaient échus à ce seigneur de l'héritage de sa mère. Le prix fut de 18,000 sous royaux. Le reste de ces deux fiefs lui fut vendu deux ans après par Amiel de Fos, au prix de 5,000 sous, et les cinq fils du vendeur ratifièrent la vente, suivant la coutume du temps. Quelques années après, c'est-à-dire en 1228, Pierre de Temple et Guillaume Anselme, syndics, acquirent encore, au nom de Marseille [2]

[1] Ruffi, tom. I, liv IV, ch. II.

[2] Quand nous parlons de Marseille, c'est toujours de la ville inférieure.

et au prix de 18,000 sous royaux payés comptant le château et la seigneurie de Roquevaire, que Raimond de Baux leur vendit avec les droits qu'Audoarde, femme de Bertrand de Baux, son fils, Gérard-Adhémar et Mabile, sa femme, avaient sur ce fief [1].

Les Maures, maîtres de Mayorque, commettaient dans la Méditerranée de nombreuses pirateries, et ravageaient principalement les côtes d'Espagne. Jacques Ier, roi d'Aragon, entreprit de chasser les Barbares de cette île et de s'en emparer. Il fut puissamment assisté dans cette expédition par les Marseillais, intéressés comme lui à faire cesser des brigandages si nuisibles au commerce maritime. Ils lui fournirent une flotte nombreuse et bien équipée, et leurs troupes se signalèrent au siége de la capitale de l'île, lequel dura plusieurs mois. Les Maures se défendirent avec vigueur, mais enfin leur chef et son fils aîné ayant été tués, ils furent contraints de céder, et l'île entière fut soumise aux chrétiens [2]. Après cette conquête, le roi d'Aragon fit distribuer aux vainqueurs les dépouilles des vaincus. Les Marseillais eurent pour leur part trois cents maisons dans l'enceinte de la capitale et sept aux champs, une

---

[1] Ruffi, tom. i, liv. iv, ch. ii.

[2] En 1229.

mosquée pour leur servir d'église, trente-neuf
fabriques et une grande étendue de terres [1].

Hugues de Baux n'avait pas perdu l'espérance
de réussir dans ses desseins et de faire fléchir
Marseille. Voyant que la faveur de Frédéric ne
pouvait pas le servir, il implora celle du cardinal
Saint-Ange, envoyé en France en qualité de légat,
par le pape Honoré III, pour exhorter le roi
Louis VIII à détruire l'hérésie des Albigeois, qui
semblait prendre une force nouvelle. Ce prélat,
après de longues négociations, put se convaincre
que les Marseillais ne consentiraient jamais à
investir Hugues de Baux de la seigneurie qu'il
réclamait. Il fit consentir les parties à soumettre
à des arbitres la seule question de savoir si une
indemnité était due à cet ancien vicomte, et en
cas d'affirmative, quelle en était la quotité. Les
arbitres choisis furent Gilbert de Baux et Vivaud
de la Mure, qui devaient prendre pour tiers l'é-
vêque de Nîmes, en cas de partage d'opinions. Ce
partage ayant eu lieu, l'évêque de Nîmes, appelé
à le vider, consulta d'abord l'archevêque d'Arles et les évêques de Marseille et de Toulon. La
sentence qui fut ensuite rendue porta que Hugues
de Baux, Barrale sa femme, et leurs deux fils,
étaient déchus de tous droits sur l'ancienne seigneurie; que cependant la ville aurait à leur

[1] Archives de l'Hôtel de Ville.

payer 46,000 sous royaux couronnés, et de plus
à leur supporter une pension annuelle et perpétuelle de 3,000 sous, exigible le jour de St-Michel;
moyennant quoi, il y aurait oubli des dommages
soufferts réciproquement[1].

Un autre différend fut terminé par l'intermédiaire du cardinal Saint-Ange. L'évêque de Marseille venait d'excommunier les habitants de la
ville basse, sous le prétexte qu'ils avaient violé
une transaction faite, en 1219, avec Pierre de
Montlaur son prédécesseur. Cet acte portait que
tous les citoyens de la ville inférieure pourraient librement commercer dans la ville supérieure, et que pour y avoir droit de résidence,
ils n'auraient qu'à déclarer cette volonté à leurs
syndics ; que les habitants de la ville épiscopale
jouiraient du même avantage dans l'autre ville;
que pour les crimes commis et les contrats passés
dans la ville haute, les citoyens de la ville basse
n'auraient d'autres juges que leurs propres magistrats, et qu'il en serait de même pour les
habitants soumis à la juridiction de l'évêque, lesquels ne pourraient être distraits de cette juridiction. L'évêque se plaignait de la violation de
ce traité; le cardinal Saint-Ange, voulant pacifier
toutes choses, fit trouver bon au prélat et au po-

---

[1] Ruffi, t. i, liv. iv, ch. iii. Cette sentence a été rendue en
1229.

destat de compromettre leurs contestations à Hugues, archevêque d'Aix, et à Pierre de Collomedio, commissaires du Saint-Siége, qui décidèrent que l'acte de 1219 devait recevoir sa pleine exécution. Les mêmes arbitres réglèrent encore quelques points litigieux entre la ville haute et la ville basse, touchant les droits de douane [1].

La paix ne fut pas rendue à cette dernière ville; une autre querelle vint la troubler. Le délai de six ans, stipulé dans la transaction faite entre les religieux de St-Victor et le conseil de la république, était expiré, et l'abbaye demandait avec instance la restitution de ses droits féodaux. Le conseil avait la ferme résolution de ne laisser porter aucune atteinte à la liberté de la cité; cependant disposé à faire de nouveaux sacrifices pécuniaires, il proposa au monastère de lui payer cette portion de fief. Il crut que les religieux suivraient sans difficulté l'exemple de Hugues de Baux, et ne refuseraient point une offre qui tendait à l'établissement du repos commun.

Cette attente fut trompée. Les moines répondirent que la ville devait exécuter un traité solennel; qu'ils ne pouvaient d'ailleurs accepter l'offre qui leur était faite, parce que le Pape leur avait défendu d'aliéner leurs droits.

Tant d'obstination irrita les citoyens, et le

---

[1] Archives de l'Hôtel de Ville. — Ruffi, *ibid.*

conseil fit deux statuts qui dérogeaient à l'usage observé jusques alors. Par le premier, il abolit l'exception *non numeratæ pecuniæ*, et établit qu'à l'avenir ceux qui contracteraient avec le monastère, n'auraient plus à prouver que l'argent lui avait profité. Par le second, il décida que ceux qui possédaient des biens dépendants de l'abbaye, et à raison desquels ils auraient des contestations, seraient affranchis de la juridiction ecclésiastique [1]. Le conseil alla plus loin. Il soumit à une imposition les habitants du territoire appartenant aux religieux, et placé jusque-là sous leur puissance temporelle. Le peuple marseillais, indigné de l'injuste résistance des moines, se livra à quelques excès. Il abattit une colonne que Roncelin avait fait élever entre la ville et l'abbaye, pour fixer les limites des deux juridictions ; et voulant effacer toutes les traces de la domination vicomtale, il détruisit de fond en comble le Tolonée.

Le cardinal Saint-Ange exerçait à Marseille une grande influence, par sa prudence, son talent de persuasion et son caractère conciliateur. Les efforts qu'il fit pour établir la paix entre l'abbaye et la ville eurent un plein succès, et la décision du différend fut remise par ses soins entre les mains de Benoît d'Alignano, évêque de Marseille,

_____
[1] Archives de Saint-Victor.

sous la clause pénale de cinquante marcs d'argent contre celle des deux parties qui contreviendrait à la sentence de ce prélat.

L'Evêque, après avoir examiné tous les points du litige, ordonna que la colonne serait relevée à l'endroit même où elle était placée précédemment; qu'il serait pourtant permis aux parties de l'avancer ou de la reculer à l'avenir, suivant les titres qu'elles pourraient produire pour fixer les limites d'une juridiction différente. Quant à la portion du fief dont le monastère prétendait être propriétaire du chef de Roncelin, Benoît d'Alignano ordonna que cette portion serait de nouveau affermée à la république pendant six années, moyennant une rente de 100 livres royales couronnées, payable à la fête de St-Michel; que la république ne pourrait imposer aucune charge aux habitants du territoire abbatial; que le podestat et les syndics jureraient d'observer religieusement cette sentence, et à la fin de leurs fonctions feraient prêter le même serment à leurs successeurs. L'Evêque fit ensuite cesser l'excommunication que Pierre de Montlaur avait lancée contre les Marseillais, et l'absolution leur fut donnée publiquement, au cimetière des Accoules, en présence de Jean, évêque de Toulon, et de Rostan de Sabran, évêque de Riez [1].

---

[1] Toujours en 1229. — Ruffi, t. i, liv. ix, ch. iv.

Dans l'année 1230, Marseille fit avec Gênes un traité d'alliance. L'année suivante, elle conclut, pour la sûreté de son commerce, un autre traité de paix avec un chef des Sarrasins d'Afrique. Deux ans après, elle eut une contestation avec les Templiers et les Chevaliers de St-Jean ; voici quelle en fut la cause : Ces deux ordres avaient été affranchis, par une faveur spéciale des vicomtes, des droits ordinaires que les vaisseaux payaient à l'entrée et à la sortie du port. Ils avaient encore obtenu le privilége de transporter dans la Terre-Sainte les pélerins qui venaient, par troupes nombreuses, s'embarquer à Marseille; et ce genre de trafic était d'un grand revenu. Ils furent privés de ces franchises , lorsque la commune s'érigea en république. Les grands maîtres , irrités contre elle, lui cherchèrent partout des ennemis, et supplièrent Odon de Montbelliard, connétable du royaume de Jérusalem, d'épouser leur querelle et de venger ce qu'ils appelaient leur injure. Les Marseillais avaient besoin de la protection de ce seigneur, pour jouir paisiblement des immunités accordées à leur commerce dans la ville d'Acre. Par sa médiation, une transaction fut faite entre Guillaume Carrasson et Rostan de Puihaut, députés de Marseille et agissant en vertu d'un pouvoir spécial, d'une part, et Armand de Peyragres, grand maître des Templiers, et Guérin, grand maître des Chevaliers de St-Jean, d'autre part. On convint que les membres des deux ordres pourraient, dans le port de cette ville , embarquer sur leurs navires des pélerins jusqu'au nombre de 1,500 chacun , sans payer aucun droit ; mais que l'embarquement de leurs marchandises serait soumis aux taxes ordinaires. Ibelin , seigneur de Bérithe , Jean , seigneur de Césarée , René Allemand et Jacques Dubois , commandeurs de la maison du temple d'Acre , assistèrent à la conclusion du traité , rendu solennel par leur présence.

De Montbelliard, satisfait de l'heureuse issue de cette affaire [1], continua de protéger les Marseillais dans le Levant ; et Henri Ier, roi de Chypre, petit-fils d'Amaury de Lusignan, leur accorda de nouveaux avantages commerciaux [2].

Le comte d'Empurias, fidèle allié des Marseillais, mourut peu de temps après ; son fils, en lui succédant, hérita des mêmes sentiments pour eux. Il envoya à Marseille un ambassadeur pour confirmer l'étroite alliance des deux Etats [3].

Les chanoines de la Major excitaient, par leur faste et par l'indécence de leur conduite , des

[1] Plus tard, des difficultés s'élevèrent sur l'observation de ce traité. En 1246, les Templiers obtinrent une bulle du pape Innocent IV, déclarant aux Marseillais qu'il avait donné ordre à leur évêque de les excommunier, s'ils ne s'empressaient pas d'exécuter la convention de 1230.

[2] En 1236.—Archives de l'Hôtel de Ville.

[3] Arch., id. — Ruffi, liv. IV, ch. IV.

plaintes générales. Ces plaintes avaient engagé le
cardinal Saint-Ange', qui était toujours légat, à
commettre son autorité à l'évêque Benoît d'Alignano, pour corriger tous les vices que l'on re-
prochait au clergé de Marseille. L'Evêque avait
fait un statut qui était resté sans exécution, et les
désordres continuaient. L'archevêque de Vienne,
qui était aussi légat, voulut y remédier. Il écrivit
à Benoît des lettres pressantes, et envoya à Marseille l'évêque d'Avignon et l'archidiacre de Maguelone, en qualité de commissaires. Ces lettres
et les exhortations des commissaires ranimèrent
le zèle de Benoît et de son chapitre.

Ils s'assemblèrent dans la salle-verte du palais
épiscopal ', avec les deux commissaires délégués
et le prévôt Bérenger. Ils firent un réglement qui
défendait aux chanoines de jouer aux dés et aux
autres jeux de hasard ; d'avoir des habits trop
mondains par la couleur ou par la forme, et des
souliers pointus et recourbés, qui étaient alors à
la mode ; de faire briller l'or sur leurs éperons,
sur les brides et les selles de leurs chevaux, qui
portaient des sonnettes; de paraître avec des an-
neaux au doigt, comme les prélats, et avec certains ornements d'argent ou de cristal, comme
les riches bourgeois '.

' En juin 1235.
' Extrait du Livre-Vert de l'Evêché, fol. 10. — Hist. des
Evêques de Marseille, t. II, liv. VIII.

Raymond - Bérenger travaillait depuis long-
temps avec ardeur à soumettre les seigneurs indépendants et les villes affranchies. Préparant de
loin ses moyens de succès, il avait fait naître entre ces villes des jalousies funestes ; il était parvenu
à regagner l'amitié de l'Empereur, qui avait envoyé un commissaire chargé de pacifier la contrée et de rétablir le pouvoir du Comte. Bérenger,
prince aimable et doux, savait se concilier l'a-
mour des peuples ; il s'était créé au dehors de
puissantes alliances, et il était secondé dans toutes
ses entreprises par Thomas, comte de Savoie, dont
il avait épousé la fille, nommée Béatrix. Dans
l'année 1234, il donna en mariage à saint Louis
Marguerite, sa fille aînée, à peine âgée de
14 ans. *Son père,* dit Joinville, *l'avait ensei-*
gnée et doctrinée en sens et courtoisie, et en toutes
bonnes mœurs, dès le temps de l'enfance [1]. L'année
suivante, Eléonore, sa seconde fille, fixa le choix
d'Henri III, roi d'Angleterre, et la jeune princesse partit accompagnée d'un grand nombre de
chevaliers et de poètes.

Raymond - Bérenger ayant établi sa résidence
à Aix, y attira toute la noblesse de la Provence.
Béatrix, remarquable par ses attraits séduisants
et son intelligence élevée, était l'ornement de
cette cour qui devint la plus brillante de l'Eu-

[1] Edition du Louvre, p. 171.

rope. Là est le berceau de la poésie française et
italienne ; là fleurirent des vertus aimables, sous
les lois de la chevalerie ; là furent rendus ces jugements de la cour d'amour, chose la plus singulière du moyen âge [1]. Les femmes, dans le plus
beau triomphe de leur sexe, montrèrent la sensibilité exquise, l'adresse insinuante qu'elles tiennent du ciel, la vivacité d'imagination qui les
rend si susceptibles de mouvements extraordinaires, la fine sagacité qui leur fait pénétrer le secret des cœurs, saisir promptement le nœud des
intrigues, donner aux hommes de soudains conseils, supérieurs aux résultats de nos lentes méditations. Cette passion, qui forme quelquefois
des héros et souvent des folies romanesques, qui
soulève tant d'orages dans le cœur humain, mais
qui peut aussi l'embraser d'une flamme divine,
fut assujettie aux règles de la décence et placée
sous la sauvegarde des mœurs. Le désir de plaire
et de se distinguer donna de l'aisance aux manières, de la noblesse aux sentiments, de l'activité
aux esprits. Il était facile de voir que le monde

---

[1] Les dames seules formaient cette cour; elles se retiraient
pour délibérer, et la présidente prononçait le jugement. Les
chevaliers étaient admis sans voix délibérative. On y lisait les
poésies nouvelles. Les questions proposées, discutées et jugées,
étaient dans le genre de celle-ci : *Qui aime plus sa dame, ou
absente ou présente, et qui induit plus tôt à aimer, les yeux ou
le cœur?*

intellectuel allait reculer ses limites. La société
présentait un spectacle inaccoutumé : encore livrée à des habitudes barbares, elle commençait
à se raffiner par de fausses lumières ; elles étaient
tombées les barrières qui séparaient les peuples
de l'Occident. Ils s'étaient réunis pour des conquêtes religieuses, et un enthousiasme inouï les
avait transportés dans l'antique patrie des beaux-
arts et des muses. Ils avaient vu le ciel resplendissant de la voluptueuse Asie, respiré son air
embaumé, foulé son sol poétique. C'est alors que
les troubadours apparurent en Provence, car c'est
toujours là que brillèrent en Europe les premiers
rayons de la civilisation. Ces chantres du *gay-
savoir*, respirant les combats comme les plaisirs,
célébrèrent ce qui dans cette courte vie est le plus
digne de notre culte, la gloire et la beauté. Unis-
sant la galanterie à la dévotion, ils confondirent
dans un même amour plein de naïveté la dame de
leurs pensées et la Vierge Marie. Souvent timides et
respectueux, on les voit en extase devant l'idole
qu'ils encensent, lui supposer toutes les perfections
et trouver dans ses moindres faveurs une source
de joies ineffables. Quelquefois la liberté du discours et les licences de la satire les emportent au-
delà de toutes les bornes. Alors, comme les héros
d'Homère, hautains, arrogants, présomptueux,
ils expriment avec une rude franchise tout ce
qu'ils ont dans leur ame ulcérée : c'est que, chez

eux, les mouvements de la nature ne sont pas comprimés par les lois de la bienséance moderne; c'est qu'ils conservent encore toute la vigueur de caractère, et que tout ce qui frappe leurs regards excite en eux des sensations énergiques, allume leur juste courroux. Que voient-ils, en effet? Une bourgeoisie docile qui aspire à la liberté, mais qui ne s'est pas encore tout-à-fait dépouillée des mœurs de la servitude; une noblesse inquiète et turbulente qui ne fonde ses droits que sur le droit absurde de l'épée, qui ne donne des marques de prodigalité que pour se parer d'une ruineuse ostentation; un clergé vicieux dévoué à des papes qui font de l'Evangile l'instrument d'une politique audacieuse et d'un despotisme avilissant; tantôt disposant des récompenses du ciel, tantôt condamnant aux supplices de l'enfer; subjuguant les nations, ébranlant les empires.

Fouquet s'était depuis long-temps distingué parmi les troubadours. Il naquit à Marseille d'un marchand de Gênes, qui, en mourant, le laissa maître d'une succession considérable. Ce poète, dans l'âge heureux où le sentiment, conservant toute sa fraîcheur, sait embellir la vie de tant de rêves de volupté et de gloire, fut accueilli, comme troubadour, par Richard Iᵉʳ, roi d'Angleterre, et par Alphonse Iᵉʳ, roi d'Aragon. Il s'attacha surtout au vicomte Barral, et la femme de ce seigneur, Adélaïde de Roquemartine, de la maison de Porcellet, devint le sujet ordinaire de ses chants. Fouquet ne célébra ses grâces et ses vertus que sous des noms empruntés, parce que *c'était une grande félonie de laisser entrevoir le secret d'une passion pour la femme de son seigneur.* Il porta aussi ses vœux à deux sœurs du Vicomte, Laure de Saint-Julien et Mabile de Pontevès, dames d'une incomparable beauté, qui dédaignèrent les hommages de ce troubadour inconstant, l'accablèrent de reproches et le chassèrent même de la cour de Barral. Fouquet, saisi d'une mélancolie profonde, cessa de sacrifier aux Muses, pour se livrer aux pratiques d'une dévotion aveugle. Il devint évêque de Toulouse [1], signala son fanatisme contre les malheureux Albigeois, et mourut en 1231. D'autres troubadours firent aussi les délices de leur patrie. Ils inventèrent la rime, rendirent docile à leurs chants la langue provençale, qui, correcte et polie, douce et flexible, acquit sur tous les idiomes de l'Occident une supériorité incontestable, les enrichit de ses tours gracieux, de ses expressions pittoresques, et devint la voix du plaisir, comme l'appelait Pétrarque. Cependant les Provençaux, voisins des côtes maritimes, exprimèrent toujours par des sons durs des mots fort doux. Le langage de Marseille et des environs fut original, mais il s'é-

[1] En 1205.

loigna un peu de la manière de parler connue dans les autres cantons de la Provence [1].

Raymond-Bérenger eut un principal ministre auquel il confia l'administration de ses finances : ce ministre fut Romée de Villeneuve, qui, par ses talents et sa probité, fit chérir le pouvoir de son maître. Il corrigea partout les abus, leva de nombreuses troupes et amassa de grands trésors, sans être à charge à la nation provençale ; de sorte que le Comte put non-seulement tenir cette cour célèbre qui était le centre des lettres et de la politesse, mais faire glorieusement la guerre à ses ennemis et agrandir son domaine.

Un voisin aussi puissant était un grand péril pour l'indépendance de Marseille. Arles avait déjà fléchi devant lui. La confusion s'était mise dans le gouvernement de cette cité, qui avait toujours été travaillée d'un mal domestique. La noblesse y dominait, et le peuple avait pris ombrage contre elle. Ces divisions étaient fomentées par le Comte : il espérait se rendre ainsi plus facilement maître de la ville, qui à ses yeux faisait partie de son patrimoine. Ce qu'il avait prévu arriva : les nobles, fatigués de lutter sans cesse contre les plébéiens, proposèrent de confier

[1] Réflexions historiques sur la Langue Provençale, par J.-F. Bouche.—Vie des Poètes provençaux, par Jean Nostradamus.— *Vid. quoq.* Disc. sur les Troub.; Dictionn. Provençal; Glossaire de la Langue Provenç., manuscrit de l'abbé Féraud.

le gouvernement à Bérenger, sa vie durant.
Cette proposition fut généralement approuvée ;
car le peuple, également las des querelles intes-
tines, aspirait au repos. L'offre fut donc faite à
Bérenger, qui l'accepta sans hésiter. Il entra dans
la ville en toute hâte, et jura le maintien de ses
franchises municipales et de ses priviléges ecclésiastiques.

Ce succès enflamma son ambition ; il se reprocha le traité de paix qu'il avait fait, peu
d'années auparavant, avec Marseille, traité qui
n'était plus à ses yeux qu'un acte de faiblesse at-
tentatoire à ses droits de souverain. Toutes ses
pensées et tous ses efforts tendirent à faire reconnaître son autorité dans cette république ;
mais les obstacles étaient plus grands que ceux
qu'il avait rencontrés à Arles : ses projets n'étaient
point favorisés, à Marseille, par la lassitude des
citoyens, par l'esprit de faction, par le dégoût
d'un gouvernement orageux. Rien pourtant ne
le découragea, et ses désirs s'irritèrent et s'ac-
crurent des difficultés de l'entreprise. Benoît
d'Alignano lui était dévoué ; Bérenger jeta les
yeux sur cet évêque, comme sur un instrument
docile. Benoît embrassa avec ardeur les intérêts
du Comte. L'intrigue, la persuasion, tous les
moyens lui furent bons. Il remontra aux Marseillais qu'ils n'avaient rien gagné au système
républicain. Ne vivaient-ils pas plus heureux

sous la domination des vicomtes? Pourquoi se
laisser séduire par une liberté décevante? Le
régime des lois populaires assure-t-il le repos
public? N'est-il pas ordinairement fécond en orages, en commotions politiques? Est-il d'ailleurs
de longue durée, et ne va-t-il pas se perdre dans
la tyrannie de quelque citoyen ambitieux et
puissant?

Les Marseillais repoussèrent toutes les propositions que l'Evêque leur fit au nom de Raymond-
Bérenger. Cependant le Comte, ne voulant pas
compromettre par trop d'exigence la réussite de
ses projets, se bornait à demander certains droits
régaliens, tel que celui de battre monnaie; il
exigeait encore une somme annuelle. Les Marseillais se placèrent sous la protection du comte de
Toulouse, Raymond VII. Cette démarche irrita
Bérenger ; il la regarda comme une offense
cruelle; et, désespérant dès-lors de réussir par la
voie de la douceur, il se prépara à celle des
armes. Il commença par lancer un manifeste,
où il se plaignait de l'ingratitude des Marseillais
et les accusait de rebellion, pour avoir cherché
un appui dans son plus mortel ennemi. Il fit ensuite de grands préparatifs de guerre, mit sur
pied une armée redoutable, et vint, en 1237,
brusquement assiéger la ville. Les Marseillais se
défendirent si vigoureusement, qu'il fut, trois
mois après, contraint de lever le siége ; mais la

guerre dura six ans, pendant lesquels chaque partie souffrit beaucoup de maux. Le comte de Toulouse s'avança pour soutenir ses alliés, et l'on combattit de part et d'autre avec acharnement.

Pendant que la Provence était désolée par ces hostilités sans résultat décisif, il se fit en France une grande croisade de princes et de seigneurs, principalement de ceux qui avaient causé des troubles sous la minorité de saint Louis. Les barons et les chevaliers, animés d'un zèle ardent pour la délivrance de Jérusalem, quittèrent leurs donjons et leurs châteaux. De toutes les provinces du royaume ils se mirent en marche et prirent la route de Marseille, où des vaisseaux les attendaient. La plupart d'entre eux étaient rassemblés à Lyon pour délibérer sur leur entreprise, lorsqu'ils reçurent un nonce de Grégoire IX, qui leur ordonna de retourner dans leurs foyers. Cet ordre inattendu les scandalisa ; ils s'emportèrent au point de maltraiter l'ambassadeur du souverain Pontife. Vainement virent-ils arriver des députés de l'empereur d'Allemagne, qui les suppliait aussi de suspendre leur marche, et d'attendre que lui-même eût rassemblé ses troupes, pour se mettre à leur tête. Ils ne comprennent pas ces retards ; ils ne peuvent croire que le chef de la chrétienté veuille sérieusement s'opposer à leur résolution de combattre en Asie les ennemis du nom chrétien. Ils persistent dans le dessein d'accomplir leur serment, et pour eux la gloire des armes est aussi la voie du salut. Thibault, roi de Navarre et comte de Champagne, les ducs de Bourgogne et de Bretagne, les comtes de Bar, de Mâcon, de Nevers, et tous les seigneurs qui suivent leurs enseignes, se dirigent vers Marseille et reçoivent des habitants l'accueil le plus amical. L'évêque Benoît d'Alignano prend aussi la croix, et s'attache à la fortune de Thibault. Les croisés, après un très court séjour dans cette ville, s'embarquent[1] et voguent vers la Syrie. Cette croisade n'eut pas une meilleure issue que les autres. La mauvaise conduite des chrétiens, leurs divisions sans cesse renaissantes, firent périr presque toute cette armée, et la plupart de ses chefs y furent tués ou faits prisonniers.

Benoît d'Alignano, qui eut le bonheur d'échapper à ce grand désastre, rendit d'importants services aux croisés. La forteresse de Saphet, un de leurs principaux boulevards, avait été renversée par les musulmans victorieux ; il fallait pour la reconstruire des sommes considérables et un grand nombre de travailleurs que les chrétiens découragés ne pouvaient fournir, dans le triste état de leurs affaires. Benoît, doué de cette volonté forte qui triomphe des obstacles et enfante de grandes choses, conçut le projet de relever les murs formidables qui naguères étaient

---

[1] L'embarquement se fit le 3 juin 1239.

la terreur du Croissant. Il alla à Ptolémaïs pour faire part de ce projet à Arman, maître des Templiers, et pour l'engager à faire tous ses efforts, à s'imposer tous les sacrifices pour le succès de l'entreprise. Arman, qui était alors malade, n'accueillit pas favorablement les propositions du prélat marseillais. « Quelles sont « donc nos ressources, lui répliqua-t-il en sou- « pirant? Votre projet n'est qu'une illusion géné- « reuse. Jetez les yeux autour de vous : voyez cette « terre dévastée que blanchissent les ossements « de nos valeureux défenseurs, de nos frères in- « fortunés. Quel espoir peuvent vous inspirer « ceux que la mort n'a épargnés que pour leur « réserver un malheur plus grand, en leur lais- « sant le douloureux sentiment de l'impuissance « et de l'humiliation? Que peuvent-ils vous offrir? « des larmes, des larmes.... Ah! si du moins ces « faibles débris de nos florissantes armées abju- « raient leurs anciennes rivalités, peut-être alors « les infidèles qui nous bravent convertiraient « leurs chants de triomphe en cris de désespoir. « Mais, hélas! le camp des chrétiens est toujours « le théâtre de la discorde. Non, je n'aurai ja- « mais la joie de voir relever les murs sacrés « de Saphet. Je vais descendre au tombeau, « sans contempler ce consolant spectacle. »

Ces paroles qu'une douleur patriotique et religieuse arrachait à un vieillard ému ne refroidirent point le zèle de Benoît. Il supplia Arman de convoquer le conseil des Chevaliers du Temple, et de lui permettre d'y paraître et de le haranguer. Le grand maître le lui ayant accordé, Benoît voit en particulier les principaux chevaliers, leur communique l'ardeur qui l'enflamme, les fait consentir à tout ce qu'il désire, et les voyant ainsi disposés, il se présente dans l'assemblée, prononce un discours pathétique, fait don de tout ce qu'il possède, offre lui-même de travailler à la reconstruction du château de Saphet, attendrit tous les cœurs et enlève tous les suffrages. On prend aussitôt les plus sages mesures pour assurer la réussite de ce projet. On fait un appel au zèle et à la générosité de tous les chrétiens, qui oublient leurs divisions. Les chevaliers, les servants, les arbalétriers se mettent en marche vers le lieu où sont les ruines de la forteresse. L'évêque de Marseille les accompagne avec tous les pélerins qu'il a pu rassembler, place sa tente du côté où se trouvaient la synagogue des Juifs et la mosquée des Sarrasins, pour exprimer ainsi que l'infidélité va être détruite, et que la foi va triompher ; ensuite il célèbre la Messe, exhorte les assistants, consacre avec solennité la première pierre, la met lui-même en place, pose sur elle une coupe pleine de tout l'argent qui lui reste, demeure là jusqu'à ce que le château soit en état de défense, le bénit alors, dit adieu à tous ses compagnons de travail, et retourne à Marseille [1].

A son arrivée, il autorisa l'établissement d'une abbaye de l'ordre de Cîteaux. Plusieurs ordres religieux s'étaient fixés depuis quelque temps à Marseille, tels que les Chevaliers Hospitaliers de Saint-Antoine [2], les Trinitaires [3], les Dominicains [4]; mais on n'y avait vu d'autres religieuses que celles de Saint-Sauveur, qui, à l'exemple des moines

[1] En 1240.

[2] Cet ordre avait été fondé par Jocelin, gentilhomme du Dauphiné, à son retour des premières guerres saintes. Les Chevaliers de Saint-Antoine se dévouaient au soulagement des malades; ils furent ensuite érigés en chanoines réguliers. On ne sait pas positivement en quel temps ils furent reçus à Marseille; mais leur maison y était déjà établie en 1180, sous le titre de Commanderie, qui était générale, de laquelle dépendaient les commanderies subalternes d'Aix, d'Apt, de Ceyreste et de Salon. Le commandeur général de Marseille avait la prérogative de pouvoir être juge délégué du Saint-Siége.

[3] On connaît mieux le commencement du monastère des Trinitaires à Marseille. Jean de Matha, fondateur de cet ordre, de retour de Rome, d'où il venait de faire approuver sa règle par Innocent III, arriva à Marseille l'an 1202, et y établit la première maison de son institut tout près de la Porte Galle (*Porta Gallica*), à l'endroit où sont les boucheries.

[4] Les religieux de l'ordre de Saint-Dominique avaient un hospice dans Marseille, avant l'année 1215, pour loger ceux d'entre eux qui venaient en cette ville avec l'intention de passer dans les pays étrangers. En 1224, ils eurent une église et un hôpital sous le titre de Saint-Michel. Ils s'établirent ensuite à l'ancien Jeu de Mail, qui était entre les rues aujourd'hui de Saint-Ferréol et de Rome.

de Saint-Victor, abandonnèrent les usages consacrés par Cassien, pour suivre la règle de saint
Benoît. Le nouveau monastère de Cîteaux, appelé
abbaye de Sion, eut pour fondateurs trois gentilshommes marseillais [1] de la maison de Roquefort, qui ne subsiste plus.

Le comte de Provence, le comte de Toulouse
et la république marseillaise étaient fatigués d'une
guerre qui les épuisait, sans leur procurer le
moindre avantage. Raymond - Bérenger et les
Marseillais firent d'abord à Tarascon, en 1242,
un traité de paix par lequel furent ratifiés tous les
achats que la ville avait faits des différents vicomtes; le mode de gouvernement fut sanctionné, l'indépendance républicaine reconnue, la liberté des
élections garantie, l'institution judiciaire conservée sans atteinte. Les autres articles du traité
établirent que Marseille serait à l'avenir comprise
dans le comté de Provence, et placée sous la
haute protection du Comte, qui aurait l'ancien
droit de la chevauchée [2] et de la monnaie. Ainsi,
Marseille continua de se gouverner en république
avec les mêmes lois et les mêmes magistrats. Quelques mois après, le comte de Toulouse fit aussi

[1] Aicard, Raimond et Pierre Bremond.
[2] On appelait *chevauchée* le service militaire d'un nombre
déterminé de fantassins ou de cavaliers que chaque communauté, chaque seigneur féodal devait au Souverain les jours
fixés.

la paix avec Raymond-Bérenger, par l'entremise de l'archevêque d'Arles; et la Provence eut un peu de calme, après tant d'agitations.

Marseille pourtant eut un différend avec la ville de Béziers, mais il fut bientôt terminé, et la cause n'en était pas bien importante : plusieurs galères de l'empereur Frédéric ii, qui se trouvaient dans le port sous le commandement d'Andréolus de Mari, firent, à leur sortie, une prise considérable de blé et d'autres denrées qui appartenaient aux habitants de Béziers. Ceux-ci, croyant que les Marseillais avaient favorisé la flottille impériale, rompirent avec eux et exercèrent quelques représailles sur des marchands de Marseille. Béziers n'était certainement pas une ville fort redoutable par elle-même; mais elle était soumise au roi de France, et c'est là ce qui faisait sa force. C'est donc pour ne pas offenser le monarque français que les Marseillais souscrivirent aux conditions désavantageuses d'un accommodement qui fut fait en 1246, et par lequel ils se soumirent à payer aux habitants de Béziers une assez forte indemnité, pour leur tenir lieu des pertes que les Impériaux seuls leur avaient causées [1].

Dans la même année, Marseille fit un traité d'alliance et de commerce avec la Sardaigne, qui était gouvernée par des juges, et que les Génois .

---

[1] Ruffi, t. i, liv. iv, ch. vii.

et les Pisans, vainqueurs des Sarrasins qui en avaient été les maîtres, possédaient depuis l'an 1015. Les Marseillais ne furent soumis, dans toute l'étendue de l'île, qu'à des droits fort légers, et ils y établirent un consul pour protéger leur négoce et juger leurs contestations [1].

En 1248 eut lieu la première croisade de saint Louis, et il est étonnant que ce prince ne se soit pas embarqué à Marseille, et qu'il ait préféré Aigues-Mortes, dont il fut obligé de nettoyer le port encombré par des sables. Cette nouvelle guerre sainte dut cependant procurer des avantages à Marseille; car les croisés trouvèrent tout ce qui était nécessaire pour l'approvisionnement et le transport d'une armée, soit dans cette ville, soit dans la république de Venise, soit dans les riches provinces de la Pouille et de la Sicile, où les recommandations de l'empereur Frédéric les avaient précédés.

La guerre entre le Sacerdoce et l'Empire mettait en feu toute l'Allemagne. L'Italie n'était pas moins agitée : les foudres de Rome, si souvent lancées, avaient redoublé la fureur des Guelfes et des Gibelins. Innocent IV, après avoir déposé Frédéric au concile de Lyon, après avoir offert le sceptre impérial aux princes qui prendraient les armes contre un monarque excommunié et

---

[1] Ruffi, tom. I, liv. IV, ch. VII.

feraient triompher la cause du Saint-Siége, passa à Marseille, dans l'année 1250, pour retourner en Italie.

Les Marseillais furent dans la consternation en apprenant que la victoire avait trahi la bravoure française, et que le Roi, après avoir fait des prodiges de valeur, était tombé dans les fers, où il montrait aux musulmans étonnés les prodiges plus glorieux d'une résignation héroïque. Mais d'autres événements qui touchaient Marseille de plus près et qui devaient changer ses destinées, fixèrent bientôt toute son attention et éveillèrent toute sa sollicitude.

Raymond-Bérenger était mort ', après trente-six ans de règne, et cette perte excitait des regrets universels. Les Provençaux, dans le deuil, rendaient dés hommages mérités à la mémoire d'un prince qui avait réuni toutes les qualités distinctives du grand homme, et qui avait fait régner avec lui les vertus les plus consolantes, les plus utiles aux peuples. Bérenger avait institué Béatrix, sa quatrième fille, seule héritière du comté de Provence, et cette Souveraine reçut des Etats convoqués dans sa capitale le serment de fidélité. Elle fut aussitôt recherchée en mariage par plusieurs princes. Conrad, fils de Frédéric, fit demander sa main ; mais l'Empereur, sous les

' A Aix, le 19 août 1245.

anathèmes du Pape, était en guerre avec les
Vénitiens, les Génois et presque toutes les villes
de la Lombardie. Cette union eût placé la Provence sous la domination impériale. La demande
de Conrad ne fut donc pas accueillie : c'est ce
qu'exigeaient la prudence et la politique. Raymond VII de Toulouse se mit aussi sur les rangs,
dans l'espérance de relever sa maison si long-temps
écrasée sous le poids des revers. Jacques, roi
d'Aragon, plus fier et plus ardent, rechercha
Béatrix, les armes à la main, pour la faire épouser à son fils Pierre. La reine Blanche désira vivement cette alliance pour son fils Charles, comte
d'Anjou, frère de saint Louis. Charles, favorisé
par Romée de Villeneuve et soutenu par un corps
d'armée, l'emporta. Cette union s'accomplit au
grand regret des Provençaux, qui redoutaient
l'influence française.

Le nouveau comte de Provence, d'un caractère
vif et impérieux, voulut aussitôt dépouiller, avec
une rigueur inexorable, les barons et les villes
de leurs justices souveraines. Partout le parti populaire s'émut et leva la tête. Marseille, Avignon
et Arles firent entre elles une alliance de cinquante ans. Cette dernière ville se souleva contre
Charles, rétablit sur de nouvelles bases sa constitution républicaine, et porta la peine de mort
contre quiconque proposerait la moindre atteinte
à cet heureux affranchissement. L'Archevêque,

despote odieux, conspirait contre les réformateurs patriotes ; le conseil de ville fit défense aux ha_bitants d'avoir aucune sorte de rapport avec lui, d'entrer dans son hôtel, de rien lui vendre ou prêter sans le consentement du podestat ou des sept magistrats chargés de la police. L'Archevêque, ainsi mis en interdit, fut contraint de se retirer à Nîmes. Le Pape lança une sentence d'excommunication contre la ville, qui s'allia avec l'empereur Frédéric, également excommunié.

Sur ces entrefaites, Charles d'Anjou partit, avec saint Louis et ses deux frères [1], pour la Terre-Sainte, préférant la conquête incertaine d'une contrée stérile et barbare au gouvernement de ses Etats. Après les désastres des Français, il revint avec Alphonse, comte de Poitiers, des côtes de l'Egypte sur celles de la Provence. Alphonse se trouvait alors comte de Toulouse par la mort de son beau-père Raymond VII, arrivée le 17 septembre 1249. Ces princes unirent leurs forces contre les villes d'Arles et d'Avignon ; ils furent secondés par l'Archevêque, réfugié à Nîmes, lequel employa toutes les ressources de l'intrigue pour réussir. Les deux républiques ne pouvant s'appuyer ni sur le successeur de Frédéric II, le jeune empereur Conrad, mal affermi sur son

---

[1] Le comte de Poitiers et le comte d'Artois.

trône, ni sur Marseille, qui avait à pourvoir à sa
propre défense et ne fournissait que quelques
faibles secours, résolurent de se soumettre. Arles
capitula le 29 avril 1251, et Avignon le 7 mai
suivant. La première passa sous la seule autorité
de Charles; la seconde fut possédée par indivis
par les deux comtes. Ces villes perdirent leur
organisation politique, mais quelques priviléges
municipaux leur furent laissés.

Le comte de Provence tourna ensuite ses regards sur Marseille, plus jalouse de son indépendance, plus puissante et plus riche que les
deux communes assujetties. Aussi il fit, pour la
réduire, des armements considérables. Le prétexte de cette guerre fut que Marseille avait
donné asyle à ses ennemis, qu'elle avait secouru
les villes d'Arles et d'Avignon, qu'elle avait violé
le dernier traité de paix fait avec Raymond - Bérenger, son prédécesseur. Marseille voulut d'abord
détourner l'orage qui la menaçait ; elle protesta
de n'avoir jamais commis la violation reprochée ;
mais cette protestation fut vaine. Les troupes de
Charles s'avancèrent, et les Marseillais, ne pen-
sant plus qu'à repousser la force par la force,
firent de grands préparatifs de défense. Leur armée tint bon, pendant sept ou huit mois, contre
l'armée provençale, beaucoup plus nombreuse.
Ils sentirent ensuite la nécessité de faire quelques
concessions, et proposèrent la paix au Comte,

qui la leur accorda, à condition que la ville et ses dépendances rentreraient dans son domaine et sa juridiction ; qu'il mettrait annuellement à la tête de l'administration un gouverneur désigné sous le nom de *Baille*, qui prêterait serment devant le conseil et les cent chefs de métiers ; que les fonctions de ce gouverneur consisteraient à percevoir les revenus du prince, et à nommer un juge pour connaître en appel des causes civiles ; que ses proclamations se feraient au nom du seigneur Comte et de la commune. Charles s'enleva la faculté de construire des citadelles dans la ville supérieure ou inférieure, et de détruire les fortifications existantes. Il s'obligea à n'imposer aucune taxe, de quelque nature qu'elle fût, tant sur les citoyens de Marseille que sur les étrangers qui y étaient établis, excepté pour les biens par eux possédés hors du territoire marseillais. Il promit aussi d'user de tout son crédit pour que le monastère de Saint-Victor se départît des droits qu'il prétendait avoir sur la ville, à raison de l'ancienne seigneurie. Il promit d'agir de même, si quelque héritier des vicomtes se présentait avec des prétentions. Quant aux pensions annuelles que la ville supportait en faveur de quelques seigneurs, il s'engagea à payer la moitié du prix, au cas que ces seigneurs voulussent prendre un accommodement pour mettre fin aux pensions.

Ces conditions furent acceptées, au nom de Marseille, par Roolin-Drapier, un des syndics, qui avait reçu à cet effet un pouvoir spécial. Il signa le traité en présence de l'archevêque d'Embrun, de Benoît d'Alignano, des évêques de Digne et de Fréjus, de Barral de Baux, Rostan d'Agoult, Albert de Tarascon, Jean Vivaud, Guillaume Dieudé, Raimond Candole, Desparron, et des juges Pierre Vitali et André Duport.

L'atteinte portée par ce traité à l'indépendance du gouvernement marseillais fut légère. Le Comte n'intervint que comme un protecteur honoraire, et les choses restèrent à peu près dans leur premier état. Marseille n'eut pas même besoin de consulter Charles ni ses officiers dans les affaires les plus importantes. Elle fit un statut établissant des peines contre ceux qui oseraient proposer de soumettre les citoyens au paiement des taxes dont ils étaient affranchis, et notamment au paiement des droits de *la Table-de-la-Mer*. La peine, en cas d'infraction, était une amende de 10 livres royales couronnées, répétée autant de fois qu'il y aurait des propositions faites; elle était de cent marcs d'argent contre le podestat qui s'y prêterait, et cette somme devait être prise sur son salaire [1]. Les étrangers seuls payaient les droits de *la Table-de-la-Mer*. Certaines marchandises

---

. [1] Statuts, liv. i, ch. LXVIII. Ce statut porte la date de 1253.

étaient absolument prohibées, soit à l'entrée, soit à la sortie ; l'on conciliait les intérêts du commerce proprement dit et de la navigation avec ceux de l'industrie agricole et manufacturière. L'importation des vins forains et la réexportation des blés étaient interdites à tous les négociants nationaux ou étrangers [1].

Marseille conserva à l'extérieur le caractère de république indépendante. Alphonse x, roi de Castille, ayant à se défendre contre les Maures et les rois de Navarre et d'Aragon, crut que l'amitié des Marseillais lui serait profitable, et il envoya l'archidiacre Garcias Petri pour négocier avec eux un traité d'alliance [2]. Cet ambassadeur, reçu avec distinction dans la ville, fit ses propositions au conseil général, qui les accueillit avec joie, mais qui dut pourtant soumettre à la ratification du peuple, assemblé en parlement, la conclusion de ce traité. Le parlement fut convoqué, selon l'ancien usage, au cimetière des Accoules. Il donna la sanction définitive à la ligue offensive et défensive, en exprimant sa volonté par des cris d'approbation [3].

Le comte de Provence ne mit que de la mauvaise foi dans l'exécution des accords de 1252.

[1] Statuts, ch. LXVII.
[2] En 1257.
[3] Archives de l'Hôtel de Ville.

Les ménagements qu'il eut alors pour Marseille furent l'effet de sa crainte, et non de sa bonté. Il crut qu'il n'était pas prudent d'enlever brusquement aux Marseillais le régime républicain, qui leur était si cher. Il pensa qu'il ne perdrait rien à attendre, et qu'il aurait bientôt l'occasion de consolider sa puissance sur le tombeau de ces lois populaires dont le spectacle lui était odieux.

Il fit un voyage auprès de Marguerite, comtesse de Flandre, pour la secourir contre ses enfants, et demander en récompense la cession de quelque territoire. C'est à peu près à son retour que fut conclu le traité d'alliance de Marseille avec le roi de Castille. Il regarda ce traité comme une injure, qu'il sut pourtant dissimuler, croyant que le moment d'éclater n'était pas arrivé. Il fit toutes ses dispositions, et dans quelques mois il fut prêt. Il déclara la guerre aux Marseillais, sur le motif qu'au mépris du dernier traité de paix, ils avaient enlevé, aux ports de Toulon et de Bouc, quelques vaisseaux chargés de blé, et avaient emmené captifs les hommes qui s'étaient opposés à cet enlèvement. Les Marseillais emprisonnent aussitôt les officiers du Comte, qui, irrité de cette nouvelle injure, vient les assiéger avec une armée redoutable. Boniface, seigneur de Castellane et de Riez, qui, en 1252, avait donné à ses vassaux une charte d'émancipation par laquelle il leur assurait l'inviolabilité du domicile et de la propriété, vient joindre ses enseignes aux drapeaux de Marseille, et ne craint point d'attaquer à force ouverte le comte de Provence, qu'il avait déjà attaqué par ses écrits. Les Marseillais pouvaient faire une bonne contenance; la ville était bien fortifiée [1]. Charles, qui n'avait point de flotte, ne pouvait la bloquer par mer; elle était abondamment pourvue de munitions de guerre et de bouche; elle pouvait espérer des secours de la Sardaigne, de la Castille et de ses autres alliés. Tout indiquait une lutte longue et meurtrière; et pourtant, après quelques jours de siége, tout le monde dans la cité fut d'avis de se donner à Charles, à l'exception de Brito, d'Anselme, de Pierre Vétuli et de quelques autres citoyens décidés à défendre la patrie jusques à la dernière extrémité, et préférant même la mort à la honte de baisser le front devant un injuste vainqueur.

[1] Marseille, protégée par des remparts en bon état, avait encore adopté un autre genre de fortifications plus intérieures. Presque toutes les rues étaient traversées par des chaînes de fer, qui, comme on le pense bien, ne devaient être tendues qu'en cas de besoin. La surveillance et le bon entretien de ces chaînes étaient confiés aux premiers magistrats. *Teneantur et faciant observari et teneri firmiter omnes catenas ferreas Massiliæ quæ positæ sunt per carrerias, seu fixæ in parietibus transversarum, ità quod nemo sit ausus aliquam illarum catenarum removere, seu facere removeri, nisi fortè hoc fieret meliorandi causâ, vel transmutandi loco meliori vel optiori, ad opus ipsius catenæ vel catenarum.* (Statuts, liv. i, ch. XLVIII.)

Leurs accents généreux furent étouffés par la voix de la presque unanimité des habitants, qui parlèrent de se rendre. Quelle put donc être la cause de cette résolution, si inconcevable au premier aspect? On l'explique avec un peu d'attention : il y a toujours dans les villes commerçantes des hommes qui, craignant de perdre leurs richesses, ne savent point résister aux dangers ; qui, habitués aux plaisirs, reculent devant les moindres privations ; mauvais citoyens dont le cœur flétri par le vil égoïsme ne put jamais comprendre les sentiments féconds du patriotisme et de la vertu. Ceux-là voulaient à Marseille la paix, à quelque prix que ce fût; d'autres, en plus grand nombre, craignaient de succomber plus tard sous les armes de Charles, et de se voir ainsi privés de la faculté de capituler aux conditions avantageuses qu'ils pouvaient se promettre au commencement de la guerre. Ces derniers, meilleurs Marseillais, ne voulaient point, en demandant la fin des hostilités, faire le sacrifice de l'indépendance. Ils espéraient, au contraire, la sauver, ou du moins en conserver quelques restes. Il ne s'agit donc plus dans le conseil que d'avoir les meilleures conditions possibles.

Par un second traité, passé entre Charles et Roolin-Drapier, agissant comme syndic et mandataire spécial, le Comte et ses successeurs furent reconnus seigneurs perpétuels de la ville vicomtale de Marseille, de son territoire et de ses dépendances. Le Comte s'appropria tous les revenus de la ville, à condition de payer tous les frais d'administration, soit à l'intérieur, soit à l'extérieur, pour les ambassades, les consulats et l'armement des galères. Tous les vaisseaux furent tenus d'arborer l'étendard du Comte au-dessus du pavillon marseillais. Le Comte nomma un viguier pour gouverner la ville, faire tous les réglemens d'administration et de police, et présider le conseil, d'où les cent chefs des métiers furent exclus à perpétuité. Ce viguier, son lieutenant, les clavaires chargés de la trésorerie, et les juges, devaient être étrangers à Marseille ; les autres administrateurs et les autres chefs de justice devaient en être originaires. L'ancien mode électoral fut changé. Le viguier seul eut le droit de nommer six conseillers qui concouraient avec lui à élire les autres membres du conseil, toujours au nombre de quatre-vingt-trois. Il fut de plus convenu que les habitants auraient la libre jouissance de leurs propriétés ; qu'aucune imposition nouvelle, aucune taxe, de quelque espèce qu'elle fût, ne pourrait être établie sans le consentement formel du conseil ; que les Marseillais ne seraient soumis à aucun droit de douanes ; que le conseil pourrait, du consentement du viguier, faire des traités de commerce avec les villes maritimes, établir des consuls et envoyer des agents partout

où le commanderait l'intérêt du négoce ; que
toutes les années on choisirait six Marseillais,
parmi lesquels un docteur en droit et un notaire,
pour faire de nouveaux statuts, augmenter, abré-
ger ou modifier les statuts déjà faits ; que les murs
de la ville vicomtale ne seraient pas démolis ;
qu'il serait permis à ses habitants de les agrandir
et d'en construire de nouveau, du consentement
toutefois du Comte ou de son viguier ; que le
Comte et ses successeurs défendraient les Marseillais contre tous ceux qui oseraient les attaquer ou leur causer du dommage ; qu'ils seraient
perpétuellement obligés de jurer, à leur avènement au pouvoir, la stricte observation de ces
accords, et que les viguiers, à l'entrée de leur
charge, prêteraient le même serment [1].

Les chapitres de paix (c'est le nom qui est
resté au traité de 1257) furent publiés et jurés
de part et d'autre, en la ville d'Aix, dans la
prairie du château des comtes de Provence [2].
Brito, Anselme et Pierre Vétuli furent qualifiés
par Charles de perturbateurs du repos public,
et bannis à perpétuité de la ville et de son territoire, avec défense d'en approcher de trois
lieues ; en cas de contravention, il fut permis à
chacun de leur courir sus : chose bien déplorable

[1] Ruffi, t. i, liv. v, ch. ii.
[2] C'est à présent la Place des Prêcheurs.

et bien humiliante pour les Marseillais , qui virent ainsi persécuter les courageux défenseurs de leurs droits. Le comte de Castellane et de Riez perdit ses fiefs, et fut chassé de Provence. Sa souveraineté fut confisquée au profit de Charles d'Anjou, qui abattait tout ce qui gênait ses projets d'envahissement.

Ainsi finit la seconde république de Marseille, qui méritait par sa belle organisation une plus longue existence. Elle jeta sur son nom un vif éclat, et accomplit avec grandeur ses destinées. Chose rare dans le moyen âge! Ses conseils furent sages, et la morale put approuver sa politique ; elle ne fut pas en proie à des déchirements intestins. Les factions ne firent point entendre chez elle des clameurs insensées; en un mot, elle ne hâta pas sa chute. Tout son malheur fut d'avoir pour voisins des ennemis dangereux et puissants : le monastère de St-Victor, avide de domination et de richesses; les seigneurs de la famille de Baux, remuants, tracassiers et de mauvaise foi; Charles d'Anjou, grand niveleur comme il n'en fut jamais.

Marseille ne fut plus qu'une ville municipale[1]. Son système d'élection si vicieux fut dans l'intérêt du pouvoir des comtes, et les viguiers eurent une trop grande influence. Elle jouit pourtant de

[1] Nous voulons toujours parler de la ville basse.

25

priviléges assez étendus, et, plus heureuse que
les autres villes provençales, elle eut encore une
existence à elle.

L'ambition du comte de Provence n'était point
satisfaite. A peine fut-il maître de la ville vicomtale, qu'il aspira à exercer son pouvoir dans la
ville épiscopale. Il proposa à Benoît d'Alignano
d'échanger sa seigneurie contre plusieurs fiefs
situés dans la province [1]. L'Evêque prévit sagement que s'il résistait à la demande de Charles,
il lui serait difficile d'éviter les dissensions qui,
sous un prince aussi ambitieux, devaient régner
entre la ville haute et la ville basse. Il craignait
d'ailleurs avec raison le prochain anéantissement
de sa puissance seigneuriale; car ses vassaux, animés d'un esprit d'indépendance, faisaient de fréquentes tentatives pour se soustraire à sa juridiction. Tout lui fit sentir la nécessité d'accepter les
offres de Charles, qui étaient fort avantageuses.
Le Comte ne se réservait sur les domaines cédés
que la foi, l'hommage, la souveraineté et la chevauchée. Il voulait qu'on ne pût ni abonner, ni
racheter ce dernier droit qu'à prix d'argent ; il
abandonnait au prélat toutes les autres redevan-
ces domaniales et toutes les causes qui regardaient

---

[1] Ces domaines féodaux étaient Château-Vert, près de
Brignoles, la Roque-Brussane, trois châteaux de la vallée de
Signes, Mérindol, Mallemort, Alen, Valbonnette et autres:
il y en avait seize.

la haute, la moyenne et la basse justice; enfin, il le garantissait de tout trouble.

Les articles du traité ayant été ainsi réglés, l'Evêque voulut les soumettre à l'approbation de son chapitre. L'assemblée était composée du prévôt Pierre André et des chanoines Rostang d'Agoult, Jean Blanc [1], Guillaume du Temple, Peregrin Baucian, Hugues Fer et Ignace André. Ils furent unanimement d'avis d'accepter la proposition du $pr_i n_c e$; quatre autres chanoines absents exprimèrent leur adhésion par écrit. Le notaire Fossigena dressa aussitôt l'acte du consentement, en présence des délibérants et de neuf témoins appelés [2].

Peu de temps après, l'acte d'échange fut passé à St-Remy [3], en présence de l'archevêque d'Aix, des évêques de Fréjus et de Nice, et de plusieurs seigneurs parmi lesquels se trouvaient Barral de Baux, Boniface de Gasbert, Robert de la Varne, Isnard d'Entrevaux, Bertrand d'Alamanon et Simon de Foresta. L'Evêque se réserva, dans la

[1] Il était fils de Jean Blanc, avocat marseillais, auteur d'un traité intitulé *Epitome Feudorum*. Ce jurisconsulte fit une célèbre consultation qui regardait les Templiers et les chanoines de Pignan. La république de Marseille le députa, en 1240, pour aller défendre à Rome des procès contre la ville d'Arles, l'abbaye Saint-Victor et les hoirs d'Hugolin, ancien podestat.

[2] Le 9 août 1257.

[3] Le 30 octobre de la même année.

ville haute, le droit de fournage et de mouture, ainsi que les amendes qui avaient été prononcées jusques alors dans sa cour de justice. La comtesse intervint dans cet acte, et Charles envoya, dans toutes les terres cédées, des dépêches portant ordre aux habitants de reconnaître à l'avenir Benoît d'Alignano pour légitime seigneur.

Charles et Benoît exécutèrent fidèlement le traité d'échange, et tout paraissait consommé, lorsque quelques chanoines, qui n'avaient pas assisté au chapitre où les offres du Comte avaient été approuvées, témoignèrent leur mécontentement et représentèrent à Alexandre IV que leur évêque venait de sacrifier les intérêts de l'église de Marseille. Ils l'accusèrent d'avoir fait cet échange sans le consentement de tous les membres du chapitre, et de n'en avoir consulté qu'une partie. Le Pape, dans une bulle datée de Viterbe le VII des ides d'août et la quatrième année de son pontificat[1], fit à Benoît les plus vifs reproches. « Le sujet qui cause notre étonnement, lui dit-il, « doit vous couvrir de honte et vous pénétrer de « douleur. Au lieu de soutenir les priviléges de « votre église, vous l'avez dégradée par votre « conduite téméraire. » Il lui ordonna ensuite, en vertu de la sainte obéissance et sous peine d'excommunication, de rescinder le contrat d'é-

[1] C'est-à-dire, le 7 août 1258.

change, de reprendre sa seigneurie de Marseille et d'en conserver tous les droits.

L'Evêque cherchaà se justifier auprès du Pontife, qui nomma l'archidiacre et le sacristain de Maguelone pour informer sur cette affaire, leur ordonnant expressément de prendre des renseignements exacts sur la valeur du fief de la ville haute de Marseille, et sur celle des terres seigneuriales données en échange par le comte de Provence, pour savoir si Benoît avait été lésé. Les commissaires différèrent long-temps d'agir, et leur premier acte fut un abus de pouvoir. Ils commirentdeuxsimples chapelains pour procéder en leur nom. Ceux-ci, malgré les réclamations de Benoît qui déclina leur compétence, prononcèrent contre lui une sentence d'excommunication, et lui interdirent l'entrée de l'église. L'évêque de Marseille en appela aussitôt au Saint-Siége. Alors Charles d'Anjou crut devoir rompre le silence. Il réclama la sollicitude du Pontife, se plaignit amèrement des poursuites injustes dirigées contre Benoît, et soutint que ce prélat, loin d'avoir été lésé par la convention d'échange, en avait au contraire retiré de grands avantages. Le Pontife nomma l'évêque de Cavaillon pour connaître, d'après les règles établies, de l'appel interjeté par le prélat marseillais. L'Evêque commissaire, après un mur examen, trouva que la procédure des premiers juges était irrégulière, et il

la cassa; que leur sentence était inique, et il la
déclara nulle. Depuis lors aucune voix ne s'éleva
contre le contrat d'échange [1].

Il semble que les deux villes, se trouvant réunies sous la même domination, ne devaient plus
être distinctes, et qu'il devait y avoir entre elles
identité de droits et de charges. Il n'en fut pas
ainsi. La ville supérieure continua d'avoir son administration séparée. Elle fut gouvernée par les
officiers du Comte sans priviléges municipaux, ce
qui produisit encore des désordres.

La ville inférieure, avec ses habitudes de liberté, ne supporta qu'impatiemment le nouvel état
des choses. La puissance du viguier lui parut trop
lourde, et elle fit quelques efforts pour rétablir
la république; efforts infructueux, qui ne firent
qu'appesantir la puissance de Charles. Ce prince
se disposait à châtier rigoureusement les Marseillais, lorsque Jacques d'Aragon, voulant leur témoigner sa reconnaissance pour les services qu'ils
avaient rendus à son père et les secours qu'ils lui
avaient fournis dans la conquête de Mayorque,
servit de médiateur entre Marseille et son prince
irrité. Il lui envoya un ambassadeur pour implorer sa clémence en faveur de ces alliés fidèles.
L'ambassadeur désarma la colère du Comte, et
donna avis au conseil municipal de Marseille du

---

[1] Hist. des Evêques de Marseille, t. II, liv. VIII.

succès de sa mission. Le conseil, plein de joie, députa aussitôt vers son souverain dix-sept de ses membres, qui furent: Guillaume de Lauris, Guigon Anselme, Guillaume de Montolieu, Hugon Vivaud, Augier de Mari, Raimond d'Amiel, Hugon de Jérusalem, Jean Blanc, André Duport, Gérard Allemand, Bertrand Gasquet, Guillaume Finaud, Bertrand de Bucco, Guillaume Botan, Ferrier Curatier, Guiran, Guillaume Busselin [1]. Ces députés furent chargés de supplier le seigneur Comte de jeter sur le passé le voile de l'oubli, d'étendre à tous les Marseillais les effets de son pardon et de n'en bannir aucun. Ils se rendirent à Aix, et Charles les reçut sans leur témoigner le moindre ressentiment; pourtant il punit la ville, car il fit dresser une troisième convention qui obligea le conseil à démolir les fortifications qui se trouvaient dans quelques parties du territoire, à remettre toutes les armes et à payer 3,000 livres tournois. Les Juifs qui étaient à Marseille au nombre de trois cents, et qui avaient deux colléges dirigés par des rabins et situés sur les bords de la mer [2], furent privés des franchises dont ils avaient joui jusques alors, et violemment placés en dehors du droit commun. Il fut dit que le Comte pourrait exiger d'eux toutes charges à son bon

---

[1] Archives de l'Hôtel de Ville.

[2] Papon, t. ii, liv. iv.

plaisir. Les citoyens qui avaient été bannis rentrèrent et furent rétablis dans leurs biens. Les chapitres de paix furent maintenus dans toutes leurs dispositions, excepté dans celles auxquelles il était dérogé par ce dernier traité qui est à la date de 1262. Les députés l'acceptèrent au nom de la ville, quoique bien onéreux. Il y avait pour eux nécessité impérieuse. C'était la loi de la force, loi cruelle, qui ne règle que trop souvent nos tristes destinées. L'observation fut jurée de part et d'autre, et les Marseillais s'y soumirent strictement, mais non sans murmurer.

LIVRE QUATRIÈME.

CHARLES 1er d'Anjou s'embarque à Marseille pour faire la conquête du royaume de Naples. — Marseille lui donne des marques d'attachement. — Plusieurs seigneurs croisés partent de cette ville. — Charles II. — Otages marseillais pour la délivrance de ce prince captif. — Arrestation des Templiers. — Robert. — Hérétiques brûlés. — Nouvelle organisation du conseil de ville. — Saint Louis, évêque de Toulouse. — La reine Jeanne succède au roi Robert. — Elle confirme les chapitres de paix. — Réunion de la ville haute à la ville basse. — Marseille est affligée de la peste. — Guerre civile entre les Marseillais et les Provençaux. — Les premiers soutiennent l'autorité de la reine Jeanne. — Brigandages d'Arnaud de Servole. — Les Marseillais donnent encore à Jeanne des marques de fidélité. — Ils font diverses expéditions. — Considérations sur l'état politique de Marseille. — Grimoard, abbé de St-Victor, créé pape sous le nom d'Urbain v. — Ecoles publiques à Marseille. — Fermeté du conseil municipal pour la défense des droits de la ville. —- Marseille donne à Jeanne de nouvelles preuves de dévouement. — Charles de Duras, compétiteur de cette Reine, la fait prisonnière. — Les galères marseillaises vont au secours de la Princesse captive. — Elle recommande aux capitaines de n'obéir qu'au duc d'Anjou, son héritier. — La ville d'Aix et la plus grande partie de la Provence refusent de reconnaître ce Prince. — Marseille, au contraire, embrasse sa cause avec ardeur. — Nouvelle guerre civile.

— Mort de la reine Jeanne. — Louis 1er, duc d'Anjou, comte de Provence. — Sa mort. — Louis ii lui succède. — Arrivée à Marseille de ce Prince et de la Régente, sa mère. Changement du conseil de ville et du système électoral. — Dévastations commises par Raymond de Turenne. — Marseille soutient de tous ses moyens la cause de la maison d'Anjou. — Le pape Benoît xiii à Marseille. — Séjour de Louis ii dans cette ville. — Mort de ce Prince. — Louis iii. — Lutte du comte de Provence et d'Alphonse, roi d'Aragon. — Alphonse surprend Marseille et la ravage. — Cette ville se relève de ses désastres. — Elle devient redoutable aux Catalans. — Mort de Louis iii. — René *le Bon*. — Son entrée à Marseille. — Malheurs de ce Prince. — Ordre du Croissant. — Arrivée à Marseille de Louis xi, alors dauphin de France. — Jeux bizarres institués par René. — Procession de la Fête-Dieu. — Le Bœuf. — Avantages que René accorde aux Marseillais. — Ce bon Roi, vers les dernières années de sa vie, passe tous les hivers à Marseille. — Ses habitudes, son caractère, sa bonté et ses vertus. — Juridiction des Juges Marchands. — La vieillesse de René est troublée par l'ambition de Louis xi. — Mort de René. — Consternation des Marseillais. — Charles iii, duc de Maine, nouveau comte de Provence, arrive à Marseille et jure le maintien des chapitres de paix. — Ce prince meurt à Marseille, après avoir institué Louis xi pour son successeur. — Palamède de Forbin, lieutenant général de Louis xi, vient à Marseille, et jure la conservation des priviléges. — Cette ville est réunie au royaume de France.

LIVRE IV.

Une plus grande carrière s'ouvrit à l'ambition du comte de Provence, enorgueilli de ses succès. L'empereur Frédéric ıı avait gouverné le royaume de Naples et de Sicile, et ce prince, persécuté par les papes, avait laissé deux fils, Mainfroy et Conrad; le premier naturel, le second légitime. Ce dernier hérita de l'Empire, de la Souabe, de la Sicile et de Naples. Mainfroy empoisonna son frère et envoya Conradin, fils de Conrad, dans la Souabe, comme pour le faire élever. Il s'empara des Deux-Siciles et s'en fit couronner roi à Palerme, après avoir fait courir le bruit que le jeune Conradin était mort. Mainfroy brava l'autorité des pontifes et releva en Italie la puissance germanique. Alors la Cour de Rome l'excommunia, le déclara ennemi de l'Eglise, et promit son royaume à ceux qui entreprendraient de le conquérir. La couronne des Deux-Siciles fut offerte à Louis ıx pour son frère Charles d'Anjou. Le pieux monarque se fit d'abord un scrupule d'accepter cette investiture, et les projets d'Urbain ıv échouèrent; mais Clément ıv fit de nouvelles tentatives, et Louis ıx se laissa entraîner.

Charles rassembla alors des forces considérables. Il fit armer à Marseille une flotte de trente voiles, sur laquelle s'embarqua un grand nombre de Marseillais. Il partit de ce port le 15 mai 1265, se rendit à Rome où il fut reçu avec magnificence, et après avoir été couronné dans l'église de Saint-Jean de Latran par le cardinal de Chevriers, évêque d'Albanie, il se mit en campagne avec une armée nombreuse, et entra dans le royaume de Naples. Les soldats provençaux portaient une croix et se battaient au nom de l'Eglise. Charles remporta [1], près de Bénévent, une victoire complète sur Mainfroy. Le corps de ce prince fut trouvé sur le champ de bataille, couvert de boue, de sang et de blessures.

Conradin, héritier de Frédéric et de Conrad, quitta l'Allemagne avec une armée et Frédéric d'Autriche, son cousin. Il s'avança dans l'Italie, se fortifiant dans sa marche du parti des Gibelins et de tous ceux que la domination provençale avait irrités. Charles vint au-devant de son rival et tailla son armée en pièces. L'infortuné Conradin

[1] Le 28 février 1266.

tomba au pouvoir du vainqueur qui usa cruellement de sa victoire. Ni son extrême jeunesse, ni
la magnanimité de son caractère, ni les droits
sacrés du malheur, ne purent attendrir l'impi-
toyable comte de Provence. Frédéric n'eut pas
un sort plus heureux. Les deux prisonniers,
chargés de fers comme de vils esclaves, furent jugés à Naples le 1ᵉʳ octobre 1268. Des magistrats
iniques et flatteurs les condamnèrent à mort
après un faux appareil de justice. Les marques de
respect qui accompagnèrent leur exécution ajoutèrent à l'horreur du supplice, et rien ne saurait
peindre l'indignation des spectateurs fondant en
larmes. Conradin et Frédéric furent conduits sur
la place du Marché de Naples et montèrent sur
un échafaud couvert de velours cramoisi. Frédéric
fut décapité le premier. Conradin prit la tête de
son généreux ami, et la baisa avec des transports
de tendresse et de douleur. Et puis se mettant à
genoux : *ô ma mère*, s'écria-t-il, *quelle sera votre
douleur, quand vous apprendrez la mort de votre
malheureux fils ?* Il tira un gant de sa main, le
jeta sur la place en signe d'investiture et comme
un gage de bataille, et déclara qu'il instituait
pour son héritier celui de ses parents qui vou-
drait le venger. Cela dit, le jeune homme héroïque
présenta sa tête au bourreau et reçut le coup
mortel. Ainsi finit, à l'âge de seize ans, le dernier

prince de la maison de Souabe qui avait possédé l'Empire pendant plus d'un siècle.

Marseille, la plus favorisée de toutes les villes de Provence, jouissant sans obstacles de ses franchises municipales, parut se conformer à son nouvel état politique, et donna même à Charles d'Anjou, son souverain, des marques d'un attachement sincère; elle pria ce prince de confirmer les priviléges qui lui avaient été accordés pour son commerce dans la ville d'Acre et dans d'autres lieux de la Terre-Sainte. Charles donna aux Marseillais des lettres patentes de confirmation, datées de Brindes. Il se qualifia : *Par la grâce de Dieu, Roi de Jérusalem, de Sicile, de Naples, duc de la Pouille, prince de Capoue, sénateur de Rome, comte d'Achaïe, de Provence et de Tournadour.* Il déclara, dans cette charte, que les Marseillais l'avaient puissamment assisté contre les *rebelles* des Deux-Siciles.

Les peuples étrangers reconnaissaient toujours le pavillon de Marseille qui flottait partout avec honneur. Une nouvelle croisade vint procurer de grands avantages au commerce de cette ville. Louis ix respirait toujours pour la conquête de la Terre-Sainte. Les colonies chrétiennes en Orient, divisées entre elles et livrées sans défense à la merci d'un ennemi dont l'ardent fanatisme était encore échauffé par la victoire, manifestaient les symptômes alarmants d'une ruine prochaine. Le royaume de Jérusalem était déchiré par la discorde : trois prétendants s'en disputaient les débris. Louis en reçut la nouvelle accablante. Son zèle s'enflamma ; excité par un légat de Clément IV, il forma un nouveau projet de croisade; il convoqua les grands, leur déclara son inébranlable résolution, les exhorta éloquemment à le suivre, et presque tous prirent la croix. Les préparatifs furent proportionnés à la grandeur de l'entreprise; partout les peuples implorèrent les bénédictions du ciel pour les armes des chrétiens, et les croisés, se mettant en marche, se dirigèrent vers les ports de Marseille et d'Aigues-Mortes.

Louis s'embarqua [1] dans cette dernière ville sur des vaisseaux génois. Plusieurs seigneurs, suivis de leurs vassaux, partirent de Marseille, qui acquit, dans cette expédition, des richesses considérables. La flotte chrétienne s'avança vers Tunis, et y arriva quelques jours après. Bientôt le sable aride et brûlant des côtes africaines devint pour les croisés un théâtre affreux de désolation et de mort. Ah! si du moins les guerriers français avaient pu trouver le trépas sur un noble champ de bataille ; si leur sang eût coulé sous le fer ennemi, comme dans ces jours de défaite que leur valeur sut ennoblir, qui donc pourrait plaindre leur destinée? Mais, placés sous un ciel dévorant,

[1] Le 4 juillet 1270.

au milieu des nuages épais d'une poussière enflammée, n'ayant pour étancher une soif ardente que des eaux corrompues, en proie à toutes sortes de privations et de maux, quelle plus juste cause de découragement et de désespoir ! La peste, hideuse auxiliaire des musulmans, exerça ses ravages dans les rangs de l'armée chrétienne, et les fossés du camp se remplirent de cadavres jetés pêle-mêle. Louis, déjà trop faible pour supporter le poids de son armure, fut atteint du fléau mortel. Ce Roi, toujours plus grand dans les disgrâces que dans la prospérité, donna des ordres tant qu'il lui resta quelque force. Enfin, ne pouvant plus se livrer ni aux soins du commandement, ni aux exercices de la piété, il se fit placer sur un lit de cendre, étendit vers le ciel ses défaillantes mains, implora en silence la miséricorde du Dieu qui lui avait inspiré tant de vertus. Portant ensuite ses pensées vers la France, qu'il n'aurait jamais dû quitter, il donna d'une voix éteinte à Philippe, son fils, les plus sages conseils, lui rappela les devoirs de la royauté, et rendit le dernier soupir, au milieu des gémissements de ses soldats consternés.

La fortune cessa aussi d'accorder ses faveurs à Charles d'Anjou, qui jamais ne les avait méritées. Ses peuples d'Italie ne pouvaient plus supporter l'insolent despotisme de son gouvernement. En Sicile, l'insurrection s'organisa. La vengeance

populaire, aiguisant depuis long-temps ses poi-
gnards, se leva enfin terrible, épouvantable : les
vêpres siciliennes sonnèrent, le sang de plusieurs
milliers de Provençaux fut offert en holocauste aux
mânes de Conradin, et des chaînes abhorrées
furent rompues.

Pierre, roi d'Aragon, accourut pour secourir
les Siciliens dans leur révolte, et Charles, qui
était alors à Rome, dépêcha aussitôt des courriers
au prince de Salerne, son fils, qui était en Provence, et lui donna ordre d'aller implorer le
secours de Philippe, roi de France. Le prince de
Salerne, ayant livré imprudemment bataille aux
Aragonais, fut vaincu et fait prisonnier. Charles,
accablé de chagrins, mourut à Foggia, dans la
Pouille, le 7 janvier 1285. Il était âgé de soixante-
six ans et en avait régné dix-neuf. Il laissa de Béatrix
de Provence, sa première femme, morte en 1266,
quatre fils et trois filles, et n'eut aucune postérité
de Marguerite de Bourgogne, sa seconde épouse.

Le prince de Salerne, toujours captif, lui succéda sous le nom de Charles II dit *le boiteux*. Les
armées françaises et provençales essuyèrent de
nouveaux revers; mais tous ces contre-temps
n'empêchèrent pas le clergé, la noblesse et le
tiers état de Provence, de prêter serment de fidélité à leur souverain. Ces états généraux recher-
chèrent avec ardeur l'occasion de sa délivrance.
Assemblés dans la ville de Sisteron, ils députèrent

Isnard d'Agoult et Faucher de Sabran-Forcal-quier vers Edouard, roi d'Angleterre, pour supplier ce prince de négocier la liberté de Charles II. Cette liberté fut obtenue, mais à des conditions bien onéreuses. Charles le Boiteux s'engagea à obtenir du souverain Pontife, du roi de France et d'Alphonse, roi d'Aragon, une trève de trois ans, et au bout de trois ans une paix solide; il se soumit à donner en ôtage, au monarque aragonais, ses trois fils puînés, avec les aînés des quatre-vingts barons et principaux habitants des villes de Provence, et au défaut de leurs fils, les barons eux-mêmes, ou leurs plus proches parents. Charles II s'obligea encore à donner au roi d'Aragon trente mille marcs d'argent, et promit vingt mille autres marcs cautionnés par le roi d'Angleterre. Si la paix ne se faisait point, Charles devait retourner en prison, et si, dans ce cas, il violait sa parole, la Provence tombait sous le pouvoir de la maison d'Aragon, à raison de quoi les seigneurs et les villes du pays engageaient conditionnellement leur hommage, et étaient conditionnellement aussi déliés de leurs anciens serments.

Charles II, se voyant enfin libre après quatre ans de captivité, arriva en Provence et fit son entrée dans la ville de Marseille le 2 décembre 1288. Les habitants le reçurent avec des transports de joie. Ce prince confirma, dans le cimetière de l'église des Accoules, les chapitres de paix, et tout le peuple assemblé lui prêta serment d'obéissance '. Charles fit ensuite partir les quatre-vingts ôtages, parmi lesquels se trouvaient vingt Marseillais ainsi nommés : Hugues de Roquefort, Bertrand, Imbert, Bérenger Elie, Jacomet, Vivaud de Conchis, Anselme, Anselmet André, Pierre Candole, Anselme Fer, Barthélemy Bonvin, Jacomet Andoard, Alphanet de Templo, Pelegrin Bassat, Rolland Andoard, Hugues Sarde, Martin Martin, Geofroi Ricaut, Baudoin Roolin, Hugues de Jérusalem.

Dans un acte qui fut fait en présence du viguier Barras de Barras et de Bérenger Monge son lieutenant, de Bertrand de Baux, comte d'Avelin, de Hugues, comte de Brenne, de Jean Scot, de Bertrand de Baux, seigneur de Berre, de Guillaume Porcellet, évêque de Digne, et de plusieurs autres seigneurs, la commune de Marseille déclara qu'en fournissant ces vingt ôtages, elle ne suivait que sa propre volonté, que c'était sans préjudice de la teneur des chapitres de paix, et elle protesta de tous ses droits à ce sujet.

Les vingt gentilshommes marseillais s'embarquèrent sur trois galères, dont les capitaines étaient Guillaume Élie, Etienne de St.-Paul, et Jacques Masseilles. Quatre mandataires spéciaux

' Archives de l'Hôtel de Ville. — Ruffi, tom. ı, liv. v, ch. ıv.

du comte de Provence, Bonvin, Reinaud Porcelet, Guillaume Dufort et Bernard Clément, s'embarquèrent aussi sur ces navires, avec mission de livrer les ôtages à Alphonse. La flottille aborda à Barcelonne, et les vingt Marseillais furent effectivement livrés à Bernard de Montpaon et à Guillaume Durfort, mandataires du Prince aragonais[1].

Peu de temps après, le pape Nicolas iv, qui prétendait que toutes les cités provençales devaient lui payer un certain droit, envoya à Marseille des commissaires chargés d'en exiger le tribut. Le conseil municipal s'assembla pour délibérer sur cette demande qui fut repoussée d'un consentement unanime. Plusieurs gentilshommes furent appelés à prendre part à cette délibération, entre autres Pierre Aleman, Pierre de Jérusalem, Hugues Vivaud, Blaquerias de Montolieu, Bertrand Candole, Roland Bouquin, Jacques de Lingris et Guillaume Lurdi. On députa Pierre Imbert et François Ricaut vers les commissaires du Saint-Siége, pour leur annoncer la résolution du conseil [2].

L'année 1307 est devenue fameuse dans les annales de la France par la proscription des Templiers. Philippe le Bel, voulant sévir contre ces religieux militaires, publia un manifeste propre

[1] Archives de l'Hôtel de Ville.
[2] *Id.* ch. v.

à les rendre l'objet de l'exécration publique.
Aidé des bulles de Clément v, sa créature, il
écrivit à tous les souverains de l'Europe, et les
engagea à se réunir à lui pour les exterminer.
Charles ii reçut à Marseille la lettre de ce Prince
et la bulle du Pape. Résolu de s'assurer de tous
les religieux de cet ordre célèbre qui vivaient
dans ses Etats, il écrivit de la même ville, le
13 janvier 1308, aux viguiers et juges de Provence, une circulaire dans laquelle il leur disait :
« Nous vous envoyons avec la présente une autre
« lettre cachetée qui contient un secret de la
« plus grande importance. Nous vous défendons,
« sous les peines les plus sévères, de parler à qui
« que ce soit de ce que nous vous mandons. Vous
« garderez la lettre cachetée jusqu'au 24; ce jour-
« là vous l'ouvrirez avant la pointe du jour, et
« vous exécuterez dans la journée les ordres que
« je vous y donne. Vous me répondrez de l'exé-
« cution au péril de vos biens et de votre vie. »
Le jour arrivé, les officiers ouvrirent la seconde
lettre et y trouvèrent l'ordre suivant :
« En exécution d'une bulle que nous avons
« reçue depuis peu de notre Saint Père le Pape,
« nous vous ordonnons, sous peine de punition
« exemplaire, de prendre vos mesures avec tant
« de prudence et de secret, que, le 24 du présent
« mois, vous fassiez arrêter et mettre en lieu de
« sûreté, sous bonne garde, tous les Templiers

« qui se trouveront dans votre ressort, empêchant
« qu'on ne leur fasse aucun mal. Quant à leurs
« biens, nous vous enjoignons pareillement de
« vous en mettre en possession et d'en donner
« ensuite la garde à des personnes sûres, jusqu'à
« ce qu'il en soit autrement ordonné par le Saint-
« Père et par nous. Vous en ferez dresser un
« inventaire bien exact, en présence des Tem-
« pliers de chaque maison et des personnes du
« voisinage qui sont le plus au fait de leurs biens.
« Vous en ferez trois copies : vous nous en enver-
« rez une, vous garderez l'autre, et vous laisserez
« la troisième entre les mains des séquestres.
« Vous insérerez dans cet inventaire le nom de
« tous les Templiers. Faites en sorte qu'aucun
« d'eux ne vous échappe. »

Ces ordres furent exécutés le même jour dans
toute la Provence. Vingt-sept chevaliers furent
enfermés dans le château de Meyrargues ; vingt-un
dans celui de Pertuis ; ils étaient tous roturiers, à
l'exception de trois ou quatre auxquels on donne
le titre de chevaliers, dont l'un était Albert de
Blacas, commandeur du Temple à Aix. Les mémoires du temps assurent que Guillaume Agardi
ou d'Agard, prévôt de St-Sauveur d'Aix, ayant
été nommé pour informer contre eux, refusa cet
emploi [1]. On ne sait pas précisément ce que de-

---

[1] J.-F. Bouche, Essai sur l'Histoire de Provence, t. 1, p. 348.

vinrent les Templiers de Provence. On a prétendu
que la plupart de ces chevaliers furent jetés dans
des puits [1]; d'autres, au contraire, invoquant la
tradition populaire, assurent qu'ils ne furent pas
condamnés au supplice, comme en France, et
qu'on les laissa vivre [2] : c'est l'opinion la plus vraisemblable. Charles II avait un caractère plein de
douceur et d'humanité; rien dans ses lettres n'indique la cruauté et la vengeance; son amour pour
la justice ne permet pas de croire qu'il se soit
livré à un acte de rigueur contre les Templiers,
pour satisfaire une avidité qu'il ne montra jamais.
Il n'eut que la faiblesse de complaire au Pape et
au roi de France.

En Provence, la richesse des Templiers consistait principalement en biens-fonds et en bétail;
ils n'avaient pas dans leur mobilier la magnificence des autres Templiers de l'Europe : l'inventaire ne mentionne que des meubles de bois
sans aucun ornement. Ils possédaient à Marseille
l'église de St-Ferréol [3], qui fut ensuite donnée aux
Chevaliers de St-Jean de Jérusalem.

[1] Gaufridy, Hist. de Provence, t. I, liv. v.

[2] Bouche, Essai sur l'Hist. de Provence, t. I, p. 348. —
Papon, t. III, liv. v.

[3] Le nom des Templiers reste encore à une rue voisine.
Le couvent des Augustins étaient anciennement situé à la
plaine St-Michel. En 1361, les religieux s'emparèrent de l'église donnée à l'ordre de St-Jean-de-Jérusalem, et plus tard

La grande affaire des Templiers n'était pas encore terminée, quand Charles, qui aimait beaucoup le séjour de Marseille, fit son testament dans cette ville, le 16 mars de la même année. Il institua héritier de tous ses États Robert, duc de Calabre, son second fils, parce que la branche aînée de sa descendance occupait le trône de Hongrie. Voulant conserver le comté de Provence à sa postérité masculine, il le substitua à ses descendants mâles, appelant à la succession ceux qui se trouveraient dans le degré de parenté le plus proche ; et, au défaut d'enfants mâles, les filles étaient appelées à la substitution. Il s'embarqua à Marseille, environ un mois après, pour se rendre à Naples, où il mourut le 5 mai 1309, âgé de soixante-trois ans. Ce bon prince avait consacré tous ses soins au bonheur de ses sujets; aussi il en était l'idole, et sa perte fut vivement sentie. Son corps fut apporté à Aix, dans l'église des Dames de Nazareth qu'il avait fondée. Là, chaque année, les consuls d'Aix, procureurs du pays, nouvellement élus, venaient visiter et honorer ses cendres [1].

ils bâtirent auprès un couvent qui n'était pas terminé en 1469. Jean de Village leur donna une maison pour faciliter cette bâtisse, et la ville leur accorda la provision de la gabelle du sel. Le couvent est aujourd'hui transformé en maisons bourgeoises.

[1] La municipalité constitutionnelle de 1790 a été la dernière

Carobert, fils de Charles-Martel, roi de Hongrie et fils aîné de Charles ii, disputa la couronne de Naples à Robert, duc de Calabre, son oncle. Le Pape, suzerain du royaume, devint le juge suprême de ce grand litige. Robert se rendit à Avignon auprès de Clément v, et obtint gain de cause. Il fut couronné dans cette ville le premier dimanche d'août de l'année 1309. Le souverain lui donna l'investiture des Deux-Siciles, et lui fit remise des sommes considérables que son père devait au Saint-Siége : elles montaient à treize millions huit cent mille livres de notre monnaie. Robert fut reconnu sans opposition comte de Provence par les états généraux du pays. Il vint à Aix, et, à la demande des consuls, il permit le retrait lignager en faveur des habitants de cette ville; ce qui prouve que cette loi n'était point en usage dans toute la Provence à cette époque.

Le Roi-comte fit ensuite son entrée solennelle dans Marseille. Il descendit à l'église des Accoules et s'assit sur un trône, en présence des membres du conseil de ville, des magistrats et de toutes les notabilités marseillaises. Le peuple avait été réuni à son de trompe et de cloche dans le vaste cime-

qui lui ait rendu cet hommage accoutumé. Depuis lors, le temple a été renversé, le tombeau brisé et les cendres jetées au vent.

tière attenant, qui était toujours le lieu de ses assemblées. Robert prononça un discours dicté par les plus nobles sentiments. Il fit lire l'article des chapitres de paix par lequel Charles r{er} s'était soumis à leur observation, et jura ensuite sur l'Evangile, que lui présenta Hugues de Fonte, notaire et secrétaire du conseil, d'observer strictement ces accords et de maintenir tous les priviléges de Marseille. Après quoi, chaque membre du conseil lui prêta serment de fidélité, et tous les assistants firent le même serment, en levant la main droite [1].

Robert partit de Marseille au commencement de juin 1310, et prit le chemin de l'Italie, déchirée par les factions des Guelfes et des Gibelins.

Henri VII portait alors sur son front orgueilleux la couronne d'or des empereurs germains. Bientôt il prit à Milan la couronne de fer [2] des rois italiens, convoqua à Pise ses feudataires et cita Robert devant lui. Comme on le présume bien, Robert, chef naturel des Guelfes, nommé gouverneur de Rome et vicaire général de Toscane, n'obéit pas à la sommation d'Henri VII, qui le mit au ban de l'empire et confisqua ses Etats. Toutes les horreurs de la guerre allaient se dé-

[1] Ruffi, t. I, liv. v, ch. v.

[2] C'est, à ce qu'on prétend, la même qui avait servi au couronnement des rois lombards.

chaîner sur ces contrées si souvent arrosées de sang, lorsque la mort de l'Empereur, arrivée le 24 août 1313 à Buonconvento, près de Sienne, changea subitement la face des affaires. Les troupes impériales reprirent le chemin de l'Allemagne.

Robert, débarrassé de ce redoutable ennemi, entreprit la conquête de la Sicile avec une armée de quarante-deux mille hommes et une flotte de soixante et quinze galères, trois galiotes, trente vaisseaux de transport et cent soixante barques couvertes. Cette expédition fut malheureuse : le Roi-comte y perdit une partie de son armée et presque tout son bagage.

Les Marseillais lui montrèrent dans ses revers autant d'attachement que dans ses prospérités. Le conseil municipal fit un réglement qui ordonnait à tous les habitants de la ville et du territoire, lorsqu'ils entendraient le tocsin, de se rendre promptement avec leurs arbalètes auprès du viguier où de son lieutenant, afin d'y recevoir les ordres qui leur seraient donnés pour la défense du pays. On décréta l'armement de deux vaisseaux destinés à faire des courses, l'un à l'est, l'autre à l'ouest, pour découvrir les navires ennemis et empêcher une surprise. On résolut aussi de fortifier les tours qui étaient à l'embouchure du port, et de mettre la chaîne en bon état. Mais comme, aux termes des chapitres de paix, le comte de Provence devait pourvoir à toutes ces dépenses, le conseil de ville somma le viguier de fournir l'argent nécessaire. Adhémar de Négausis, qui exerçait alors cette haute charge, ordonna le paiement des sommes demandées.

A peu près à la même époque, Raymond de Baux, comte d'Avelin, fut créé grand sénéchal de Provence; cet officier était la faible image des préteurs romains. Les souverains lui avaient insensiblement attribué le droit de lever des troupes et de juger les différends des particuliers. Il était placé à la tête de la noblesse, faisait marcher devant lui la bannière royale, et présidait à l'administration civile, militaire et politique [1]. Le conseil municipal de Marseille députa Geoffroi Ricaut, Raymond Anselme, Hugon Aleman et Raimond Argelier, pour inviter Raymond de Baux à venir jurer l'observation des franchises accordées à la ville. Ce seigneur répondit que son intention était de ne pas accepter la magistrature dont les bontés de Robert venaient de l'honorer ; que si pourtant ce prince n'agréait pas son refus, il satisferait volontiers le désir des Marseillais [2]. Cet exemple prouve suffisamment que les officiers royaux du comté qui, par la nature de leurs charges, avaient le droit

[1] Cette charge fut d'abord annuelle, ensuite triennale.
[2] Ruffi, t. i, liv. v, ch. v.

de se faire obéir à Marseille, ne pouvaient y exiger cette obéissance qu'après avoir juré d'observer les libertés municipales.

Sur ces entrefaites, Clément v mourut [1] à Rôquemaure, diocèse d'Avignon, où il s'était fait transporter de la ville de Carpentras, siége ordinaire de sa cour. Après un interrègne de deux ans, les cardinaux placèrent sur la chaire apostolique un Français, Jean xxii, qui, comme son prédécesseur, établit sa résidence au-delà des monts. Le Pontife confirma à Robert toutes les dignités que celui-ci avait reçues de Clément v.

Un spectacle horrible de fanatisme, éternel opprobre d'un sacerdoce persécuteur, allait être donné à Marseille épouvantée : c'était un de ces sacrifices de sang si souvent offerts au Dieu de paix et de clémence, qui, embrassant tous les humains dans ses bras paternels, ne veut être honoré que par des chants de reconnaissance et d'amour. Un grand nombre de sectes bizarres étaient sorties du sein des ordres monastiques, parce que la raison de l'homme, destinée par l'éternelle Sagesse à l'activité sociale, ne viole pas impunément cette loi d'harmonie; elle se fatigue dans l'inaction du cloître, et se dégrade dans les petitesses bigotes. Maîtresse d'abdiquer sa dignité, mais ne pouvant abdiquer sa nature, elle se sent

[1] En 1314.

pressée du besoin de produire ; mais que peut enfanter une intelligence si mal à l'aise, qui a corrompu ses voies, méconnu sa vocation et déserté son poste ? des rêveries ridicules, des conceptions quelquefois monstrueuses, pour lesquelles son plus grand malheur est de se passionner.

Depuis quelques années, l'ordre de Saint-François, ou des Frères Mineurs, était déchiré par un schisme qu'avait élevé Jean-Pierre d'Olive, du diocèse de Béziers [1]. Les disciples de ce moine, appelés *fratricelles*, voulant donner à leur règle une plus grande austérité, se signalaient par un profond mépris des choses terrestres. Ils prétendaient qu'il ne leur était pas permis de plaider pour des frais funéraires ou des legs pieux, de travailler à se procurer des richesses ; ils portaient un habit sale et étroit. A les entendre, eux seuls savaient approcher leur cœur de la sagesse évangélique. Ils soutenaient qu'il y avait deux églises ; l'une charnelle, comblée de richesses, plongée dans les délices, souillée de crimes, et gouvernée par la Cour de Rome ; l'autre, dans laquelle ils se plaçaient, était pauvre et souffrante, mais pure et belle de vertus. Ils prétendaient que l'homme peut acquérir en cette vie une telle perfection, que la grace lui est inutile. Arrivé à ce degré de mérite, il n'a plus besoin de jeûner

[1] Mort le 16 mars 1297.

ni de prier, car il a alors l'esprit du Seigneur. Il n'est plus soumis à l'obéissance des hommes, ni aux commandements de l'Eglise, parce que là où est l'esprit du Seigneur, là est la liberté.

Michel Monachi exerçait alors en Provence les fonctions d'inquisiteur. A la réquisition de Michel de Cesène, général de l'ordre, qui déjà avait procédé contre les schismatiques, Monachi se transporta à Marseille et intenta une procédure contre Jean Barrani, Dieudonné Michaelis, Guillaume Sauton, Pons Rocha et Bernard Aspa, fratricelles détenus dans les prisons.

L'inquisiteur se fit assister de Raymond, évêque de Marseille, et tous deux s'efforcèrent d'arracher aux prisonniers la rétractation écrite et publique de leurs opinions. Bernard Aspa reconnut ses erreurs et en témoigna du repentir, mais il ne voulut jamais consentir à écrire ses aveux et à les rendre publics. Alors Monachi indigné les ajourna tous au 7 mai 1318, dans le cimetière des Accoules, pour se conformer à sa volonté, ou pour entendre le jugement définitif qui serait prononcé contre eux.

Au jour indiqué, vers les neuf heures du matin, les cinq moines, chargés de fers, furent conduits au cimetière, où le peuple attiré par une scène aussi nouvelle qu'affreuse avait accouru en foule. L'évêque de Marseille, Scot, évêque de Comminges, le viguier Raimond de Villeneuve, Bertrand, prieur de Saint-Victor, Albert de Tison, juge de première instance, et Curatier, juge des appellations, entouraient l'inquisiteur placé sur une estrade, au pied de laquelle étaient rangés le clergé et tous les supérieurs des maisons religieuses. Les fratricelles, sommés de renoncer à leurs erreurs, déclarèrent y persister, et leur opiniâtreté fut inébranlable. Alors Monachi se leva et prononça cette sentence : « Nous, frère « Michel, inquisiteur par l'autorité apostolique, « ne pouvant ni ne voulant laisser impunie la re- « bellion des enfants de ténébres qui méprisent « la miséricorde de Dieu, la foi catholique, la « puissance du Pape et de l'Eglise romaine; après « avoir pris l'avis de plusieurs prélats, de plu- « sieurs théologiens et docteurs en l'un et l'autre « droit; invoqué le nom de Jésus-Christ et jeté « les yeux sur les saintes écritures, déclarons que « Barrani, Michaelis, Sauton et Rocha sont héré- « tiques, parce qu'ils résistent à l'autorité que « Dieu a donnée au Pape, et par conséquent à la « vérité de l'Evangile; parce qu'ils portent un « habit d'une monstrueuse difformité, et soutien- « nent que pour vivre dans la perfection évangé- « lique, il est nécessaire de ne rien réserver pour « l'avenir, ce qui est enseigner que les bienheu- « reux Pères des ordres religieux n'ont pas vécu « selon les conseils de l'Evangile. Voulons en con- « séquence que les quatre coupables soient dé-

« gradés, et qu'après leur dégradation, dès à
« présent comme pour lors, ils soient livrés au
« bras séculier. »

L'Inquisiteur vint ensuite à Bernard Aspa, qui
ne lui paraissait pas aussi coupable que les autres. Il
le condamna à être dégradé, à un emprisonnement
perpétuel, et à porter sur son habit deux croix
jaunes, l'une sur sa poitrine et l'autre sur les
épaules.

Et de suite Monachi requit l'évêque de Marseille de procéder, dans la forme réglée par les
canons, à la dégradation de ces hérétiques. Ce
que l'Evêque lui accorda sans difficulté.

Ce prélat fit dresser un autel au milieu du cimetière et s'y revêtit de ses ornements pontificaux.
Assisté de l'évêque de Cominges, il fit conduire
devant lui les condamnés, les dépouilla de leurs
habits monastiques et leur fit raser la tête pour
qu'ils n'eussent plus aucun vestige de cléricature.

Après quoi, Raimond de Villeneuve, viguier,
s'empara des quatre premiers que la sentence lui
abandonnait. L'autel fut enlevé, un bûcher fut
mis à sa place, les patients y montèrent avec courage, et la flamme les consuma [1].

Les affaires de Robert prospéraient. Il dominait dans le royaume de Naples, dans les Etats

---

[1] Baluz, lib. I. *Miscell.* — Fleury, Hist. Ecclés., liv. XCII. —
Hist. des Evêques de Marseille, t. II, liv. IX.

Romains, dans la Lombardie, dans le Piémont, dans la Toscane, et la faction des Guelphes, qui depuis long-temps luttait dans Gênes contre le parti des Gibelins, lui déféra pour dix ans la seigneurie de cette république, en lui associant le Pape. Robert entra dans le port avec une flotte de 26 galères et plus de 40 vaisseaux de transport, sur lesquels il avait embarqué 1200 hommes de cavalerie et 6000 fantassins. Les Gibelins se réveillèrent. Le roi Frédéric de Sicile, et Mathieu Visconti, seigneur de Milan, vinrent assiéger Robert dans Gênes. Après avoir soutenu le siége pendant quelque temps, Robert en laissa le soin à un de ses généraux, et retourna en Provence.

Ce monarque arriva à Marseille le 22 mai 1319. Des fêtes magnifiques lui avaient été préparées. Il fit son entrée dans cette ville avec la Reine son épouse, et Sanche, roi d'Aragon. Tous les corps de métiers avec leurs bannières déployées, une foule immense d'habitants, les uns à pied, les autres à cheval, étaient allés à la rencontre des Princes, et les précédèrent processionnellement dans cette entrée triomphale. Ils marchèrent sous le dais, ayant chacun à leur côté quatre gentilshommes marseillais. On nomma cinquante demoiselles pour complimenter la Reine et l'accompagner, et cinquante jeunes gentilshommes pour remplir les mêmes devoirs auprès du Roi. Ils devaient s'asseoir à la table des Princes, ainsi que les demoiselles. Ils avaient été choisis par une commission du conseil municipal, composée de Barthélemy Martin, Barthélemy Bonvin, Hugues de Conchis, Jean Benoît, Hugues Auriol et Nicolas de Templo [1].

L'organisation municipale venait d'éprouver quelques changements [2], et le conseil de ville avait été porté à cent cinquante membres. Quarante d'entre eux formaient le conseil particulier du viguier. Leur élection se faisait chaque année, le 7 octobre, dans les formes établies par les chapitres de paix, ét ils entraient en charge le jour de Saint-André. Celui qui voulait faire une proposition ou prendre la parole sur un objet quelconque, se levait de son siége et montait sur une pierre placée dans le lieu des séances, et appelée *lapis parlatorii*. Point de scrutin secret : comme sous le régime républicain, chacun opinait tout haut; mention était faite du vote dans le registre des délibérations tenu par le notaire sécrétaire, et une commission était nommée avec mission de faire exécuter les résolutions de la majorité.

Robert visita à Marseille le tombeau de saint Louis, évêque de Toulouse, son frère, qui avait été canonisé par le Pape en 1317 [3]. Les restes

[1] Ruffi, tom. i, liv. v, ch. vi. — Papon, t. iii, liv. vi.

[2] En 1316 ou 1317.

[3] Cette cérémonie fut célébrée à Avignon avec beaucoup

mortels de ce prélat étaient solennellement exposés à la vénération des chrétiens dans le couvent des Frères Mineurs, situé hors de la ville [1];
la châsse était en or et embellie de pierres précieuses. Il y avait trois clefs du sépulcre qui renfermait ce trésor; l'une était confiée au sénéchal
de Provence, l'autre à un membre du corps municipal désigné par le conseil, la troisième à un
religieux du couvent. Les habitants de Toulouse
envoyèrent des ambassadeurs à Robert pour le
supplier de leur faire don d'une partie de ces
reliques. Le prince n'accueillit pas leur demande;
il répondit que ce dépôt précieux devait rester
intact à Marseille.

Le roi de Naples, après avoir demeuré quelques jours à Marseille, partit pour Aix et visita
son comté de Provence. Sur ces entrefaites, la
puissance des Gibelins s'accrut en Italie. Frédéric

de magnificence. La bulle que le Pape expédia à ce sujet loue
Marseille pour être la dépositaire de ces reliques : *Verè ô félix
es, ô Massilia, facta divinorum aromatum tam sancti corporis
apotheca.* Elle rapporte un abrégé de la vie de saint Louis,
et, accueillant tous les bruits accrédités par la crédulité populaire, elle dit que huit malades recouvrèrent miraculeuse-
ment la santé par son intercession, et qu'il ressuscita cinq
morts. Le souverain Pontife accorda deux années et deux qua-
rantaines d'indulgences à tous ceux qui visiteraient ce tombeau.

[1] Ce monastère, établi avant 1262, était un des plus anciens
de l'ordre. L'édifice était grand et magnifique; il y avait une
chambre que les vieux titres appellent *Camera regia Fratrum
Minorum.* Le presbytère était un des plus beaux de France.

d'Aragon, roi de Sicile, déclara la guerre à Robert, et à cet effet lui envoya à Avignon un chevalier qui se présenta devant lui, dans une salle du couvent des Jacobins où ce prince était logé. Aussitôt Léon de Reggio, gouverneur de Provence, fit avertir les Marseillais et leur commanda de se tenir prêts à repousser l'ennemi, dans le cas où il ferait une descente sur leurs côtes. Robert n'avait pas seulement à cœur la conservation de ses Etats de Provence, il s'efforçait encore de délivrer les Guelfes assiégés dans la ville de Gênes. Avec les secours du Pape et du roi de France, il fit partir de Marseille une flotte nombreuse qui défit les Gibelins et les contraignit de lever le siége. Les Marseillais, en apprenant l'heureux succès des armes provençales, manifestèrent leur joie par des fêtes publiques, firent une procession générale, et tous les corps de métiers arborèrent leurs enseignes sur les remparts, en signe de réjouissance.

Robert passa bientôt en Italie, où sa présence était nécessaire. A l'exemple des Génois, les Florentins lui déférèrent pour dix ans la seigneurie de leur cité. Cependant Louis de Bavière, que la bataille de Muhldorf, gagnée le 28 septembre 1322, sur le duc d'Autriche, fit parvenir à l'empire, mettait en feu toute la Péninsule. Il se fit

---

[1] Le 14 juillet 1320.

couronner roi à Milan , et prit , malgré tous les
efforts du Pape et du roi de Naples , la couronne
impériale dans la basilique de Saint-Pierre de
Rome. Louis fit juger et condamner Jean xxii, et
fit élire un autre pontife à sa place. Le roi de
Naples, aidé de plusieurs bataillons provençaux,
ayant à leur tête Bertrand de Baux , Fouques de
Pontevès, Hugues de Castellane et Montolieu de
Montolieu, vint arrêter le cours de ses triomphes.
Partout les Impériaux furent battus , et Louis
quitta la ville de Rome , le 4 août 1328 , au milieu des cris populaires : *Meurent les hérétiques
et vive la sainte Eglise* [1].

La puissance de Robert ne parut jamais plus
formidable. Il se croyait au comble du bonheur;
sa joie fit bientôt place à une grande douleur domestique. Charles, duc de Calàbre, son fils unique,
fut atteint à Naples d'une fièvre qu'il avait gagnée
en chassant dans des endroits marécageux. Ce
prince mourut le 14 novembre 1328 , à l'âge de
trente - un ans. Le Roi supporta ce coup terrible
avec une fermeté héroïque, et prononça ces paroles
du Prophète : *La couronne est tombée de ma tête :
malheur à moi, malheur à vous !* Le duc de Calabre s'était marié deux fois, d'abord avec Catherine d'Autriche, qui ne lui donna point d'enfants,
et ensuite avec Marie de Valois , fille de Charles

---

[1] Papon, t. iii, liv. vi.

de Valois, de laquelle il eut deux filles seulement, Jeanne, devenue depuis si célèbre, et Marie.

Aussitôt après la mort de son fils, Robert envoya un courrier à Marseille pour y annoncer cette perte, qui remplit la ville de deuil. Sa lettre, témoignage éclatant de son amour pour les Marseillais, porte en substance que la sincérité de leur foi et sa vive affection pour eux sont des liens indissolubles; qu'il était convaincu qu'ils prenaient part à sa bonne et à sa mauvaise fortune; que, dans la douleur qui l'accablait, il plaçait sa confiance au Dieu qui tient dans ses mains puissantes et tous les biens et tous les maux; qu'il espérait que ce Dieu plein de miséricorde protégerait sa personne, ses Etats et sa fidèle ville de Marseille. Cet excellent Roi finissait par exhorter les Marseillais à implorer la bonté divine pour le salut de l'ame de son fils [1].

Dans la même année, Blanche de Tarente, fille de Philippe, prince de Tarente et d'Achaïe, empereur titulaire de Constantinople, arriva à Marseille. Elle allait donner sa main à Bérenger, fils puîné de Pierre d'Aragon. L'étendard royal et celui de la ville furent portés devant la princesse, le premier par Raimond Montanée, le second par Raimond Dieude, nommés par le conseil

---

[1] Archives de l'Hôtel de Ville. — Ruffi, t. I, liv. V, ch. VII. Cette lettre est datée du 15 novembre 1328.

de ville pour exercer cet emploi. Le conseil nomma aussi Imbert d'Alamanon et Barthélemy Bonvin, pour présenter la main à Blanche [1].

Rien d'important ne se passa à Marseille dans les années suivantes. Robert, son souverain, continua de séjourner à Naples. Ce Prince, désabusé par la vieillesse des prestiges d'une fausse gloire, chercha dans les soins tranquilles du gouvernement et dans les charmes de l'étude, un bonheur que ne lui avaient jamais donné les agitations de la guerre. Il régla sa succession et changea l'ordre d'hérédité établi par Charles II. Il unit à perpétuité le royaume de Naples et la Provence, et établit héritière la princesse Jeanne, avec substitution de Marie. Marseille et toutes les communes provençales prêtèrent hommage à ces deux Princesses. Pour affermir cet arrangement, Robert proposa à son neveu [2], Carobert, roi de Hongrie, fils de Charles Martel, d'unir Jeanne à André, son second fils, et Marie à Louis, prince héréditaire. Le roi de Hongrie ayant amené à Naples le jeune André, âgé de seize ans, le prince et Jeanne furent fiancés au milieu des fêtes d'une cour brillante.

Robert ayant formé le projet de revenir en Provence qu'il affectionnait beaucoup, débarqua

---

[1] Archives de l'Hôtel de Ville. — Ruffi, id.

[2] En 1333.

à Marseille, en 1338. Il voulait combiner avec le pape Benoît XII, successeur de Jean XXII, et d'origine française comme lui, une nouvelle attaque contre la Sicile. Le séjour qu'il fit en Provence ne fut pas long. Il retourna à Naples, fit une tentative sur la Sicile, qui eut un commencement prospère et une issue malheureuse. Il mourut à Naples le 19 janvier 1343, âgé de soixante-quatre ans, après en avoir régné trente-trois. Ce Prince, digne du nom de *bon* que les Provençaux lui donnèrent et qui lui a été conservé par la postérité, eut ses vieux jours abreuvés d'amertume. Il expira avec le regret de n'avoir pu lier les caractères de Jeanne et d'André dont l'antipathie croissait avec l'âge.

La mort du Roi ne troubla point l'harmonie que ses lois sages avaient établie dans l'Etat. Les Marseillais députèrent Montolieu de Montolieu, Pierre de Cépède, Pierre Dieude, Rolin Vivaud, Nicolas Bonvin et Laurent Ricaut, pour aller prêter serment de fidélité entre les mains de la reine Jeanne. Ordre exprès leur fut donné d'exiger de cette princesse l'observation de leurs priviléges. Jeanne ne fit aucune difficulté de prêter le serment qu'avaient prêté ses ancêtres. Elle promit de le renouveler, dans Marseille même, lorsque l'état de ses affaires lui permettrait de passer en Provence. Elle écrivit en même temps au grand sénéchal du Comté, et lui commanda de respecter les franchises municipales des fidèles Marseillais [1].

Jeanne avait des talents supérieurs, mais elle était vive, folâtre et sans expérience. Elle était portée à l'amour par une ardeur de tempérament que son époux ne pouvait satisfaire. Deux partis divisèrent la cour et le royaume. Robert, religieux franciscain, venu de Hongrie avec André, fut à la tête du parti de ce jeune prince, et lui inspirait la dureté et l'insolence de son caractère. A la tête du parti de la Reine parurent deux personnes parvenues du dernier rang de la société aux premiers emplois du palais. Philippine, dite la Catanoise, et Raimond de Cabanes, son mari. Philippine, simple lavandière, ayant été chargée de nourrir un jeune prince mort presque au berceau, Louis, fils de Robert, avait su captiver la faveur de la famille royale et s'était fait nommer gouvernante des princesses Jeanne et Marie, sur lesquelles elle exerçait un empire absolu. Raimond était un esclave sarrasin que son maître avait vendu à Raimond de Cabanes, seigneur provençal qui le prit en affection, l'affranchit et lui donna son nom.

Les sages ministres du roi Robert furent éloignés des affaires. Jeanne ne prit pour conseillers que de jeunes étourdis, sans talent comme sans

---

[1] Archives de l'Hôtel de Ville. — Ruffi, t. i, liv. v, ch. viii.

pudeur. André, à l'inspiration du moine Robert, ne s'entoura que de ces gens d'église dont l'ignorance, l'hypocrisie et l'orgueil ont toujours fait haïr le pouvoir royal, lorsqu'il a voulu imprudemment s'appuyer sur eux. André voulait régner seul, et Jeanne lui refusait le titre de roi. Le Pape vint augmenter ce désordre domestique, en prétendant que la régence du royaume de Naples lui appartenait pendant la minorité de la Reine, en qualité de suzerain. Il cassa dans une bulle tout ce qui avait été fait depuis la mort du roi Robert. Mécontent de la Reine, gagné peut-être par l'argent de la Hongrie, il résolut de faire couronner André. Comme la faction de Jeanne jugeait difficile d'empêcher ce couronnement, elle voulut frapper un coup décisif en assassinant le Prince. Dans la nuit du 18 septembre 1345, les conjurés firent prier André, qui était dans l'appartement de la Reine, de se lever et de sortir, parce qu'ils avaient, disaient-ils, à lui communiquer des affaires de la plus grande importance. Le Prince sortit précipitamment et à demi habillé. Aussitôt une femme ferma la porte sur lui. Les assassins s'emparèrent de sa personne, lui fermèrent la bouche, le pendirent à un balcon et jetèrent son corps dans le jardin.

La Catanoise, son fils, sa fille et plusieurs grands du palais, périrent dans les supplices, comme auteurs de cet attentat. La voix publique en accusa aussi la reine Jeanne, mais sans fournir contre elle aucune preuve positive.

Louis, roi de Hongrie, irrité de la mort d'André, son frère, entra dans le royaume de Naples, pour le venger. Un suaire sur lequel était peint un monarque étranglé servait d'étendard à son armée. Jeanne chercha à détourner l'orage, en choisissant un époux qui, par son courage et son habileté, pût intimider les ennemis. Elle jeta les yeux sur Louis de Tarente, son cousin, et le mariage se fit le 20 août 1346, dans l'année du veuvage. Bientôt les armes de Hongrie renversèrent tous les obstacles, et Jeanne, ne pouvant plus se soutenir dans son royaume, s'embarqua pour la Provence où elle arriva après cinq jours de traversée [1].

La Reine-comtesse fut reçue à Marseille avec de grands honneurs et de nombreuses marques de dévouement. Jacques Artaud, seigneur de Venèles, était alors viguier; Antoine de Saint-Gilles, Pierre de Cépède et Pierre Aleman étaient syndics. Jeanne, voulant accomplir la promesse qu'elle avait faite aux Marseillais, à la mort de son père, fut conduite avec ses barons et ses gentilshommes au cimetière des Accoules où le peuple était assemblé et au milieu duquel s'élevait un riche trône. La reine s'y étant assise, on fit

[1] En 1348.

lecture des chapitres de paix et principalement
de l'article 63 relatif à la forme du serment que
les comtes de Provence et leurs viguiers devaient
faire. Pierre Amiel, notaire et secrétaire de la
Commune, mit ensuite un genou à terre devant
la reine, et lui présenta l'Evangile. Jeanne jura
d'observer les priviléges et franchises de la ville
de Marseille. Alors les syndics lui prêtèrent serment de fidélité. Les conseillers municipaux suivirent cet exemple qui fut imité par tous les
assistants. Amiel en dressa acte public '.

A cette époque, la ville haute qui n'avait pas
cessé d'être distincte de la ville basse et d'avoir
un régime particulier, était presque déserte. Les
habitants l'abandonnaient pour aller s'établir
dans la cité inférieure et se placer sous l'égide
des libertés municipales. Jeanne fit sagement
cesser ce désordre trop long-temps supporté; elle
fit tomber l'injuste barrière qui séparait les Marseillais en deux peuples. Elle ne voulut pas qu'il
y eût une différence dans la jouissance de leurs
droits civils et politiques, lorsqu'il n'y en avait
point dans leurs sentiments de fidélité. Elle ordonna en conséquence que la même police et la
même administration régiraient les deux villes,
qui depuis lors n'en formèrent qu'une seule, sans
laisser des traces de leur ancienne distinction.

La Princesse, après avoir séjourné quelques

_____

' Archives de l'Hôtel de Ville. — Ruffi, t. i, liv. v, ch. viii.

jours à Marseille, se rendit à Aix. Le pays était dans une grande agitation. Ce qui irritait les esprits, c'était le projet conçu par Jeanne et la cour de France, d'un échange de la Provence avec quelque autre domaine, en faveur du duc de Normandie, fils de Philippe de Valois et héritier présomptif de la couronne. Les Provençaux craignaient de perdre leur existence nationale. Les barons de Provence et les consuls de la ville d'Aix, voulant empêcher la reine de communiquer avec les étrangers, la constituèrent prisonnière [1]. Elle ne recouvra sa liberté que lorsqu'elle se fut engagée solennellement à abandonner ce projet d'échange et à ne nommer que des personnes du pays aux emplois tant civils que militaires. Elle partit ensuite pour Avignon où son époux, le prince de Tarente, vint la joindre. Elle voulait se justifier auprès de Clément VI de la mort du malheureux André. Le Pontife confirma d'abord son mariage avec Louis, et chargea ensuite quelques cardinaux d'informer contre elle. Jeanne plaida elle-même sa cause en plein consistoire et fut déclarée innocente. Ce fut alors que, pressée par le besoin d'argent, elle vendit au Pape et à ses successeurs la ville et l'état d'Avignon, au prix de quatre-vingt mille florins d'or, accordant la plus-value à titre de donation et renonçant au bénéfice de minorité.

[1] Gaufridy, Hist. de Provence, t. I, liv. VI.

Cette vente, essentiellement nulle selon les maximes du pays, fut qualifiée de *maudite* par nos ancêtres.

La ville de Marseille était alors affligée de la peste [1], qui y fut apportée par des vaisseaux italiens. Ce fléau dévorant fit des ravages effroyables. On exposait les cadavres à la porte des maisons; quelquefois on les jetait par les fenêtres. La consternation fut si grande qu'on ne se donnait aucun secours les uns aux autres. Toute communication et tout commerce cessèrent. Les malades saisis de terreur à la vue de ces calamités affreuses, croyaient appaiser la colère de Dieu et racheter leurs péchés en donnant leurs biens aux églises. Cette peste s'étendit en Provence et dans la France entière. L'ignorance du peuple lui chercha une origine extraordinaire. On prétendit que c'était un feu sorti de la terre ou tombé du ciel, qui s'étendant vers le couchant, consuma plus de cent lieues de pays et engendra une corruption qui infecta la masse de l'air. D'autres dirent que c'était une pluie de vers et de serpents. On était bien éloigné de soupçonner que ces affreux ravages provenaient de ce qu'on ignorait les moyens d'arrêter la contagion et les remèdes pour s'en délivrer. Ainsi l'on avait à redouter tout à la fois la violence

[1] Toujours en 1348.

du mal et l'impéritie des médecins qui est toujours un mal plus grand [1].

Le roi de Hongrie était entré dans Naples en conquérant. Il en sortit chassé par la peste. Son départ précipité donna occasion aux partisans de Jcanne de lui envoyer des députés pour la prier de repasser à Naples. Ils lui assurèrent qu'elle serait bientôt rétablie sur le trône par le secours de ses fidèles sujets. Jeanne s'embarqua à Marseille et partit pour ses Etats Napolitains où elle fut reçue avec des transports d'allégresse [2]. le roi de Hongrie ne tarda pas aussi à y rentrer et à y reporter la guerre. Marseille arma dix galères, elle fit les plus grands sacrifices pour soutenir la cause de sa souveraine, et l'Italie devint le théâtre de grands événemens qui ne sont pas de notre sujet.

La Provence était dans l'anarchie. Jeanne y avait envoyé, en qualité de Sénéchal, Aimeric Rollandi, gentilhomme italien. Les seigneurs et les communautés refusaient de le reconnaître, parce que, d'après les maximes et les priviléges du pays, ces hautes et importantes fonctions ne pouvaient pas être exercées par des étrangers. Marseille seule reconnaissait l'autorité de Rollandi qui avait été installé dans cette ville. Le

[1] Papon, t. III, liv. VI.
[2] Toujours en 1348.

premier acte d'administration du nouveau sénéchal fut de destituer Méollon, seigneur de Saint-
Savournin et viguier de Marseille, qui ne remplissait ses devoirs qu'avec négligence. Rollandi
mit à sa place Octavien de Cavalcantibus, gentilhomme florentin, et lui donna pour lieutenant
Hugues de Malespine, damoiseau.

La guerre civile éclata entre les Marseillais dirigés par le sénéchal, et tout le reste de la Provence placée sous le commandement des seigneurs
les plus riches et les plus influents. Les Marseillais, cherchant des alliés, s'efforcèrent de mettre
dans l'intérêt de la Cour Charles de Grimaldi,
seigneur de Monaco, la maison de Baux, la communauté du Martigues et la ville d'Arles. Partout
leurs propositions furent rejetées. Des flots de
sang étaient sur le point de couler, lorsque la
voix de la modération se fit heureusement entendre. Les états généraux se réunirent à Aix.
Cette assemblée députa à Marseille Bertrand de
Bouc et Imbert d'Alamanon, pour y faire des
propositions de paix. Ils présentèrent au conseil
municipal leurs lettres de créance, et l'objet de
leur commission fut aussitôt discuté. Aucune résolution ne fut prise, et trois membres furent
envoyés à Aix pour aplanir quelques difficultés.
Les états de Provence s'étant enfin mis d'accord
avec la commune de Marseille, il fut décidé qu'il
y aurait un armistice, qu'on enverrait une dépu-

tation à la reine Jeanne pour la supplier de s'expliquer sur les priviléges de la province, et un autre au Pape pour demander sa médiation.

Aussitôt après le départ des ambassadeurs, les Provençaux rompirent la trève, sans que la cause en soit connue. Rogier, sergent d'armes de Clément vi, arriva alors à Marseille avec une lettre adressée par Sa Sainteté au corps municipal [1]. Le Pontife engageait les Marseillais à faire tous leurs efforts pour le rétablissement de la paix. Rogier se rendit ensuite à Aix avec Montolieu de Montolieu que le conseil accrédita auprès des états généraux. Ils se présentèrent tous les deux dans l'assemblée, firent entendre des paroles de paix, mais leur mission n'eut aucun succès. Alors les Marseillais résolurent de déployer toute leur énergie. Le conseil de ville s'assembla extraordinairement, et décréta que la ville serait mise dans le meilleur état de défense; que les remparts seraient réparés; que des levées d'hommes seraient faites. Il prit des mesures extraordinaires et sollicita partout des secours. Les membres de la commission de la guerre et de la marine furent portés à douze. Rien ne fut négligé pour résister avec avantage à la ligue provençale et soutenir l'autorité de la Reine.

Cependant Clément vi ne désespérait pas de la

[1] En 1358.

paix. Il envoya à Marseille Philippe, évêque de Cavaillon, pour engager le conseil de ville à faire auprès des états une nouvelle tentative de conciliation. Le conseil ne se montra point rebelle aux désirs du Pontife, et députa Guillaume de Montolieu, Laurent Ricaut et Jacques de Gualbert. Sur ces entrefaites on apprit que la Reine, se rendant aux vœux du pays et aimant mieux céder que d'exciter par une fermeté déplacée un soulèvement dangereux, venait de révoquer Rollandi et de confirmer Raimond d'Agoult dans la charge de sénéchal. Les états ordonnèrent alors à toutes les Communes provençales de déposer les armes. Elles se soumirent à la Reine, et l'harmonie fut ainsi rétablie entre Marseille et le reste de la Provence.

Cette tranquillité ne fut pas de longue durée. La perte de la bataille de Poitiers couvrit la France d'un long crêpe de deuil, et la Provence se ressentit d'un si grand désastre. Arnaud de Servole, gentilhomme de Périgord, fut blessé et pris dans cette célèbre journée, en combattant pour le roi Jean. Après avoir recouvré sa liberté, il organisa quelques compagnies de soldats débandés, s'en déclara le chef, et faute de trouver de l'emploi, fit à la tête de ses troupes le métier de brigand. Arnaud de Servole porta, nous ne savons trop pourquoi, le surnom d'Archiprêtre. Il entra dans la Provence et la ravagea,

favorisé par Amiel de Baux et Raimond de Baux,
comte d'Avelin, qui, selon toutes les apparen-
ces, avaient formé le dessein de profiter des calamités publiques et de l'éloignement de la reine
Jeanne, pour séparer ce Comté du royaume de
Naples.

La fidélité des Marseillais à la cause royale resta
inébranlable devant cette insurrection redoutable
produite par l'amour du brigandage et le désir
de l'indépendance nationale. Ils prirent d'abord
avec sagesse des mesures de sûreté, et mirent la
ville à l'abri de toute surprise. Ils songèrent ensuite à opérer dans le pays un grand mouvement
royaliste et à étouffer la rebellion. Les communes
d'Arles, de Nice, de Toulon, d'Avignon, de
Grasse et d'Hyères étaient attachées au parti de
la Reine. Raimond d'Agoult, Isnard et Guillaume
de Glandevès, seigneurs qui exerçaient une
grande influence, marchaient sous les mêmes
enseignes avec une ardeur chevaleresque. Marseille envoya des députés dans toutes ces communes pour s'entendre sur les moyens à prendre,
et pour organiser un bon système de défense.
Elle députa aussi à la cour de Naples pour solli-
citer des secours, et implora, dans une procession solennelle, la faveur du Dieu des armées
pour le triomphe des armes royalistes. L'oriflamme
de la ville fut arborée sur les remparts.

Siméonis, avocat de la ville de Vence, s'étant

placé à la tête de seize cents hommes dévoués à la reine Jeanne, écrivit aux Marseillais qu'il était prêt à se joindre à eux pour combattre les ennemis. Le comte d'Avelin, voulant empêcher cette jonction, envoya des troupes tirées d'Aubagne, de St-Marcel et de ses autres terres, sous la conduite d'un prêtre de Salon. Elles firent quelques ravages dans le territoire de Marseille. Les Marseillais, usant de représailles, firent sortir deux colonnes. La première, sous le commandement de Jean d'Olioules et de Jean de Senis, s'empara de vive force d'Aubagne. La seconde, sous la conduite d'Isnard Cignesier, se rendit maître du château et du bourg de St-Marcel. La perte de ces places irrita le comte d'Avelin, qui voulut en tirer vengeance; mais les Marseillais surent déjouer tous ses efforts.

Cependant les milices royalistes, ramassées à la hâte, composées de bourgeois et d'artisans élevés loin des combats, étaient impuissantes pour arrêter les brigands aguerris conduits par l'archiprêtre et les indépendants armés par la puissante maison de Baux. Dans ces circonstances critiques, les royalistes appelèrent à leur secours Jean, comte d'Armagnac, auquel on promit 35,000 florins d'or, c'est-à-dire 338,100 livres, en dédommagement de ses dépenses. Jean entra en Provence avec deux mille cinq cents hommes d'armes, et les Marseillais lui envoyèrent cent arbalétriers.

Le sénéchal de Provence, qui croyait étouffer l'insurrection avec les secours du comte d'Armagnac, fut trompé dans son espérance. Le nombre et l'audace des révoltés ne faisaient que croître. Antoine de Baux, prévôt de l'église de Marseille et frère du comte d'Avelin, prit les armes et arbora les couleurs de l'indépendance. Il se saisit, avec cent cavaliers et quelques fantassins, du château de Roquefort occupé par les Marseillais. Après cet exploit, il tenta de prendre La Cadière, mais sans pouvoir y réussir.

Alors le sénéchal accourut à Marseille. Il assista à une séance du conseil de ville et y fit l'éloge des Marseillais, qui depuis le commencement des hostilités donnaient tant de preuves de dévouement. Il invita le conseil à choisir dans son sein une commission chargée de l'éclairer de ses conseils pour la direction de toutes les affaires de la province et pour tout ce qui serait relatif au service de la Reine. L'assemblée, flattée de cette marque de confiance, désigna sur-le-champ Laurent Ricaut et Pierre Austric, tous deux syndics, et Guillaume de Montolieu, Antoine Dieude, Giraud Aimeric, Jean Elie, Jean de Jérusalem et Simon d'Apt.

Une troupe ennemie, composée de six cents hommes d'armes, était entrée dans le Comtat Venaissin, et avait marqué sa route par le pillage, l'incendie et le meurtre. Pour mieux tromper le

Pape et ses sujets, cette troupe portait l'étendard royal, et sur les cottes-d'armes l'écusson de Marseille. Après être sortie des Etats du Pape, elle était allée à St - Maximin, avait donné l'assaut à la ville et l'avait prise. Mais l'église, qui était fortifiée et vigoureusement défendue, résistait à toutes les attaques. Le souverain Pontife, croyant que cette bande dévastatrice avait été réellement armée par les Marseillais, en témoigna un vif ressentiment. Le conseil municipal de Marseille lui envoya deux députés pour le calmer, pour lui faire connaître le véritable état des choses, et le conjurer de prendre la ville sous sa protection.

Sur ces entrefaites, l'église de St - Maximin fut prise de vive force, et les ennemis au nombre de cinq mille hommes se dirigèrent sur Marseille. A cette nouvelle, l'alarme se répandit dans la ville, mais ce premier sentiment de frayeur fit bientôt place à une résolution énergique. On expulsa tous les habitants qui étaient unis à des ennemis par quelque lien de parenté. Les artisans furent arrachés à leurs travaux et armés aux frais de la commune. Les troupes marseillaises attendirent ainsi de pied ferme l'armée des indépendants, qui n'osa pas se montrer.

Les députés marseillais envoyés vers la Reinecomtesse, retournèrent dans la ville. Le royaume de Naples était en proie à l'anarchie et à la violence des factions. Les princes de la maison de

Duras, qui étaient éloignés des affaires, et ceux
de la maison de Tarente qui y avaient la principale part, causaient tous ces troubles par leur
rivalité ambitieuse et puissante [1]. La cour était
dans l'abandon et Jeanne sans autorité. Cette
malheureuse princesse ne pouvait envoyer aucun
secours aux Marseillais, mais elle leur écrivit
une lettre remplie d'éloges et exprimant sa reconnaissance pour les obligations qu'elle leur devait. Elle leur fit en même temps donation du
château et du bourg de Saint-Marcel [2].

La mort du comte d'Avelin [3] éteignit le feu
qu'il avait allumé; mais ce calme ne dura pas

[1] Le duc de Duras, qui avait épousé la princesse Marie,
sœur de Jeanne, avait été mis à mort par le roi de Hongrie,
comme complice du meurtre d'André.

[2] Depuis cette époque jusqu'à la révolution, la ville de Marseille a été *seigneur* de Saint-Marcel. Les consuls d'abord, et
ensuite le maire et les échevins, exercèrent les droits seigneuriaux dans le territoire de ce fief et de ses dépendances, en
nommant le viguier et les officiers de justice; de sorte que tous
les propriétaires des biens situés dans ces lieux étaient vassaux
de la ville, sans distinction. Le château de Saint-Marcel était
autrefois un lieu de défense, et les Marseillais en confiaient
la garde à un de leurs citoyens qui avait le titre de châtelain.
Ce château n'existe plus. Les comptes de la commune font
mention des honoraires du châtelain de Saint-Marcel jusque
dans le 17e siècle. Les prières du prône se faisaient pour les
habitants de Marseille, comme *seigneurs*. Les pénitents de ce
lieu ajoutaient même aux litanies : *Spiritus Sancte Dei, custodi
Massiliam.*

[3] Au commencement de 1360.

long-temps. Les Anglais avaient été obligés d'é-
vacuer toutes les places fortes de France, après
le traité de Brétigny, où fut terminée une longue
guerre et où l'on fixa la rançon du roi Jean. Les
officiers et les soldats, mal payés, congédiés et
accoutumés au pillage, formèrent, sous différents
chefs, de nouvelles compagnies appelées les *tard-
venus*. Ils se répandirent en Provence, et y laissèrent des traces de leurs fureurs. Ils surprirent
le Pont-Saint-Esprit, *dont ce fut pitié*, dit Frois-
sard, *car ils occirent maint prud'homme et violè-
rent mainte demoiselle*. Heureusement, le marquis
de Montferrat, ayant besoin de troupes contre
le seigneur de Milan, les engagea à son service,
moyennant l'absolution de leurs péchés et soixante
mille florins qu'ils reçurent du Pape.

Au milieu de tant de calamités qui désolaient
la Provence, il était certainement facile à Marseille de s'affranchir de l'autorité royale et de rétablir l'ancienne forme de son gouvernement
populaire ; elle n'eût rencontré dans l'exécution
de ce dessein aucun obstacle sérieux. Depuis quelques années, elle était presque souveraine de fait,
et le viguier suivait plutôt l'impulsion du conseil
municipal que celle de la reine Jeanne ou du
sénéchal de Provence. Les républiques d'Italie
traitaient avec elle de puissance à puissance ;
Florence lui avait demandé quelques galères,
et elle en avait obtenu huit. Les Pisans s'en irri-

tèrent et écrivirent au conseil que si à l'avenir il les offensait, ils n'étaient pas garants de ce qui pouvait arriver. Le conseil répondit avec fermeté qu'en rendant ce service à Florence, sa fidèle alliée, il n'avait pas voulu offenser Pise, et que si les vaisseaux marseillais étaient attaqués, il espérait que Dieu favoriserait sa bonne cause. La république de Pise envoya alors à Marseille trois ambassadeurs, qui lurent leurs lettres de créance dans le sein du conseil, et firent valoir certains priviléges qui avaient été accordés à leur gouvernement par plusieurs Empereurs et confirmés par plusieurs Papes, pour naviguer dans certains parages, à l'exclusion des autres peuples. Ils dirent que tout leur faisait croire que Marseille ne violerait pas ces priviléges, et qu'elle aurait égard à l'ancienne amitié qui l'unissait à Pise. Le conseil répondit qu'il s'efforcerait toujours de conserver cette amitié; mais que, dans tous les temps, aucune limite n'avait été fixée à la navigation marseillaise, que la mer était libre, et qu'il ne pouvait reconnaître ces priviléges sans valeur. Les ambassadeurs retournèrent chez eux, et les choses n'allèrent pas plus loin. Mais ce qu'il y eut de singulier, ce fut de voir un ambassadeur génois, envoyé aussi à Marseille pour intervenir dans la même affaire, invoquer des traités passés entre la république de Gênes et les comtes de Provence, et demander l'extradition de quelques proscrits.

Le conseil lui dit que ces traités ne pouvaient lier la ville de Marseille, qui était distincte du comté de Provence et avait son gouvernement particulier ; que l'extradition réclamée était contraire à ses statuts et à ses franchises. De sorte que les Marseillais se regardaient comme indépendants : ils n'avaient plus qu'un pas à faire pour se proclamer tels, mais ils reculèrent devant cet acte, et le cœur leur faillit. Ils ne tentèrent pas même d'acquérir à prix d'argent leur complète indépendance politique, comme ils avaient fait jadis avec leurs derniers vicomtes. Ils auraient peut-être réussi, car la reine Jeanne, toujours dans la pénurie, jouet infortuné d'un destin capricieux, aurait pu consentir à un pareil accord ; mais ils n'étaient pas sûrs de l'avenir, qui ne leur inspirait aucune sécurité. Ils se rappelaient avec douleur les injustes contestations qui leur avaient été faites par les possesseurs du fief vicomtal, après l'affranchissement de la commune, la lutte qu'il avait fallu soutenir contre ces indignes seigneurs, et les nouveaux sacrifices pécuniaires qui en avaient été la suite. Au reste, le caractère des Marseillais était beaucoup moins enflammé par l'amour de la démocratie ; leur situation satisfaisait tous leurs besoins, et ils craignaient de compromettre, par les écarts d'un patriotisme trop ardent, une existence sociale qui leur présentait une somme raisonnable de liberté. Les principales maisons de la ville avaient formé des liaisons étroites avec la cour de Naples ; elles entretenaient avec ce royaume des relations commerciales trop utiles à leurs intérêts respectifs pour qu'on n'en désirât pas la durée. Les Marseillais crurent donc n'avoir rien de mieux à faire que d'être sincèrement dévoués à la maison d'Anjou, digne après tout de leur amour ; mais ce dévouement ne les empêcha pas de soutenir l'intégrité de leurs franchises municipales avec une fermeté qui ne se démentit jamais.

Les chapitres de paix les déchargeaient, dans la Provence, du paiement de toute sorte de droits et d'impositions. Néanmoins, les habitants d'Arles arrêtèrent dans le Rhône, en 1360, une barque chargée de blé que les magistrats municipaux de Marseille faisaient venir pour l'approvisionnement de la ville. Les Arlésiens voulurent soumettre le patron de cette barque à payer un droit qu'ils avaient établi. A cette nouvelle, le conseil municipal s'assembla, et il y fut décidé qu'une galère serait armée pour ravager le territoire d'Arles. La galère remonta le Rhône, débarqua des troupes qui pillèrent le pays et emmenèrent vingt-cinq prisonniers, au nombre desquels se trouvèrent trois domestiques du sénéchal, qui écrivit aussitôt aux Marseillais de leur rendre la liberté. Cet empressement du sénéchal fut regardé par les Marseillais comme une partialité injuste, et leur fit même croire qu'il était d'intelligence avec leurs ennemis. Les prisonniers ne furent renvoyés qu'après la restitution de la barque; et les Marseillais, dans leur colère contre le sénéchal, allèrent jusqu'à méconnaître son autorité et à s'opposer à l'installation du viguier, des juges de première instance et d'appel, et des autres officiers royaux qu'il venait de créer. Toutefois ils protestèrent de leur fidélité à la Reine, et lui députèrent un membre du conseil pour exposer les motifs de leur conduite. Ils obtinrent de cette Princesse des lettres patentes faisant injonction au sénéchal d'exécuter franchement les chapitres de paix.

Louis de Tarente mourut, le 16 mai 1362, sans testament, parce qu'il n'avait rien en propre et que tout appartenait à la Reine, son épouse. Il ne laissa que deux filles naturelles, les deux princesses Françoise et Catherine, qu'il avait eues de son mariage, étant mortes en bas âge. Les Marseillais rendirent à sa mémoire les plus grands honneurs, et Guillaume de Grimoard, abbé de St-Victor, fut chargé de prononcer son éloge funèbre. Grimoard avait embrassé de bonne heure l'état monastique [1] : reçu dans le prieuré

[1] Il était né au château de Grisac, dans le Gévaudan. Il était fils de Guillaume de Grimoard, chevalier, seigneur de Grisac et de la Garde, et d'Auphelisse de Montferrand. La maison de Grimoard s'est fondue dans celle de Beauvoir-Duroure, vers la fin du 15e siècle.

de Chiriac, diocèse de Mende, il alla plus tard étudier à Montpellier avec tant de succès, qu'il devint docteur en droit civil et en droit canon. Il fut ensuite pourvu de l'abbaye de St-Germain-d'Auxerre, puis de celle de St-Victor [1]. Les Marseillais envoyèrent douze citoyens notables à Naples, pour faire, au nom de la ville, leur compliment de condoléance à la Reine. Grimoard y fut aussi envoyé avec une mission semblable par le pape Innocent vi, qui séjournait toujours à Avignon. Innocent expira peu de temps après [2], et Grimoard était à Florence, lorsqu'il apprit la mort du souverain Pontife. Vingt cardinaux, qui se trouvaient à Avignon, entrèrent au conclave et y restèrent plus d'un mois. Grimoard, élevé dans un cloître, ennemi de la cabale et de l'intrigue, éloigné alors des lieux où allaient s'agiter tant d'ambitions puissantes et rivales, ne se doutait sûrement pas que les suffrages du sacré Collége tomberaient sur lui, lui qui n'avait jamais porté si haut ses modestes prétentions, lui qui n'était pas même revêtu de la pourpre romaine. Il fut pourtant élu, à la grande surprise de la chrétienté. Les cardinaux, doutant s'il consentirait à l'élection, ne la publièrent point et lui expédièrent un courrier, pour qu'il fît connaître

[1] En 1358.
[2] 22 septembre 1362.

sa volonté. Grimoard reçut, sur la route de Florence à Naples, le message du conclave; il envoya aussitôt son consentement, revint en France et fit son entrée à Avignon le 30 octobre 1362. Le 6 novembre suivant, il fut sacré évêque et couronné pape, sous le nom d'Urbain v, par Audoin Aubert, évêque d'Ostie [1].

Urbain, qui porta toute sa vie l'habit monastique de St-Victor, fit réparer et fortifier cette abbaye, lui donna de nouveaux priviléges, des reliques et des ornements précieux. Il témoigna aussi aux Marseillais un attachement inébranlable, et ceux-ci eurent toujours pour lui le même sentiment. Comme il désirait envoyer quelques renforts à Cornetti, son légat en Italie, pour secourir les Florentins, ses alliés, auxquels les Visconti de Milan faisaient la guerre, les Marseillais lui fournirent cent arbalétriers, sous le commandement de Pierre de Lingris, damoiseau.

Il y avait eu jusques à cette époque à Marseille quelques écoles publiques dirigées par des particuliers. L'évêque Guillaume Sudre [2] les révoqua

[1] Fleury, Hist. Ecclésiastique, liv. xcvi. — Hist. des Papes, t. iii; La Haye, 1773.

[2] Depuis Benoît d'Alignano, dont nous avons parlé et qui mourut en 1266, onze évêques furent placés sur le siége de Marseille; ce sont : Robert, nommé en 1266; Raymond de Nîmes, en 1268; Durand, en 1288; Raymond iv, en 1312; Gosbert de Laval, en 1320; Adhémar Amelin, en 1324; Jean

par lettres patentes, et fit venir du diocèse de
Chartres un bachelier auquel il donna la direction
de tous les établissements d'instruction. Ces établissements furent désormais placés sous l'unique
dépendance du clergé, qui y enseigna la grammaire, les belles-lettres et la logique. Le clergé,
spéculant sur les préjugés populaires, aspirait
partout à être maître de l'éducation de la jeunesse. Il avait de bonnes raisons en agissant ainsi;
mais ne s'est-il jamais trompé dans son espoir et
dans ses calculs? Ces intelligences comprimées
qu'il façonnait à ses doctrines ne lui échappaient-
elles pas quelquefois? Ne venaient-elles pas res-
pirer dans une atmosphère plus pure, et ne s'é-
loignaient-elles pas des institutions cléricales avec
d'autant plus de dédain qu'elles les avaient vues
de plus près?

Les intentions de la reine Jeanne à l'égard des
Marseillais étaient éludées sous de vains prétextes,
et la mauvaise foi du sénéchal tendait à violer
les franchises, pour l'exécution desquelles ils
étaient toujours sur leurs gardes. Un droit de
péage avait été établi à Aix, et on voulait les y
soumettre. Le conseil municipal de Marseille déclara hautement que si les citoyens de cette ville
n'en étaient pas exemptés, l'autorité du sénéchal

Artaudi, en 1337; Robert de Mandagot, en 1344; Hugues
d'Arpajon, en 1360; Pierre Fabri, en 1361; et Guillaume
Sudre, dans la même année.

cesserait d'être reconnue. Urbain v, toujours disposé à favoriser les Marseillais, appuya leurs plaintes; et le sénéchal, voyant qu'ils n'étaient arrêtés par aucune considération, se ravisa et proposa un arbitrage pour rétablir la paix. Il choisit, à cet effet, Rostang Vincent et George de Montemalo. Les Marseillais nommèrent Guillaume de Saint-Jacques et le damoiseau Pierre de Lingris, qui était revenu d'Italie, où il s'était distingué. Les arbitres reconnurent la justice des plaintes de Marseille, et décidèrent que tout ce qu'on avait exigé des Marseillais à raison des droits du péage établi à Aix, leur serait restitué; qu'à l'avenir ils seraient francs de toute espèce de charge dans la Provence, conformément aux chapitres de paix. Les Marseillais furent pleinement satisfaits de cette sentence. Le sénéchal se rendit à une séance solennelle du conseil de ville, où l'on fit lecture de ses lettres de provision, qui furent entérinées; il prêta ensuite le serment accoutumé [1].

Urbain v avait désiré marier Jeanne d'Anjou avec Philippe, alors duc de Touraine et depuis duc de Bourgogne, quatrième fils de Jean, roi de France. Jeanne, craignant l'influence de la France, et ne voulant pas se donner un maître, avait ac-

[1] En 1366. Archives de l'Hôtel de Ville. — Ruffi, tom. i, liv. v, ch. xi.

cordé la préférence à Jacques d'Aragon, roi titulaire de Majorque, comte de Roussillon et de
Cerdagne. Ce Prince était sans patrimoine, et
son père avait été dépouillé de ses Etats par
Pierre iv, roi d'Aragon, dont il ne voulait pas
reconnaître la suzeraineté. Jacques, borné au rôle
d'époux, devait ne point prendre le titre de roi,
ne recevoir aucun hommage et ne se mêler en
rien des affaires. Le choix de la reine Jeanne avait
inspiré à Urbain v un vif mécontentement. Ce
Pape ne resta pas long-temps à Avignon ; il en
partit le 30 avril 1367, alla au pont de Sorgue,
où il resta deux jours, et arriva à Marseille suivi
de tous les cardinaux, à l'exception de cinq [1]. Il
fut reçu au milieu des pompes les plus magnifiques et des plus sincères démonstrations de joie
et de respect. Toute la population alla processionnellement à sa rencontre, ayant à sa tête Jacques
Atulfi, qui portait l'étendard marseillais, et Jacques Stornelli, qui portait l'enseigne royale. Le
souverain Pontife logea à l'abbaye St-Victor, et
versa des larmes d'attendrissement en voyant le
cloître antique où il avait coulé des jours tranquilles, et les religieux dont il était naguère le
chef. Les cardinaux logèrent les uns au palais
épiscopal, les autres chez Guillaume et Charles
de Montolieu, Bertrand Candole, Pons d'Alama-

[1] Fleury, Hist. Ecclés., liv. xcvi.

non, Pierre de Saint-Jacques, Pierre Aleman, Bérenger de Boulbon, Etienne de Brandis et Guillaume Martin [1]. Le 19 mai, le Pape et le sacré Collége partirent de Marseille avec une flotte de vingt-trois galères et de plusieurs autres bâtiments que la reine Jeanne, les Vénitiens, les Génois et les Pisans avaient fournis. Urbain arriva dans quatre jours à Gênes, où il fut reçu par le Doge et par le peuple avec beaucoup d'honneur. Quelques mois après [2], il entra à Rome avec une escorte de deux mille gendarmes, et fut installé dans la chaire pontificale [3].

Urbain seconda heureusement la politique avec laquelle Jeanne dissipa deux orages qui se formèrent sur la Provence. Richard, roi d'Angleterre, avait obtenu de l'Empereur la cession du royaume d'Arles. Edouard III réclama pareillement ce pays, du chef d'Eléonore, fille du dernier Bérenger et femme d'Henri III d'Angleterre, pour son second fils, le duc de Lancastre. L'autre ennemi, plus redoutable, était Louis, duc d'Anjou, gouverneur du Languedoc pour le roi Charles V, son frère. Ce Prince fit des tentatives sur la Provence, par la seule raison que ce comté était à la convenance de son ambition. Bertrand Duguesclin, qui

[1] Ruffi, t. I, liv. V, ch. XI.

[2] 16 octobre 1367.

[3] Fleury, *ibid.* — Hist. des Papes, *ibid.*

commandait l'armée française, mit le siége devant Tarascon le 4 mars 1368. Il y entra par la trahison de quelques habitants. Il alla camper sous les murs d'Arles le 11 avril, et fit prisonniers Guirand de Simiane, Arnaud de Villeneuve, et Glandevès, seigneur de Cuers. Les ennemis, désespérant de remporter la place, se retirèrent après un siége de 19 jours, et repassèrent le Rhône.

Les villes de Marseille et d'Aix formèrent une ligue pour résister aux ennemis, à peu près comme auraient pu faire deux républiques indépendantes : elles promirent de se soutenir mutuellement contre quiconque attaquerait leur liberté[1]. La Reine approuva cette ligue, que la présence du danger rendait nécessaire ; mais quand il fut passé, elle l'annula, comme un monument de sa faiblesse et comme un acte dangereux pour son autorité.

Cette Princesse était alors à Rome, où elle avait pris beaucoup d'empire sur l'esprit du Pontife, qui la traita avec distinction et lui donna la rose d'or, préférablement à Pierre, roi de Chypre, qui se trouvait alors dans cette ville. Les cardinaux en murmurèrent, disant qu'il n'y avait point d'exemple d'une faveur si éclatante accordée à une femme, en présence d'un Roi. *C'est*, répondit Urbain, *qu'on n'avait jamais vu un abbé de Saint-Victor sur la chaire de Saint Pierre*[2].

[1] Pitton, Hist. d'Aix, ch. ix, p. 9.

[2] Fleury, *id.*

Ce Pape, ayant résolu de revenir à Avignon, envoya à Marseille Pierre Georio, son familier, pour faire savoir aux habitants qu'il ne tarderait pas de repasser dans cette ville. Il y arriva en effet le 16 septembre 1370, et fut reçu avec les mêmes honneurs qui lui avaient été accordés deux ans et demi auparavant [1]. Il se reposa pendant quelques jours, et partit pour Avignon.

Il avait la résolution de négocier la paix entre la France et l'Angleterre, lorsqu'il fut attaqué d'une grave maladie. Jugeant que sa mort était proche, il ne songea plus qu'à ce qui regardait son salut. *Si jamais,* dit-il, *j'ai avancé autre chose que ce qu'enseigne l'Eglise Catholique, je révoque mon sentiment et le soumets à la correction de cette Eglise sainte.* Protestation, observe Fleury [2], qui prouve que ce Pape ne se croyait pas infaillible. Il mourut le 19 décembre de la même année [3], après avoir occupé le trône pontifical huit ans et quatorze jours avec beaucoup de sagesse. Son cœur fut transféré à Marseille, dans l'abbaye de St-Victor, où on lui éleva un riche mausolée.

Marseille et la Provence furent, cette année, ravagées par la peste. Il paraît qu'on n'apportait aucune précaution pour s'en garantir. Bientôt la

[1] Hist. des Papes, *id.*

[2] Liv. xcvii.

[3] 1370.

famine vint ajouter toutes ses horreurs à ce fléau.
Peu de temps après [1], le conseil de ville fut réduit au nombre ancien de quatre-vingt-trois membres. Cette mesure fut motivée par la dépopulation de Marseille.

Jeanne, qui était dans la cinquantième année de son âge, ne se flattait pas de devenir mère. Aussi eut-elle soin d'assurer, par un acte royal, sa succession à Charles de Duras, époux de Marguerite, troisième fille de la princesse Marie. Peu après, elle perdit Jacques, son troisième mari, et en épousa un quatrième, le prince Othon de Brunswick. Un schisme religieux la plongea dans de nouveaux malheurs. Urbain v avait résolu de rétablir le St-Siége dans Rome, et son successeur Grégoire xi, Français comme lui, exécuta ce dessein. Le Pontife ne vécut pas longtemps; il mourut à Rome le 27 mars 1378, et les cardinaux élurent un Napolitain, l'archevêque de Barri, intronisé sous le nom d'Urbain vi. La Reine, qui vit cette élection avec plaisir, parce qu'elle croyait qu'un Pontife né son sujet aurait des égards pour elle, fut cruellement détrompée lorsque le nouveau Pontife ne lui montra qu'un souverain orgueil. Par l'influence de la cour de Naples, les cardinaux s'assemblèrent à Fondi, ville de ce royaume, et, sous prétexte de certai-

[1] En 1376.

nes violences populaires lors de l'élection d'Urbain vi, cassèrent cette élection et nommèrent Robert de Genève, qui prit le nom de Clément vii. Il y eut alors deux Papes, Urbain vi, qui resta à Rome, et Clément vii, qui vint à Avignon, après avoir débarqué à Marseille.

Urbain vi, indigné contre Jeanne, qui avait contribué à l'élévation de son concurrent, fulmina contre elle une bulle par laquelle il la déclara schismatique, excommuniée et déchue de la royauté ; il offrit en même temps la couronne de Naples à Charles de Duras, le même qui avait été déclaré héritier de la Reine, et qui vivait alors à la cour de Hongrie. Charles de Duras ne résista pas à cette offre séduisante, et résolut de marcher sur Naples. Jeanne voulut alors se procurer un appui, et la France lui parut devoir être son unique ressource. Elle adopta Louis, duc d'Anjou, frère de Charles v, qu'elle déclara son héritier universel par testament du 23 juin 1380.

Charles de Duras, couronné d'abord dans Rome par Urbain vi, envahit les Etats de Jeanne et obtint les plus grands succès. Il entra sans difficulté dans la ville de Naples et bloqua le Château-Neuf, où la malheureuse Princesse s'était réfugiée avec toute sa cour et beaucoup de personnes de condition des deux sexes. Le prince Othon, cantonné dans Averse avec son armée, fit d'inutiles efforts pour secourir Jeanne, qui, dans cette cruelle

extrémité, envoya faire des propositions de paix
à Charles de Duras. Celui-ci ne lui accorda qu'une
trève de cinq jours, à condition qu'après ce
terme elle se mettrait en son pouvoir, si son
époux ne venait faire lever le siége. Le cinquième
jour, Othon parut devant Naples, livra bataille
à l'armée de Duras, fut vaincu et fait prisonnier.
La Reine, qui, des fenêtres de son appartement,
voyait la déroute de ses troupes, donna des marques d'un violent désespoir, et se rendit au vainqueur. Charles feignit d'abord de traiter sa tante
avec un profond respect.

Dans le commencement de cette étonnante révolution, la Reine avait envoyé en Provence Louis-
Antoine de la Ratta, comte de Caserte, pour lui
amener des secours et notamment des galères de
Marseille. Les Marseillais, apprenant avec une
vive douleur les calamités qui accablaient la
Reine, firent des efforts inouïs pour le triomphe
de sa cause. Ils travaillèrent avec ardeur à l'équipement de dix galères, sur lesquelles s'embarquèrent tous les gentilshommes de la ville et un grand
nombre de Provençaux. Cette flotte prit la route
de Naples.

La Reine était depuis quatre jours au pouvoir
de Charles de Duras, lorsque les galères marseillaises arrivèrent. Charles, qui croyait l'avoir dé-
sarmée par ses feintes caresses, lui permit de voir
les commandants des galères, se flattant qu'elle

leur ordonnerait de le reconnaître pour roi. Mais
Jeanne, conservant dans ses malheurs une noble
fierté, dit à ces commandants, quand elle fut seule
avec eux : « Vous voyez l'infortune affreuse qui pèse
« sur la vie de votre souveraine. Livrée aux ri-
« gueurs de la faim, réduite aux dernières extré-
« mités, j'ai souffert tout ce que les soldats les plus
« aguerris seraient à peine capables de souffrir. Gé-
« néreux Provençaux, fidèles Marseillais, s'il vous
« reste quelque souvenir de mes bontés, si vous
« respectez le serment qui vous lie, s'il est encore
« dans vos cœurs quelque étincelle de cet amour
« dont vous m'avez donné tant de preuves, je
« vous conjure de ne jamais obéir au tyran qui
« m'opprime. Regardez comme faux, ou comme
« arraché par la violence, tout écrit par lequel
« il vous paraîtrait que j'ai fait héritier cet infâme
« usurpateur. Ma volonté sera toujours que vous
« reconnaissiez pour souverain dans mes Etats
« au-delà des monts le duc d'Anjou, que j'ai
« nommé mon héritier universel. C'est à lui que
« je laisse le soin de ma vengeance. Braves amis,
« partez, allez vivre sous ses lois [1]. »

Les capitaines ne purent entendre ce discours
sans verser d'abondantes larmes ; et Charles irrité fit enfermer séparément la Reine et son
mari.

[1] Papon, t. III, liv. VII.

Le duc d'Anjou, pressé par les instances de Clément VII et les conseils de la cour de France, résolut d'aller secourir la Reine. Il arriva à Avignon le 22 février 1382, et ne trouva point dans les Provençaux le zèle sur lequel il avait compté. La ville d'Aix et la plus grande partie de la province refusèrent de le reconnaître. Marseille, au contraire, embrassa sa cause avec ardeur. Ce Prince adressa aux Marseillais un manifeste daté de Carpentras, dans lequel il leur déclara que son intention n'était pas de prendre possession des Etats de la reine Jeanne, du vivant de cette princesse ; qu'il aspirait seulement à lui rendre la liberté et la couronne. Le duc alla ensuite mettre le siége devant la ville d'Aix, sans pouvoir la réduire.

Cependant tout semblait prendre à Naples une face nouvelle. Le parti de Jeanne s'y renforçait ; Charles de Duras, après avoir consulté le roi de Hongrie, fit étouffer cette Reine infortunée le 22 mai 1382, et se déclara roi sous le nom de Charles III [1].

Le duc d'Anjou ignorait encore ces événements lorsqu'il passa les Alpes à la tête de quinze mille chevaux et de trois mille cinq cents arbalétriers. Arrivé devant Tarente, il enleva à la ville d'Aix,

---

[1] Othon fut, deux ans après, rendu à la liberté, à condition qu'il ne servirait plus contre Charles de Duras.

qui persistait dans sa désobéissance, les priviléges dont elle avait jusques alors joui, et ordonna qu'on transportât à Marseille la cour souveraine et les archives de la chambre des comptes.

La campagne du duc d'Anjou s'ouvrit glorieusement en Italie, et ce Prince écrivit aux Marseillais pour leur annoncer ses succès. Il ajouta qu'il conserverait toujours dans son cœur le souvenir de leur constante fidélité. Cette lettre, datée d'Imola le 10 août 1383, fut lue solennellement dans le conseil de ville le 29 du même mois.

La guerre civile ne tarda pas à se rallumer en Provence, Charles de Duras y ayant envoyé en qualité de sénéchal Balthasard Spinelli, seigneur napolitain. Aix, Toulon, Tarascon, Draguignan, Fréjus, Hyères, St-Maximin et d'autres communes prirent ouvertement le parti de Charles de Duras. Marseille resta placée à la tête des cités fidèles au duc d'Anjou, et leur donna une impulsion guerrière; Arles était parmi ces dernières.

Les Marseillais firent une proclamation portant défense à qui que ce fût, sous peine de confiscation de corps et de biens, de ne causer aucun dommage aux châteaux-forts qui étaient leurs alliés, savoir : Cuges, Signes, Olioulles, Six-fours, La Cadière, La Ciotat, Ceyreste, Cassis, Aubagne, Le Bausset, Roquefort et Le Castelet;

et comme quelques habitants d'Aix s'étaient emparés de Châteauneuf, où ils avaient fait prisonniers plusieurs partisans de Louis, les Marseillais
assiégèrent cette place, sous la conduite de Bertrand d'Agoult, s'en rendirent bientôt maîtres,
et y laissèrent une petite garnison commandée
par Hugues de Roquefort. Le capitaine Bernard
Isnard fut chargé de garder le château d'Allauch.
Les Marseillais s'emparèrent encore de vive force
de Roquevaire et d'Auriol, et y mirent une garnison. Ils n'osèrent rien entreprendre contre
Toulon, qui était à l'abri de leurs attaques,
sous le commandement de deux capitaines appelés Fresquet et Hubac [1].

Les Marseillais sollicitèrent vivement la cour
de France d'envoyer des forces en Provence,
assurant que c'était le seul moyen de soumettre
les ennemis de Louis. Charles vi accueillit leur
prière, et chargea de cette expédition Enguerran
de Châteauvilain, qui demanda à Marseille quelques troupes pour fortifier son armée, avec
laquelle il se préparait à assiéger St-Cannat et
Aix. Les Marseillais délibérèrent de lui envoyer
deux cents arbalétriers sous la conduite de huit
brigadiers, qui avaient chacun vingt-quatre hommes, dont quatre portaient bouclier. Chaque bri-
gadier avait un guidon sur lequel étaient peintes

[1] Ruffi, t. i, liv. vi.

les armes de la ville. On donnait à chaque soldat six florins d'or par mois, et la nourriture était à sa charge. St-Cannat fut pris au bout de dix jours ; mais la ville d'Aix résista vigoureusement et fut secourue si à propos par Balthasard Spinelli, qu'Enguerran fut obligé de lever le siége.

Louis, après avoir éprouvé des revers, finit sa carrière à Barri, dans le royaume de Naples, le 20 septembre 1384, laissant de Marie sa femme, fille puînée de Charles de Blois, duc de Bretagne, Louis, qui lui succéda, Charles, duc de Calabre [1], et une fille nommée Marie d'Anjou. Par son testament, il confia à sa veuve l'administration de ses Etats, jusques à la majorité de son fils aîné, fixée à vingt-un ans accomplis ; il lui nomma un conseil composé de trois évêques et de plusieurs seigneurs.

Deux députés marseillais [2], envoyés auprès de Clément VII à Avignon, pour se concerter avec lui sur quelques mesures à prendre, donnèrent à leur retour des détails intéressants que ce Pape leur avait fournis sur les affaires d'Italie. Ils apprirent qu'après la mort de Louis, les principaux seigneurs n'avaient rien oublié pour ranimer le courage de l'armée ; qu'ils avaient fait à ce prince des funérailles magnifiques, et les avaient ren-

[1] Mort le 19 mai 1414, sans avoir été marié.
[2] Guillaume de Saint-Gilles et Raimond Audibert.

dues mémorables par la solennité d'un acte religieux que les usages de la chevalerie autorisaient: ils communièrent tous, et pendant que le prêtre tenait dans ses mains l'hostie, ils proclamèrent Louis ii roi de Naples et comte de Provence, et jurèrent qu'ils n'en reconnaîtraient point d'autre, tant qu'une goutte de sang coulerait dans leurs veines. Tous les chevaliers prêtèrent le même serment, et l'armée vint ensuite se ranger en bataille devant Barlette, où Charles de Duras s'était enfermé. Pleine d'une ardeur guerrière et d'un enthousiasme religieux, elle lui présenta le combat en faisant retentir l'air des cris redoublés de *vive le roi Louis, meure le traître Charles !* Celui-ci, dont le plan était de laisser les Provençaux se consumer dans l'inaction, ne sortit point de Barlette, et les troupes de Louis ii se retirèrent dans les places qui leur étaient soumises.

Marie de Blois, mère du jeune Louis, était alors à Paris, et était traitée par le roi Charles vi avec beaucoup de magnificence. Malgré le zèle des Marseillais et la persévérance de leurs efforts, le parti de Charles de Duras l'emportait en Provence sur celui de la maison d'Anjou. Les états généraux avaient consulté des théologiens et des jurisconsultes, qui avaient répondu que la reine Jeanne n'avait pu disposer d'une succession que les lois et les dernières dispositions de Charles ii et de Robert attribuaient à Charles de Duras. Le parti de Louis ɪɪ envoya à la cour de France le comte de Saint-Severin, Raimond d'Agoult et Guigonet Jarente, pour presser Marie de Blois de venir en Provence avec son jeune fils; Marseille y députa aussi, dans le même objet, Antoine Dieude, Raimond Audibert et Antoine de Brandis. La ville d'Aix, toujours placée à la tête de la faction opposée, envoya de son côté des commissaires, qui ne voulurent conférer qu'avec le roi de France, et proposèrent probablement la réunion du comté à cette couronne. Marie de Blois et son fils, ayant quitté la cour de France, arrivèrent à Avignon le 24 avril 1385, et Clément vɪɪ investit le jeune Louis du royaume de Naples et du comté de Provence.

La Régente et Louis arrivèrent à Marseille le 18 août, et les Marseillais envoyèrent à leur rencontre jusques aux Pennes cinquante arbalétriers, pour leur servir d'escorte. *Comme c'était un jour maigre*, le conseil de ville consacra 15 florins à l'achat des meilleurs poissons, dont on fit présent aux augustes voyageurs, qui ne tardèrent pas de jurer, comme avaient fait leurs prédécesseurs, de maintenir dans toute leur force les libertés municipales de la ville et les chapitres de paix qui en étaient la base. Gilles Boniface, Jacques Guillaume et Roolin Vivaud, syndics, lui prêtèrent hommage et serment de fidélité, en présence de Raymond et dc Fouques d'Agoult, de François

de Baux, de Florent de Castellane et de Guigues-
Flottes. La Reine renouvela contre la ville d'Aix
l'ordonnance de Louis Ier, qui transférait à Marseille les cours de justice et le gouvernement,
et qui n'avait point été exécutée.

Marseille pourtant voyait sa tranquillité troublée. Les élections municipales, celle surtout des
syndics, excitant l'ambition des familles riches
et puissantes, étaient une source de désordres,
et les brigues, portées à leur comble, renver-
saient toutes les bornes. Dans ces circonstances,
la Régente crut devoir modifier le système électoral, et ordonna que le sort déciderait du choix [1].

Voici comment on procéda aux élections : Le
viguier assemblait, le 10 février, les six officiers
chargés d'administrer le département de la guerre,
sex dominos deputatos ad officium guerræ. Ceux-
ci, après avoir prêté serment de donner un bon
et loyal conseil, d'agir d'après les règles de l'honneur en leur ame et conscience, désignaient trois
personnes dans chacun des six quartiers. Les
noms de ces citoyens, écrits sur un billet de parchemin, étaient placés dans des boules de cire,
qui étaient elles-mêmes mises, trois par trois,
dans de petits sacs, renfermés à leur tour dans
un plus grand qu'on scellait des armes du Roi,
du sceau du viguier et de celui des six officiers

[1] Par lettres patentes du 28 août 1385.

électeurs. Ce sac était porté à la séance du conseil, et un enfant pris au hasard tirait une boule de chacun des six sacs renfermés, en commençant par le quartier de St-Jean. Les personnes dont les noms sortaient étaient proclamées députés de la guerre, remplaçaient à l'instant les précédents, et, serment préalablement prêté, désignaient dans chaque quartier deux *hommes d'honneur*, *de bien et de discrétion*, dont huit d'un âge avancé, et quatre plus jeunes. Les bulletins contenant leur vote étaient scellés avec les mêmes formalités dans deux sacs; l'un renfermait les noms des huit premiers candidats; l'autre, ceux des quatre candidats plus jeunes. L'enfant amené devant le conseil tirait deux boules du premier sac, et une du second. On proclamait ensuite les noms des premier, second et troisième syndics.

Cette élection terminée, on procédait à celle des juges. Les noms de trois avocats étaient inscrits sur trois billets renfermés dans trois boules, et les boules mises dans un sac. Le même enfant faisait sortir une de ces boules, d'où l'on tirait deux noms : c'étaient ceux du juge de première instance et du magistrat des appellations. Les autres officiers étaient élus de la même manière, et ils entraient en charge le 13 février [1].

La présence de Marie de Blois et de Louis II

---

[1] Ruffi, tom. II, liv. XII, ch. II.

fit changer en Provence les affaires publiques, et
le parti de Charles de Duras s'y affaiblit considérablement. Une trève de vingt mois fut consentie
entre la Reine et le sénéchal Balthasard Spinelli.
Peu de temps après, la plupart des villes insur-
gées reconnurent l'autorité de la seconde maison
d'Anjou, et Spinelli, désespérant alors du succès
de sa cause, n'eut rien de mieux à faire qu'à passer en Italie. La mort de Charles de Duras, assassiné en Hongrie, où il s'était rendu pour s'emparer
de la couronne, après la mort du roi Louis, contribua à la pacification de la Provence. Cependant
il se passa encore une année sans que la ville
d'Aix fît sa soumission et cessât de reconnaître
comme seul comte le jeune Ladislas, fils et héritier de Charles III.

Ce calme, dont on avait tant besoin, ne fut pas
de longue durée. Bientôt surgit un ennemi terrible : c'était Raymond de Turenne, fils de Guillaume Roger et d'Eléonore de Comminges. Il
cherchait à venger par la flamme et le fer le tort
que la maison d'Anjou lui avait fait en le privant
des terres considérables que ses aïeux avaient reçues de la libéralité du souverain. Des brigandages horribles furent commis. Les imaginations
épouvantées, n'attendant plus aucun secours de la
terre, en cherchèrent dans le Ciel. De tous côtés,
des processions, composées d'hommes, de femmes et d'enfants, allaient chantant des cantiques

lamentables, se prosternant de temps à autre, et criant par trois fois dans cette humble posture : *Paix et miséricorde !*

Les ennemis surprirent Châteauneuf-du-Martigues, que les Marseillais avaient remis entre les mains de la Reine. Cette Princesse envoya aussitôt à Marseille le seigneur d'Oraison et Francesquet, trésorier de Provence, pour implorer le secours de cette ville fidèle. Les Marseillais offrirent à Marie de mettre à sa disposition cent arbalétriers, armés aux frais de la commune, tant que durerait la guerre; ils lui firent aussi un don gratuit de 1,000 livres. La Reine leur envoya Guigonet-Jarente avec la lettre suivante, datée de Pertuis le 12 mars 1387.

« *Maria regina Jerusalem et Siciliæ, comi-* « *tissa Provinciæ.*

« *Nobilibus et egregiis viris syndicis et consi-* « *lio, ac deputatis ad guerram civitatis Massiliæ,* « *devotis nostris et regiis fidelibus dilectis.*

« Tres cars et fiels nostres, nos aven receupu- « das presentialment alcunas lettras de nostre « tres car et fiel conseiller lo segnor d'Oraison et « de nostre tresorier de Provensa Francesquet, « per las quals aven perceupudas la grand et ho- « norabla oblation vestra de mille franc de don

« gratious, per adjudar et soustenir nostre gens
« d'armas, et cent arbaletriers, à tenir seti tant
« qua mestier fossa a vostres despens, loquel don
« et oblation nos tenen non ponch petits, mas
« grans et honorables, de certans et day tels fiels
« nostres nos.yos regratian, lou plus grandamens
« que poden... Benque nos speram en Dious, bre-
« vemens mettre los fach d'aquel nostre pais de
« Provensa en tal apointement et tal assolament
« que non aura plus beson de far guerra, comme
« vos reportara aisso et alcunas autras causas de
« bocha, plus à plen de nostra part, nostre tres
« car et fiel conseiller Guigonet-Jarente, loqual
« aven mandat par devers vos sabens fiels nostres
« que nostra entendement es toujours de nous
« condurre finalment ni fermamem en aquestas
« besognas sensa vostre bon conseil loqual vale-
« rian tot ior aver, non tan en aquestas tant grans
« et poderosas, mas en tots nostres autres affars,
« tres cars et fiels lo Sant Esprit sia am vos et
« stacha [1]. »

Les troupes royales ayant repris la place de
Chateauneuf, Marie de Blois en confia la garde
aux Marseillais, qui en donnèrent le commandement à Rostang, un de leurs capitaines.

L'année suivante, les états de Provence s'étant
assemblés à Tarascon, établirent un impôt géné-

---

[1] Ruffi, t. i, liv. vi, ch. v.

ral sur le sel, et les Marseillais furent priés de vouloir bien s'y soumettre. Ils représentèrent à la Reine qu'ils ne pouvaient s'imposer cette obligation qui violerait les chapitres de paix. Marie sentit la justice de leur refus et n'insista pas davantage. Loin de se fâcher contre eux, elle leur accorda ¹ un privilége bien précieux, et qui est un des principaux caractères de l'indépendance politique. Elle leur donna le droit de déclarer la guerre à leurs ennemis sans mandement du comte de Provence, lorsque celui-ci serait absent du pays.

Raymond de Turenne passa et repassa plusieurs fois le Rhône, en continuant ses brigandages. Tous les passages lui furent enfin fermés, et on tenta alors la voie de la médiation. Les états de Provence députèrent vers Eléonore de Comminges, qui s'était fortifiée dans le château de Meyrargues. Ils voulaient connaître ses prétentions et celles de son fils. Ses demandes parurent si déraisonnables aux états et aux chefs de l'armée provençale, qu'ils se déterminèrent à continuer la guerre. Tous les gentilshommes du pays furent convoqués. Les troupes levées dans les vigueries de Tarascon, Hyères, Toulon, Olioulles, celles que Marseille et Arles avaient fournies, allèrent assiéger le château des Baux. Les milices des vigueries d'Aix,

¹ En 1393.

Brignoles, Draguignan, St.-Maximin, Barjols et Lorgues, ainsi que celles des terres adjacentes [1], allèrent attaquer Roquemartine. Les compagnies de Grasse, Forcalquier, Apt, Digne, Sisteron et Castellane, marchèrent vers Vitrolles [2]. Marle, qui était alors sénéchal, alla ravager le territoire de Pertuis où s'étaient retranchés le plus grand nombre des partisans de Turenne, et il vint ensuite assiéger Meyrargues où était toujours enfermée Eléonore de Comminges. La reine Marie mit à prix la tête du Vicomte. 10,000 livres devaient être la récompense de celui qui la lui apporterait.

C'est dans ces conjonctures, que Marseille envoya des ambassadeurs au Roi de France, pour le supplier de vouloir bien mettre un terme aux malheurs qui désolaient la Provence, et d'y envoyer le maréchal de Boucicaut avec des secours suffisants. Boucicaut avait épousé, le 23 décembre 1393, la fille unique du vicomte de Turenne, qui était une des plus belles femmes du royaume. Charles VI accueillit les ambassadeurs marseillais avec distinction, et mit le comble aux vœux de leurs concitoyens, en donnant à Boucicaut la mission de pacifier la Provence. Le maréchal arriva dans ce pays à peu près en même temps que

[1] Voir le commencement de notre second volume sur les terres adjacentes de Provence.

[2] En 1396.

Louis II [1], qui, éprouvant la même destinée que son père, avait commencé sa campagne de Naples par une brillante victoire et l'avait finie par un désastre complet. Louis ramena avec lui les restes malheureux de son armée. Au bout de quelques jours il confirma avec empressement les franchises de Marseille, notamment le droit de déclaration de guerre que sa mère avait accordé à cette ville.

Après plusieurs années de bouleversement, de pillage et de meurtres, Boucicaut parvint à rétablir la paix entre Louis II et Raymond de Turenne, qui périt bientôt misérablement près de Tarascon en voulant traverser le Rhône dans une barque [2].

Louis, voyant le pays tranquille, jeta les yeux, pour se marier, sur Yolande, fille puînée du roi d'Aragon, Jean Ier. Il espérait obtenir, à la faveur de cette alliance, les secours des armes aragonaises, pour s'emparer du royaume de Naples occupé sans contradiction par Ladislas, qui ne cachant plus ses desseins audacieux, voyait Rome soumise à son pouvoir, et marchait à la conquête des autres États d'Italie, sous des enseignes qui portaient ces mots : *Aut Cæsar, aut nihil*. Le mariage fut célébré dans la ville d'Arles [3], et les états de Pro-

---

[1] En 1399.
[2] Toujours en 1399.
[3] Le 2 décembre 1400.

vence firent à leur souverain un présent de cent mille florins. Marseille députa Guillaume Vivaud et Honoré de Monteous, syndics, et Bertrand Candole, Antoine de Roquefort, Guillaume Ricaut et Antoine de Jérusalem, membres du corps municipal, pour offrir aux époux, au nom de la ville, un magnifique service de vermeil. Les deux époux partirent le 15 février suivant, avec Marie de Blois et Charles du Maine, prince de Tarente[1], pour aller à Paris qui commençait à devenir le centre des grands intérêts politiques de l'Europe. Le Roi-comte, avant son départ, avait établi à Aix une cour de justice souveraine, que les lettres patentes de son érection appellent *Parlement.*

Jean de Tussé, nouveau sénéchal de Provence, vint à Marseille le 3 novembre 1403, fit lire dans le conseil municipal les patentes portant provision de sa charge, et jura ensuite d'observer fidèlement les chapitres de paix.

Les bréviaires étaient alors des objets si précieux, que Jean de Boniface, prévôt de la Major, qui venait d'être élu évêque de Glandevès, crut faire un riche présent au chapitre de Marseille, en lui donnant un de ces livres couvert de velours violet, et embelli de deux agrafes en vermeil sur lesquelles étaient ses armes. Il ne donna même

---

[1] Frère de Louis II.

ce bréviaire qu'à condition qu'il serait attaché dans le chœur avec une chaîne de fer, et que le chapitre n'aurait pas la liberté de le transporter ailleurs ou de l'aliéner [1].

Le schisme troublait toujours l'Eglise; le grand scandale donné par deux Papes rivaux affligeait encore le monde chrétien. Boniface ix avait remplacé à Rome Urbain vi, et Benoît xiii était devenu le successeur de Clément vii à Avignon. Innocent vii et Grégoire xii avaient ensuite occupé successivement le trône pontifical de Boniface. Le roi de France voulut éteindre cette querelle religieuse, et n'ayant pu engager par force ni par caresses Benoît xiii à se démettre de son titre, il déclara qu'il renonçait à son obédience. L'altier Pontife ne céda point; il appela des troupes aragonaises, et soutint un long siége contre le maréchal de Boucicaut. On le vit long-temps en Provence traîner de ville en ville son obstination et son orgueil. Enfin après s'être joué de la crédulité des rois et des peuples, il feignit de vouloir rendre la paix à l'Eglise, et manifesta le désir de passer en Italie pour s'aboucher avec Grégoire xii [2]. Benoît arriva à Marseille au commencement de l'année 1406, accompagné de quelques cardinaux et de plusieurs évêques. Les Marseil-

[1] En 1405.
[2] Pierre Dupuy, Hist. génér. du Schisme.

lais avaient envoyé à sa rencontre, comme marque d'honneur, Jean Reynaud, Pierre de Servières,
Guillaume Vivaud et Barthélemy de Monteous.
Le Pontife fut logé au monastère de St-Victor. Il
s'embarqua après un court séjour, s'arrêta quelque temps à Savone, d'où il repartit bientôt après
pour Marseille, parce que la peste faisait sur
cette côte des ravages affreux. Benoît xiii fit à
Marseille un séjour de huit mois, et fut encore
logé à l'abbaye de St-Victor. On construisit dans
le port un pont de bois qui allait d'un quai à
l'autre, pour faciliter au Pontife son passage du
monastère dans la ville [1]. Les cardinaux des deux
partis, sortant enfin de leur long assoupissement,
appelèrent des prétentions des deux concurrents
au futur concile qu'ils indiquèrent à Pise [2].

Le chapitre de l'Eglise de Marseille s'assembla
capitulairement [3] pour nommer onze mandataires chargés de comparaître en son nom devant
les cardinaux, et consentir à tout ce qui serait
ordonné par le concile [4]. Quoique ces mandataires

[1] Ruffi, t. i, liv. vi, ch. vi.
[2] Dupuy, ouvr. cité.
[3] Le 25 février 1409.
[4] Ces procureurs étaient : Paul de Sade, évêque de Marseille ; les évêques de Gap et de Sisteron ; Gilles, élu évêque
de Fréjus ; Pierre, abbé de St-Victor ; Guillaume, vicaire gé-
général et official d'Arles ; Honoré Bonet, prieur de Salon ;
Louis Guirand, docteur ès lois, chanoine de l'église d'Aix ;
Jean de Seilhon, licencié dans l'un et dans l'autre droit ;
et Antoine Genesi, chanoine de l'église de Marseille.

dussent tous aller à Pise, le chapitre donna à chacun d'eux en particulier les mêmes pouvoirs qu'il donnait à tous en général, de manière qu'un seul suffisait pour remplir tout l'objet de la procuration [1].

Le concile de Pise commença le 25 mars 1409, et dura quatre mois et quatre jours, pendant lesquels il se tint vingt-une sessions. Paul de Sade, évêque de Marseille, y officia. A la quinzième session [2], l'assemblée déposa les deux Papes comme schismatiques, hérétiques, coupables de parjure, et déclara l'Eglise Romaine vacante. Les cardinaux mirent à leur place Pierre de Candie, qui prit le nom d'Alexandre v [3].

Pendant que l'Europe avait les yeux fixés sur cette assemblée, Louis ii songeait à tenter encore le sort des armes dans le royaume de Naples. Ladislas s'était élevé à un degré de puissance où il paraissait n'avoir plus rien à redouter. Mais tant de grandeur et d'ambition avait réveillé la jalousie et les craintes des puissances d'Italie les plus exposées aux armes de ce Prince. Elles s'étaient liguées entre elles pour opposer une barrière aux conquêtes de Ladislas. Louis envoya

[1] Hist. des Evêques de Marseille, t. ii, liv. xii.

[2] Elle se tint le 5 du mois de juin.

[3] Dupuy, ouvr. cité. — Actes du Concile de Pise, dans la collection du P. Hardouin, t. viii.

des ambassadeurs à ces républiques confédérées,
qui firent avec lui un traité d'alliance, par lequel elles s'obligeaient à lui fournir des troupes
et à agir contre l'ennemi commun.

Louis arriva à Marseille au commencement
d'avril 1409. La ville se plaignait alors d'une
grave atteinte portée à ses priviléges. Baptiste
de Turriche, consul de Provence à Gênes, prétendait exercer cette charge aussi bien sur les
Marseillais que sur les Provençaux, et empêcher
ainsi que Gaspard de Marini, gentilhomme génois
et consul de Marseille, n'en remplit les fonctions. Le conseil municipal demanda à Louis le
redressement de ce grief, et ce Prince, par
lettres patentes données à l'abbaye Saint-Victor,
où il logeait, à la date du 5 juin 1409, confirma
l'article des chapitres de paix qui donnait aux
Marseillais le droit de nommer directement des
consuls en pays étranger [1]. Peu après, Louis
s'embarqua avec cinq galères, et prit la route
d'Italie. Il reçut d'Alexandre v l'investiture du
royaume de Naples, l'étendard de l'Eglise et la
charge de grand gonfalonier des Etats Romains.
Soutenu des chefs de la ligue italienne, il reprit,
dans la Toscane, plusieurs places occupées par
Ladislas, et retourna à Marseille pour lever en
Provence des troupes et de l'argent [2].

---

[1] Ruffi, tom. i, liv. vi, ch. vii.

[2] Sur la fin de 1409.

Dans moins de neuf mois il fut en état d'aller continuer la guerre, et repartit de Marseille avec sept galères, un grand nombre de bâtimens de transport et huit mille soldats. Attaqué le 6 mai 1410 par une escadre de quinze vaisseaux napolitains, il perdit six galères, dont une coulée à fond. La septième, sur laquelle il était, se sauva comme par miracle. Il se rendit à Bologne auprès du nouveau pape Jean xxiii, successeur d'Alexandre v, conféra avec lui et les députés des Florentins, ses alliés, sur les moyens d'abattre Ladislas, et revint à Marseille pour réparer ses pertes.

Au mois d'août de la même année, il se remit en mer avec treize galères, arriva heureusement en Italie, marcha contre Ladislas et le vainquit dans une grande bataille, le 19 mai 1411; mais il ne sut pas mieux conserver ses avantages que dans sa première campagne, et retourna à Marseille [1], abandonnant à la vengeance de son compétiteur les seigneurs qui s'étaient déclarés pour lui. Les uns furent punis du dernier supplice, les autres dépouillés de leurs biens et obligés de se réfugier en Provence : tels furent Ermengaud de Sabran et Nicolas Ruffo [2].

Louis ii séjourna quelque temps à Marseille, où Yolande, sa femme, le vint trouver. Les deux

---

[1] Dans le courant du mois d'août 1411.

[2] Papon, t. iii, liv. viii.

époux partirent ensuite pour la cour de France,
et les Marseillais leur fournirent une garde d'honneur de cinquante arbalétriers, armés et entretenus aux dépens de la ville pendant deux mois :
cette dépense s'éleva à 1,250 florins d'or. Les Marseillais fournirent encore à leur souverain une
somme de 1,000 livres, sur la demande qu'il leur
en fit, à son arrivée à Lyon, dans une lettre ainsi
conçue :

« Très-chers et bien amés, nous avons reçu
« lettres à Lyon, sur le Rhône, de nos gens qui
« sont à Rome, lesquels nous y laissâmes, à notre
« partement, en ôtage pour aucune somme d'ar-
« gent que nous empruntâmes d'aucuns mar-
« chands à notre partement, et pour ce que nous
« désirons nous acquitter avec lesdits marchands,
« ainsi que raison est, laquelle somme de mille
« francs nous vous prions tant chèrement et de cuer
« que nous pouvons, que veuillés bailler à notre
« bien amé maître d'hôtel, Pierre de Bournay,
« le plus prêtement que vous pourrez, afin qu'il
« envoie ainsi que lui avons ordonné; et en ce,
« nous fairés très grand et singulier plaisir; et
« vous remercions des secours et aides que tou-
« jours vous nous faites, et au plaisir de Dieu
« nous vous les reconnaîtrons en telle manière
« que en serez contens. Très chers et bien amés,
« le Saint-Esprit vous ait en sa sainte garde.
« Ecrit à Lyon sur le Rhône le 16ᵉ jour de dé-
« cembre 1411. »

Le Roi-comte ne revit plus la Provence. Il séjourna à Angers, capitale de son duché d'Anjou, pour se défendre de l'attaque des Anglais ; ce qui ne l'empêcha pas de faire valoir par les négociations les droits d'Yolande sur les terres aragonaises. Pierre iv, dit le Cérémonieux, roi d'Aragon, étant mort le 5 janvier 1387, avait été remplacé sur le trône par son fils Jean rᵉʳ. Jean avait eu pour successeur son frère Martin, qui mourut sans postérité. Sa succession était immense ; elle comprenait les royaumes d'Aragon et de Valence, les comtés de Barcelonne, de Roussillon et de Cerdagne, la Sicile, la Corse, la Sardaigne et les îles Baléares. Un grand nombre de concurrents se présentèrent pour la recueillir [1]. Malgré l'appui de la France, le comte de Provence, qui était au premier rang, ne réussit point auprès des Etats d'Aragon, juge de ces prétentions diverses. Des neuf commissaires devant lesquels la cause avait été portée, six se prononcèrent pour Ferdinand de Castille.

Louis ii expira à Angers le 29 avril 1417, laissant, entre autres enfants, trois fils, Louis iii, René-le-Bon et Charles du Maine, et une fille,

---

[1] Louis poursuivait ces droits, du chef de sa femme, fille du roi Jean. Ferdinand, infant de Castille, les poursuivait du chef de sa mère Eléonore, fille de Pierre iv. Alphonse, duc de Candie, les poursuivait du chef de Jacques ii, roi d'Aragon, comme plus proche agnat.

Marie , épouse de Charles vii , roi de France. Il institua pour héritier Louis iii , âgé de quatorze ans ; il déclara la reine Yolande tutrice de ce jeune prince et régente de ses États.

Ladislas était mort à Naples [1] sans enfants légitimes, quoiqu'il eût été marié trois fois. Jeanne ii, ou Jeannelle sa sœur, âgée pour lors de quarante-quatre ans, lui succéda. Elle était veuve de Guillaume, duc d'Autriche. Sans intelligence dans les affaires, elle fut le jouet de ses propres passions et de celles des autres. Elle blessa dans ses galanteries toutes les règles de la pudeur, et ses faveurs, qu'elle accorda sans choix comme sans goût, la rendirent l'objet du mépris public [2]. Pour affermir dans ses mains un sceptre ébranlé par les agitations du palais, Jeanne ii songea à adopter le comte de Richemont, frère de Henri v, roi d'Angleterre. Les Anglais, qui venaient de gagner sur la France la bataille d'Azincourt, visaient à la monarchie européenne. Dans ces circonstances, le pape Martin v, successeur de Jean xxiii, se prononça pour le plus faible contre le plus fort, et appela en Italie le comte de Provence, à qui plusieurs barons napolitains écrivirent aussi pour l'inviter à passer les monts, lui offrant de se ranger sous leurs enseignes avec leurs vassaux.

[1] Le 6 août 1414.

[2] Bouche, Essai sur l'Histoire de Provence, t. i.

La Reine de Naples ne trouvant point le comte de Richemont favorable à ses vues, et ne voulant pas du comte de Provence, adopta Alphonse v, roi d'Aragon.

Le comte de Provence et le monarque aragonais recommencèrent sur le sol italien cette lutte mémorable qui fut toujours fatale aux armes provençales. Louis eut encore recours à la ville de Marseille qui lui prodigua ses trésors. Des vaisseaux marseillais prirent deux galères d'Alphonse et les emmenèrent dans le port [1].

Les affaires de Louis iii déclinaient, lorsqu'un événement imprévu changea subitement la face des choses. Jeanne, indignée du ton de maître que prenait le roi d'Aragon, révoqua son acte d'adoption et choisit pour fils adoptif le comte de Provence. Sur ces entrefaites, Alphonse, rappelé dans ses Etats héréditaires par les craintes que lui donnait le roi de Castille, quitta le royaume de Naples dont il laissa le commandement à l'infant don Pierre, son frère. Il mit à la voile avec dix-huit galères, le 15 octobre 1423, pour passer en Catalogne.

La perte des deux galères dont les Marseillais s'étaient emparés l'avait vivement irrité, et il résolut de venger cette injure d'une manière éclatante et digne de lui. Sachant que la fortune

[1] En 1421.

I. 31

sourit à l'audace qui bien souvent est tout le secret du génie de la guerre, il conçut le projet de surprendre Marseille. Cette ville était épuisée par les secours abondants qu'elle avait fournis à Louis III. Elle était dégarnie d'armes, de soldats et de vaisseaux. Un grand nombre de ses gentils-hommes combattaient en Italie sous les enseignes provençales.

Marseille était entourée de fortes murailles du côté de la terre, et on ne pouvait l'emporter d'emblée qu'en faisant une descente sur les quais: entreprise difficile à exécuter, parce qu'il fallait se rendre maître du port, dont l'entrée très étroite était défendue par deux tours fortifiées, bâties sur l'un et l'autre bord. Celle qui était du côté de la ville s'appelait St-Jean, et l'autre St-Nicolas. L'embouchure du port était de plus fermée par une grosse chaîne.

On connaissait depuis long-temps la poudre à canon [1], mais les armes à feu étaient rarement

---

[1] L'invention de la poudre a faussement été attribuée au moine Berthold Schawartz, né à Fribourg peu avant la moitié du 14ᵉ siècle. Roger Bacon, qui mourut à Oxford en 1292, fut le premier qui, en parlant des effets que le salpêtre enfermé pouvait produire, indique d'une manière précise les ingrédients de la poudre à canon, dont il pressentait la puissance. — Vossius, *Variarum Observationum ; de origine et progressu Pulvis Bellici, apud Europeos.* — Jalofki, *Dissert. de inventione Pulvis Pyrii et Bombardæ.*

employées dans les combats, et lorsque les Vénitiens, en 1380, en firent usage contre les Génois au siége de Chioggia, toute l'Italie s'en plaignit comme d'une infraction manifeste aux lois de la guerre. Il paraît qu'au commencement du 15e siècle l'artillerie était encore peu connue à Marseille qui ne l'avait pas appliquée à son système de fortification. Alphonse en avait quelques pièces sur sa flotte, et c'est ce qui faisait son espérance et sa force.

Ce Prince, arrivé devant Marseille le 23 novembre 1423, réunit ses principaux officiers, et leur parla à peu près ainsi : « Après tant de fa-« tigues et de périls, les destins favorables vous « offrent une noble récompense. Il ne tient qu'à « vous de la recevoir. En détruisant Marseille, « vous porterez un rude coup à nos ennemis qui « depuis si long-temps trouvent tant de ressour-« ces et puisent tant de forces dans le dévouement « de cette opulente cité. Ses habitants affaiblis, « habitués à des travaux pacifiques, sont inha-« biles aux combats ; et ils osent vous résister ! « et ils irritent votre courage ! Allez, intrépides « guerriers, dignes soutiens de ma juste cause, « allez punir leur audace et venger vos injures. « Un riche butin vous attend. Ne triomphez pas « à demi. Portez sur votre passage et le fer et le « feu. Point de pitié, point de pardon dans ces « jours de victoire. Seulement ne profanez point

« les choses saintes et respectez les temples du
« Seigneur. Ainsi vous donnerez une illustration
« nouvelle au nom aragonais, et votre gloire,
« glaçant de terreur l'ame orgueilleuse de Louis,
« comblera d'une longue joie notre patrie recon-
« naissante ¹. »

Ces paroles enflamment tous les capitaines qui
communiquent leur enthousiasme à l'armée. Les
soldats, impatients de s'élancer sur les rivages
marseillais, entonnent des chants de guerre, et
le roi d'Aragon fait ses préparatifs pour le succès
de l'attaque.

Le danger devient pressant. La ville, où règnent
la confusion et l'effroi, présente le plus désolant
spectacle. Tout le peuple est en mouvement. Les
flots tumultueux de la foule agitée se pressent
dans les rues, sur les quais et les places publiques. On s'interroge avec perplexité. Les vieillards, les femmes et les enfants se précipitent
dans les églises, s'y tiennent prosternés, joignent
leur voix tremblante à celle des prêtres qui sup-
plient Dieu de jeter sur Marseille des regards de
compassion et de détourner d'elle le malheur qui
la menace. Les moines de Sᵗ-Victor font entrer
des munitions et des vivres dans leur abbaye,
véritable forteresse à l'abri d'un coup de main.
Ils s'y retranchent et se préparent à soutenir le

---

¹ Gaufridy, liv. VII. — Ruffi, t. I, liv. VI, ch. VIII.

siége. Les magistrats, de leur côté, organisent à la hâte quelques moyens de défense. Ils distribuent le peu d'armes qui restent, renforcent les garnisons des tours St-Nicolas et St-Jean, et font couler bas à l'embouchure du port, pour mieux la fermer, un gros vaisseau appartenant à Jean de Forbin.

La nuit arrive et le désordre augmente. Qui pourrait peindre l'horreur de cette épouvantable nuit? D'après l'avis du comte de Cardone, commandant des galères aragonaises, Alphonse croit que le moment d'attaquer est propice, et il en donne le signal. Tous les efforts des Aragonais furent d'abord dirigés contre la tour St-Jean, et le combat fut très vif. La garnison marseillaise opposa une résistance égale à la vivacité de l'attaque. Deux fois les assiégeants mirent le feu à la porte; deux fois il fut éteint par les assiégés qui furent heureusement secondés par une pluie abondante. A la troisième fois, les flammes triomphèrent de tous les obstacles; et la garnison se voyant dans un péril extrême, offrit à l'ennemi de suspendre les hostilités et de se rendre si la ville était prise. Alphonse accepta ces conditions, et ordonna à Jean Corveri, un de ses plus habiles capitaines, de diriger une troupe d'élite chargée de rompre la chaîne. Cette troupe se mit à l'ouvrage avec un rare sang froid, tandis que du haut de la tour St-Nicolas et des remparts on fit pleuvoir sur elle une grêle de traits et de grosses pierres. Les Aragonais se virent aussi attaqués par une multitude de bateaux; mais ils ne se découragèrent pas, leur artillerie fit plusieurs décharges; ils délogèrent les Marseillais qui tiraient sur eux du haut de la tour et des murailles, et repoussèrent les bateaux qui s'étaient avancés en désordre.

On vint rapporter à Alphonse qu'il y avait dans le port, du côté de S.ᵗ-Victor, un gros brigantin abandonné dont il serait facile de s'emparer par terre, en passant au-dessous de cette abbaye. Le roi d'Aragon profita de cet avis, et dès ce moment la victoire ne lui parut plus douteuse. Les Aragonais débarquent du côté de la Réserve, prennent le brigantin, tombent à l'improviste sur deux galères négligemment gardées, dont ils s'emparent, mettent en fuite les Marseillais qui combattent près de la chaîne, et cette chaîne est aussitôt brisée.

Alphonse, maître du port, délibéra s'il débarquerait dans la même nuit ses troupes sur le quai, ou s'il était plus prudent d'attendre le lendemain. Il se décida à poursuivre sans délai ses avantages, ne voulant pas donner aux habitants épouvantés le temps de se reconnaître et de se fortifier. Il ordonna donc le débarquement, et les Marseillais accoururent pour s'y opposer. Vains efforts! En un instant le quai se couvre d'Aragonais et l'on se bat avec fureur. Le carnage devient horrible. Au bruit des armes se joignent des clameurs confuses, des accents d'imprécation, et de lamentables gémissements. L'obscurité de la nuit augmente l'horreur de la mêlée. Les coups tombent indistinctement sur les amis et sur les ennemis. Les uns et les autres entrent pêle-mêle dans la ville, tandis que les habitants qui sont restés chez eux font voler du haut des fenêtres les pierres, les pièces de bois et tous les meubles qui leur tombent sous la main, et écrasent ou blessent ainsi les vainqueurs et les vaincus. Alors les Aragonais mettent le feu à quelques maisons voisines du port. La flamme, poussée par le vent, fait des progrès rapides, et quatre cents maisons embrasées répandent au loin, avec des tourbillons épais de fumée, une lueur immense et affreuse [1].

Les Marseillais qui furent épargnés par le fer ennemi et l'incendie, cherchèrent leur salut dans une prompte fuite, et Alphonse qui avait promis le pillage à ses soldats, ne retira pas sa promesse.

[1] Il y eut, dit César Nostradamus, près de 400 maisons brûlées si oultrageusement, qu'on voyait tomber de grands quartiers de murailles avec des éclats horribles et merveilleux, meslez parmi les cris et les hurlements des femmes eschevellées et des enfans esperduz; les ungs tombaient morts d'épouvantement, sans coups, les ungs sur les aultres.
Hist. de Provence, 5ᵉ partie, p. 570.

Pendant trois jours, la brutalité des Aragonais
ne connut aucune borne. Avides de butin,
brûlants de vengeance et de lubricité, ils se souil-
lèrent de tous les forfaits qui épouvantent l'imagination. Cependant tout ce qui s'était réfugié
dans les églises fut épargné, et le sentiment
religieux tempéra ainsi la barbarie de ces vainqueurs sourds à la voix de tout autre sentiment.
Il n'y eut que le monastère de St-Victor qui ne
tomba point en leur pouvoir, par la vigoureuse
résistance des moines.

Les Aragonais, associant toujours la dévotion à
leurs entreprises, accoururent en foule au couvent des Frères Mineurs pour s'emparer des restes
mortels de saint Louis, évêque de Toulouse.
Leurs recherches étant infructueuses, ils assou-
virent leur fureur sur le couvent qu'ils ruinèrent de fond en comble [1]. Ils trouvèrent enfin la
châsse du Saint dans une maison particulière où
on l'avait cachée. A cette vue, ils poussent des
cris de joie : Saint Louis! Saint Louis! Et ils se
prosternent devant ces reliques vénérées qu'ils
regardent comme la plus glorieuse de leurs dépouilles et le plus bel ornement de leur triomphe ; et leurs chants religieux se mêlent au bruit
de leurs fanfares guerrières ; et ils promènent
avec pompe cette proie qui efface à leurs yeux

[1] Il fut plus tard rebâti.

toutes les richesses de la terre, parce qu'elle peut leur donner tous les trésors du Ciel.

La nouvelle de la prise de Marseille ne tarda pas de se répandre dans les Communes environnantes ; partout le tocsin sonna, et toute la population du territoire s'avança en armes. Les habitants de Cuges, qui avaient des liaisons intimes avec les Marseillais, se levèrent en masse et marchèrent les premiers. Aix fit partir un corps d'armée [1] sous le commandement de Louis de Bouliers, vicomte de Reillane [2], et les Marseillais fugitifs se joignirent à ces troupes auxiliaires pour délivrer la patrie.

Alphonse, se trouvant dans l'impossibilité de résister à de si grandes forces, et satisfait d'ailleurs d'avoir atteint le but de son expédition, se disposa à remettre à la voile. Il fit porter dans la galère qu'il montait le corps de saint Louis. Il enleva aussi la chaîne du port et les archives de l'Hôtel de Ville, et partit de Marseille le 26 novembre au matin [3].

Cependant la populace du territoire qui marchait au secours de Marseille, entra quelques

[1] Pitton, Hist. d'Aix, liv. III, ch. VIII.

[2] Il devint viguier de Marseille en 1430, 1435 et 1439. La ville lui donna 200 florins et une galère appelée *gobina*.

[3] Alphonse déposa à Valence les reliques de saint Louis, la chaîne et les archives, qui, dit-on, y sont encore aujourd'hui.

heures après dans cette ville infortunée, et trouvant tout en confusion, méconnut la voix de ses chefs, se livra à tous les excès et enleva ce qui avait échappé à l'avidité des Aragonais. Ce qu'il y eut de plus affreux, c'est que quelques Marseillais indignes, s'étant noirci le visage pour ne pas être reconnus, se mêlèrent parmi les pillards. Ils furent appelés *Mascarats*, et ce nom, devenu une marque de flétrissure, servit pendant longtemps à désigner tous les ennemis du bien public, tous ceux que poursuivait la haine populaire.

Le calme régna enfin dans la ville, et le premier soin des Marseillais fut de se mettre en état de défense. Ils réparèrent les murailles d'après l'art des fortifications, qui était encore dans l'enfance. Laugier, évêque de Gap, eut la noble générosité de leur envoyer des armes. Ils en achetèrent aussi à Gênes, et se procurèrent quelques pièces d'artillerie. Il y avait alors deux sortes de canons; les uns étaient appelés *bombarda grossa*, et les autres *bombarda parva*: au lieu de boulets on y mettait des pierres. Les Marseillais députèrent au Pape un gentilhomme et un notaire pour lui peindre leur situation déplorable, le prier d'établir dans leur ville une Université où l'on enseignât la théologie, la médecine, le droit civil et le droit canon; le supplier encore de se servir de son influence

pour leur faire restituer les reliques de St Louis,
et de forcer le clergé régulier et séculier à travailler aux fortifications, comme les autres citoyens, et à se soumettre à toutes les charges
publiques [1].

Le Roi, le comte du Maine son frère et la
Reine mère, firent tous leurs efforts pour porter
un remède efficace aux maux cruels de Marseille.
La Reine qui, en l'absence de son fils, gouvernait la Provence avec de pleins pouvoirs, ordonna à tous les Marseillais qui avaient quitté la
ville depuis la catastrophe, d'y rentrer sous
peine de confiscation de biens. Elle prolongea
de trois ans l'exigibilité de toutes les dettes con-
tractées par la commune et les particuliers, et
suspendit pendant le même espace de temps le
cours des intérêts. Elle affranchit de tout droit
les pièces de bois qui descendaient le Rhône et
étaient destinées à la reconstruction des maisons
détruites. Les *Mascarats* furent amnistiés, à la
demande des syndics, qui désiraient sagement
éteindre tous les éléments de discorde et jeter
sur le passé le voile de l'oubli.

Le malheur retrempa le caractère marseillais
et lui donna une énergie guerrière. Toutes les
classes de citoyens rivalisèrent d'un noble zèle, et
du milieu des ruines s'éleva une cité plus belle,

[1] Nous ne connaissons pas le résultat de cette ambassade.

plus forte, plus florissante que ne l'avait jamais
été la ville saccagée. Heureux effet du patriotisme, toujours fécond en grandes choses! Marseille eut bientôt une marine considérable qui
devint la terreur des Catalans et des Aragonais.
Une galère marseillaise s'empara d'un vaisseau
catalan qui était dans le port d'Aigues-Mortes,
et les officiers du roi de France, regardant cet
exploit comme une insulte, voulurent user de
représailles contre les Marseillais, et expédièrent
des lettres de marque pour courir sus à leurs
vaisseaux. Les Marseillais donnèrent à Charles VII
des explications qui lui parurent si satisfaisantes
qu'il défendit à ses officiers du Languedoc de ne
rien faire qui portât préjudice à Marseille.

La marine marseillaise causa tant d'alarmes
aux Catalans, et leur fit des prises si considérables, qu'ils rassemblèrent toutes leurs forces
navales pour venir surprendre la ville. Mais cette
fois elle était sur ses gardes. Le vicomte de Reillane, alors gouverneur du comté de Provence,
accourut enseignes déployées, et arriva assez à
temps pour la secourir. Jaume Gras, gentilhomme d'Orange, amena quelques renforts, et
Georgin de Grimaud s'avança avec cinquante
hommes d'armes d'Antibes [1]. Toutes les mesures
furent prises pour repousser les ennemis, qui

---

[1] Nostradamus, 5e partie, p. 570.

pourtant ne se découragèrent point. Un marin marseillais, dont le nom ne nous a pas été conservé, montra un beau courage et un glorieux dévouement. Il s'offrit pour aller incendier la flotte catalane. Sa proposition ayant été acceptée, cet intrépide citoyen monta sur un esquif avec quelques hommes résolus, et s'élança au milieu des ennemis étonnés. Mais le succès ne couronna pas son audace. Il ne fit aucun mal aux ennemis, faillit périr au milieu des flammes, et ne se sauva qu'à grand'peine.

Les Catalans, reconnaissant l'impossibilité de prendre la ville d'assaut, ne songèrent plus qu'à ravager le territoire, et les deux peuples, après s'être fait beaucoup de mal dans plusieurs rencontres, sentirent la nécessité de suspendre les hostilités. Le vicomte de Reillane et les chefs de l'armée catalane eurent une conférence dans le monastère de St-Victor, à la suite de laquelle une trève de quatre années fut signée. Ce traité, qui est à la date du 5 juin 1431, fut lu et publié par Nicolas de Castillon, secrétaire du Roi, sur la colline du *Pharo*, au pied de laquelle était la flotte catalane. Les parties contractantes en jurèrent l'observation sur l'Evangile, et le vicomte de Reillane s'engagea à le faire ratifier, dans huit mois, par Louis III [1].

---

[1] Ruffi, t. i, liv. vi, ch. ix.

Ce Prince était toujours dans le royaume de Naples, où il faisait aux Aragonais une guerre qui aurait pu avoir une heureuse issue, s'il ne se fût brouillé avec le grand sénéchal Caraccioli, amant de la Reine. Ce courtisan, avide et implacable, commença de favoriser sous main le roi d'Aragon et de le presser de revenir à Naples. Caraccioli fut assassiné au milieu des fêtes célébrées pour le mariage de son fils. Mais cet événement tragique ne changea pas la direction des choses. La condition de Louis III n'en devint pas meilleure, et Alphonse rentra dans les États Napolitains avec des forces capables de relever les espérances de ses partisans. Sur ces entrefaites, le comte de Provence, depuis long-temps affaibli par la fatigue et les chaleurs excessives, mourut dans la Calabre [1], âgé de vingt-huit ans, sans laisser de postérité, et après avoir institué héritier René d'Anjou, son frère. Jeanne II approuva ce choix.

René naquit à Angers le 15 janvier 1408, et eut pour apanage le comté de Guise. Doué du plus heureux naturel, il s'attira, dès sa plus tendre enfance, l'affection du cardinal Louis de Bar, évêque de Verdun, son grand-oncle maternel, qui lui céda le duché dont il portait le nom [2], et qu'il tenait de son frère Edouard III, tué à la ba-

---

[1] En 1434.

[2] Cette cession fut faite le 13 août 1419.

taille d'Azincourt. Lorsque René eut atteint sa douzième année, le cardinal lui fit donner la main d'Isabelle, fille aînée de Charles II, duc de Lorraine ; admirable Princesse, femme forte, que la nature avait comblée de ses dons les plus précieux, et qui était bien faite, comme son noble époux, pour commander aux hommes. Elle unissait un mâle courage à une raison supérieure, et une éloquence persuasive à de grands talents politiques. Cette union, quoique précoce, donna promptement des fruits, car dès l'année 1424 René était père de Jean, qui devint célèbre sous le nom du duc de Calabre.

Alors la France désolée était en proie aux plus affreuses calamités. La plupart de ses provinces gémissaient sous le joug des Anglais unis au duc de Bourgogne, et Charles VII, chassé de Paris livré à l'insolence du léopard britannique, n'avait presque plus d'asile au sein de son royaume. Des raisons politiques forcèrent pendant quelque temps René à suivre le parti des Bourguignons. Libre ensuite de suivre ses affections, il se dévoua franchement à la cause française, et combattant avec courage à côté de Jeanne d'Arc, de Dunois et de Lahire, il partagea leurs périls et leur gloire.

Le duc de Lorraine mourut sans enfans mâles [1], et Antoine de Vaudemont, son neveu, préten-

---

[1] En 1431.

dant avoir des droits sur cette province, prit les armes, fit alliance avec Philippe le Bon, duc de Bourgogne, et attaqua à Bugueville René, qui fut battu et fait prisonnier.

Ce fut dans sa prison qu'un gentilhomme provençal lui apprit la nouvelle du trépas de son frère. Bientôt les députés du conseil de Naples vinrent lui annoncer la mort de Jeanne II, et l'adoption faite par elle du jeune prince captif à la place du feu Comte. René donna aussitôt la régence de ses nouveaux Etats à Isabelle son épouse, qui partit de Nancy et se dirigea vers la Provence avec Louis, marquis de Pont-à-Mousson, son second fils, et Marguerite sa fille cadette. Arrivée à Aix, où elle fut reçue avec des transports de joie, elle convoqua les états généraux et jura de maintenir à jamais les priviléges de la Provence. Son premier soin fut de s'assurer des dispositions de ses alliés. Le royaume de Naples était toujours déchiré par deux partis principaux : les Provençaux [1] et les Aragonais. Il y avait en outre un tiers parti qui voulait, par l'extinction de la postérité de Charles Ier, le retour pur et simple au Saint-Siége. Isabelle envoya vers Philippe Visconti, duc de Milan, Nicolaï, archevêque d'Aix, le vicomte de Reillane, Vidal de Cabanis et Charles de Castillon.

[1] Ou Angevins.

Deux partis, formés par un schisme religieux, troublaient aussi Marseille. L'évêque André de Botaric venait de mourir [1], et le pape Eugène IV s'était réservé la nomination de son successeur. Cependant le chapitre, invoquant un décret du concile de Bâle, avait élu Louis de Glandevès. Eugène regarda cette nomination comme un attentat et conféra l'évêché de Marseille à Barthélemy de Raccoli, général des Carmes. Glandevès fut placé sur le siége épiscopal avec les formalités ordinaires [2], et le Pape irrité nomma l'évêque d'Aire pour mettre Raccoli en possession. Glandevès, loin de consentir à abandonner son siége, fit rendre par ses officiaux une sentence d'excommunication contre les partisans de son compétiteur, et l'évêque d'Aire prononça de son côté un interdit général sur toutes les églises de la ville de Marseille et de son territoire [3]. Cet interdit fut exactement observé à la Major et dans les autres églises, excepté dans

[1] Guillaume Sudre, dont nous avons parlé, mourut en 1367, et Philippe de Cabassole lui succéda. Celui-ci eut pour successeur, en 1378, Guillaume de la Voute, qui fut remplacé, en 1378, par Aymar de la Voute, lequel le fut par Guillaume Letort en 1399. Paul de Sade monta sur le siége épiscopal en 1404. André de Botaric y monta en 1443, et mourut la même année.

[2] Le 15 février 1434.

[3] En mars 1435.

celle de Notre-Dame-des-Accoules et dans celle
du monastère de Saint-Sauveur, dont l'abbesse
était Gardètte Vivaud [1]. Partout ailleurs les prêtres interrompirent le service des autels, refusèrent les sacrements et la sépulture religieuse.
Le Conseil de ville envoya des députés vers la
Régente qui était toujours à Aix. Isabelle ordonna
que l'interdit serait levé; mais le clergé ne voulut pas obéir à cet ordre. La confusion et le
scandale furent alors à leur comble. Le peuple
murmura hautement, et la Princesse fit aussitôt
partir pour Marseille Jourdan de Brice, Robert
de Stare et Jean Martini, ses conseillers, avec
mission de prouver, par des raisons fondées sur
le droit, que l'interdit n'était pas obligatoire.

Les trois commissaires, arrivés à Marseille,
convoquèrent, dans l'église des Frères Mineurs,
le clergé séculier et régulier, et plusieurs citoyens notables. Le lieutenant du viguier défendit
d'interrompre les discours de ceux qui allaient
examiner la question de savoir si l'interdit devait
être observé. Mais on ne donna pas aux commissaires le temps de parler. Un ecclésiastique déclara que le seul moyen de rétablir la concorde

[1] Les prêtres qui desservaient l'église des Accoules étaient
amovibles et payés par l'abbaye de Saint-Sauveur; ils étaient
quelquefois les fermiers des Accoules, c'est-à-dire qu'ils affer-
maient pour une certaine somme les revenus de cette église,
qui ne consistaient que dans le casuel.

était de recevoir Barthélemy de Raccoli. A ces mots plusieurs personnes se lèvent brusquement, sortent de l'église en jetant de grands cris, ameutent le peuple, courent à l'hôtel du viguier, où ils prennent des armes et enlèvent les enseignes royales; ils vont ensuite au palais épiscopal, en brisent les portes et chassent violemment les domestiques de Glandevès. De là ils se rendent à l'église des Accoules et à celle de l'abbaye Saint-Sauveur, y commettent de coupables excès, et maltraitent les prêtres qui ne veulent pas se soumettre à l'interdit. Enfin, ils assiégent la maison du juge Nicolas d'Arène, partisan de Glandevès, y entrent de vive force et la livrent au pillage.

Quelques jours après, un pâtissier, nommé Guillaume, qui avait joué un rôle actif dans cette sédition, craignit d'être arrêté et se réfugia dans l'église des Augustins. Le peuple s'assembla encore en tumulte, et menaça de s'insurger si Guillaume était conduit en prison. L'effet suivit bientôt cette menace; l'autorité du viguier et des autres officiers royaux fut méconnue. Plusieurs séditieux armèrent une barque et allèrent prendre à Avignon Barthélemy de Raccoli. Ils le ramenèrent en triomphe, le firent entrer dans la Cathédrale, et le portèrent ensuite à l'Evêché, où ils lui rendirent de grands honneurs et lui promirent obéissance.

Les syndics de Marseille, craignant pour leurs concitoyens les conséquences de cette révolte, eurent recours à la clémence de la Régente, et la supplièrent de publier une amnistie générale. Isabelle accueillit cette prière, et fit expédier à ce sujet par Jourdan de Brice des lettres patentes contenant en substance que les Marseillais n'ont jamais eu l'intention de manquer à la fidélité qu'ils doivent au souverain, et qu'il ne faut pas oublier leurs services. *D'ailleurs, ajoute la Princesse, il n'est pas de vertu qui nous convienne mieux que la miséricorde. Voulons en conséquence que le souvenir de tous les crimes qui peuvent avoir été commis en cette occasion soit aboli* [1].

La Régente n'exigea pas qu'on renvoyât Barthélemy de Raccoli, qui continua d'être reconnu évêque de Marseille. Louis de Glandevès était à Bâle et faisait valoir ses droits auprès de ce concile [2].

[1] Actes du Concile de Pise, dans la collection du P. Hardouin tom. VIII.—Denys de Sainte-Marthe, *Gallia Christiana*, t. 3, col. 1225. — Archives de l'Eglise Cathédrale de Marseille. — Hist. des Evêques de Marseille, t. III, liv. XIII.

[2] Le concile de Bâle reconnut Louis de Glandevès comme évêque de Marseille, mais ne put parvenir à le rétablir sur son siége. Raccoli mourut à Marseille en 1445, et fut enseveli dans la cathédrale. Il avait fait un commentaire sur des matières théologiques et un volume de sermons : nous n'avons ni l'un ni l'autre de ces deux ouvrages. Après sa mort, l'église de Marseille choisit pour évêque Louis de Glandevès, son com-

Isabelle, impatiente de se montrer à Naples, n'attendit pas l'arrivée de l'archevêque d'Aix et de ses autres ambassadeurs. Elle se rendit à Marseille, où des réjouissances publiques signalèrent son entrée. La flotte de cinq galères qu'elle y avait fait armer étant prête à mettre à la voile, la Reine partit de ce port au commencement de septembre 1436, et mouilla en [vue de Fréjus. Au moment où elle s'en éloignait, les députés arrivant de Milan avec les nouvelles les plus satisfaisantes, débarquèrent à Marseille et repartirent sur-le-champ pour Naples.

Par la généreuse intercession de la Cour de France et du Concile de Bâle, René obtint sa liberté. Après avoir donné ses premiers soins à la Lorraine, il alla dans l'Anjou où il conclut le mariage de Jean, son fils aîné, qui avait à peine treize ans, avec Marie de Bourbon, nièce du duc de Bourgogne. Tous les vœux appelaient en Provence le Comte qui devait en être les délices. Il se rendit à ces vœux empressés, et arriva à Arles le 7 décembre 1437, au milieu d'une affluence extraordinaire de peuple, et entouré de fidèles chevaliers lorrains ou angevins dévoués à sa fortune. René se rendit ensuite à Aix ',

pétiteur, et le pape Eugène ɪᴠ, qui avait à se défendre contre un autre pape, Félix ᴠ, soutenu par le concile de Bâle, ne s'y opposa pas.

' Il y arriva le 13 décembre.

reçut les états, et fut supplié d'accepter, au nom
du comté, le don gratuit de 100,000 florins [1].
Le 15 du même mois il partit pour Marseille
où son entrée fut un véritable triomphe. Une
procession solennelle à laquelle assistaient de
nombreux corps de musique et toutes les corporations avec leurs drapeaux déployés, parcourut la ville, au son de toutes les cloches et
au bruit de l'artillerie. Le Prince logea à l'abbaye St-Victor. S'étant assis sur un trône magnifique qu'on lui avait préparé, il jura sur l'Evangile, suivant l'usage de ses prédécesseurs, et en
présence de Charles de Poitiers, gouverneur de
Provence, d'observer religieusement les chapitres de paix. Il fit ensuite approcher les syndics
qui prêtèrent le serment de fidélité. Le peuple
accourut en foule, en témoignant par de bruyan-
tes acclamations ses sentiments d'amour et d'a-
légresse. Il voulut prêter le même serment, et
chacun, levant la main droite, rendit ainsi hommage à René.

René !... A ce nom chéri tous les cœurs provençaux s'attendrissent encore. Malheur à celui
qui n'éprouverait pas ce sentiment délicieux,
cette ravissante émotion ! Celui-là n'aimerait ni
la vertu, ni la patrie, ni ses semblables. Aucun
prince n'eut plus de titres que René à l'amour

_____
[1] Environ 900,000 livres de notre monnaie.

et au respect des hommes, et c'est en Provence que l'on peut dire de lui avec une vérité rigoureuse :

Le seul Roi dont le peuple ait gardé la mémoire.

Il n'a manqué à sa gloire que des écrivains dignes de lui. Beau, grand, bien fait, il était à la fleur de l'âge lorsqu'il vint à Marseille pour la première fois. La cicatrice d'une blessure au visage, reçue à la journée de Bugueville, attestait honorablement sa valeur. Ses traits pleins de douceur, de noblesse et de grâce, avaient quelque chose de grave et de solennel qui rappelait ses malheurs et sa captivité. La renommée de ses vertus l'avait précédé dans cette cité florissante. On connaissait son caractère affable et chevaleresque, son ame aimante et sensible, son goût pour la poésie et les beaux arts. A sa vue, l'imagination si expansive des Marseillais s'exalta jusqu'au délire. Toutes les alarmes furent dissipées, et le souvenir des maux publics fit place au consolant espoir du règne le plus fortuné. Par un pressentiment général, on se représenta alors ce jeune Prince tel qu'il devait être un jour : le modèle des souverains et l'idole du peuple.

René demeura plusieurs mois à Marseille. Il ne pouvait se montrer sans être presque étouffé par la foule affamée de le voir et qui se précipitait sur son passage. Il accorda à la ville la franchise

illimitée de son commerce. Une émeute éclata
à Aix. Le peuple pilla les maisons juives et se
livra aux plus graves excès. René n'apprit ces
troubles qu'avec un profond chagrin, et trans-
féra à Marseille le tribunal suprême. Il proclama
ensuite une amnistie pleine et entière pour les
habitants qui s'étaient laissés entraîner dans la
sédition, et la tranquillité fut rétablie.

Tous les regards de René étaient tournés vers
le royaume de Naples où Isabelle, son épouse,
faisait tous ses efforts pour chasser les Aragonais
des places dont ils s'étaient rendus maîtres. Mais
ce bon Prince n'avait point d'argent, et les Marseillais ne pouvaient armer que cinq galères.
Deux riches habitants d'Hyères, Clapiers, seigneur
de Pierrefeu, et Fabri, lui prêtèrent quelques
sommes.

Il reçut à Marseille les ambassadeurs du pape
Eugène iv et de Thomas de Campo-Frégoze, doge
de la république de Gênes, qui s'étant déclaré
en faveur du roi Louis iii, en 1420, avait repoussé une entreprise des Aragonais contre l'île
de Corse. Le Pape et le Doge envoyaient féliciter
René sur sa sortie de prison. Campo-Frégoze
offrit à ce Prince des vaisseaux pour le transporter à Naples. René accepta avec reconnaissance l'offre amicale du chef de la république
génoise, et crut alors pouvoir entreprendre la
conquête des Etats Napolitains.

Campo-Frégoze lui envoya une flotte de sept galères qui entra dans le port de Marseille, au mois d'avril 1437. René s'embarqua avec le duc de Calabre et toutes les troupes qu'il put rassembler, à la vue d'un peuple attendri qui lui prodiguait des témoignages touchants d'affection et de regret. La galère qui le portait était commandée par Jean de Bausset [1]. Peu de temps après son départ, le Conseil éminent qui avait été transporté à Marseille, fut de nouveau établi à Aix.

Après avoir touché à Gênes, René se rendit à Naples, et commença ses opérations militaires sous les plus heureux auspices. Il fit une entrée triomphante dans sa capitale superbe, dans cette parthénope poétique qui, sous un ciel voluptueux, jouit avec indolence des trésors et des enchantements d'une nature toujours belle de grâce et de fécondité. Les citadelles ennemies tombèrent devant ses armes. Son courage, ses talents et sa grandeur d'ame semblaient avoir irrévocablement fixé sous ses enseignes la victoire qui lui souriait. Vanité des choses humaines! Il était dit que René aurait sur le sol italien, si souvent arrosé du sang provençal, la même destinée que ses prédécesseurs. Les Aragonais surprirent Naples par le même canal souterrain dont

---

[1] Histoire de René d'Anjou par le vicomte F. L. de Villeneuve-Bargemont, t. i, liv. iii.

Bélisaire s'était servi, neuf siècles auparavant, dans la guerre contre les Goths. Alphonse victorieux entra dans la cité consternée sur un char attelé de quatre chevaux blancs; et le malheureux René, trahi par quelques seigneurs mécontents, triste jouet de l'inconstante fortune, abandonna la terre délicieuse de la Campanie où les drapeaux d'Aragon flottaient de toutes parts. Il débarqua à Marseille avec le duc de Calabre et les débris de son armée [1].

Combien fut profond l'attendrissement du peuple Marseillais lorsqu'il vit cet excellent Prince dans une voiture d'emprunt, suivi d'un équipage délabré, offrant sur sa personne les traces d'un déplorable dénuement [2]! René, à peine arrivé dans cette ville, apprit la mort de la reine Yolande, sa mère [3]. Cette perte cruelle mit le comble à son infortune; mais sa constance fut inébranlable, et cette ame si grande et si forte ne se démentit pas un seul instant sous le poids de tant de maux.

René, après un court séjour en Provence qui jouissait d'une paix profonde, alla visiter ses Etats du Maine et d'Anjou où les Anglais faisaient des progrès alarmants. Il se rendit ensuite

[1] Dans les premiers jours de novembre 1442.
[2] Histoire du roi René, t. 1, liv. III.
[3] Morte près de Saumur le 14 novembre 1442.

à la Cour [de France, et, chargé des pleins pouvoirs de Charles VII, il conclut, sous la médiation du pape Eugène IV, un traité de paix entre
ce monarque et Henri VI, roi d'Angleterre. Ce
fut pendant ces négociations qu'il traita du mariage de sa fille Marguerite avec le Prince Anglais, et cette union, retardée par quelques
démêlés que René eut avec la ville de Metz, fut
célébrée à Nancy en même temps que celles
de Yolande, sa fille aînée, avec Ferry de Vaudemont, et de Charles du Maine, son fils puîné,
avec Isabelle de Luxembourg. Charles VII y assista,
et le duc de Suffolck y vint au nom du roi d'Angleterre.

Tranquille au sein de sa famille adorée, René
fit succéder aux jours orageux de l'ambition et
de la guerre les jours sereins du bonheur domestique. Quoique sa résidence fût momentané-
ment fixée dans l'Anjou, riant théâtre des jeux
de son enfance, il ne négligea aucun moyen
d'améliorer le sort de la Provence qui bénissait
son sceptre paternel. La société avançait dans
la civilisation; les mœurs avaient changé; de
nouveaux besoins se faisaient sentir. Les coutumes
de la chevalerie s'étaient éteintes en ne laissant
dans les esprits plus graves et plus positifs que
des traditions fugitives. René dont le noble cœur
brûlait de l'enthousiasme chevaleresque, voulut
ressusciter ces coutumes naïves qui alimentaient

naguère le feu sacré du patriotisme et de la
gloire. Vrai modèle d'une galanterie exquise,
il présida à des fêtes brillantes qu'ennoblissaient
le culte de l'amour et la pompe des beaux arts,
à des amusements enchanteurs qui, retraçant
l'image des combats, étaient si chers à la valeur
française.

Ce Prince conçut l'idée d'un ordre religieux
et militaire qui, destiné à être le principe d'une
émulation pure et féconde, le mobile des devoirs
et le prix de l'honneur, devait former les liens
de cette fraternité d'armes si touchante qui jadis
unissait Clisson et Duguesclin [1]. Les chevaliers
portaient sur l'habit un croissant d'or émaillé,
avec ces mots écrits en lettres bleues : *loz en
croissant*, symbole de la renommée toujours
croissante à laquelle ils aspiraient [2]. Leurs statuts
étaient dictés par une morale épurée, et *nul ne
pouvait estre reçu, ni porter le dict ordre, sinon
que sa personne fût sans vilain cas de reproche.*
Ils contractaient l'obligation de se porter mutuellement secours à la guerre, et de concourir au

---

[1] Cet ordre, institué le 11 août 1448, fut supprimé par
une bulle du pape Paul II, ennemi de René, vers l'année
1460.

Jacques de Pazzi, florentin, l'un des conjurés contre les
Médicis pour la liberté de sa patrie, fut décoré de cet ordre.
Il devint viguier de Marseille en 1459, 1462 et 1464.

[2] *Loz* vient du mot latin *laus*, louange.

paicment de la rançon que leurs frères d'armes prisonniers ne pourraient fournir.

Les Chevaliers du Croissant promettaient d'être pieux, intrépides dans les combats, généreux après la victoire; de ne porter les armes que pour leur patrie et leur souverain. Ils juraient *par leur part du paradis et la rédemption de leur ame, de défendre l'honneur des autres chevaliers, de cacher leurs fautes, vergogne, ou déshonneur, et de les en avertir; de pardonner aux bons avis; de soutenir · le droit des pauvres femmes, veuves et orphelins; d'avoir toujours pitié et compassion du pauvre peuple commun; d'estre en faicts, en dicts, en paroles, doux, courtois et aimables envers chacun.* Les égards dus au beau sexe, commandés comme un devoir dans tous les codes de chevalerie, n'étaient pas oubliés dans les statuts de René qui voulait que ses chevaliers jurassent *de ne point médire des dames, de quelque estat qu'elles fussent, pour chose qui dût advenir...... D'autre part quand ils voudraient dire quelque chose, d'y bien penser avant que le dire, afin qu'ils ne soient trouvés en mensonge* [1].

Vers cette époque, Louis xi qui n'était encore que Dauphin fit un voyage en Provence, sous prétexte de se prosterner devant quelques osse-

---

[1] Histoire de René, tom. ii, liv. iv.

ments qu'on disait être les reliques de Ste Marthe
et de Ste Magdelaine. Ce Prince, justement placé
par l'exécration des peuples au nombre des plus
odieux tyrans, avait en administration et en politique des vues assez étendues ; mais son esprit
bizarre et dur, déjà dégradé par tant de vices,
l'était encore par la superstition la plus ridicule
qui fût jamais. Il allait de tous côtés en péleri-
nage, portant à son chapeau des images de plomb
ou d'étain. On le vit demander au Pape le cor-
poral *sur quoi chantait Monseigneur St Pierre*,
et la permission d'assister à l'office avec le surplis
et l'aumusse [1]. Louis XI, d'abord reçu avec de
grandes marques de distinction et de respect au
couvent des Dominicains d'Aix, se rendit à l'er-
mitage de la Ste-Baume, déposa son offrande sur
l'autel de pierre de cette grotte célèbre, et prit
la route de Marseille qui lui fit une réception
brillante[2]. Les corporations allèrent à sa rencontre
avec leur drapeaux, s'arrêtèrent aux limites du
territoire, et entrèrent processionnellement dans
la ville, en précédant son équipage, au milieu
d'une foule immense qui faisait retentir les airs
des cris mille fois répétés : *Vivo lou Daouphin*.
L'évêque Nicolas de Brancas, revêtu de ses ha-

---

[1] Il est le premier de nos rois qui porta toujours le titre
de *Très Chrétien*. Il établit la coutume de réciter à midi
l'*Angelus*.

[2] Il y entra le 7 du mois de mai 1448.

bits pontificaux, accompagné de tout son clergé et de Jean d'Albertas, Antoine Cépède et Paul Vassal, syndics, reçut le Prince devant l'église de St-Louis [1], et ce nouveau cortége se joignit aux corporations qui continuèrent leur marche solennelle. Le séjour de Louis xi à Marseille ne fut pas de longue durée [2].

Peu de temps après, René se rendit en Provence avec toute sa famille et une suite nombreuse composée de la plupart des Chevaliers du Croissant. Après avoir successivement séjourné à Arles, à Aix et à Marseille, il transporta sa cour à Tarascon où affluèrent un nombreux concours de dames et de gentilshommes, avides de ces spectacles et de ces plaisirs que le bon Roi savait créer autour de lui, sans les faire payer au peuple condamné au travail. Les jeux, les festins, les chants, les tournois, furent multipliés avec la plus agréable variété. C'étaient tantôt des déguisements romanesques, tantôt des représentations allégoriques, et aux amusements belliqueux succédaient des fêtes pastorales.

Des soins plus importants occupèrent bientôt René qui se dévoua au service de Charles vii cherchant à reprendre sur les Anglais les places qu'ils occupaient en France [3]. La peste se mani-

---

[1] Nous ne savons pas quelle était la situation de cette église.
[2] Gaufridy, t. i, liv. viii.
[3] En 1449.

festa à Marseille et dans d'autres villes provençales [1] ; elle y fit de cruels ravages. René,
regardant sa présence comme indispensable dans
cette calamité, se hâta de partir pour Aix, brava
avec un admirable courage tous les dangers du
fléau destructeur, s'efforça d'en arrêter les progrès par ses soins vigilants et ses sages mesures,
prodigua d'utiles secours, recueillit dans des
lieux salubres les infortunés sans asile, et apparut
partout comme un ange de consolation et d'espérance. L'état désespéré d'Isabelle de Lorraine
qui, depuis quelques années, avait ressenti les
atteintes d'une douloureuse maladie, força René
de s'arracher à la reconnaissance des Provençaux
et de revenir à Angers où il ferma les yeux de
cette épouse chérie [2].

Le nouveau duc de Milan, allié de la république de Florence, était menacé par les Vénitiens, les maisons de Montferrat et de Savoie
qui voulaient s'étendre dans la Lombardie, et
par le roi Alphonse d'Aragon qui se trouvait
gêné du voisinage des Florentins. Ces derniers
réclamèrent l'assistance du roi de France et de
René, promettant d'employer toutes leurs forces
à rétablir le comte de Provence sur le trône de
Naples, et de lui payer annuellement cent vingt

[1] En 1452.
[2] Morte le 28 février 1453, à l'âge d'environ 43 ans.

mille florins d'or jusqu'à l'entière conquête de son royaume. Charles VII approuva cette expédition et fournit des troupes à René qui s'avança en Provence avec son fils le duc de Calabre et trois mille cinq cents hommes de cavalerie. Il se préparait à franchir les Alpes, lorsqu'il fut arrêté par une sédition soudaine qui éclata dans la ville de Gap où l'évêque avait usurpé la juridiction souveraine qui ne devait appartenir qu'aux comtes de Provence. René calma par sa présence cette émeute imprévue, et, suivi d'une faible escorte, il rejoignit son armée en Italie [1], au moment où ses alliés venaient d'essuyer plusieurs échecs. A peine eut-il mis le pied sur le théâtre de la guerre que les Vénitiens perdirent tous leurs avantages. Mais la mésintelligence se mit entre René et ses alliés qui ne se montrèrent pas disposés à tenir leurs engagements. Le comte de Provence prit le parti de retourner en France, et laissa le duc de Calabre pour commander l'armée en qualité de généralissime. Celui-ci éprouva les mêmes difficultés, et se vit toujours contrarié dans l'exécution de ses plans. Une nouvelle campagne s'ouvrit sans événements décisifs, et le Prince désabusé retourna en Provence [2] ou son père, forcé de retourner dans l'Anjou, l'avait chargé de commander en son nom.

[1] Septembre 1443.
[2] En 1434.

I.   33

René contracta un second mariage avec Jeanne
de Laval, fille de Gui xiii, descendant d'un des
premiers barons de la cour de Louis le Débonnaire [1]. Il se rendit un mois après avec sa jeune
épouse [2] en Provence où l'appelaient les désirs
empressés de ses fidèles sujets. Les députations
des principales villes vinrent le féliciter à Aix
et lui offrir des présents. Suivant César Nostradamus [3], Marseille envoya deux cents ducats d'or
*qui devaient être employés à l'achat d'autant
pesant de belle cire* [4] *; le demeurant au plaisir
de la Royne.*

La ville de Gênes venait de se placer sous la
protection de Charles vii, roi de France, qui
lui envoya pour gouverneur le duc de Calabre.
La mort d'Alphonse d'Aragon qui laissa pour
successeur son fils naturel Ferdinand, changea un
moment la scène politique. Ferdinand aussi ambitieux que son père, n'en avait pas les talents.
Le fils de René voulut se mesurer avec lui et
tenter encore la fortune. Il partit de Gênes à la
tête d'un flotte considérable, descendit sur les
côtes du royaume de Naples, et vainquit son compétiteur sur les bords du Sarno [5]. Cependant

[1] Cette union fut célébrée le 10 septembre 1455.
[2] Elle était âgée de 22 ans.
[3] Histoire de Provence.
[4] Elle était alors très rare.
[5] Parmi les seigneurs provençaux qui combattirent à Sarno,
on cite les noms suivants : Barras, Blacas, Demandolx,

cette victoire fut sans profit. Le pape Pie II sus-
cita partout des ennemis à la maison d'Anjou, et
donna à Ferdinand l'investiture du royaume de
Naples. Pour comble de malheur, François Sforce
qui jusqu'à ce moment avait combattu pour le
· duc de Calabre, l'abandonna lâchement, et excita
les Génois à la révolte. Alors René se décida à
aller secourir son fils. Après avoir levé une imposition extraordinaire sur tous les Provençaux,
excepté les Marseillais qui en étaient affranchis
par leurs priviléges, il sortit du port de Marseille
avec quelques vaisseaux et mille gendarmes [1],
et s'avança vers Gênes, tandis que Charles VII
faisait marcher, pour réduire cette ville, six mille
hommes qui arrivèrent par terre du côté de Savone. Les Français et les Provençaux furent taillés
en pièces par le peuple génois qui rétablit le
gouvernement républicain. René revint en Provence et laissa en Italie le duc de Calabre qui,
malgré tant de désastres, se maintint encore dans
quelques provinces pendant trois ans [2].

René alla séjourner en Lorraine et dans l'Anjou. D'autres malheurs lui étaient réservés, et

Castellane, Gérente, d'Arbaud, Gombert, Grasse, Forbin,
Grimaldi, Grille, Lincel, Glandevès, Lestang, Porcelet,
Pontevès, Puget, Sabran, Villeneuve, Vento, etc.

[1] En 1461.

[2] Ce prince, ne recevant aucun secours et se trouvant
dans une position désespérée, revint en Provence en 1464.

son cœur devait être soumis à de cruelles épreu-
ves. Les Catalans, après s'être séparés du royaume
d'Aragon, s'étaient d'abord constitués en république, et bientôt fatigués de cet état qui les
livrait à toutes les horreurs de l'anarchie, ils
résolurent de rétablir les formes monarchiques,
et d'offrir la couronne au comte de Provence
qui faisait régner avec lui la justice et la vertu.
La régence de Barcelone lui envoya une ambassade solennelle pour le prier de ne point repousser les vœux d'un peuple qui voulait vivre
sous ses lois paternelles. René accepta ces offres
pour son fils, le duc de Calabre, qui franchit
les Pyrénées avec une armée de huit mille com-
battants, composée d'Angevins, de Lorrains et de
Provençaux. Le nouveau souverain avait à défendre sa couronne contre les redoutables attaques
de Jean de Portugal, parvenu au trône d'Aragon.
Plein d'ardeur, de courage et d'expérience, le
fils de René pouvait espérer de parcourir une
longue carrière de prospérités et de victoires,
lorsque la mort le surprit à Barcelone et l'enleva à son peuple dont il faisait les délices.

Cette triste nouvelle accabla le cœur de René
que d'autres chagrins domestiques vinrent aussi
déchirer. Désabusé de toutes les grandeurs de la
terre, renonçant à tout projet d'ambition, à
tout rêve de gloire, il chercha des consolations
dans l'étude et la culture des lettres et des arts.

Il se fixa en Provence¹, où il fut sans cesse occupé à faire fleurir l'agriculture et le commerce,
à rétablir l'ordre dans les finances, à corriger
tous les abus.

L'art dramatique, qui plus tard devait enrichir la France d'impérissables chefs-d'œuvre, y
était alors inconnu. On voyait bien depuis quelque temps des représentations théâtrales. Mais
qu'étaient-elles? D'informes ébauches et des farces grossières, qui puisaient leurs sujets dans l'E-
criture Sainte. René avait vu à la Cour de
Charles vii les *Mystères* où l'on *jouait les Saints,
la Vierge et Dieu par piété* ². Ce spectacle lui
donna l'idée d'instituer les jeux bizarres et allégoriques qui se célébraient chaque année à l'époque
de la Fête-Dieu, et attiraient dans la ville d'Aix
un grand nombre d'étrangers. Les Marseillais
surtout, toujours plus avides que d'autres de fêtes
et de pompes extérieures, y accouraient en foule³.

Plusieurs jours avant la fête, la municipalité
élisait le roi de la Basoche, le prince d'amour et

---

¹ En 1470.

² Boileau, Art Poétique.

³ René acheva le plan de ces jeux en 1462, mais ils ne
furent exécutés pour la première fois qu'en 1473, et depuis
lors jusqu'à la révolution leur célébration fut faite régulièrement chaque année. Sous l'empire, ils furent encore célébrés
assez régulièrement pendant quelques années; et depuis lors,
ils ne l'ont été qu'en partie à l'occasion du passage du Comte
d'Artois, en 1814, et de la Duchesse d'Angoulême, en 1823.

l'abbé de la jeunesse, grands dignitaires de ces
jeux singuliers. La veille, vers les dix heures du
soir, le son des cloches et le bruit des tambours
annonçaient la sortie des divinités de l'Olympe,
toutes à cheval, décorées de leurs attributs, et
précédées de la Renommée, sonnant de la trompette. Paraissaient d'abord deux personnages bur-
lesques, ridiculement habillés, montés sur des
ânes, et exposés à la risée publique. On croit que
le bon roi René, qui était un peu malin et rail-
leur¹, voulut satisfaire un ressentiment politique,
en représentant le duc et la duchesse d'Urbin qui
l'avaient offensé. On voyait ensuite Momus agitant
ses grelots; Mercure avec son caducée et ses ailes;
Neptune armé de son trident; Mars dans l'appareil des combats; Minerve telle qu'elle sortit du
cerveau du maître de la foudre; Bacchus assis sur
un tonneau, portant une coupe et un thyrse;
Apollon la lyre à la main; Diane vêtue en chas-
seresse, le front orné du croissant; Pluton et
Proserpine avec des habits lugubres; la Nuit vêtue
d'une robe noire parsemée d'étoiles, secouant des
pavots. A leur suite marchaient les chevaliers du
Guet, les porte-drapeaux, les danseurs, et un
grand nombre de fifres et de tambourins, distribués de distance en distance. Le cortége était ter-

¹ Il donna, dit-on, aux principales familles nobles de
Provence une qualification tirée des vertus ou des vices qui
paraissaient être leur caractère distinctif.

miné par un char richement décoré, sur lequel étaient placés Jupiter et Junon, Vénus et Cupidon, les Jeux et les Ris. Puis venaient les trois Parques, sans doute pour donner au peuple un enseignement salutaire, pour l'avertir que les choses humaines ont un terme ici-bas, gloire, richesse, beauté, et tous les plaisirs de la vie, et toutes les grandeurs d'un monde périssable.

Le lendemain, à la procession, la scène changeait. Elle ne représentait plus les dieux du paganisme, mais les principaux personnages de l'Ancien et du Nouveau Testament. C'était Moyse, accompagné de son frère Aaron; Moyse avec une longue barbe, deux rayons lumineux, les tables de la loi à la main, semblait apparaître terrible dans sa vengeance, au milieu des Israélites ingrats, alors qu'oubliant les promesses de Jéhovah, ils substituèrent l'adoration du veau d'or au culte du Dieu vivant. La reine de Saba dansait devant Salomon. Hérode ordonnait le massacre des innocents. Les trois Mages étaient conduits par l'étoile mystérieuse à la crèche du Messie. On voyait les quatre Evangélistes; Judas, à la tête des douze Apôtres, tenant la bourse de trente deniers. St Pierre avec ses clefs; St Jacques couvert de coquilles; St Christophe portant l'enfant Jésus sur ses épaules; le Christ vêtu d'une longue robe avec une ceinture de corde, et courbé sous le poids de sa croix. Des légions de grands et de petits diables; des groupes de lépreux, désignés sous le nom de *rascassettos;* des bâtonniers, des danseurs; le clergé marchant dans le plus grand ordre; toutes les autorités publiques et les divers corps de magistrature. Le dais était suivi de la hideuse figure de la mort [1] armée de cette faux redoutable, qui, moissonnant les générations passagères, établit le niveau de l'éternité parmi nous tous, misérables enfants des hommes.

Une coutume, qui avait quelque rapport avec ces fictions, s'était introduite à Marseille. Des enfants de douze à quinze ans représentaient les démons. Dans un état presque complet de nudité, tous barbouillés de suie, des cornes sur la tête, les mains armées de crocs, traînant de longues chaînes, ils couraient en désordre devant la procession de la Fête-Dieu, en faisant des contorsions qui amusaient beaucoup la populace. Quelques-uns, pour se rendre plus difformes, se mettaient une queue qui pendait jusqu'à terre. L'intention des Marseillais était d'exprimer, par ces travestissements, le triomphe de l'Eucharistie sur les esprits de ténébres [2].

On a beaucoup disserté sur le bœuf et son cortége qui figurent aujourd'hui à cette procession.

---

[1] Millin, Voyage dans les départements du Midi, t. II.—Grégoire, Explication des Cérémonies de la Fête-Dieu.

[2] Marchetti, ouvrage cité. — Ces diables ont été supprimés vers la fin du 17e siècle.

Des bouchers de la ville, qui de père en fils sont chargés de cette cérémonie, choisissent un bœuf de forte taille, lui mettent sur la tête un ornement composé de fleurs entrelacées. Sur son dos, couvert d'un tapis, est assis un jeune enfant vêtu d'une peau de mouton, orné de fleurs et de rubans, et représentant St Jean-Baptiste. Plusieurs tambourins le précèdent et quatre bouchers l'accompagnent. Leur vêtement est bizarre : il consiste en bas de soie blancs et souliers à boucles ; une robe en damas de différentes couleurs, attachée à la ceinture avec une gaîne, et tombant seulement jusqu'au genou, une ceinture de soie à franges et crépines d'or, une chemise plissée à manches et bariolée de rubans, enfin un chapeau monté à l'ancienne, bordé d'or, avec un tour de plumes blanches.

Dans la semaine qui précède la Fête-Dieu, ce cortége parcourt toutes les rues. Les quatre bouchers font la collecte de porte en porte, et le produit est destiné à couvrir leurs dépenses. A la procession, ce bœuf et son cortége sont placés à la tête des corporations de métiers [1].

Qui donc institua cette cérémonie bizarre ? Est-elle la représentation des sacrifices antiques ? Est-

[1] Le cortége reparaît, sans l'animal, le lundi, dans la procession qui reconduit au fort Notre-Dame-de-la-Garde la statue de la Vierge qui en était descendue le dimanche au matin pour être déposée à la chapelle de l'Hôtel de Ville.

ce un legs fait à la sombre religion du Christ par
le culte riant de la Grèce voluptueuse? L'hommage de ce taureau rappelle-t-il les holocaustes
offerts à la chaste déesse? Est-ce quelque chose
de vénérable qui lie notre siècle aux siècles écou-
lés? Les hommes des anciens jours ont-ils transmis
ce faible débris aux races actuelles? Non, non, ne
cherchez pas sur les rivages marseillais des vestiges ioniens. N'y cherchez pas les restes imposants
d'une grandeur passée. Là s'élevait jadis, au milieu
des merveilles des arts et des trésors de l'intelligence, le trône de la rivale d'Athènes et de la sœur
de Rome. Là les fils de Phocée, fiers comme la
liberté, sublimes comme le génie, versaient autour
d'eux des torrents de lumière, et fixaient les regards de l'univers charmé. Eh bien! tout a disparu
sans retour. Seulement le ciel est le même, resplendissant, inspirateur. Tout s'est englouti dans
l'océan des âges.... Tout, hormis l'immortel souvenir d'une gloire si pure.

La promenade du bœuf n'a rien qui se rattache
aux croyances religieuses de la colonie phocéenne.
Son origine est beaucoup moins poétique, car elle
est due à la confrérie de *Corpus Domini* de l'église
des Frères Prêcheurs. Cette confrérie achetait toutes les années un bœuf que l'on conduisait par la
ville quelques jours avant la Fête-Dieu, et dont
la chair était distribuée aux confrères et aux pauvres après la procession. La commune contribuait

à l'achat de l'animal, en donnant chaque année vingt livres aux prieurs [1]. Le festin se faisait dans le réfectoire des Jacobins [2]. Il fut aboli plus tard, et par un abus dont on ne peut expliquer la cause, on fit marcher le bœuf à la procession [3].

Les soins que René donnait à des farces pieuses n'étaient que le délassement des soins plus importants donnés au gouvernement de ses Etats. Il voulut procurer à son peuple les bienfaits d'une justice prompte, impartiale et protectrice. Il fit plusieurs statuts sur les donations, les tutelles et la sûreté des dots; simplifia les procédures qui étaient ruineuses; régla le salaire des procureurs qui montraient une avidité révoltante; proscrivit l'usure; mit un frein salutaire à la passion du jeu; prit sous sa protection les juifs qui étaient devenus un objet d'horreur en Provence, leur permit de se livrer sans entraves à toutes les pra-

[1] Marchetti, ouvrage cité.

[2] Ces religieux dînaient ce jour-là avec les confrères.
Voici ce qu'on trouve dans les livres de la dépense depuis 1361 jusques après 1530 : « Per 64 lioures de ris per far manjar « als paures et als confraires la festo de Nostre Seignour, etc. « Per 12 millerolles vin rouge..... Per 10 dousenos de fioles..... « Per 10 dousenos de veires...... Per lou gagi des peirols et « potagerie...... Per un buou...... Per 13 moutons..... Per aver « fach aportar lou buou dou Maseou as Precheurs ; et parce « que lous Capellans non manjon carne, l'aven mandat dos palamidas. »
Ruffi, t. 11, liv. xiv, ch. vi.

[3] Cet abus ne s'introduisit que vers le milieu du 17e siècle.

tiques du culte mosaïque, de trafiquer librement,
de remplir l'emploi de procureurs fiscaux dans
les châteaux des seigneurs, de continuer l'exercice de la médecine qu'ils étudiaient presque exclusivement [1]. René avait auprès de lui un israélite qu'il fit baptiser en lui donnant le nom de
Pierre de Nostra Dona, et qui était tout à la fois
son médecin, son astronome et son confident [2].
Ce prince exigea pourtant que tous les juifs fussent distingués par leur vêtement.

Les juifs établis à Marseille possédaient alors
deux synagogues situées entre l'église St-Martin et
celle des Prêcheurs. Ils avaient aussi un cimetière
non loin de la ville [3] et diverses aumôneries administrées par des recteurs [4]. Ils ne jouissaient de
ces avantages qu'à des conditions humiliantes,
car les statuts municipaux les obligeaient de porter, dès l'âge de sept ans, un bonnet jaune, *cro-
ceam calotam* [5]. Ils n'étaient pas admis, comme

[1] Lorsqu'un juif prenait la qualité de *medicus* ou de
physicus, il la faisait précéder du mot *judæus*.

[2] Nostra Dona était le bisaïeul de l'historien Nostradamus.

[3] Par lettres patentes du 13 mai 1495, ce cimetière fut
donné par Charles VIII, roi de France et comte de Provence,
à un particulier qui fit présent à la ville des tombeaux dont
il était orné, pour réparer les quais du port.

[4] En 1471, un israélite fit un legs aux pauvres de sa religion, par lequel il laissait à perpétuité, toutes les années,
quatre mesures de vin pur et un *escandal* d'huile, pour être
distribué la veille du grand jeûne, qui a lieu le 10 septembre.

[5] Statuts, liv. v, ch. xix.

les païens et les sarrasins, à témoigner en justice contre les chrétiens, lorsque ceux-ci les ré-
cusaient ; mais ils avaient plus de faveur que les
hérétiques, dont le témoignage était repoussé
dans tous les cas [1]. Ils payaient annuellement une
certaine somme au prieur de St-Martin, et le
Sanhédrin était forcé de députer, les dimanches
et les fêtes, à l'heure de vêpres, un membre de la
communauté pour entendre le sermon à l'église
de la Major, et de payer, pour cet objet, cinq
sous de redevance par an [2]. Ils ne pouvaient s'embarquer plus de quatre à la fois sur un vaisseau
marseillais [3]. On leur défendait de travailler publiquement les jours où le travail est défendu par
l'Eglise Romaine [4]. On ne leur permettait d'aller
aux bains que le vendredi [5]. Les filles publiques
n'avaient cette faculté que le lundi. Celles-ci
étaient aussi obligées de porter un vêtement distinctif avec une aiguillette sur les épaules, *et si*

[1] *Constituimus ut nullus hæreticus manifestus, contrà fidelem
volentem vel invitum, vel paganus, vel sarracenus, vel judæus,
contrà christianum, invito eo, scilicet fideli, vel christiano, in
testimonium admittantur.*
Statuts, liv. ii, ch. ix.
[2] Grand Cartulaire de la Major, fol. 127. — Mém. du temps,
sur la persécution des Juifs. — Hist. des Juifs en Provence,
manuscrit, pag. 141.
[3] Statuts, liv. iv, ch. xxii.
[4] *Id.* liv. v, ch. viii.
[5] *Id.* ch. xiii.

la pauvreté leur en ostait le moyen, on leur bail-
lait publiquement le fouet [1]. Elles ne pouvaient
fixer leur habitation qu'à une certaine distance
des églises [2].

René portant ses regards sur toutes les branches de l'administration, de l'industrie, de l'enseignement public et de la prospérité nationale,
encouragea de tout son pouvoir le commerce de
Marseille, et accorda à son port de grandes franchises. Il conclut des traités avec les puissances
barbaresques pour la sûreté de la navigation. Il
établit des verreries près d'Apt, et fit venir des
ouvriers du haut Dauphiné qu'il se plaisait à voir
travailler. Les Marseillais donnèrent alors une
assez grande étendue au commerce du verre qui
jusque là n'avait été employé aux fenêtres des
maisons qu'en petite quantité [3]. Ils perfectionnè-
rent l'art de peindre sur verre, et presque toutes
les églises eurent des vitraux coloriés. René en

[1] François d'Aix, sur le Statut xii du liv. v.

[2] Statut, *id.*

[3] Les fenêtres étaient très relevées, et il n'y avait pas de
verre partout. Le reste était en volets de bois.

Chez les Grecs et les Romains, les morceaux de verre qui
ornaient les chambres n'étaient que des plaques qu'on appliquait contre les murailles. *Pauper,* dit Sénèque, *sibi vide-*
tur nisi vitro absconditur camera. Saumaise, qui a prétendu
que saint Jérôme avait parlé de l'emploi du verre pour les
fenêtres, a été contredit par des auteurs plus récents, qui
l'ont défié de rapporter aucun passage qui y soit relatif.

Fauris de Saint-Vincent, Mémoire cité.

acheta pour cent florins, *moult bien variolés*, qu'il
envoya au roi de France; ceux de Notre-Dame
des Accoules furent remarquables par leur beauté.
Un peu plus tard, deux peintres de Marseille,
nommés Claude et Guillaume, acquirent dans
cet art tant de réputation, que le pape Jules ii
les appela à Rome pour peindre les fenêtres du
Vatican. Il y avait à Marseille des magasins de
verreries où l'on se pourvoyait de plusieurs provinces voisines, et d'où l'on en transportait une
grande quantité en Espagne, et une moins grande
quantité dans le Levant. Les tanneries marseillaises furent aussi pour René un objet de sollicitude.
Les peaux préparées s'écoulèrent sur les côtes de
la Méditerranée, et principalement en Italie. Ce
genre de commerce acquit tant d'importance et
procura de si grands bénéfices, qu'un syndic et
une partie des conseillers de ville étaient toujours
choisis parmi les citoyens qui s'y distinguaient [1].
Comme au temps des Croisades, tous les Marseillais distingués par leurs richesses eurent leurs
habits de cérémonie garnis de fourrure [2].

Jacques Cœur, qui avait prodigué ses trésors
pour la restauration de Charles vii, et qui ne
fut payé que de la plus noire ingratitude, se re-

---

[1] Fauris de Saint-Vincent, Mémoire cité.

[2] Tous les portraits du roi René le représentent avec une
épaisse fourrure autour du cou.

tira à l'île de Chypre où il continua son commerce avec un brillant succès. Ce fameux négociant, que le roi René appelait son compère, avait des agents commerciaux dans toutes les échelles du Levant, où ses vaisseaux, partis de Marseille, lui apportaient des richesses immenses. Il concourut ainsi puissamment à la prospérité de cette cité.

Le bon Roi qui aimait beaucoup le séjour de Marseille, y vint passer tous les hivers, dans les dernières années de sa vie. Ce n'est qu'avec attendrissement qu'il se rappelait les marques de fidélité que les Marseillais n'avaient cessé de lui témoigner, dans sa bonne comme dans sa mauvaise fortune, depuis le jour, si cher à son cœur, où sa première vue fit retentir tant de cris d'enthousiasme et inspira tant d'ivresse populaire. Il fit bâtir une maison sur le quai du Port. Il possédait un jardin situé auprès de l'abbaye St-Victor. Il habitait aussi de temps en temps une maison de campagne aux environs de la ville, et il en avait acquis une autre non loin du village de *Mazargues*. S'arrachant souvent à l'étiquette de la cour et aux embarras du pouvoir royal qui ne corrompit jamais sa belle ame, sans escorte, sans décoration, vêtu comme un simple bourgeois, il aimait à se promener dans des lieux à l'abri du vent, et exposés aux rayons du soleil. C'est ce qui a fait nommer en Provence tous ces endroits : *La cheminée du roi René*. Quelquefois il se faisait accompagner par quelques-uns de ces féaux chevaliers admis dans son intimité et qu'il se plaisait à nommer ses bons amis et compères. Les quais étaient, dans ses promenades, son lieu de prédilection. Il y causait familièrement avec des gens du peuple, avec des désœuvrés, avec tous ceux qui s'approchaient de sa personne. Il les interrogeait en langue provençale sur leur santé, sur leur famille, sur leurs travaux, sur leurs affaires, sur tout ce qui pouvait les intéresser. Il caressait les enfants qui semblaient jouer avec lui, et tendant aux vieillards une main bienveillante, il réchauffait leur cœur ivre de joie. Sa bonhomie était pleine de gaîté; on l'eût dit au milieu de ses égaux. Il lisait tous les placets qu'on lui présentait, prêtait une oreille attentive à tous les détails qu'on lui donnait, et y joignait ses propres observations. Lorsque des plaideurs, venant recourir à sa justice, lui racontaient toutes les circonstances fastidieuses de leur procès, il les écoutait avec une patience étonnante, et son esprit conciliateur cherchait à prévenir toute discussion ultérieure. Si le succès ne couronnait pas ses efforts, il prononçait son jugement fondé sur une raison droite et une équité éclairée. Ses sentences étaient presque toujours longuement motivées. Il cherchait surtout à s'entretenir avec les patrons pêcheurs qu'il affectionnait beaucoup et qui ont voué un culte pieux au souvenir d'un Prince si doux, si bon et si affable. Il ne cessa de porter un intérêt tout particulier aux prud'hommes qui lui fournirent des sommes assez considérables, lorsque des circonstances malheureuses l'obligèrent de recourir à des emprunts. Il les qualifia toujours de *dilecti nostri* dans les actes qui les concernaient. Il leur céda le port de Morgiou pour en jouir en toute propriété [1], leur accorda, entre autres priviléges, le droit de pêche dans toute la Méditerranée, et régla leur législation [2]. A leur prière, il fit réparer les deux tours St-Nicolas et St-Jean qui défendaient l'entrée du Port.

René, convaincu que l'intérêt du commerce exige que les contestations sur des objets mer-

[1] Le port de Morgiou est formé par une petite anse, contenue elle-même dans deux langues de terre, à deux ou trois lieues au sud de Marseille.

[2] Depuis lors le tribunal des Prud'hommes n'a éprouvé aucune atteinte. Les cinq juges qui le composent sont renouvelés chaque année et tiennent leurs audiences tous les Dimanches. Le demandeur cite son adversaire par une invitation écrite, qu'il dépose dans un tronc avec quelques sous. Les huit jours expirés, les deux parties exposent leurs griefs et leurs défenses; et les juges, qui souvent ne savent pas lire, prononcent selon les règles de la raison et de l'équité, en suivant la tradition des usages transmis par leurs prédécesseurs. Ils prononcent leur jugement en patois, et ce jugement est scrupuleusement exécuté.

cantiles soient jugées d'après des règles particulières s'éloignant des lenteurs et des formes de
la justice ordinaire, institua la juridiction des
juges des marchands [1] dont les fonctions furent
gratuites [2] le conseil de ville les nommait annuellement.

Le Roi modifia les éléments de ce conseil [3]
par un réglement qui donna d'autres bases au
régime municipal de Marseille. Depuis plusieurs
années, on avait adjoint aux syndics un avocat,
avec le titre d'assesseur [4], pour les *assister à la
manutention des priviléges et libertés de la ville*,
sur le motif qu'ils n'étaient pas versés dans les
lettres. René maintint cette charge qui était devenue très importante, et donna aux syndics
le nom plus imposant de Consuls. Le nombre des
conseillers fut réduit à quarante-huit. Ils étaient
nommés pour quatre ans. Le conseil désignait
chaque année douze de ses membres dont trois

[1] Le 3 mars 1474.
Cette juridiction fut confirmée par l'édit de Charles IX, de
l'année 1565.

[2] Par délibération du Conseil municipal en 1578, la
ville donnait aux juges consulaires une robe d'écarlate de
la valeur de 120 livres. En 1612 cette valeur fut réglée à
150 livres.

[3] En 1475.

[4] Cette charge fut instituée en 1456 ; mais l'assesseur n'obtint qu'en 1530 la robe rouge et le chaperon accordés aux
consuls.

exerçaient le consulat pendant trois mois. Les neuf restants formaient le conseil privé. Tous les autres membres réunis à ce petit conseil composaient le conseil général qui ne se réunissait que dans des cas extraordinaires, sur la convocation des consuls et de l'assesseur.

René détestait le faste et le luxe. Ses vêtements, ses habitudes, son langage, tout chez lui offrait une extrême simplicité. La dépense annuelle de sa maison ne s'élevait qu'à quinze mille florins[1]. On trouve dans un mémoire qui prouve que les comptes étaient rendus avec la plus grande exactitude, les notes suivantes : *en potirons et escargots*, un gros quatre patas, c'est-à-dire, environ 19 sous; *un sac de cuir pour mettre le sucre en poudre*, environ 10 sous; *quatre pièces de toile bleue pour les rideaux du lit du roi*, quatre florins huit gros[2]; *aux quatre pages pour se confesser*, quatre florins; *au maure pour faire ses pâques*, un florin; *pour faire un pourpoint au maure*, un florin six gros[3]. René était fort sobre; il aimait le travail, n'abandonnait pas à des mains étrangères les rênes du gouvernement, et disait que la plume des princes ne doit pas être paresseuse. Non, il ne sera plus donné aux hommes

[1] 144,000 francs de notre monnaie.
[2] Ce qui ferait aujourd'hui 43 francs 80 c.
[3] Papon, t. III, liv. IX.

de voir une puissance si bienfaisante, une royauté
si accessible. O simplicité patriarcale ! doux
et puissant prestige de tant d'adorables vertus !
L'auguste vieillard, trop sage pour ne point sus-
pecter les paroles intéressées de ses ministres et
de ses courtisans, voulait s'assurer par ses propres
yeux du véritable état des choses, connaître les
vœux et les besoins de ses sujets, porter remède
aux abus et réprimer les injustices. La tradition
rapporte que, pour parvenir à ce but, il adoptait
quelquefois des déguisements romanesques. Tantôt, étranger curieux, il entrait dans l'atelier du
laborieux artisan ; tantôt, simple chasseur, pèle-
rin fatigué, ou voyageur égaré dans sa route, il
frappait à la porte d'un manoir hospitalier. Pénétrant dans la triste demeure de l'indigent et sous
les riches lambris du favori de la fortune, il faisait
son profit de tout ce qu'il voyait, de tout ce qu'il
entendait. Plus d'une fois, dans ces courses avan-
tureuses, l'abandon d'une conversation imprévue
lui apprenant combien il était aimé, lui prouvant
que tous les hommes ne sont pas ingrats, émut
délicieusement son cœur attendri, et mouilla
ses paupières des douces larmes de la sensibilité.
Il n'aurait voulu reculer les bornes de l'autorité
royale que pour soulager tous les malheurs et
sécher toutes les larmes. Mais ses désirs étaient
souvent impuissants. Ah ! lui aussi avait bu à
longs traits la coupe amère de l'adversité.

La fortune n'était point lasse de le persécuter, et ses derniers jours furent troublés par le génie ambitieux et par la turbulente jalousie de Louis xi. Louis xi et René ! Quel contraste ! René, par son testament fait à Marseille le 22 juillet 1474, avait institué héritier universel Charles d'Anjou, comte du Maine, son neveu. Palamède de Forbin, grand homme d'Etat, contribua beaucoup à cette détermination et parvint à combattre avec avantage l'inclination du prince pour René ii, duc de Lorraine, son petit-fils [1]. Le despote hypocrite qui régnait sur la France aspirait à cet héritage, et sa prétention était appuyée par le Parlement de Paris et par des forces imposantes. Alors René se jeta dans les bras du duc de Bourgogne, Charles le Téméraire, qui fut battu par les Suisses à Grandson, prélude de la célèbre journée de Morat. René, privé de ce soutien et pressé par l'impérieuse nécessité, se détermina à traiter avec le roi de France, qui lui proposa une entrevue à Lyon. Le comte de Provence s'y rendit [2] et une trêve fut signée. Tout porte à croire que René promit au Roi qu'après la mort du comte du Maine, prince d'une faible santé et présumé devoir mourir sans héritier, la Provence serait réunie à la monarchie française.

[1] Par Yolande, sa fille.
[2] En mai 1476.

René revint dans son Comté, qui fut désolé, peu de temps après, par les affreux ravages de la peste. Cet horrible fléau moissonna une grande partie de la population marseillaise. Le viguier Honoré Puget, oubliant ses devoirs, s'enfuit lâchement ; mais les trois consuls, Bertrand Candole, Antoine Aime et Guillaume Roboli méritèrent bien de leur patrie par leur conduite digne d'éloges. On vit René, dans ces calamités publiques, tel qu'il avait toujours été, affrontant les dangers, multipliant les ressources d'une charité inépuisable. Le feu sacré de la bienfaisance brilla du plus vif éclat dans son cœur. Hélas ! ce noble cœur de roi, qui n'avait jamais palpité que pour les sentiments généreux, allait bientôt cesser de battre.

Le père des Provençaux se sentait atteint des infirmités les plus douloureuses, et tout annonçait le terme de son existence ; lui-même ne se faisait pas illusion sur son état désespéré. Il renouvela ses dispositions en faveur de Charles du Maine, désignant après lui, s'il ne laissait pas d'enfant mâle, Louis XI pour son successeur. René était alors à Aix. Lorsqu'on apprit à Marseille sa situation alarmante, une consternation profonde s'empara de tous les esprits. Tous les rangs, tous les âges se réunirent dans un même sentiment de douleur. Les églises furent remplies d'une foule éplorée, adressant de ferventes prières à celui qui tient dans ses mains les destinées de la nature humaine, et qui dispose de la vie et de la mort. Des courriers et des messagers se succèdent sans interruption sur la route qui conduit à la capitale de la Provence. Au retour de chacun d'eux, on saisit avec un avide empressement leurs rapports, qui tantôt font naître des espérances fugitives, et tantôt augmentent les craintes. Oh! que ce prince adoré dut s'éteindre doucement, en apprenant cette grande douleur publique! Jeanne de Laval, Charles du Maine, les ministres, Palamède de Forbin et les principaux seigneurs entouraient son lit funèbre et fixaient leurs yeux inondés de larmes sur ses traits décolorés, qui déjà, n'appartenant plus à la terre, semblaient prendre une expression angélique. Ils ne pouvaient étouffer leurs sanglots; et lui, sentant les approches de la mort dans ses veines glacées, mais plein d'une admirable fermeté en ce moment suprême, fit ses derniers adieux à sa fidèle compagne qui, après lui avoir prodigué les plus tendres soins, se tenait prosternée devant l'image de la Vierge Marie. Puis il donna à Charles du Maine, son héritier, des conseils où la grandeur de son ame et la bonté de son cœur se peignaient encore. Il lui recommanda d'aimer ses peuples comme il les avait aimés lui-même. *Souvenez-vous*, ajouta-t-il, *que Dieu veut que les rois lui ressemblent bien plus par leur débonnaireté que par leur puissance* [1].

Il accomplit ensuite quelques devoirs religieux, et s'endormit de l'éternel sommeil, le lundi 10 juillet 1480, âgé de soixante-douze ans trois mois moins six jours, et dans la quarante-septième année de son règne.

A cette accablante nouvelle, les Marseillais prirent spontanément le deuil dans un morne silence. Des drapeaux funèbres flottèrent pendant plusieurs jours aux fenêtres. Les travaux furent suspendus; les boutiques, les manufactures et les ateliers furent fermés. Chacun oublia ses intérêts personnels pour déplorer une perte irréparable. Les gens du peuple surtout, qui manifestent toujours avec plus d'énergie leurs sentiments de joie ou de tristesse, ne pouvaient se consoler. Et les pauvres pêcheurs ! qui pourrait peindre leur affliction ? Le bon roi René aimait tant à s'approcher d'eux. Ils avaient tous à raconter quelques détails touchants, quelques paroles attendrissantes, quelques-uns de ces faits qui rafraîchissent le sang de l'homme sensible, et font croire à la vertu dans un monde rempli de contrastes et d'énigmes.

Dès que René fut mort, Charles III s'empressa d'assembler les états et de confirmer les priviléges du pays. Il voulut ensuite se faire reconnaître

---

[1] Gaufridy, t. I, liv. VIII.

par la ville de Marseille, pour asseoir son autorité naissante. Les Marseillais espéraient qu'il suivrait les traces de son oncle et continuerait son règne. Il se rendit au Palais de justice, accompagné des membres de son Conseil d'Etat, et s'assit sur un trône somptueux que le Conseil de ville y avait fait élever. Tous les habitants notables étaient convoqués. Jacques Candole, assesseur, fit l'éloge du nouveau roi dans une harangue qui fut vivement applaudie. Charles, à l'exemple de ses prédécesseurs, jura sur l'Evangile la confirmation des franchises marseillaises. Alors les consuls Jacques de Forbin, Gabriel Vivaud [1] et Jean Payan, suivis de l'assesseur, s'avancèrent tête nue aux pieds du trône, reconnurent au nom de la Ville ce prince comme légitime héritier du

---

[1] En 1432, Mabile de Conchis, veuve de Bérengier de Gaufridy, seigneur de Trets, vendit à Jean Vivaud, damoiseau, une partie de la place alors nommée *la Place des Inquants*, parce qu'on y faisait des ventes juridiques à son de trompe. La famille Vivaud, une des plus opulentes de Marseille, construisit une maison sur cette place, qui fut dès-lors appelée *la Place de Vivaux*. La commune la fit successivement agrandir en 1624 et en 1628. Elle était avec deux rangs de marches dans la partie parallèle à la rue Lancerie. Ces marches ont été abattues dans le dernier siècle, et l'on a adouci la pente pour faciliter l'accès aux voitures. Il y avait au milieu une Croix gothique, et le chapitre de la Cathédrale venait processionnellement, toutes les années, réciter des prières devant ce monument, le jour de l'Exaltation de la Sainte Croix.

roi René, et lui prêtèrent serment de fidélité, en tenant aussi les mains sur l'Evangile. Charles les embrassa. De tout quoi procès verbal fut dressé à la réquisition de Jean Jarente, chancelier de Provence, des consuls et de l'assesseur de Marseille, et en présence du chevalier François de Luxembourg, d'Olivie, archevêque d'Aix, de Bertrand Candole, Jean de Monteous, François Blancard, membres du Conseil municipal, et de Marc Albanelli, Sifred d'Albertas et Jean Vertel, jurisconsultes, qui signèrent tous comme témoins. Charles qui ne renonçait pas au projet de conquérir Naples, fit demander l'investiture de ce royaume à Sixte IV, par François de Luxembourg, Antoine de Guiramand, évêque de Digne, et Jean de Jarente, qui s'embarquèrent à Marseille. Il retourna ensuite à Aix.

Cependant Yolande et son fils René II, duc de Lorraine et de Bar, ne pouvaient supporter l'idée de perdre l'héritage de la seconde maison d'Anjou. Yolande prit le titre de Reine des Deux-Siciles, et n'oublia rien pour se mettre en possession de la Provence, où elle envoya[1] Jean de Pontevès, seigneur de Cotignac, pour disposer les esprits en sa faveur. Des troupes de mécontents parurent en armes; René II alla lui-même en Provence se mettre à la tête de ses partisans; la guerre civile

[1] Au mois d'août 1481.

menaçait d'ensanglanter encore cette contrée. Le
parti lorrain se rendit maître d'Apt, de Forcalquier et de Manosque ; puis ayant passé la Durance, il s'empara d'Entrevaux, ainsi que de
Grasse et de leurs vigueries. Il n'y eut qu'Antibes
qui résista à ses sollicitations et à ses attaques. Ce
parti avait principalement pour soutien un seigneur de la maison d'Agoult et les deux Castellane
père et fils. Un descendant de Romée de Villeneuve, le fils du marquis de Trans, se distingua
par son attachement à la cause provençale. Mais
le meilleur appui de Charles en Provence, était
la fidélité des Marseillais qui le secoururent avec
leur zèle accoutumé. Ils lui envoyèrent des troupes soldées à leurs frais, des munitions et des
vivres. Ils équipèrent aussi deux navires pour surveiller et garder le Rhône. Louis xi secourut aussi
Charles du Maine, qui parvint à étouffer ce soulèvement, et tout le Comté rentra sous son obéissance après deux mois de troubles.

Charles vint à Marseille témoigner lui-même
sa reconnaissance par des faveurs. Il fit défense à
ses officiers d'apporter le moindre obstacle au
libre commerce de cette ville avec tous les peuples, sous peine d'encourir son indignation et de
payer une amende de sept mille ducats.

La sûreté de Marseille l'occupa beaucoup, et
il conçut le projet de la fortifier. Les ingénieurs
qu'il consulta lui proposèrent de creuser un canal

qui, de l'anse de la Joliette, serait venu joindre le port en longeant le Cours qui était alors hors des remparts. Il communiqua ce plan au conseil municipal qui ne l'adopta pas, probablement parce qu'il jugea la dépense trop forte.

Charles préparait une nouvelle expédition contre Naples, lorsque la profonde douleur que lui causa la mort de Jeanne.de Lorraine, sa femme [1], le jeta dans une maladie de langueur regardée comme incurable. Il renonça pour lors à ses projets de conquête, et voulut finir ses jours au milieu des Marseillais. C'est à Marseille, en présence des consuls Fouquet de Sénas, Charles Cassin, et Gabriel Silve, qu'il fit son testament par lequel la Provence et tous ses Etats furent donnés à Louis xi, ensuite à Charles, dauphin, et à tous ses successeurs à la couronne de France, avec prière solennelle de traiter avec bonté ses sujets de Provence, de les maintenir dans leurs usages et leurs lois, leurs priviléges et leurs libertés. Charles mourut le lendemain 11 décembre 1481. Son corps fut exposé pendant six jours à la vue du peuple, et transporté ensuite à Aix dans un chariot couvert de velours noir, qu'accompagnèrent les trois consuls de Marseille à la tête d'une

---

[1] Cette Princesse, fille aînée de Ferri de Vaudemont et de Yolande d'Anjou, mourut à Aix à la fin de janvier 1481, après sept ans de mariage.

députation du corps municipal, tous en habit de deuil.

Ainsi finit la seconde maison d'Anjou. Louis xi, au comble de ses vœux, récompensa les services de Palamède de Forbin en le nommant gouverneur et lieutenant-général du comté de Provence, avec pouvoir de recevoir le serment de fidélité des prélats, des seigneurs et des communes du pays, de pourvoir à tous les offices de robe et d'épée, de maintenir ou de déposer à son gré ceux qui les exerçaient, de conférer les bénéfices dont la nomination appartenait au Prince, d'assembler les états, de confirmer les priviléges, d'en accorder de nouveaux, en un mot d'exercer l'autorité royale dans toute sa plénitude; faveur inouïe, qui prouve que de Forbin avait puissamment secondé auprès de René et de Charles du Maine les vues ambitieuses du roi de France.

De Forbin vint à Marseille le 19 janvier, et y fut reçu avec les honneurs accordés aux souverains-comtes. Il s'assit, en présence des consuls et du corps municipal, sur le trône qui naguère avait été élevé pour Charles dans le palais de justice. Il fit donner lecture des lettres de provision de sa charge, et Marc Albanelli, récemment promu aux fonctions d'assesseur, prononça une harangue qui exprimait la joie des Marseillais. Le gouverneur jura ensuite l'observation des chapitres de paix, le maintien du privilége de *non extrahendo* [1] et de la juridiction consulaire. Sénas, Cassin et Silve prêtèrent entre ses mains serment de fidélité à Louis XI. Des acclamations prolongées se firent entendre, et des fêtes brillantes suivirent cette cérémonie auguste. Une sincère alégresse remplissait tous les cœurs. Certes, la cause en était bien pure. Marseille séparée de la France depuis six cents ans, se vit encore associée à ses grandes destinées, non pas comme une ville humiliée qui subit le joug des vainqueurs, mais comme une cité respectée, toujours belle de patriotisme, toujours fière de son illustration, toujours libre par ses mœurs et par son existence politique.

[1] Voir sur la nature de ce privilége le commencement de notre second volume.